El Origen Habla

Una obra canalizada

Guy Steven Needler

Traducido por: Alejandra Araiza Calahorra

© 2015 Guy Steven Needler
Traducción al español – 2024

Todos los derechos reservados. Ninguna parte de este libro, en su totalidad o en parte, puede ser reproducida, transmitida o utilizada en cualquier forma o por cualquier medio, electrónico, fotográfico o mecánico, incluyendo fotocopias, grabaciones, o por cualquier sistema de almacenamiento y recuperación de información sin el permiso por escrito de Ozark Mountain Publishing, Inc. a excepción de breves citas incorporadas en artículos literarios y reseñas.

Para obtener permiso, serialización, condensación, adaptaciones, o para nuestro catálogo de otras publicaciones, escriba a Ozark Mountain Publishing, Inc., P.O. Box 754, Huntsville, AR 72740, ATTN: Permissions Department.

Biblioteca del Congreso Catalogación -en- Datos de Publicación
Needler, Guy Steven, 1961
El Origen Habla por Guy Steven Needler
 ¿Has pensado alguna vez quién o qué es Dios o quiénes son los co-creadores? O incluso qué hay más allá de Dios. ¿Y si Dios fuera realmente finito y existiera un ser "infinito" más grande, mucho más grande, que creó a Dios y a los co-creadores? Un ser que está empezando a saber lo que es "él mismo". Un ser que acaba de empezar a evolucionar. En El Origen Habla el lector es llevado más allá de los libros de Más Allá de la Fuente, a un diálogo directo con el creador supremo, el "todo lo que hay", el "absoluto", El "Origen".

1. La Fuente 2. Dios 3. Origen 4. Metafísica
I. Needler, Guy Steven, 1961 II. Dios III. Metafísica IV. Título
Número de ficha de catálogo de la Biblioteca del Congreso: 2024953146
ISBN: 9781962858441

Traducido por Alejandra Araiza Calahorra
Arte de cubierta y maquetación: www.noir33.com & Travis Garrison
Montaje del libro en: Times New Roman
Diseño del libro: Tab Pillar
Publicado por:

PO Box 754
Huntsville, AR 72740 WWW.OZARKMT.COM

Impreso en los Estados Unidos de América

Para mi querida esposa,
Anne Elizabeth Milner
Ahora "Ascendida"
(10 de abril de 1957-
24 de diciembre de 2012)

Índice

Introducción: El Origen Habla	i
Capítulo 1: El Origen Despierta	1
Capítulo 2: La Expansión de la Inteligencia Sintiente "Autoconciente"	25
Capítulo 3: La Creación de los Doce Orígenes: La Creatividad Sintiente y la Expansión de la Autoconciencia	39
Capítulo 4: La Creación de las Doce Entidades Fuente	69
Capítulo 5: La Evolución No Es Lo Que Pensamos	87
Capítulo 6: La Teoría Cuántica y Su Relevancia Para El Origen	106
Capítulo 7: Otras Funciones Independientes de El Origen	134
Capítulo 8: Más Sobre la Estructura de El Origen	150
Capítulo 9: Cómo Evolucionan las Entidades de Mantenimiento	166
Capítulo 10: Un Interesante Desarrollo Sobre los Discípulos de Jesús y la Resurrección	169
Capítulo 11: Más Sobre Nuestro Destino	177
Capítulo 12: Lo Que Realmente Somos	188
Capítulo 13: La Opinión de El Origen Sobre el Miedo de la Humanidad a la Muerte	194
Capítulo 14: Como Puede el Espacio Evento Tomar Conciencia de Sí Mismo para Desencadenar el Despertar de El Origen	200
Capítulo 15: El Punto de Toda Creatividad	213
Capítulo 16: Tensión Evolutiva	237
Capítulo 17: El Proceso de Ascensión: Una Ruta Doble	246
Capítulo 18: "Walk-Ins": Qué Son y Qué No Son	259
Capítulo 19: Las Subencarnaciones	270
Capítulo 20: Los Aspectos del Verdadero Ser Energético	278
Capítulo 21: La Interacción de los Espacios Evento Locales	291
Capítulo 22: La Mecánica de la Encarnación	297
Capítulo 23: Los Om: Revisitando las Creaciones Increadas (y descubrimiento de Nuevos Om)	311
Capítulo 24: La Estructura Entre la Estructura	339
Capítulo 25: La Subestructura de El Origen	350

Capítulo 26: Cómo las Entidades Fuente Asignan Sintiencia
             a la Energía para Cumplir el Requisito de Crear
             Seres Más Pequeños   357
Capítulo 27: El Ciclo de Expansión y Contracción
             del Universo (Multiverso) es Explicado   374
Capítulo 28: La División Perfecta de la Sintiencia   376
Capítulo 29: Cómo los Om Adquirieron Sintiencia   395
Capítulo 30: Dispositivos Geométricos   402
Capítulo 31: Comunicación con Otros Om   414
Capítulo 32: Por Qué Estoy Alineado con la Entidad
             Fuente Uno—¡Nuestro Dios!   421
Capítulo 33: Comunicación Conjunta con Todas
             las EFs y O   426
Epílogo   433
Glosario   435
Sobre el autor   443

Introducción
El Origen Habla

TERMINÉ DE CANALIZAR/ESCRIBIR las últimas palabras de Más Allá de la Fuente, Libro 2 a mediados de junio de 2012 antes de lo previsto, lo que me dio tiempo suficiente para terminar de editar las conferencias que debía presentar en la Conferencia de Transformación de Ozark Mountain Publishing 2012 en Rogers, Arkansas, y prepararme para mi primera gira por Estados Unidos. Sentí que estaba ganando la batalla con la cantidad de trabajo que las Entidades Fuente y El Origen estaban poniendo sobre mis hombros, ¡o que me estaba acostumbrando al compromiso!

Sabía que estaba destinado a enseñar a la gente (y conocí y trabajé con algunas personas verdaderamente notables, dedicadas a conocer la verdad y comprometidas a trabajar con las técnicas que se les daban) lo básico sobre cómo contactar con la Entidad Fuente por sí mismos, creando un vínculo permanente, robusto y substantivo, así como a canalizar la información para los libros que estaban/están destinados a expandir el conocimiento de la humanidad sobre la estructura del multiverso y esos otros ambientes multiversales creados por las otras once Entidades Fuente. También era muy consciente de que este libro, El Origen Habla, llevaría estos límites mucho más lejos, explicando a través de un diálogo único con El Origen—El Absoluto—Todo Lo Que HAY, más sobre su plan de evolución, su conocimiento de sí mismo, su estructura y lo que está haciendo personalmente para aumentar su propio contenido evolutivo. También estaba consciente de la naturaleza de los futuros libros y temas. Ya empezaba a dolerme la cabeza con la anticipación de los temas que trataríamos en los próximos dieciocho a veinticuatro meses.

Con todo esto dando vueltas en mi consciencia, incluyendo los planes, contra planes, calendarios y compromisos que he hecho para servir a los papeles periféricos que asumí como parte de esta misión (escribir información canalizada es sólo uno de ellos) me siento aquí en mi computadora preguntándome qué va a pasar a continuación. Ahora mismo soy una página en blanco, una cáscara, una copa esperando a ser llenada con el agua del conocimiento divino, llena de anticipación de ese sentimiento que viene sobre mí cuando estoy a punto de entrar en pleno contacto con El Origen o con una de las Entidades Fuente. Las energías que me rodean se encienden cuando se produce el contacto. El vello en mi nuca se eriza y se me pone toda la piel de gallina, señal inequívoca de que estoy a punto de entrar en contacto.

No fue una sorpresa total cuando nuestra Entidad Fuente inició el siguiente diálogo. Bueno, hice un llamado tanto a El Origen como a nuestra Entidad Fuente. Habría sido descortés no incluirlos a ambos para que comentaran en la introducción. Para lo que no estaba preparado (aunque debería haberlo previsto) fue para la repentina imagen que apareció en mi ojo mental. Me encontraba en un área especial del espacio, ese espacio que está fuera de nuestra Entidad Fuente y que, sin embargo, está dentro del área de autoconciencia de El Origen; estaba rodeado de TODAS las Entidades Fuente y no sólo de mi propia Entidad Fuente; ¿o era mi propia Entidad Fuente? Más tarde descubriría más cosas sobre mi propia herencia.

Se me llenaron los ojos de lágrimas de alegría al verlos mentalmente a todos juntos, incluido un aspecto de la Entidad Fuente Doce, esa Entidad Fuente que no sólo apenas era consciente cuando contacté con ella, sino que fue la primera Entidad Fuente que se aventuró fuera del área de autoconciencia de El Origen. Fue un espectáculo lleno de luz, un deleite puro para la vista. Dentro de todas estas experiencias dichosas que me habían golpeado de repente, también era consciente de algo más, de ser más sustancial, de ser más grande, mucho más grande de lo que yo era en mi minúscula forma humana. Empezaba a notar ese aspecto de mí que era mi verdadero ser energético, ¡y era enorme! De nuevo se me llenaron los ojos de lágrimas de alegría. Estaba tan cerca de estar en casa en esta encarnación como nunca lo había estado. ¡Oh, la alegría, el amor! ¿Cómo había podido dejar esto para encarnarme? Sacudí la cabeza para aclarar mis pensamientos y la Entidad Fuente Uno, la Entidad Fuente de nuestra humanidad, hizo una introducción.

EF1: Has llegado lejos, amigo mío. Es un placer ver cómo te conviertes en lo que estás destinado a ser frente a la adversidad encarnada.

El Origen Habla

YO: Es maravilloso volver a hablar contigo, tan poco tiempo después de terminar el último libro.

EF1: Y es maravilloso hablar contigo también, aunque ahora estés entrando en tu posición exaltada.

YO: ¿Qué posición exaltada? Todo lo que veo es un mar de trabajo, ¡un trabajo sumamente arduo de en eso!

EF1: Te darás cuenta de esta posición a su debido tiempo. Pero ahora mismo debes asumir la siguiente etapa de tu trabajo, un diálogo único y directo con El Origen.

YO: Oh vamos, no es tan único. Yo/nosotros hemos hablado con El Origen antes. No puede ser tan difícil, ¿cierto?

EF1: Las comunicaciones anteriores con El Origen se han limitado a un aspecto muy pequeño de El Origen. Este fue un proceso necesario para permitirte acostumbrarte energética y mentalmente a la posibilidad de un diálogo comprometido y a largo plazo con El Origen.

YO: ¿Así que hasta la fecha sólo me he comunicado con una parte de El Origen?

EF1: Sí. Del mismo modo que sólo te comunicaste con una pequeña parte de mí en nuestros primeros días de contacto, hasta la fecha sólo has estado en contacto con una parte muy pequeña de El Origen.

Eso explicaría las energías que fluían sobre mí. Empezaba a darme cuenta de que eran mucho más pronunciadas que antes. ¡Eran intoxicantes!

YO: Me preguntaba por qué era tan fácil comunicarse con El Origen como contigo. Era muy fácil, casi como charlar con un amigo.

EF1: Bueno, ahora ya lo sabes. Te daré una pista si quieres. Será como pilotar aviones de aeromodelismo y que luego te pidan que tomes el control de un transbordador espacial o de un avión de combate.

YO: Independientemente de cómo me sienta, será mejor que empiece. Siento que las energías me inundan con regularidad. Y, tienes razón; esto se siente muy diferente de lo que he sentido antes cuando me comunico con El Origen.

EF1: Por supuesto que tengo razón. Sólo tómatelo con calma.

El Origen Habla

YO: Lo haré.

Me desconecté con la Entidad Fuente Uno y esperé un momento. No necesité esperar mucho.

O: ¿Estás listo? Me has hecho esperar seis semanas. Teníamos que empezar enseguida.

El torrente de energías disminuyó. Tuve la impresión de que El Origen estaba regulando su contacto por el momento hasta que me acostumbrara por completo a su nuevo nivel de diálogo conmigo.

YO: Lo siento, la vida en la Tierra se interpuso.
O: Así puedo ver. Eres perdonado, porque veo que era el trabajo "bueno" que hacías.
YO: Es sólo el principio y por eso es pequeño.
O: Todas las cosas buenas empiezan poco a poco. Yo empecé poco a poco y mírame ahora.
YO: No puedo. Eres demasiado grande.
O: Exactamente. Pero puedes alcanzar la periferia de mi área de autoconciencia* y eso en sí mismo es una maravilla, especialmente en tu estado encarnado. Estoy complacido y encantado.
YO: Gracias.
O: Es un placer. Y ahora que nos hemos quitado de encima los preliminares deberíamos empezar, porque tenemos mucho trabajo que hacer juntos.
YO: Me alegra ver que aún tienes sentido del humor.
O: Por supuesto. Yo lo inventé. ¿Empezamos?

Otra vez tengo lágrimas en los ojos. Tengo la sensación de que este va a ser un viaje maravilloso y único para todos nosotros.

Bienvenido de nuevo, querido lector.

Capítulo 1
El Origen Despierta

EN ESTE PUNTO DECIDÍ reconectarme mentalmente con la formación que El Origen me había otorgado durante la compilación de los textos que resultaron en La Historia de Dios y Más Allá de la Fuente, Libros 1 y 2, para ver en qué temas necesitaba trabajar con El Origen. Muy pronto me di cuenta de que la información de que disponía estaba bastante fragmentada y limitada, muy limitada si se me permite añadir que se limitaba a diálogos bastante breves en los textos de los libros que ya había escrito; el tema principal eran las otras Entidades Fuente y sus ambientes/entidades y logros, aunque de forma digerible, más que el propio Origen. Por eso me pareció prudente no pensar en el pasado y empezar de cero. O mejor dicho, una pantalla de computadora en blanco. Con esto en mente, decidí empezar desde el principio, sin suponer que los lectores leerían este texto como una "continuación" de mis libros anteriores, y lo consideré como una opción autónoma autosuficiente para el buscador de la verdad con criterio. Cuando terminé de teclear este texto sentí El Origen, sus energías frescas como una ducha fría vinieron sobre mí, y comenzamos el diálogo.

O: ¡Una ducha fría, eh! Nunca había pensado que mis energías fueran consideradas como una ducha fría. ¿Quizás necesites una?

YO: No pensaba que empezaríamos este diálogo con humor. Preveía entrar directamente en el meollo de los detalles.

O: Lo mejor es bajar el nivel de lo que vamos a discutir hasta el punto en que todos los que lean este texto sientan que van a ser capaces de entender la información. Si durante las primeras frases sienten que la información les sobrepasa, dejarán el libro y, en el mejor de los casos, se convertirá en un tope para la puerta. Si, por el contrario, sienten que van a tener un poco de alivio en ciertos momentos del diálogo y de que la información que se discute se va a presentar de una manera comprensible, entonces continuarán. De este modo, retendrás la atención de tus lectores y como resultado expandirás su base. Pero lo más importante es que más individuos encarnados estarán "en el conocimiento" por así decirlo, y como resultado estarán accediendo y trabajando con las energías de la información de una manera pasiva y libre de estrés. Ya es bastante difícil para muchos de ustedes comprender que existe un creador, una Entidad Fuente, un Dios que es una realidad real y definible, y mucho menos un creador del propio Dios, y que tú, mi querido, te estás comunicando con él y presentando los frutos de tal comunicación al resto de la raza humana encarnada. No, tenemos que mantener este diálogo lo más sencillo posible, y eso en sí mismo va a ser difícil, porque algunos de los temas que vamos a discutir van a estar por encima y más allá de lo que ya has discutido conmigo y con las Entidades Fuente. Entonces, ¿por dónde quieres empezar?

YO: Intentemos desde el principio, tu despertar, al volverte consciente, y el proceso de volverte consciente ahora que tienes el beneficio de la retrospectiva.

El principio del fin de la nada
(La posibilidad crea el Espacio Evento)

YO: Volvamos al principio de tu existencia. ¿Qué sucedió realmente para que despertaras, te hicieras consciente y sintiente todo ese tiempo atrás, y qué sentiste? Quiero decir, he preguntado a algunas de las Entidades Fuente cómo se sintieron al volverse conscientes y despiertas, pero me gustaría entender de ti mismo con más detalle cómo fue contigo.

O: Me atrevería a decir que fue un asunto gradual, más bien como cuando sales de un sueño largo y profundo. Al principio yo sólo "ERA". No había pensamientos individualizados ni procesos mentales de los que hablar, sólo una cualidad de ser. Sí, puedo decir que era como simplemente ser, un nivel de cualidad de ser que poco a poco se fue enfocando.

Yo sólo era un "Ser", en lo que era una vasta extensión de nada. Era una brisa fresca, una termoclina cálida, un fuego fatuo. Sólo había observación y no cuestionamiento, ni análisis, ni razonamiento, ni discusión, ni pensamiento, ni reconocimiento de mí mismo. Sólo un área momentánea de la nada que era un poco más que la nada.

YO: ¿Cuánto tiempo duró?

O: ¿Quién sabe? Yo ciertamente no, porque en aquel momento no tenía capacidad de memoria. Yo sólo era una parte infinitesimalmente pequeña de la nada que era infinitesimalmente diferente de la nada. Era más que la nada, era algo, pero sin el reconocimiento personalizado de ese algo. En efecto, estaba cómodamente insensibilizado.

YO: ¿Cuándo empezaste a tomar conciencia hasta el punto de reconocer al sí-mismo?

O: De nuevo, es difícil de decir, porque en ese entonces no tenía capacidad de creatividad y, ciertamente no era capaz de tener memoria. La memoria es una función de la creatividad pasiva, pero la creatividad pasiva necesita que uno sea capaz de recibir procesos de pensamiento individualizados, que en aquel momento yo no tenía.

Lo que diré es lo siguiente. Que cuando observo los procesos de individualización de las energías y otros componentes que me constituyen, y veo cómo las energías de mis Entidades Fuente desarrollaron la individualización/singularidad de la conciencia, reconozco que el proceso es casi siempre el mismo. Por lo tanto, observo que la transformación de la nada en algo y más allá en el autorreconocimiento debe haber sido la misma, ya que son unidades individualizadas de mí mismo.

YO: ¿Entonces lo que sugieres es que el proceso de despertar es el mismo para cualquier grupo de energías que sean "de la calidad y densidad adecuadas"?

O: No, no estoy diciendo eso. Lo que digo es que debe ser similar. El proceso es, en general, el mismo, pero la mezcla porcentual y la densidad de las energías requeridas será una variable. Escucha, no estoy en una posición de poder describir de manera definitiva el proceso por el que pasé en el proceso inicial de mi despertar porque no me encontraba en un estado de conciencia sintiente. Lo que puedo hacer es contarte en detalle cómo una Entidad Fuente, o incluso tú sí-mismo* —tus propias energías—se hicieron conscientes del sí-mismo y desarrollaron el pensamiento sintiente a lo largo del proceso, "de cabo a rabo", por así decirlo. Incluso puedo contarte el proceso de volverme consciente desde mi nivel más pequeño de conciencia hasta ahora. Pero antes de eso no puedo.

YO: ¿No puedes usar el Espacio Evento para volver a ese punto en el que eras energías coalesciendo, convirtiéndose en la densidad correcta, adquiriendo la cualidad correcta, individualizándose y adquiriendo pensamiento? O, ¿fue el Espacio Evento una de tus propias creaciones?

O: No, Espacio Evento es un producto de lo que soy. No fue creado por mí. Soy yo.

YO: En ese caso, podríamos visitar ese Evento que registró tu proceso de despertar temprano, esa parte de ti que no era capaz de intelectualizar lo que te estaba sucediendo, dándonos tanto a ti como a mí una imagen completa de tu proceso de despertar.

O: ¡Bien hecho!

YO: ¿Qué?

O: ¡Bien hecho! Creo estarás bien con los conceptos que discutiremos en este diálogo.

YO: ¿Qué quieres decir? ¿Por qué de repente siento que he pasado un examen?

O: Eso es porque lo has hecho. Tienes que haberte dado cuenta de que no hay límites cuando tratas conmigo, al menos ninguno que afecte a nuestro diálogo. Podemos usar lo que existe, en este caso el Espacio Evento, en cualquier momento para ver o experimentar aquello que no estaba en existencia. Incluso podemos retroceder antes de la existencia misma, si así lo deseamos, pero eso no sería productivo en este momento.

YO: Eso significa que el único límite es poder recrearte.

O: Sí, más o menos, pero hablaremos de ese tema en un diálogo posterior porque es un tema muy importante y es necesario comprenderlo con cierto detalle. Entonces, ¿estás listo para dar un paseo?

YO: ¿Adónde?

O: A ese Espacio Evento donde todo estaba sucediendo para mí para que yo me volviera consciente.

YO: ¿Quieres decir que vamos a ir ahí para presenciar tu despertar?

O: Sí, por supuesto. Será un trabajo de observación esencial para que lo transmitas a la humanidad encarnada. Es más, resolverá algunas discusiones que hay entre todos ustedes sobre cómo El Origen, El Absoluto se convirtió en lo que es.

YO: Bien, pero antes de irnos y presenciar el proceso de este monumental evento, quiero hacer una pregunta.

O: Pregunta todo lo que quieras.

YO: ¿Cómo puede el Espacio Evento registrar lo que no se le ha dicho que registre? Quiero decir, por lo que yo sé, el Espacio Evento suele invocarse cuando hay que tomar una decisión, y para ello se necesita una entidad sintiente que cree el punto de decisión, la razón del Espacio Evento para estar en la existencia. ¿O estoy totalmente equivocado?

O: No, no estás equivocado, sólo apenas educado en tales asuntos. Verás, el Espacio Evento no necesita el punto de decisión de una entidad, o debería decir, es la decisión de una entidad de elegir una ruta cuando se ofrecen dos, porque como bien dices, necesita una entidad sintiente para crear la oportunidad para la introducción de dos o más realidades. El Espacio Evento se crea cuando hay un cambio o un cambio potencial en cualquier cosa que antes se consideraba la norma, la condición principal de cualquier cosa, y eso incluye el cambio en el ambiente o el cambio potencial en el ambiente, debido a cambios, por más pequeños que sean, eso crea una condición de antes y después.

YO: Entonces, ¿cómo sabe cuándo tiene que entrar en juego, para crear una alternativa, un universo paralelo?

O: En mi área de autoconciencia no existe tal cosa como un universo o, de hecho, un universo paralelo, ya que son un producto de las Entidades Fuente. Puedes, en este caso, llamarlo un ambiente paralelo, un ambiente basado en "todo lo que hay" en lugar de un universo, porque en realidad eso es lo que se está creando, un ambiente basado en el área de mi conciencia.

YO: Pero espera, ¿no es eso recrear lo que eres, El Origen—El Absoluto—Todo Lo Que Hay. ¡Pensé que no podías recrear lo que eres!

O: No puedo recrearme, pero se puede crear una versión paralela de mí.

YO: ¡Pero, pero no es eso recrearte! ¿No es una versión paralela de ti una recreación de ti?

O: No.

YO: ¿Por qué?

O: Porque la versión paralela de mí es una versión local de mí y no yo per se.

YO: Continúa.

O: Cuando el Espacio Evento crea una versión paralela de aquello que está sujeto un "cambio" basado en una división, lo hace sobre una base local y no sobre una base total. Cuando traté de recrearme a mí mismo, y discutiremos este tema con mucho más detalle más adelante, traté de crear la totalidad de mí, de la que incluía la totalidad del ser de la que no era consciente en ese momento de mi existencia, dentro de mí mismo. No sabiendo exactamente lo expansivo que era significaba que creaba un error en lo que se creaba y en la ubicación en el que se creaba. En esencia, intenté comprimir esos "Orígenes" que creé en una fracción de aquello que era consciente de mí mismo, de ahí que no sobrevivieran.

YO: Bien, ahora está un poco más claro, pero todavía no me has dicho cómo el Espacio Evento "sabe" cuándo crear un ambiente/universo nuevo y paralelo o un área de espacio local, alineado o no alineado a una entidad individual o evento. ¿Cómo lo hace?

O: Simplemente se hace disponible y se localiza en lo que se reconoce como un punto de cambio potencial.

YO: Sí, pero ¿CÓMO?

O: Recuerdas haber hablado con la Entidad Fuente Diez (véase Más allá de la Fuente, Libro 2) sobre la triangulación y cómo la "energía libre" es atraída por la oportunidad para evolucionar. Para multiplicarse o crecer proporcionando la oportunidad de aumentar el contenido evolutivo de aquellas entidades dentro del "área de triangulación" de tanto la triangulación direccional como la inflacional, creando efectivamente aquello por lo que es atraída—la evolución.

YO: Sí, recuerdo.

O: Bueno, es un proceso similar. Lo explicaré. Como resultado de la posibilidad de que se cree una posibilidad diferente, el Espacio

Evento acaba proporcionándose a sí mismo como una plataforma para aquello que le atrae. El Espacio Evento es en sí mismo un producto. Es un producto de creación "en bucle", la creación de la oportunidad de variación de lo que actualmente es, a lo que podría ser, existiendo ambos concurrentemente. De hecho, ni siquiera necesita la oportunidad inherente, ya que si hay una inestabilidad en lo que "es", entonces existe la oportunidad de que surja al menos una condición dualística en otro evento futuro pero que ocurra simultáneamente, dando así lugar a la oportunidad de que las energías que rodean a estas dos o más condiciones estén en existencia concurrente.

YO: ¿Por qué utilizaste entonces la palabra "en bucle"? No vi ninguna oportunidad de utilizar la palabra "en bucle" en el texto anterior. Sin embargo, tengo que admitir que llevo quince minutos escuchando las palabras "gallina y huevo" y puedo ver cómo el concepto del huevo y la gallina puede llamarse en bucle, porque es el enigma irresoluble. Es una callejón sin salida, el uno crea al otro, pero el otro necesita ser creado por el uno antes de que él mismo pueda crear al uno.

O: Entiendo tu problema de comprensión. Te lo simplificaré—de nuevo.

En tu actual proceso de pensamiento estás considerando que las cosas suceden de forma lineal. En realidad no sucede así, pero tú lo sabes. En la realidad superior, el huevo y la gallina pueden existir y existen concurrentemente, antes y después uno del otro. De este modo, uno puede crear al otro sin necesidad de su existencia previa y lineal.

Veo que frunces el ceño, así que cambiaré el método de explicación. Aquello que el Espacio Evento "es", "es" atraído por la posibilidad de la dualidad y su miríada de puntos de expansión de dualidad adicional. Puedes llamarlo progresión geométricamente fractal si quieres. Con la posibilidad de la dualidad de estar disponible, la posibilidad misma crea la posibilidad de la creación de la dualidad, que a su vez crea la agitación en las energías que rodean la posibilidad de la dualidad y de sus múltiples posibilidades, hasta el punto potencial y por lo tanto posible desarmonía. Esta desarmonía no puede existir en el mismo espacio, por lo que se crea un nuevo espacio como solución a la desarmonía, un nuevo Espacio Evento.

YO: ¿Así que el Espacio Evento es una desarmonía de energías basada en la posibilidad de otra realidad posible, la posibilidad de otro "espacio"?

O: No, es creada por esa desarmonía, la agitación de lo que "es", basada en la necesidad de un estado dualístico de ser. En esencia son las energías, y otros componentes, que son creados por la posibilidad de posibles posibilidades.

YO: Bien, ahora creo que lo tengo. ¿Vamos a ese punto de tu despertar?

O: Sí, vamos. Estoy deseando que llegue, de alguna manera extraña.

YO: ¿Por qué?

O: Porque he progresado, y encuentro la necesidad de revisar lo que es anterior a la progresión algo regresivo. Por eso no me he molestado en observar lo que yo "he sido". Sólo he observado lo que he hecho y lo he mejorado. Por eso es extraño. Es diferente para mí, es bueno y te doy las gracias por darme la oportunidad de utilizar un aspecto de mí al observarme de esta manera.

YO: Créeme, el honor es TODO mío.

Entonces estábamos en otro sitio.

Antes de El Origen—Espacio Evento —
Un Registro Automático de lo Que "Era"

No experimenté nada, esto es, nada parecido a la sensación de traslación que experimenté con la Entidad Fuente Doce (véase Más allá de la Fuente, Libro 2) cuando me llevó al punto de convergencia de todo el Espacio Evento. Luego volví a no sentir nada, luego algo, pero era indefinible. Era como estar apenas despierto después de un largo sueño. Vi colores, manchas de color. No tenía ni idea de lo que estaba pasando. Los colores eran rojos y naranjas y se arremolinaban. Delante de mí parpadeaban manchas blancas. ¿Qué estaba viendo? Estaba a punto de hablar con El Origen cuando me habló.

O: Ahh, ahí estás. Me preocupaba que te perdieras en la vasta extensión de energías sin asignar que era yo en el estado de "antes".

YO: Bueno, tengo que decir que por un momento me pregunté qué estaba pasando. Debería haberme preparado para ello.

O: ¿Cómo podrías? No era algo para lo que pudieras prepararte.

YO: Gracias por reforzar mi confianza. Entonces, ¿qué está pasando aquí?

O: Estamos en una extensión temporal de eso que soy yo. Una función temporal de ese Espacio Evento que está a punto de llegar a existir, pero se basa en las energías que se volverán lo suficientemente densas como para crear la oportunidad de que mi conciencia sea suficiente para la progresión hacia la autoconciencia.

YO: Bien. ¿Qué estamos, qué estoy, viendo/experimentando entonces?

O: Estamos viendo las energías como una representación de lo que eres capaz de experimentar en la primera línea de tu nivel actual de experiencia y forma.

YO: ¡Vaya! ¿Qué pasará con las energías?

O: Será difícil para ti estar "presente" en tu forma actual el tiempo suficiente para comenzar siquiera la observación de mi despertar, así que, aceleraré las imágenes para que ambos podamos aprovechar al máximo el tiempo del que disponemos.

Con eso, las cosas se volvieron oscuras, no, negras. Parecía que me alejaba del área en la que estábamos. Empecé a ver, en mi ojo mental, el área de energías "más densas" y otros componentes de la conciencia que El Origen aún no me había explicado. Esto es, si tenía intención de hacerlo. Recibí la información que sugería que el área en la que nos encontrábamos era en realidad El Origen "En Totalidad". En este punto de su existencia reconocible, no era consciente de sí mismo de ninguna manera, forma, energía, dimensión, componente subdimensional (tritava), frecuencia, continuum, plano, zona o cualquiera de los otros innumerables componentes estructurales de los cuales me estaba volviendo consciente, pero que no tenía manera de explicar ni a mí mismo ni a ustedes, mis lectores. El Origen estaba viendo una parte de sí mismo que aún no había visto—esa parte de sí mismo que estaba más allá de su perímetro conocido, su área (volumen) de autoconciencia, incluyendo esa pequeña área que había utilizado en el experimento de los Doce Orígenes y ese perímetro más pequeño que estaba siendo investigado por la Entidad Fuente Doce (véase la última página del último capítulo de *Más allá de la Fuente, Libro 2*). De repente me di cuenta de la enormidad de esa última afirmación. El Origen, por supuesto, se había aventurado antes más allá de esa área, cuando creó los Doce Orígenes en un esfuerzo por expandir y acelerar su contenido evolutivo, pero lo que estábamos viendo ahora iba MUCHO más allá.

Desde esta posición ventajosa, El Origen y yo fuimos testigos de su nacimiento y estuvimos expuestos a la inmensidad de lo que era, lo que podría ser, lo que será, en lo que todos nosotros participaremos, trazando el mapa de lo que será la nueva área de autoconciencia de El Origen en el largo y distante Espacio Evento que habrá entonces. No puedo reiterar lo suficiente el honor y la importancia de lo que estoy presenciando aquí. El Origen mismo está cautivado por la observación del sí-mismo en este momento de su existencia. He considerado la posibilidad de calcular el tamaño de El Origen.

A medida que El Origen crece en conciencia, aumenta su acceso a sí mismo, aumenta su volumen del "sí-mismo", aumentando su conciencia. El Origen experimenta un crecimiento exponencial de un valor inconcebible por cualquier cálculo que las máquinas de la humanidad puedan, o vayan a, derivar.

Era imposible de considerar y me dolía la cabeza de pensarlo. Volví a enfocar mi atención en ese aspecto de El Origen que se había dedicado a comunicarse conmigo y le pregunté qué estaba pensando.

YO: ¿En qué estás pensando?
O: Curiosamente, no estaba pensando. Estaba observando. Puedo ver que estás teniendo dificultades con esa afirmación, específicamente con la gravedad de aquello en lo que uno está presente, y por lo tanto es parte de, en este aspecto del Espacio Evento.
YO: Puedes apostar que lo estoy.

O: Bueno, sólo estaba observando la inmensidad de, y por lo tanto saboreando, la anticipación de aventurarme en ese siguiente cuadrante de mí mismo y lo que está más allá de él. Tienes que entender que ni siquiera yo sé con exactitud lo grande, exactamente lo expansivo, que soy.

YO: ¿Y qué observabas?

O: Estaba observando unos zarcillos de energía que había enviado a la expansividad de mi inmensidad como medio para comprender lo que soy. Perdí contacto con el detalle después de haber enviado suficiente energía para igualar diez veces la distancia de mis puntos más alejados en mi área actual de autoconciencia.

YO: ¿Qué pasó entonces con los zarcillos de energía?

O: ¡Los perdí!

YO: ¿Qué? ¿Quieres decir que no podías comunicarte con ellos?

O: No, quiero decir que los perdí. Están separados de mí como una parte de mí que es sintiente dentro de lo que es reconocido como yo actualmente.

YO: ¿Qué significa eso entonces? ¿Qué estás sugiriendo?

O: No estoy sugiriendo nada. Lo que diré, sin embargo, es que ahora hay algunas pequeñas partes de mí que están en lo que llamaré separación temporal potencialmente sintiente, y que están en algún lugar dentro de esa parte de mí que está más allá de mi nivel actual de comprensión, hasta ahora más allá de mi área/volumen actual de autoconciencia que he perdido el contacto con ellos.

YO: ¿No corres ahora el riesgo de que estos zarcillos desarrollen su propia sintiencia con el tiempo, convirtiéndose en otras versiones sintientes autosuficientes de lo que eres "tú" sintiente dentro de lo que eres tú en tu totalidad?

O: Hasta cierto punto, sí.

YO: ¿Pero no podrían llegar a ser potencialmente más grandes que tú? ¿Abarcándote, absorbiendo y por lo tanto removiendo la individualización de todo lo que eres tú?

O: Ja, ja, ja, ja, ja un pensamiento delicioso, ¿verdad? No, eso no es lo que sucederá.

YO: Bueno, sabihondo, ¿qué va a pasar?

O: Sí, estoy de acuerdo, con el tiempo se individualizarán, pero no me consumirán.

YO: ¿Por qué no? No, no me lo digas, les llevas "ventaja" en cuanto a tamaño.

O: No, no es eso. Es porque ellos son creados por mí. Y porque son creados por mí nunca pueden ser más que yo.

YO: ¿En qué se convertirán entonces?

O: Ellos tendrán el potencial de convertirse en Om o en una Entidad Fuente del tamaño en que todos ustedes se convertirán cuando todas las entidades sean iguales con su Fuente y todos nos movamos hacia mi siguiente nivel de autoconciencia. Depende de cómo, cuándo y si se vuelven autoconcientes.

YO: Pero podemos saberlo, ¿no es así? ¿Simplemente trasladándonos a ese Espacio Evento que ahora existirá en relación con esa posibilidad?

O: Sí, muy bien hecho. Cada vez lo haces mejor.

YO: Lo hago lo mejor que puedo.

O: Bien entonces, reconocerás mientras hemos estado hablando que un aspecto de mí estaba trabajando en segundo plano y ya los ha rastreado en su posible proyección del Espacio Evento y los ha observado en su sintiencia individualizada.

YO: ¡Debería haberlo visto venir! ¿En qué se han convertido? ¿Fuentes, Om, o sólo entidades?

O: Ahora tengo dos nuevos Om y una nueva Entidad Fuente. Debido a la inmensidad del lugar donde se encontraban, era demasiado para ellos permanecer singulares en su densidad energética individualizada, por así decirlo. Algunos de los zarcillos se agruparon/coalesionaron para crear suficiente densidad como para crear una entidad de proporciones de Entidad Fuente, mientras que los otros, dos de ellos, tenían suficiente densidad como para convertirse en entidades lo suficientemente grandes como para ser llamadas Om.

YO: ¿Podremos verlos?

O: Sí, pero no ahora. Nos reuniremos con ellos en otro Espacio Evento, donde recopilarán la información de una serie de diálogos que estarán separados de éste, y de los otros que formarán el libro que estás llamando El Origen Habla.

YO: Bueno, ¿y cómo se llamará? —"Más allá de El Origen", ¡supongo!. (Ya había tenido una indicación subliminal sobre esto, pero no estaba seguro de cómo un libro podía llamarse "Más allá de El Origen", cuando El Origen es "Todo lo que hay". Decidí dejarlo ser y volver a lo que se suponía que debíamos hacer, observar cómo El Origen se volvía autoconciente, sintiente).

O: Estás mejorando en esto, ¿verdad? bueno, concentrémonos en cuando me he vuelto sintiente por primera vez.

YO: Espera. ¿A qué te refieres con volverse sintiente por primera vez? ¿Tienes algo bajo tu manga energética?

O: Te dije que estabas mejorando en esto. Explicaré los detalles de esa afirmación más adelante. Ahora continuemos observando lo que este Espacio Evento en particular tiene para ofrecer.

(Eso sí que es una pista. Hice una nota mental para seguir con El Origen, pero me dio la impresión de que las respuestas saldrían sin que yo las pidiera. El Espacio Evento iba a tener mucho que ver en este diálogo, ¡ya me lo imaginaba!)

Me concentré en la tarea que tenía entre manos, observando el detalle de las energías ante mi ojo mental. Las imágenes que recibía eran una mezcla de gases, energías y células biológicas, en todo tipo de capas. Recibí la información de que las capas eran la primera formación de dimensiones dentro de las energías que estaban siendo representadas por las imágenes. Todo se me presentaba de forma que yo pudiera entenderlo. Me preguntaba cómo estaba sucediendo todo esto cuando El Origen apareció para mí.

O: Es una función del Espacio Evento el trabajar con las entidades que están dentro de un aspecto específico del mismo de una manera que sea consistente con su nivel de sintiencia.

YO: Espera. ¿Estás diciendo que el Espacio Evento es una especie de traductor omniversal?

O: No. Lo que digo es que funciona con lo que hay dentro de él.

YO: ¿Qué quieres decir? ¿Sabe cómo comunicarse?

O: En cierto modo, sí. ¿Recuerdas el diálogo que mantuvimos hace poco en el que hablábamos de que el Espacio Evento puede, o es invocado por, la posibilidad de la dualidad? La posibilidad de la posibilidad o una diferencia en la dirección de lo que "es" a lo que es y podría ser, y que puede ser invocado, o suele ser invocado por una posible decisión a tomar por una entidad sintiente.

YO: Sí, lo recuerdo.

O: Bueno, esta reacción se basa en el nivel de sintiencia que la entidad ha alcanzado actualmente. En tu caso encarnado, u nivel de sintiencia incluye su nivel actual de conocimiento, amor, sabiduría y poder adquiridos. Dentro de esto está el "nivel" de habilidad comunicativa que eres capaz de emplear mientras estás encarnado. Basado en esto, el "Tú" encarnado tiene un cierto vocabulario con el que trabajar fuera de la acción y reacción del Espacio Evento. Lo que experimentas está fuera de tu vocabulario. No tiene un significado, ni para ti ni para el Espacio Evento, así que te da información con la que puedes trabajar, basándose en tu vocabulario. Esto lo hace para que puedas entenderlo al igual que te permite trabajar de una manera que perpetúa la existencia de esa permutación particular del Espacio Evento. En esencia, al permitirte experimentar lo que estás experimentando, de forma que puedas entenderlo, mantiene su longevidad y utilidad, a la vez que amplía tu conocimiento experiencial.

YO: Entonces, ¿cuál es la realidad de lo que estoy viendo? ¿Está adaptado a mi propio nivel de experiencia y comprensión?

O: Sería demasiado complicado explicarlo con la profundidad necesaria para hacerle verdadera justicia. Pero has de saber esto; lo que tu entiendes tendrá que ser comprensible para la humanidad encarnada, y como tal, si se te presenta de una manera que pueda ser entendida, servirá su propósito, incluso si no es del todo correcto.

Has de saber también que; eres privilegiado más allá de toda excepción al experimentar lo que eres mientras estás encarnado. Aunque seas Om, estás limitado, hasta cierto punto, a aquello de lo que todos son capaces mientras están encarnados en el vehículo físico particular utilizado en las frecuencias bajas con las que ese aspecto de ti ha elegido trabajar de esta manera. Para simplificar esta última afirmación, esa parte tuya que está encarnada en el vehículo que está en comunicación conmigo tiene que obedecer las reglas de la encarnación en ese vehículo particular. De ahí que tu limitación y tu capacidad para comunicarte conmigo sean un poco una dicotomía.

YO: En otras palabras, estás diciendo que vivamos con ello, porque es lo mejor que tú y la humanidad encarnada van a tener por el momento.

O: ¡Correcto!

YO: De acuerdo, acepto mis limitaciones encarnadas. Sin embargo, ¿significa eso que la información que estoy compilando como resultado de mis diálogos contigo será incorrecta?

O: No, acabo de decírtelo. Será correcta para el nivel de enfoque que puedes alcanzar actualmente. Citaré tus propias enseñanzas en esto.

YO: ¿Tengo enseñanzas en esto?

O: Por supuesto. Lo citas todo el tiempo en tus talleres "Atravesando las Frecuencias".

YO: ¿Los escuchas?

O: No, pero sí tengo un interés, y por eso he asimilado todo lo que has hecho hasta ahora mientras buscaba un ejemplo que pudiera utilizar para explicarte el nivel de claridad de lo que estás viendo, utilizando un ejemplo de lo que tú mismo conoces y utilizas. En este caso, es la disponibilidad de vocabulario lo que hace que la jirafa se describa como un perro.

YO: Bien, ahora entiendo.

No me cabe duda de que aquellos que conozcan esto de mis talleres se estarán riendo entre dientes al saber que su maestro se ha metido en una situación complicada. A los que no, les ruego que no lo citen cuando asistan. Sin embargo, es un ejemplo excelente, así que lo explicaré para aclararlo.

Cuando nosotros, como seres encarnados, nos comunicamos con entidades desencarnadas, no tenemos acceso a la experiencia total de las comunicaciones habladas, no habladas, experienciales, energéticas y de memoria Akáshica, etc., que esté a nuestro alcance, que se pueden utilizar para las comunicaciones totalmente comprensibles que tenemos normalmente. Sólo tenemos un vocabulario basado en nuestra experiencia encarnada "actual" con el que trabajar. Por lo tanto, si se nos muestra la imagen de una jirafa, pero nunca la hemos visto u oído hablar de ella, entonces se nos da una imagen de lo que hemos experimentado que es lo más cercano a la descripción que tenemos. Si en el caso de la jirafa sólo tenemos un perro, la relación es cuatro patas todas en el suelo para ayudarla a moverse sobre la superficie de la Tierra, una cola y una cabeza con dos ojos, dos orejas, una boca y una nariz, entonces esa descripción es suficientemente buena, "por ahora". Va en la dirección correcta y, por lo tanto, será suficiente a corto plazo. Será suficiente, esto es, hasta que tengamos una experiencia con un animal cuya descripción se acerque más, por ejemplo, un caballo o un burro, o hasta que realmente experimentemos estar en presencia de una jirafa, en cuyo caso la descripción es completamente reconocible y comprensible. En este ejemplo, hemos pasado de estar "fuera de foco" porque la información que recibimos está demasiado lejos para verla con claridad y detalle, a disponer de un telescopio para ver más de cerca, o de la capacidad de acercarnos al objeto en cuestión tanto como sea necesario para ver el objeto con claridad y ser capaz de reconocerla por lo que realmente es, viendo y comprendiendo así la verdad con detalle y claridad. En resumen, se nos permite cometer algún error en nuestra comprensión de la realidad superior, siempre que vayamos en la dirección correcta. Esto también explica, en cierto modo, que el proceso de ascensión personal (evolución) sea una función necesaria para acceder a la capacidad de frecuencia superior.

O: Bueno. Una vez aclarado esto, puedes continuar narrando lo que estás percibiendo.
YO: Correcto.

Volví a enfocar mi atención en lo que se presentaba ante mí. Era asombrosamente sencillo. Las energías (las describiré así) estaban, por lo que podía ver, todas alrededor de mí. Todo estaba separado mientras estaba junto. Estando separadamente juntas era un concepto del que había sido testigo a lo largo de mis diálogos con las doce Entidades Fuente. Era claramente un tema estructural tomado desde el principio de lo que estaba destinado a ser El Origen.

Mientras miraba, vi que estas energías se arremolinaban lentamente, y al arremolinarse se sentían atraídas por aquello que era similar o podía trabajar con un aspecto de las características de la otra. Lo estaba viendo de forma acelerada, lo sabía, pero seguía pareciendo un proceso lento. Mientras seguía mirando, algunas de esas energías que se habían vinculado empezando a acelerar su atractividad hacia otras energías de compostura o función similares. Cuando alcanzaron lo que sólo puedo suponer que era una masa o densidad crítica, desaparecieron de mi visión espiritual. Mientras me preguntaba qué estaba pasando, recibí la información (de alguna parte—me pareció que era un conocimiento omni-omniversal comúnmente disponible) de que debía seguirlas. Apenas tuve la intención de seguirlas, me di cuenta de que estaba en otro lugar, con un conjunto diferente de energías arremolinándose a mi alrededor, pero con ese conjunto de energías que antes habían desaparecido ahora de nuevo completamente a la vista. Debo de haber cambiado de dimensión o algo así, pensé. Moví mi intención para ver lo que estaba viendo en primer lugar, y volví a ese punto del Espacio Evento justo a tiempo para ver desaparecer otro conjunto de energías. Las seguí. Emergí en un área diferente con un conjunto diferente de energías arremolinándose a mi alrededor y ese conjunto de energías que acababa de desaparecer ahora estaba completamente a la vista. Sin embargo, lo que no estaba a la vista era el conjunto de energías que había desaparecido anteriormente. Moví mi intención de vuelta al primer lugar al que había ido, donde el primer conjunto de energías se había reubicado, y ahí estaban. El segundo grupo de energías no estaba ahí. Volví al lugar original donde se habían originado ambos conjuntos de energías antes de desaparecer.

Ahora las cosas sucedían rápidamente y pude observar cómo se creaban y desaparecían cada vez más conjuntos de energía, sólo para reaparecer en nuevas áreas, o debería decir dimensiones. No, se me estaba diciendo de forma subliminal que lo que estaba observando era una función superior a las dimensiones. Empezaba a preguntarme qué iba a suceder a continuación cuando me di cuenta de que estaba viendo el comienzo de la construcción de la estructura de lo que iba a ser El Origen que conozco y con el que estoy en comunicación. Lo que estaba viendo era el comienzo de la construcción de la estructura de El Origen. También me di cuenta de que debía haber alcanzado un cierto nivel de estructura antes de empezar a adquirir autoconciencia y sintiencia. Usando mi intención, decidí hacer un alejamiento hasta un punto en el que pudiera observar una imagen más completa.

Ah, sí, esto era mejor, ahora podía ver el principio de una estructura, o debería decir que podía percibir el principio de una estructura, porque no era nada que pudiera relacionarse con el sentido humano. Lo que percibí fue la creación de un marco estructural, una especie de marco estructural multifuncional. Me vino a la mente una tabla periódica multifuncional para describirlo.

A medida que cada conjunto energético se establecía y se esfumaba de la existencia en su lugar original de creación, reaparecía en un área relativa a aquellas energías que estaban cerca de sus propios componentes y funcionalidad. Algunas simplemente colgaban en el espacio, mientras que otras se vinculaban para crear alguna otra parte de la estructura que, o bien estaba dentro del mismo espacio, o bien unía dos áreas del espacio que eran similares, aunque diferentes o separadas de algún modo. Me di cuenta de que eran los vínculos entre espacios. Se estaba formando una especie de red. A medida que se creaban más energías del mismo tipo, se aceleraba su creación, y la imagen de lo que estaba sucediendo se iba completando cada vez más. Me pregunté qué sería de los otros espacios. No tuve que esperar mucho, porque El Origen vino a rescatarme.

O: Sorprendente cómo sucedió todo, ¿no?
YO: Sí, lo es. Dime, ¿cuáles son los diferentes espacios?
O: ¿No lo adivinas?
YO: Puedo hacer una buena estimación, pero de ninguna manera será exacta.
O: Yo no esperaría que lo fuera, pero hazlo lo mejor que puedas.
YO: Bueno, los diferentes espacios son la dimensión y sus componentes, zonas y sus divisiones, continuum y sus abstracciones, planos y sus esferas, esferas independientes de los planos y sus referencias, Espacios Evento y sus eventos, totalidades y sus realidades, realidades independientes de las totalidades y sus funciones creativas... había más y más. Mucho más de lo que posiblemente podría nombrar o incluso intentar nombrar. Es infinitesimal. De hecho, los infinitos eran uno de los espacios. ¡Dónde va a parar! (Esta información se me agolpaba en la mente. Me comprometí a pedir más detalles sobre la estructura existente y la nueva más adelante en el diálogo).

O: En realidad, actualmente tampoco lo sé, pero los que has mencionado son los que me fueron necesarios para volverse autoconciente y más tarde sintiente como una inteligencia nacida de aquello que "es".

YO: Me los diste entonces. ¿No estaba adivinando?

O: Sí, lo hice y no, no lo estabas. Lo más importante aquí es que has absorbido aquello que es la base de mi estructura original. Que es, a todas las intenciones y propósitos, la base de lo que soy hoy. Cada uno de los "espacios" mantiene el contenido y la estructura del espacio anterior más los suyos propios.

YO: Todo se repite cuanto más se aleja uno del centro, y la adición del espacio siguiente es lo que identifica la diferencia.

O: Sí, con Espacio Evento como punto en común entre todos ellos.

YO: Así que eso era lo que veía que unía los espacios.

O: Sí, y otros puntos en común que pueden considerarse energías vinculantes.

En esencia, lo que había observado era la creación de un enorme rompecabezas en el que todas las piezas empezaban a unirse, creando un todo localizado. El todo, cuando estaba lo suficientemente entero, tenía suficientes energías en una configuración determinada para desencadenar una cascada de eventos necesarios para unir las partes componentes del todo, que mostraban las características de volverse autoconciente, conjuntamente.

Reenfoqué mi atención e inmediatamente vi un nuevo paisaje ante mí. Estaba bellamente dispuesto y era insondablemente intrincado, a la vez que alucinantemente enrevesado. Cada pequeño vínculo entre las energías se tenía en cuenta y transmitía algún tipo de energía. Me vino a la mente la energía de la comunicación, la que transmitía las energías y la comunicación asociadas a la triangulación necesaria para crear un ser completamente inteligente, autoconciente y sintiente de proporciones incalculables—las tres funciones de Inteligencia, Autoconciencia y Sintiencia, que dependen de la formación de la anterior, en este orden, para crear la siguiente. Las tres en conjunto trabajaban juntas, siendo un prerrequisito para la omnipotencia general que es El Origen. Sin embargo, lo que estaba viendo aquí era sólo una pequeña parte de lo que era El Origen en su actual nivel de totalidad. Recibí más información. El Origen, en ese momento de su existencia, era diminuto en comparación con lo que es hoy. Claramente pensé, esto es un enigma, porque si El Origen es "Todo Lo Que Hay", entonces ¿cómo puede ser esto todo lo que hay, "en ese entonces", y todo lo que hay ahora? Por supuesto. Recordé que éste es El Origen en su estado de crecimiento casi nulo, mientras que lo que tenemos ahora es El Origen en un estado de cierta expansión o crecimiento. Lo sabemos por la información recibida en diálogos anteriores, en los que El Origen evolucionará a su siguiente nivel de evolución en alguna parte distante del Espacio Evento, lo que llamamos el futuro. También tenemos el diálogo anterior, que indicaba los diferentes componentes estructurales de El Origen. Empezaba a sentirme más cómodo en mi comprensión cuando El Origen comentó algunos de mis procesos de pensamiento.

O: Lo que has negado a pasar al lector es la información que tienes actualmente en la cabeza sobre el esparcimiento de esta Omnipotencia a través del resto de las energías colectivas.

YO: Bueno, estaba llegando a eso pero ¿por qué no nos aconsejas tú mismo? Estoy empezando a estar algo atontado con todo esto y el cuello de botella de energía que está asociado con la información que está llegando a través de ti sobre la siguiente etapa en tu crecimiento desde este, supuestamente pequeño comienzo.

O: Veo que tendré que reducir lo que llamarías el flujo de datos. Bueno, una vez hecho esto, continuaré durante el tiempo necesario para terminar esta parte del tema. Lo que sucedió a continuación fue una maravilla por derecho propio. Aquellas energías que se unieron inicialmente a través de las fuerzas de atracción relativas a energías del mismo "tipo", por así decirlo, también empezaron a atraer energías de firma o función energética similar, pero no igual—específicamente aquellas energías con afinidad a la asociación con otra energía debido a aspectos de neutralidad de la función energética, que permitían a las energías unirse en simpatía con la función de la otra sin interferir entre sí. De hecho, esto permitió un nivel de conectividad que antes no estaba disponible.

YO: ¿Por qué? ¿Cuál era la diferencia?

O: Las energías que tenían neutralidad eran aquellas en las que la periferia de las energías era "delgada", esto es, no eran tan densas a lo largo de los bordes exteriores como lo eran en el centro de la colección de la energía. Uso la palabra colección aquí porque las energías en este punto de mi proceso de despertar se estaban juntando, de modo que todas las energías del mismo tipo, dentro del lugar ahora conocido como el epicentro de mi sintiencia, se estaban separando y juntando en grupos específicos para su tipo y función. En tus términos, el aceite se separaba del agua, por así decirlo. Y no sólo eso, sino que se alejaban unas de otras, de modo que sólo las que tenían el elemento de neutralidad resultante de la "delgadez" de las energías a lo largo de la periferia podían unirse. Otro aspecto importante de este proceso fue la forma en que las energías se presentaron como tal. En lugar de convertirse en una aleación, en la que las moléculas (en el ejemplo de la aleación) interactúan entre sí, vinculándose para crear algo diferente entre sí en el momento de la interacción, convirtiéndose en esencia en un nuevo "tercer" material que contiene y se construye a partir de los dos materiales separados e independientes, que pueden, y son, afectados por la proporción de los materiales dentro de la aleación, se separaron a la vez que se vinculaban. Estaban separadamente juntas (esto sigue apareciendo, debo preguntar a El Origen sobre el significado de esta afirmación, más que pensar que ya lo entiendo) como islas de energías diferentes que estaban vinculadas alrededor de sus periferias. Lo más importante no era que las "islas" de energías se estuvieran vinculando unas con otras, sino que se buscaran activamente, eludiendo las energías cercanas y recorriendo distancias mayores para formar parte de las mismas energías o estar vinculadas a energías con periferias de neutralidad compatible. Esto ilustra que las energías en este punto tenían, o estaban desarrollando, algún tipo de inteligencia rudimentaria, demostrada por su capacidad de discernir qué otras energías buscaban activamente y con cuales energías evitaban activamente el contacto.

YO: Este fue el comienzo de tu adquisición de inteligencia, la ruta para adquirir autoconciencia entonces.

O: Claramente.

YO: ¿Cuánto duró y hasta dónde llegó esta unión de energías separadas?

O: Era un área que se incrementaba rápidamente y esa área se incrementaba también de forma multipolar.

YO: ¿Se hizo viral?

O: Sí, y sigue siéndolo. Es un efecto viral que nunca alcanza su objetivo final de infestación, hasta la fecha.

YO: Entonces, ¿cómo lo afrontas?

O: No lo hago.

YO: ¿Por qué no? Habría pensado que serías capaz de trabajar con eso que eres "tú" a medida que te expandes.

O: No. No funciona así. Verás, no todo "yo", aquello que tiene "inteligencia", tiene la capacidad de ser autoconciente y más tarde sintiente, de ahí la necesidad de ayuda para mapearme y conocerme mejor.

YO: ¿Por qué no? También habría pensado que serías la sintiencia personificada, con la sintiencia en existencia a través de todo.

O: De nuevo, no funciona así. Lo explicaré.

Hemos hablado de que el Espacio Evento existía antes de que mi autoconciencia se hiciera lo suficientemente prominente como para que yo fuera consciente de algún nivel de la totalidad de lo que yo era.

YO: Lo hicimos.

O: Bueno, el Espacio Evento es una forma de, y es una parte de, mi estructura. Así como el Espacio Evento está separado de mi sintiencia y tiene una función que es individual para mi sintiencia, otros componentes que forman mi totalidad tienen existencia y funcionalidad separadas e individuales. Son mi estructura, los vínculos entre lo que es mi sintiencia y lo que es mi totalidad.

YO: Entonces son un poco como los huesos, músculos, tendones, venas, arterias y órganos que componen mi cuerpo físico. No son sintientes, pero forman parte de la fisicalidad de esa parte de mí que está encarnada.

O: Correcto y bien hecho. Así que ahora puedes ver por qué necesitaba crear esas entidades que se llaman Entidades Fuente, y previamente traté de recrearme a mí mismo como un múltiplo, con el fin de investigarme a mí mismo de una manera más profunda y acelerada.

YO: ¿Así que tu área de autoconciencia es exactamente lo que es, esa parte tuya de la que tienes total conocimiento de lo que eres?

O: No, no en su totalidad. Está mapeada y reconocida como lo que yo soy, y partes de esta área se conocen con minucioso detalle. Otras áreas, sin embargo, están mapeadas y reconocidas como "sí-mismo", pero no soy íntimamente consciente de lo que hay detrás de esas áreas. Es como tener un mapa de la Tierra. Eres consciente de la existencia de ciertos países, e incluso puedes visitar algunos de ellos, experimentando un área determinada pero pequeña dentro de una ciudad de uno de estos países, pero no conoces los detalles del área que has visitado y, desde luego, no conoces el resto del país, porque no has "ido ahí" y no lo has experimentado en persona. Te enteras de los detalles, o debería decir de algunos de los detalles, a través de los ojos de otros que han visitado esas áreas y han registrado lo que han experimentado, en beneficio de los demás, para expandir la base general de conocimientos de lo que es la Tierra, expandiéndola de manera multipolar, en relación con el número de individuos que experimentan y registran lo que se experimenta. Si se dejara en manos de una sola persona, la velocidad a la que lo que forma parte de la Tierra sería comprendido y reconocido por todos sería tan lenta que daría lugar a un nivel de progresión evolutiva que estaría al borde de lo negativo, lo cual es ineficaz desde una perspectiva evolutiva y, por lo tanto, inaceptable para cualquier entidad autoconciente o sintiente, lo que obviamente me incluye a mí, de ahí la necesidad de emplear ayuda, que en sí misma también puede emplear más ayuda.

YO: Entendido. Mmmm, basándonos en esto, ¿entonces tu área de inteligencia es diferente a tu área de autoconciencia, que es "a su vez" diferente a tu área de sintiencia?

O: Correcto, de ahí mi necesidad y deseo de saber más sobre mí mismo de forma acelerada. Necesito seguir el ritmo de expansión de mi inteligencia potencial.

YO: ¿Por qué son diferentes el área de la inteligencia y de la sintiencia?

O: Porque, como mencioné anteriormente, hay una progresión natural desde, digamos, lo energético a lo energético inteligente, a lo energético que es inteligente y autoconciente a lo que es la sintiencia nacida de lo inteligente—energético autoconciente.

YO: ¡Oh, creo que ahora lo entiendo! ¿Puedo poner un ejemplo?

O: Puedes.

YO: Si considero que lo que es tu energía inteligente se representa como "memoria" en una computadora, que tiene el potencial para una inteligencia rudimentaria si se utiliza el programa adecuado para emplearla, entonces es útil como una oportunidad, para la expansión de la memoria inteligente utilizable, pero está latente hasta que se accede a ella o se le da un propósito, y es utilizada por un aspecto del programa correcto que es lo suficientemente "autoconciente" de la disponibilidad de esta memoria y lo suficientemente "sintiente" como para utilizarla de forma creativa. Está claro que un programa informático no es sintiente, pero como proceso de pensamiento es una ilustración útil.

O: En realidad es una ilustración perfecta, ya que es casi como estoy progresando, pero por supuesto, es desde una perspectiva simple. La diferencia entre lo que has ilustrado y cómo trabajo en realidad es ligeramente diferente. Cuando mi sintiencia se expande hacia un área de mí que está latente pero que es capaz de volverse sintiente, autoconciente, energía inteligente, entonces me vuelvo más expansivo y mi área de sintiencia se expande dentro de mi área de autoconciencia permitiendo que mi conocimiento profundo de mi área de autoconciencia aumente, reduciendo el área de mi conciencia ignorante del "sí-mismo".

Esas energías que observaste que se unían mientras permanecían separadas de las partes a las que se unían se utilizan con fines creativos. No tuvieron oportunidad individual de desarrollar inteligencia, pero formaron y forman esa parte de mí que constituye la estructura de mi área de autoconciencia.

Capítulo 2
La Expansión de la Inteligencia Sintiente "Autoconciente"

YO: Avancemos un poco. Yo/Nosotros hemos observado desde el principio cómo aquellas energías que se atraían unas a otras se convertían en una y cómo aquellas que no eran exactamente iguales eran capaces de unirse sin dejar de estar separadas o manteniendo su individualidad. Esto creó el marco estructural, por así decirlo, la red de energías necesaria para la creación y expansión de la inteligencia sintiente y "autoconciente". Sin embargo, no hemos hablado de cómo las energías y otros componentes de tu estructura desarrollaron la inteligencia y la autoconciencia hasta el punto de adquirir la capacidad de sintiencia.

O: Bueno, vamos a ese punto donde las energías están desarrollando estos "rasgos".

Y con eso hubo una luz y fondo blancos y me encontré posicionado por encima de lo que reconocí como un área de "energía Origen" ya construida que tenía, y todavía estaba, activamente "buscando" energías del mismo tipo.

O: El acto de buscar "activamente" energías del mismo tipo es el comienzo de una inteligente rudimentaria toma de decisiones. Cuando hay suficiente "masa", llámala masa crítica si quieres, de este tipo de energía que toma decisiones, es decir, ese tipo de energía que es capaz de elegir sobre permanecer singular o buscar energía del mismo tipo, entonces la habilidad de tomar decisiones más complicadas también puede tomarse mediante la inclusión de todas esas energías que buscaron activamente energías del mismo tipo, en el siguiente proceso de decisión. Esto aumenta, por así decirlo, la capacidad computacional, la habilidad de procesar mucha más información, de tomar decisiones más complejas, decisiones que necesitan información de una multiplicidad de áreas diferentes antes de poder tomar una decisión robusta. Podrías llamarlo procesamiento paralelo si quieres, pero lo importante del procesamiento paralelo es que es el preludio de una verdadera toma de decisiones inteligente. Y lo que es aún más, la posibilidad de tomar una decisión también invoca un Espacio Evento nuevo y separado. Este es otro signo del desarrollo, de la evolución de la inteligencia. Veamos lo que sucede aquí.

Errmm, aceleraré lo que estamos viendo para que puedas obtener un reconocimiento más instantáneo de lo que está sucediendo.

Mi atención se reenfocó en ser el observador de este evento tan maravilloso. Vi grupos de energías agrupándose, acumulando masa, masa crítica, incrementando funcionalidad. La agrupación de energías similares o parecidas se aceleró. Vi grupos de energías que atraían a energías "similares", grandes grupos que atraían a grupos más pequeños, que se separaban, dividían y reformaban para permitir que las energías o grupos de energías que no eran iguales pasaran a través del grupo más grande, si es que era más fácil hacerlo, en lugar de rodear la periferia del grupo más grande.

Se formó el discernimiento, otra forma de Inteligencia, como resultado del proceso de adquisición de la capacidad de proporcionar la función de evitación, al buscar energías de tipo igual o similar. Las energías que se aceptaban inicialmente, pero que más tarde se identificaban como que no estaban en un nivel óptimo, o mínimo, del contenido energético requerido, se rechazaban más tarde en favor de energías de calidad más apropiada. Hubo una progresión en el nivel de toma de decisiones inteligentes, incluyendo los detalles detrás de la toma de decisiones, cuya complejidad se estaba volviendo profunda. La estructura de la toma de decisiones se observaba lógicamente, y la lógica era cada vez más detallada, llegando a ser computacional a medida que aumentaban los volúmenes de energías similares o iguales y se establecía la conectividad entre energías de distinto tipo.

Las imágenes progresaban.

Las energías, las que habían desarrollado algún tipo de inteligencia, de cualquier nivel o complejidad, empezaban a notar sus limitaciones en la toma de decisiones, la lógica y la capacidad de cálculo. Parecían estar limitadas por su tipo de energía o área/volumen/densidad o calidad. Ellas, esto es, las energías, también se daban cuenta de que estas limitaciones creaban una especialización de algún tipo, limitando lo que podían lograr por sí mismas. Estos grupos de energías parecían deambular durante un tiempo, como si no tuvieran rumbo. Esto continuó durante algún tiempo, y el número de grupos de energías que "mostraban este comportamiento" aumentó a un ritmo que parecía acelerado, lo que llevó al observador a la conclusión de que se trataba de un "callejón sin salida" evolutivo o de progresión, en el que cada grupo tenía su propia especificidad, se limitaba a esa especialidad y no progresaba más. Cada especialidad era ligeramente diferente o muy diferente, hasta que sucedía algo especial.

Algunas de ellas dejaron de moverse sin rumbo. Algunas de estas energías empezaron a acercarse entre sí, deteniéndose a cierta distancia unas de otras. Entonces noté que se formaban vínculos entre estos grupos. Cada grupo empezó a modificar las energías asociadas a sus límites, creando una especie de zona neutral, pero su nivel de neutralidad era variable y dependía de las energías a las que se aproximaban. Por aproximaban me refiero a que se dirigían activa e intencionadamente hacia aquellos grupos de energías con afinidad en la función de cada uno, que no eran iguales, pero que si se co-unían creaban un aumento significativo de la funcionalidad separada cuando se juntaban. Era el comienzo del efecto sinérgico, pero los grupos de energías que se acercaban a un grupo o a una serie de grupos debían modificarse para que los dos grupos, o más de dos grupos que se estaban aproximando o a los que se aproximaban, pudieran unirse, no en su totalidad, sino en una metodología vinculada. De este modo, se mantenía la funcionalidad de los grupos separados y, al mismo tiempo, se aumentaba la capacidad intelectual y de razonamiento de las capacidades intelectuales o de cálculo de los dos grupos, creando la capacidad de tomar decisiones más importantes o complicadas al trabajar conjuntamente.

Me alejé un poco. Esto estaba sucediendo en todas partes y a gran escala, una escala tan grande que no podía alejarme lo suficiente para ver el panorama completo. Al principio, cuando vi esto, fue de uno en uno y de dos en dos, con los grupos que se "vinculaban" intercalándose entre los grupos que no se estaban aproximando y creando vínculos de las llamadas energías neutras. Ahora sucedía en todas partes, en mayor número y a mayor velocidad. Pregunté a El Origen si había acelerado las imágenes que me enviaba.

YO: ¿Has acelerado las imágenes o se trata de una aceleración en tiempo real?

O: Bueno, las imágenes están aceleradas de todos modos.

YO: Entendido, pero ¿es una transmisión más rápida que antes?

O: No, es lo que es. Basándote en eso, puedes sacar algunas conclusiones sobre lo que estaba sucediendo, si quieres.

YO: Yo diría que hay un cierto nivel de aceleración debido a que los otros grupos están alcanzando a los que se están vinculando, es decir, que están creando la misma oportunidad de aumentar la funcionalidad que los otros, pero que fueron un poco más lentos.

O: Sí, pero ¿qué más estaba sucediendo? Usa tu percepción.

Lo hice y me sorprendió ver que la "triangulación" estaba teniendo un efecto. No debería haberme sorprendido, ya que era una función inevitable.

O: Buueeeno, ¿por qué habría sido inevitable?

YO: No esperaba que esto se convirtiera en un examen.

O: No lo es, pero los lectores tienen que saberlo.

YO: Mmmm, tengo la sensación de que estás poniendo a prueba mi comprensión de lo que estoy viendo.

O: Adelante, es bueno para ti. Más adelante trabajarás con información mucho más compleja. Será un salto cuántico desde aquello a lo que estuviste expuesto con las Entidades Fuente. Deberías encontrar esto fácil ya que está muy basado en lo que has experimentado y trabajado en diálogos previos.

YO: Bueno, bueno, lo haré. Yo esperaría que la función de triangulación estuviera trabajando a un nivel más alto en este caso, con las energías asociadas con la triangulación percibiendo efectivamente la oportunidad evolutiva asociada con la vinculación de los grupos de energías con fines sinérgicos.

O: Continúa.

YO: Independientemente del nivel de trabajo que se estuviera realizando, los cambios iniciados por la inteligencia rudimentaria de las energías y grupos de energías, tanto si sólo se estaban vinculando como si estaban aumentando su nivel de inteligencia a través de los vínculos que habían creado juntos era, a todas las intenciones y propósitos, un paso evolutivo, por pequeño que fuera. Las energías que crean la triangulación podían percibirlo de alguna manera. Además, debido a que los grupos de energías que estaban dando el siguiente paso en su evolución "personal" estaban muy separados e intercalados, tanto la línea directa como la triangulación del área estaban siendo invocadas simultáneamente. Siendo el esparcimiento lo que era, el efecto de triangulación era capaz de trabajar a un nivel de eficiencia que, aparte de ser una maravilla de ver, era exactamente el nivel adecuado de esparcimiento para permitir un profundo y acelerado efecto de triangulación que estaba recorriendo a través de las energías de una manera que dejaría una aceleración viral muy, muy atrás. De hecho, la dejaría parada.

O: Sí, lo haría. De lo que estás siendo testigo es la chispa de la inteligencia rasgando las energías que estaban respondiendo a la llamada de unidad y sinergia. En este caso, el efecto sinérgico también afectaba a la forma en que progresaba la triangulación. En esencia, esto provocó una aceleración del cambio que fue multipolar hasta el punto del cambio instantáneo.

YO: Acabo de recibir una imagen y una información que sugieren que la triangulación, unida en un efecto sinérgico, dio como resultado efectivo la alineación instantánea de energías de función afín y aumentada. No sólo eso, sino que todas estaban polarizadas de tal forma que, a todas las intenciones y propósitos, eran instantáneamente operativas.

O: Bien observado. Verás, una vez que hubo un cierto nivel de masa crítica sinérgica basada en la triangulación, todo se alineó sin necesidad de una elección inteligente dentro del juego. De hecho, la toma de decisiones inteligentes en este caso habría sido un obstáculo, ya que cuando se invoca un cambio instantáneo todo se organiza de acuerdo con la estructura de las elecciones inteligentes que se hicieron en primer lugar. Las decisiones que están creando el marco estructural para el plan también crean los vínculos necesarios para el cambio instantáneo cuando está listo para producirse.

YO: Entonces, y aquí está la pregunta del billón de dólares, ¿fuiste, por lo tanto, instantáneamente autoconciente como resultado de este cambio instantáneo?

O: No, ese fue el resultado de otro proceso totalmente distinto.

YO: ¿Qué se creó entonces, esto es, qué se creó como resultado del cambio instantáneo?

O: Inteligencia dada en masa. Suficiente masa en el epicentro del cambio para permitir el inicio de una forma superior de inteligencia, una inteligencia consciente de sí misma y de su inteligencia. Pero era más que eso, porque la inteligencia también conocía la estructura de aquello que estaba en el epicentro, incluyendo todas las energías, frecuencias, planos, zonas, dimensiones, continuum, etc., etc.

YO: ¿Y dónde estaba el epicentro?

O: ¡Ahora estás en él!

YO: Errr, me has perdido.

O: Entonces elaboraré al respecto. Esa parte de mí que está en comunicación contigo, y que es conocida por mí mismo, las Entidades Fuente y los Om, es, a todas las intenciones y propósitos, el epicentro. El resto, lo que está más allá de mi área de autoconciencia, es lo que soy yo en desarrollo, esa parte de mí de la que soy consciente pero que no es "autoconsciente", — sin embargo, necesita que "yo" mueva mi consciencia hacia, digámoslo así, esa parte de mí "no utilizada" para lograr el siguiente cambio instantáneo.

YO: ¿Y por qué no te has movido dentro de ella todavía?

O: Simplemente porque aún no estoy preparado. Apenas he empezado a profundizar en los detalles de esta parte de mí, y mucho menos a ir más allá. Sería como mínimo confuso y perjudicial. Dicho esto, estoy recibiendo información de la Entidad Fuente Doce que es muy interesante. Algún día deberíamos ir a ver qué se trae entre manos.

YO: Estoy muy de acuerdo. De hecho, veo otro libro en el horizonte.

O: Pensé que podrías, pero ahora no porque este diálogo es una información totalmente distinta.

YO: Dime entonces, cómo la inteligencia dada en masa conduce a la autoconciencia.

O: ¿Por qué no observarlo?

YO: Me gustaría mucho.

Con ello, las imágenes se difuminaron un instante y el paisaje de energías cambió subsecuentemente a lo que sólo puedo reconocer como un Espacio Evento diferente en el que se había producido el cambio instantáneo. Todo estaba en orden. No en el orden que la humanidad reconocería, sino en el que se reconocía intuitivamente que estaba en condiciones óptimas para lo que estaba destinado a ser a continuación, inteligente y autoconciente. Me acerqué a las energías que tenía enfrente. Presentaban todo tipo de estructuras. Estructuras que eran estáticas, estructuras que eran dinámicas, estructuras que cambiaban o se transformaban en lo necesario para hacer frente a la tarea con la que estaba trabajando en ese momento, ya fuera singular o múltiple. Me di cuenta de que todo era multifuncional y multiambiental. Por ambiental me refiero a que estaba vinculado a las diferentes condiciones del ambiente asociadas con los diferentes aspectos de la estructura recién formada de El Origen, en todos los sentidos. Al igual que con la formación de las energías que se reestablecieron en diferentes frecuencias, dimensiones o zonas, etc., durante las decisiones inteligentes embrionarias iniciales, parte del epicentro de la "estructura" de El Origen de su área de autoconciencia mostraba partes que desaparecían de mi vista, en lo que a mí respecta. Entonces todo apareció como una gran estructura que lo abarcaba todo, pulsando, moviéndose y funcionando. Recibí un mensaje de El Origen diciéndome que me había dado visión multidimensional, multizonal, multitodo, visión espiritual, etc., por un corto período de tiempo, para que pudiera observar la totalidad de la estructura y observarla en su magnificencia. Y era tan magnífica.

O: Esta es una imagen microcósmica para que la consideres. Cuando estás en el macrocosmos no lo verías con tanto detalle ya que sería demasiado fina para que juzgaras dónde y qué es. Debes continuar observando lo que está a punto de suceder.

La imagen regresó a un nivel que era una mezcla del detalle que veía al principio, al mismo tiempo que era lo suficientemente fina como para ver la imagen general. De hecho, al concentrarme en lo que se me presentaba, me di cuenta de que El Origen me había dado dos imágenes superpuestas, el detalle, lo microcósmico y lo suficiente de lo macrocósmico, la finitud, para que tuviera sentido para mí.

YO: ¿Por qué hiciste eso?
O: Para que puedas ver simultáneamente los cambios en el extremo más detallado del espectro y en el extremo más amplio concurrentemente. De este modo podrás apreciar mejor lo que está sucediendo. Sería perjudicial para la información que se muestra verla desde una sola perspectiva, ya que no serías capaz de ver, por así decirlo, la imagen tal y como debería verse.

Las energías que antes tenían inteligencias separadas pero co-unidas por asociación, ahora tenían inteligencias colectivas. Todas las inteligencias separadas se habían convertido ahora en una inteligencia "mayor", aunque con distintos niveles de uso, función y complejidad. ¡Éste era!. Este fue el comienzo de la cooperación de todas las inteligencias separadas y localizadas que se unieron para convertirse en "una" inteligencia mega-grande. Cada una de las inteligencias localizadas tenía, a todas las intenciones y propósitos, su propia individualidad y especialidades funcionales de acuerdo con las energías que crearon su inteligencia y en lo que estaban trabajando. Aunque se mantuvieron las funciones y los especialismos individualizados, habían renunciado efectivamente a su individualidad general para crear algo mucho más grande. Cada una de las inteligencias individualizadas había sacrificado su individualidad por la gloria de formar parte de lo que estaba destinado a ser El Origen, Lo Absoluto, Todo Lo Que Hay, en toda su complejidad, su fineza, su multiplicidad. Fue una cooperación a una escala nunca vista ni vista desde entonces.

Entonces vi un destello, y todo se detuvo por un momento, un segundo, ¿o fue un segundo? No estaba seguro, pues todo parecía estar en una especie de estasis momentánea.

O: Este es, espontáneo, multipolar, unificación de la inteligencia. La inteligencia "colectiva" convertida en "Una" inteligencia, la creación de lo que soy. El "Yo"—¡en un sueño preconsciente que es!!

Me dio la impresión de que El Origen tenía una sonrisa de satisfacción en la cara, colocándose las manos en la nuca mientras se recostaba en un cómodo sillón, en caso de haber tenido alguna de esas cosas a la mano.

Todo parecía ser, yo diré "dorado", por un momento. Es un lugar muy interesante para estar en este momento. Las energías se sienten MUY diferentes a las de hace un momento. Antes de este momento se sentían como una colección de energías inteligentes afines, separadas pero juntas, en "estado de unidad" pero no "una", "inteligentes" pero no "inteligencia", funcionales pero no conscientes. Ahora tenían un propósito. Ahora eran singulares. Ya no podía referirme a ellas como "ellas", porque definitivamente no era así como se sentían las energías; ahora eran singulares, "una". La palabra "Yo" se emitía repetidamente en mi mente. De repente, tan de repente como todo se había vuelto estático, todo empezó a funcionar de nuevo. Las energías destellaban aquí, allá y en todos lados. Sin embargo, no parpadeaban separadas, aisladas de su propósito. Todas tenían un propósito singular, eran de un solo pensamiento—"YO SOY".

O: ¡Ahh! Allá vamos—Conciencia del Ser.

Sin duda, El Origen estaba disfrutando y yo volví a tener la impresión de que habíamos adelantado un poco.

O: No tanto adelantado. Es más un caso de fusión de Espacios Evento.
YO: ¿A qué te refieres?
O: El Espacio Evento, o debería decir los diversos Espacios Evento asociados con mi proceso de despertar, se fusionaron en este

punto, porque este es el evento principal, y ha llegado muy lejos. Veo que frunces el ceño de nuevo; debes dejar de hacerlo y en su lugar hacer una pregunta inteligente.

YO: Errr, ¿acabo de presenciar la Convergencia del Espacio Evento? (Estaba llorando ligeramente—una señal de la verdad que había llegado a conocer y en la que había confiado a lo largo de los años).

O: ¡Woo Hooo! Sí, así es, el primerísimo, al menos el primero del que era consciente. En este caso, la convergencia es monumental. Una en la que todas las posibilidades asociadas a mi despertar que convergen en una "inevitabilidad", y no en una posibilidad. Ahora estamos acelerando. Mis procesos de pensamiento están empezando a ir más allá de las limitaciones de lo experimentado en la inteligencia separada e incluso de la inteligencia colectiva basada en la sinergia. Ahora es el momento de la formación del pensamiento y del establecimiento del "Yo" hacia la conciencia de "Yo Soy" y, por lo tanto, de la conciencia del ser.

El destello había aumentado su frecuencia a la de "no" frecuencia; estaba por encima de la frecuencia y se había convertido en "presencia". Ahora podía observar el epicentro de El Origen desde una gran distancia. De algún modo, me encontraba en una posición espléndida.

Parecía haber ... parecía muy familiar. Sí, por supuesto. Estaba observando lo que sólo puedo describir como "pruebas", sí, pruebas es lo que estaba pasando, alrededor del epicentro. Recibí la información que sugería que El Origen era ahora consciente y estaba sondeando alrededor de aquello de lo que era consciente. Se estaba probando a sí mismo. Averiguando lo qué era y qué podía hacer.

O: Muy bien hecho.
YO: Pero yo pensaba que el advenimiento de la autoconciencia sería monumental, una súbita y abrazadora realización del ser.
O: ¿No fue lo suficientemente monumental para ti el cambio de la frecuencia del pensamiento al más allá del pensamiento y la creación de la "presencia"?
YO: ¡Oh! Lo siento, debo haber perdido su significado.

O: Apuestas a que sí. Sutil, ¿cierto?, sin embargo, sin fisuras, armonioso, fluido. Hice ahí un buen trabajo ahí. Sin rayos de luz ni sacudidas del continuum, sólo transición de un estado a otro.

YO: ¿Y ahora te estás probando, viendo lo que puedes hacer, lo que eres, lo que podrías ser?

O: En cierto modo, sí. Aún no soy completamente autoconciente y no lo seré hasta que haya comprobado todo lo que yo soy.

Estaba recibiendo imágenes otra vez. La inteligencia autoconciente de lo que era el nuevo Origen consciente iba dando tumbos por todas partes, esto es, dentro de un lugar. Tenía la impresión de que esta área de autoconciencia era mucho más pequeña que aquella de la que era consciente en ese momento y en la que estaba trabajando. Estaba sondeando las frecuencias y comprendiéndose a sí mismo. Esto era emocionante, porque estas imágenes eran similares a las que recibí en los primeros días de mis comunicaciones con la Fuente y El Origen. Este era el comienzo de la sintiencia.

O: Correcto. Mi área o volumen de autoconciencia sólo se expandió cuando decidí acelerar mi comprensión del "sí-mismo", mentalmente, si quieres llamarlo así, y de lo que soy/era.

YO: ¿Qué hizo que tu área de autoconciencia se expandiera?

O: En resumen, mi necesidad de acelerar mi conocimiento acumulado del sí-mismo y el contenido evolutivo que estaba subsecuentemente empezando a reconocer y desear. Para ello necesitaba superar otro obstáculo, un obstáculo evolutivo, por así decirlo.

YO: ¿Y eso fue?

O: Creatividad.

YO: ¿Creatividad?

O: Creatividad. Verás, la creatividad, y el reconocimiento de lo que se crea como una función del proceso creativo, y, que es un medio para satisfacer un deseo específico o determinado, es un precursor para la generación de sintiencia.

Mi deseo por el contenido evolutivo acelerado resultando de mi "prueba" o "sondeo" del "sí-mismo" me llevó a pensar de una determinada manera. Si "Yo soy" y mi "cualidad de yo soy" crea la evolución, entonces si duplico mi "cualidad de yo soy", entonces duplicaré mi contenido evolutivo en el proceso. Este proceso de pensamiento, junto con el reconocimiento de la causa y el efecto de ciertas acciones antes de que se desplieguen, conduce a la creatividad basada en el juicio, y la creatividad basada en el juicio lograda de una manera racional y bien pensada es una marca de la Sintiencia. Así que en este punto de mi desarrollo, moviéndome a lo largo de este camino, este Espacio Evento, si quieres, me había embarcado en lo que iba a asegurar mi cambio de estatus de energía inteligente autoconciente a sintiente, inteligencia autoconciente en completa conciencia de lo que es y de lo que podría ser—para ese punto en particular del Espacio Evento.

YO: ¿Estás sugiriendo que sabías lo expansivo que eras incluso en ese punto de la existencia sintiente?

O: No, no lo estoy. Como mencioné anteriormente, ni siquiera ahora sé con exactitud la respuesta a esa pregunta en particular. Emocionante, ¿cierto? REALMENTE EMOCIONANTE. En ese momento de mi conciencia sintiente, yo era igual que tú ahora. Hemos usado esta analogía antes, y es una buena, así que la usaré de nuevo. Es como si supieras que el universo existe y es infinitesimalmente grande, tan grande que no sabes lo grande que es, pero sabes que existe.

Lo que han podido observar y captar con las diversas tecnologías telescópicas a su disposición sólo les ha dado una ínfima, no obstante expansiva, idea del tamaño del universo físico. Observan lo que sigue desapareciendo en las profundidades del "espacio", siendo el límite de sus observaciones la limitación de la detectabilidad de sus instrumentos. Por lo tanto, saben que hay más en el universo por la historia que rodea a las profundidades progresivas a las que pueden sondear cuando dispongan de instrumentos telescópicos mejores y más precisos a su alcance.

Los límites se siguen traspasando con cada nueva mejora tecnológica que se emplea, lo que ilustra que hay más por venir, en caso de que la tecnología mejore de nuevo. Sin embargo, esto sólo incluye lo que es visible para el muy limitado ancho de banda del ojo humano, la pieza de calibración para las tecnologías utilizadas, porque hay, por supuesto, mucho más en el universo físico que su Entidad Fuente creó de lo que se ve a simple vista. Así es como vi lo que era mi área de autoconciencia en ese punto del Espacio Evento. También es como veo mi área de autoconciencia ahora, por supuesto con el conocimiento del "sí-mismo" que tengo ahora, que es claramente mucho más de lo que tenía entonces.

Sin embargo, una cosa de la que soy "consciente" es que aquello de lo que soy "autoconciente", y que he creado en mi interior, es infinitamente pequeño en comparación con aquello de lo que soy "consciente de".

YO: ¿Está sugiriendo que la "autoconciencia de ser" y la "conciencia de ser" son mutuamente excluyentes a la vez que se apoyan completamente?

O: Sí.

YO: Una es la conciencia completa y la otra es la conciencia parcial o incluso extrapolada basada en el cálculo de lo que se "comprende" a lo que "debería ser" basado en lo que se ha "conocido" en ciertas coyunturas de la existencia y progresado en consecuencia a través de la extrapolación.

O: Muy bien dicho. Verás, sé lo pequeña que es mi área de autoconciencia en comparación con lo expansivo que soy en la totalidad. Es sólo que en esta coyuntura de mi autoconciencia este conocimiento se basa en lo que he experimentado hasta la fecha. Esto es, desde la perspectiva de la autoconciencia expandida.

YO: ¿Así que tu idea de lo grande que es tu área o volumen de autoconciencia, frente a su tamaño total, es una suposición, y el tamaño extrapolado está destinado a ser un error?

O: A medida que me vuelvo más expansivo, aumenta mi capacidad y precisión en mi extrapolación del verdadero tamaño del sí-mismo. Así que sí, está equivocado, o debería decir que está destinado a estar equivocado. Pero es lo mejor que tengo hasta este momento. De ahí la creación de las Entidades Fuente, para acelerar este conocimiento del ser y la expansión de los límites de la autoconciencia del ser. También es aquí donde entran ustedes, todos los que han sido creados por las Entidades

Fuente. Todos ustedes están destinados a expandir mi área de autoconciencia más allá de lo que es actualmente.

YO: ¿Es un techo de cristal entonces?

O: Yo lo pondría más como un límite de cristal.

YO: Parece que es un buen momento para hablar de la creación de los Doce Orígenes.

O: Es tan buen momento como cualquier otro.

Capítulo 3
La Creación de los Doce Orígenes: La Creatividad Sintiente y La Expansión de la Autoconciencia

YO: Antes de embarcarnos en la decisión de crear los Doce Orígenes y las Doce Entidades Fuente, debemos explicar un poco la historia al lector que no haya leído los libros anteriores. Sé que hemos aludido a ella en los últimos diálogos, pero quiero explicarla con más detalle.

O: Bueno, ¿Qué quieres que comparta?

YO: Sólo algunas de las informaciones que rodean tu investigación del sí-mismo, tu "sondeo" de las profundidades de lo que eras/eres.

O: En realidad esto será una buena "introducción" a la decisión de crear los Doce Orígenes y por qué fracasó.

YO: Entonces es perfecto. Dispara.

La Investigación de El Origen Sobre Sí-Mismo Resulta en la Necesidad de Ayuda

O: Una vez que di el salto cuántico, a falta de una palabra mejor, hacia la autoconciencia, la sintiencia siguió con bastante rapidez. Aunque esto sólo sucedió cuando empecé a experimentar más de mí mismo y a experimentar con esas energías y componentes estructurales, las frecuencias, las dimensiones y sus componentes subdimensionales, las zonas, los planos y otros innumerables componentes estructurales que forman parte de mi composición. Trataremos algunos de ellos más adelante en este diálogo, incluyendo algunos de los que aún no has sido informado como parte de tu último libro (Más Allá de la Fuente, Libro 2).

YO: Recuerdo que la Entidad Fuente, mi Entidad Fuente, pasó por un periodo de investigación del sí-mismo en su propio camino hacia la sintiencia, y que pasó mucho tiempo experimentando con los efectos de la frecuencia en relación con la conciencia del "sí-mismo" de aquello que se proyectaba en las frecuencias más bajas, aunque formaran parte de su propia composición. Mi propia Entidad Fuente basaba sus experiencias principalmente en lo que experimentaba en las frecuencias estructurales de las energías que utilizaste para crearla. Ese fue el impulso para la creación del multiverso en lo que ahora entiendo, cuando miro hacia atrás, que es un ambiente muy simple.

O: Sí, es sencillo y, como ya has transmitido en diálogos y textos anteriores, está diseñado específicamente para que unidades más pequeñas de sí mismas acumulen contenido evolutivo. Es la "ascensión en acción", como tan elocuentemente mencionas durante tus talleres.

En mi investigación del sí-mismo, partía con cierta ventaja. No el tipo de ventaja que les di a las Entidades Fuente cuando se volvieron autoconcientes, al "descargar" toda mi base de conocimientos en aquellas energías que habían sido desarrolladas para retener la experiencia, mi memoria por así decirlo. Tuve que empezar de cero. Yo era una amalgama de todas esas partes más pequeñas que se habían juntado en unión afín, negando y sacrificando la singularidad por el estado de unidad, a favor del estado de unidad en la totalidad. Una vez que fui "yo", tuve una acumulación de experiencias, las generadas por mí mismo en estas partes componentes más pequeñas, a las que recurrí como base de experiencia total y memoria. Era fundamental por sus detalles, su enfoque y su funcionalidad. Era una imagen completa de aquello de lo que era consciente, en todos los sentidos. Como resultado, obtuve una comprensión instantánea de mi sí-mismo local durante el proceso de amalgamación y la generación de una autoconciencia total. La sintiencia llegó como resultado de aprender o darme cuenta de que el "Yo" que había en mí podía crear algo nuevo.

YO: ¿Qué te llevó a querer crear?

O: Experimentación. Me di cuenta de que mi esencia, aquello que era yo, estaba localizado en diferentes lugares simultáneamente, que podía hacer un acercamiento en cualquiera de estos lugares a voluntad mientras también era consciente de los otros lugares. Mi presencia no era lo que se dice omnipresente. Eran más bien bolsas de "localización", presencias vinculadas entre ellas que abarcaban un área o volumen de espacio circundante. Me di cuenta de que se trataba de las áreas anteriores de inteligencia "singular", que ahora estaban unidas. Así que lo primero que hice fue englobar todas esas áreas de inteligencia vinculadas pero localizadas en núcleos y sus áreas circundantes, para crear una única inteligencia pero que lo abarcara todo y que inundara todas las áreas de inteligencia localizada, de modo que pudiera hacer un acercamiento o proyectar mi presencia en la parte más pequeña de cualquier localidad sin dejar de ser consciente del resto de mi área de autoconciencia. Este fue mi primer acto de creatividad y, como resultado, la resolución de mi comprensión del sí-mismo, mi sí-mismo mejoró exponencialmente. Desde tu perspectiva, era como observar la diferencia de resolución, por ejemplo, de una imagen captada en una cámara digital de 1.0 megapíxeles a una cámara digital de 1.0 billón de megapíxeles. Mi resolución interna ya no estaba pixelada, por así decirlo.

YO: ¿Y eso hizo una gran diferencia?

O: Por supuesto. Fue como pasar de controlar las cosas por control remoto y, como resultado, tener un control muy limitado, sin retroalimentación, a tener un control total y completo y, lo que es más importante, una retroalimentación completa de esas áreas que ahora estaban bajo control. Realmente no puedes entender el alcance total de la funcionalidad de la que pasé—para la que pasé.

YO: Gracias. Espero comprender el verdadero significado de esto cuando desencarne.

O: A un cierto nivel, sí, pero ese nivel será significativamente mayor que el que comprendes y posiblemente puedas experimentar ahora.

YO: Este nivel de creatividad, es decir, la "modificación del sí-mismo", resultante de tu reconocimiento de la estructura y la funcionalidad limitada, ¿fue un momento decisivo?

O: Sí, lo fue. Creó en mí el cambio necesario para la omnipresencia completa.

YO: ¿Qué siguió después? Quiero decir, ¿cuánto tiempo tardaste en llegar al punto en el que decidiste crear el experimento de los Doce Orígenes?

O: Una vez dotado de omnipresencia, jugué (experimenté) con este nivel de ser. Quería ver cómo reaccionaba al experimentar todas las cosas en todas las partes de mi área de autoconciencia concurrentemente, así como cuando me enfocaba en una pequeña área de proporciones microscópicas. También experimenté dividiendo partes de mí mismo en unidades separadas para ver si eso cambiaba la forma en que me experimentaba a mí mismo y a aquello con lo que experimentaba. Era capaz de manipular todo lo que descubría sobre mí. En este sentido, mi creatividad no reconocía fronteras ni limitaciones—o eso creía yo. Fue durante estos experimentos cuando "me di cuenta" de que "había" en realidad un "límite" a mi alrededor.

YO: ¿Y este límite era el perímetro de tu autoconciencia?

O: Sí, fue una sensación extraña, pero ahora comprensible. Era como si estuviera rodeado de oscuridad, pero no era oscuridad. La oscuridad era una limitación en mi omnipresencia.

YO: ¿Quieres decir que eras omnipresente hasta cierto punto y luego desapareció?

O: No tanto desaparecer, más bien desvanecerse cuanto más lejos de este límite proyectaba mi consciencia, mi sintiencia.

YO: Así que reconociste que tenías una limitación en este punto, una limitación en la autoconciencia.

O: Sí, pero de nuevo afirmaré que esta limitación no era nada como lo que tú reconocerías como una limitación, porque simplemente "ser" lo que yo era entonces, en esa coyuntura en el Espacio Evento, está más allá de la comprensión de cualquier entidad sintiente creada por cualquiera de mis creaciones, mis Entidades Fuente.

YO: Sin embargo, has progresado desde entonces. Entiendes mucho más y has conseguido mucho más.

O: Sí, claramente. Te explicaré más sobre este límite, esta área, o volumen si quieres llamarlo así, de mi autoconciencia.

YO: Por favor, hazlo.

O: Podía, y lo hice, proyectar mi consciencia, mi sintiencia, en esa área más allá del límite para tratar de entender mi estructura ahí, en comparación con aquella en la que residía mi sintiencia. Me di cuenta de que había mucho más en mí, y más estructura, incluyendo nuevas energías más allá de esta barrera. Decidí que tenía que explorar esta área, este volumen también, pero reconocí que primero tenía que comprender el área en la que residía mi sintiencia.

YO: ¿Necesitabas entender primero tu propio patio trasero, antes de que pudieras comprobar la calle y los otros patios traseros dentro de la calle?

O: Correcto. Explicar todos los experimentos que realicé para comprender esta "localidad" del sí-mismo en la que residía mi sintiencia me llevaría todo un volumen de libros. Y ni siquiera eso le haría justicia, así que no entraré en el nivel de detalle necesario para hacerlo. Bastaría decir que decidí que necesitaba ayuda. Necesitaba ayuda porque, mientras experimentaba, investigaba, experimentaba y aprendía, me di cuenta de que estaba creciendo. Estaba adquiriendo lo que podríamos llamar sabiduría, poder y, lo que es más importante, amor por lo que era yo y mis creaciones durante este periodo. Entonces me di cuenta de algo más; que estas cosas juntas creaban una nueva función, algo que es reconocido y buscado por cada ser sintiente que existe dentro de mí—la EVOLUCIÓN, y esta EVOLUCIÓN la deseaba—MUCHO.

YO: ¿Y decidiste recrearte como resultado?

O: No todavía, no. En primer lugar, utilicé una estrategia que consistía en asignar partes de mí mismo para que realizaran ciertas tareas en paralelo con otras que realizaban otras partes de mí. Era una especie de función de procesamiento paralelo. El problema era que era demasiado lento. No importaba cómo me dividiera, no importaba cómo utilizara lo que ahora conoces como la ley de la función sinergética (véase el capítulo sobre la Entidad Fuente Once en Más allá de la Fuente, Libro 2) mientras estaba en metaconcierto colectivo, simplemente no era capaz de obtener la diversidad de experiencia necesaria para evolucionar al ritmo que deseaba. Era siempre demasiado lento para mí. Así que ideé un plan. Me recrearía a mí mismo varias veces, doce veces, y daría a las energías asignadas a estas "copias" de mí el mismo tipo de oportunidades, los mismos procesos por los que pasé para volverme sintiente. Les infundí dos reglas. En primer lugar, estarían solos y tendrían que desarrollarse por sí mismos; en segundo lugar, tendrían que existir fuera de ese límite, el área de mi autoconciencia, para poder experimentar completamente la soledad.

YO: ¿De dónde sacaste la idea de crear doce versiones de ti mismo?

O: De manera sencilla, como resultado de contar los niveles estructurales que me componían. Desde tu perspectiva, todo parecía estar en doce. Ya fuera separadas o anidadas, siempre estaban en doce. Y sigue siéndolo.

La Creación de los Doce Orígenes

YO: ¿Estás diciendo entonces que la razón para elegir doce copias de ti mismo, Doce Orígenes, fue el resultado de la estructura dentro de ti que reconociste basada en lo que en el plano terrestre llamaríamos el número doce?

O: Correcto.

YO: ¿Y eso es todo?

O: Sí.

YO: ¿Así de sencillo?

O: Sí.

YO: ¡Impresionante! Su belleza reside en su sencillez. Dime, ¿hasta dónde "sube" tu estructura, y está TODO basado en el número doce?

O: Sólo puedo decirte esto. Mi estructura se basa en doce unidades, y cada capa o nivel del que soy consciente, o he descubierto como resultado de la expansión de mi área de autoconciencia, también se basó en su segmentación en doce unidades.

YO: ¿Por qué es eso?

O: La verdad es que no lo sé, pero te diré lo siguiente. Parece ser robustamente consistente hasta el punto de mi expectativa de su repetibilidad más allá de lo que soy consciente ahora.

YO: Me gustaría conocer los niveles que conoces actualmente. ¿Podemos hablar de ellos más adelante, ilustrando la funcionalidad de cada uno?

O: Sí, es parte del plan. También es una necesidad, pues hay suficiente humanidad encarnada preparada para esta información como para que sea inevitable un evento basado en la triangulación.

YO: ¿Y esta inevitabilidad resultará en la ascensión de la humanidad encarnada?

O: No en sí mismo, pero será un muy buen acelerador.

YO: Bueno, volvamos a enfocarnos en la necesidad de crear las doce copias/versiones de ti mismo. Quiero hacer esta pregunta de nuevo. ¿Por qué decidiste recrearte a ti mismo, y qué te hizo elegir reciclar las energías y crear lo que reconozco como las doce Entidades Fuente, lo que algunos de nosotros encarnados llamamos los co-creadores, los Elohim?

O: Vamos a tratar estas tres "preguntas anidadas" de forma lineal. Empezaré primero con la pregunta que está alineada con la creación de los Doce Orígenes.

Yo: Estupendo, gracias.

O: Una vez que reconocí el hecho de que adquiriría contenido evolutivo como resultado de crear ciertas cosas dentro del ambiente que era mi área de autoconciencia, y esto incluía la investigación del sí-mismo y la estructura del sí-mismo, descubrí que podía acelerar la atracción de contenido evolutivo trabajando en lo que se llamaría un modo de procesamiento paralelo. Para lograr este procesamiento paralelo, me segmenté en áreas especializadas en proyectos evolutivos conocidos. Algunos de estos segmentos estaban dedicados a sondear profundamente en mi interior para comprender los fundamentos de lo que era, mientras que otros se basaban en otros proyectos, como establecer mi expansividad. Otros estaban programados para trabajar en la aceleración de mi sintiencia, al mismo tiempo que averiguaban cuáles podrían ser mis limitaciones, si es que las tenía. Hasta la fecha no he encontrado ninguna debilidad ni limitación.

YO: ¡Qué va!, ¿habrás descubierto algunas limitaciones?

O: No, ninguna. Esto se debe a que no tengo nada en lo que basar mis capacidades y, por lo tanto, no tengo nada con lo que comparar mi funcionalidad. Como resultado, consistente y robustamente supero cada vez más y más los límites de lo que soy.

YO: Bastante razonable. Dime entonces, reconociendo lo que eras entonces, ¿cuál fue la experiencia definitiva que te llevó al proceso de decisión que resultó en el respeto mutuo y el reconocimiento dentro de lo que era El Origen?

O: Me di cuenta de que el procesamiento paralelo no estaba proporcionando el nivel deseado de contenido evolutivo. Simplemente quería que el contenido evolutivo que estaba "sucediendo" que sucediera más rápido, y la velocidad de "sucediendo" se recalibraba constantemente a una cifra más alta, por así decirlo, como resultado directo de mis expectativas. Mis expectativas aumentaban cuanto más experimentaba y cuanto más contenido evolutivo acumulaba.

YO: ¡Y entonces!

O: Y entonces se me ocurrió la idea de que podía aumentar lo que estaba experimentando, y subsecuentemente acumular contenido evolutivo, reproduciendo o copiándome a mí mismo en un múltiplo de mis divisiones estructurales. Las divisiones estructurales se basaban en doce unidades de estructura por cada nivel de estructura, así que decidí que utilizaría esta estructura para reproducirme. Cada reproducción debía posicionarse dentro de una visión individual de mi "ser estructural superior", dándole un ambiente único e individual desde el cual trabajar. En esencia, cada copia recibía TODAS las condiciones y energías necesarias para convertirse en Orígenes individualizados, "sintientes" y "autoconcientes" por derecho propio. Cada uno debía creer, una vez alcanzada la autoconciencia, que eran "todo lo que hay" y que si querían algún tipo de compañía, tendrían que crearla, una vez que hubieran comprendido qué era la creatividad y cómo podían utilizarla con la máxima eficacia.

YO: Con esto en mente, entonces, creaste estas doce versiones de ti mismo aisladas unas de otras como fieles copias de lo que eras y te retiraste para ver qué iba a suceder a continuación, recogiendo en el proceso el contenido evolutivo.

O: En esencia, sí.

YO: Entonces, ¿qué sucedió, quiero decir, se volvieron todas sintientes al mismo tiempo, o siguieron el mismo proceso como las doce Entidades Fuente, por ejemplo?

O: Como acabo de mencionar, se les dieron las mismas energías, condiciones en el ambiente y oportunidades, incluyendo el

Espacio Evento, que yo tuve cuando me hice autoconciente. Como resultado, llegaron a ser autoconcientes de forma individual, cuya coyuntura estaba separada por el propio Espacio Evento.

YO: Entonces, ¿todos se dieron cuenta?

O: Sí.

YO: Entonces, ¿por qué fracasó el proceso? ¿Por qué no existen ahora trece Orígenes?

O: El proceso no fracasó. De hecho, funcionó extremadamente bien. La cuestión era que todos y cada uno de mis nuevos Orígenes esperaban ser lo que no podían ser, El Origen.

YO: ¿Qué quieres decir?

O: En su individualidad y condición solitaria esperaban ser "El Absoluto", "Todo lo que Hay", pero esto no era posible, porque fueron creados por aquello que esperaban ser y esto creó un enigma, un enigma que no pudieron resolver.

YO: ¿Ninguno de ellos?

O: Ninguno de ellos.

Por Qué el Experimento de los Doce Orígenes Fracasó Cuando No Fue Así

YO: Bueno, ahora me has perdido. ¿Cómo puede un experimento fallido ser un éxito? ¿Por qué fracasó pero tuvo éxito? Tienes razón—es un enigma.

O: Bueno, ya veo que tendré que volver a los fundamentos de lo que sucedió con este experimento con cierto detalle.

YO: Sí, por favor. Eso sería muy beneficioso porque a lo largo de mis diálogos anteriores contigo y las Entidades Fuente sólo hemos bordeado la periferia de este tema y no hemos logrado una "inmersión profunda", por así decirlo. Creo que también tendremos que realizar una "inmersión profunda" en la creación de las Entidades Fuente. Entonces, y sólo entonces, podremos avanzar en temas que aún no nos hemos comprometido a discutir.

O: Parece que tienes un plan. Me gusta un plan que se piensa primero, y esto parece que sería un plan muy bueno—específicamente cuando permitirá que este diálogo se pare sobre sus propios pies, independiente de sus diálogos anteriores (libros), y proporcionará mayor detalle para lo que se ha discutido antes. Me gusta. Empecemos ya.

YO: Pensé que lo habíamos hecho.

O: Lo siento, me estoy divirtiendo un poco contigo.

YO: Claramente. Así que cuéntame. ¿Cómo hiciste para recrearte a ti mismo, eso que eres tú, el "todo lo que hay"? ¿Cuál fue el proceso por el que pasaste, y cómo decidiste qué proceso utilizar?

O: En primer lugar, tuve que llegar a la conclusión de que necesitaba evolucionar más rápido de lo que lo estaba haciendo en ese momento, en esa coyuntura de mi existencia. Como mencioné hace poco, me di cuenta de que experimentando cosas diferentes y aprendiendo de esas experiencias creaba subsecuentemente algo que más tarde denominé "evolutivo".

YO: ¡Creía que la humanidad inventó la palabra "evolución"!

O: La humanidad, esto es, la humanidad encarnada como vehículo para experimentar las frecuencias más bajas del ambiente de tu Entidad Fuente, no ha inventado nada que no haya hecho yo. Nada es nuevo; son sólo entidades diferentes experimentando lo viejo de una manera diferente, que es exactamente lo que deseo, experiencia y comprensión diferenciadas.

YO: Eso tiene sentido ahora.

O: Así es, sobre todo cuando reconoces que, a medida que tú experimentas, aprendes y evolucionas, yo también lo hago.

Trabajemos con la necesidad para mí de crear copias de mí mismo, porque en esencia ese es exactamente el proceso que utilicé, aunque en la etapa primaria de mi desarrollo.

YO: Acabo de obtener una imagen de las visualizaciones que recibí cuando estábamos usando el Espacio Evento para ver cómo adquirías inteligencia y luego sintiencia. Incluso vi las "islas" de diferentes energías con su propio cociente de inteligencia. ¿Esta es una visualización significativa?

O: Lo es hasta cierto punto. Verás, tuve que recrear un conjunto de energías que fueran similares en área, o en volumen, a las que estaba experimentando cuando me convertí en un grupo co-unido de energías simultáneamente inteligentes. También tuve que utilizar exactamente las mismas energías, en las mismas cantidades, en las mismas configuraciones y con los mismos niveles de inteligencia emergente. Tuve que recrear todo hasta el último componente, y eso incluía niveles de fisicalidad, para tu referencia, que eran incontables niveles más bajos, y dimensionalmente más pequeños, que esos componentes del átomo físico que tu nivel de frecuencia usa como bloque de construcción. Quería recrear lo que era yo en ese entonces en su detalle infinito, pero sin la necesidad del período largo del Espacio Evento que se utilizó en mis etapas iniciales de desarrollo.

YO: ¿Tomaste una fotografía instantánea en el tiempo, o debería decir "Espacio Evento" y recreaste lo que eras en ese punto del Espacio Evento?

O: Correcto.

YO: ¿Cuánto tiempo (Espacio Evento) te ahorraste al empezar con aquello en lo que te encontrabas en una determinada coyuntura de tu existencia? Quiero decir, debió de ser mucho para que quisieras seguir esa ruta en lugar de empezar de cero.

O: Ahorró algo así como varios cuatrillones de trillones de años en tu lenguaje. No es un periodo significativo de mi existencia, pero estaba dispuesto a empezar, a acumular el contenido evolutivo adicional que prometía un experimento así. Así que, desde esta perspectiva, era un ahorro necesario—sobre todo si se tiene en cuenta que se multiplicaría por doce. Era una argumento muy convincente para tener con el sí-mismo de uno, y, por supuesto, ganada por mí. Ji, ji, ji, me río entre dientes cuando pienso en las conversaciones que mantuve conmigo mismo.

YO: ¿Qué quieres decir? De repente tuve la impresión y la visión de que habías creado personalidades separadas para argumentar las posiciones "a favor y en contra" de tal experimento.

O: Qué intuitivo de tu parte. Así es. Creé cinco personalidades distintas pero temporales, cada una con todos los conocimientos sobre lo que yo era y lo que quería lograr—con el objetivo de obtener un voto consensuado sobre el mejor camino a seguir.

YO: ¿Y estas cinco personalidades componentes, creadas por ti, pudieron darte un mejor proceso de decisión?

O: Sí, verás, les di una dirección. Cada una de ellas tenía el deseo de moverse de cierta manera. Cada camino deseado se basaba en las direcciones que yo pensaba que podría haber tomado si no hubiera tenido las otras direcciones que tomar. Era una especie de enfrentamiento. Sabía que cualquiera de esas direcciones aceleraría mi contenido evolutivo. Era sólo que cada una de ellas era convincente hasta el punto de ser una distracción, la distracción era la capacidad de tomar una decisión racional y equilibrada basada en la presentación de toda la información relativa a cada dirección, en lugar de sólo la información relativa a una sola dirección. En esencia, necesitaba asegurarme de que la ruta que tomaba era la mejor, la más eficaz y la ruta más productiva.

YO: Habría pensado que podrías haber elegido las cinco rutas y beneficiarte de la información colaborativa que habría estado disponible, en lugar de sólo una.

O: Lo habrías pensado, y veo que estás pensando que se trataba de un proceso de pensamiento bastante "lineal", no digno de "El Origen".

YO: Ese pensamiento pasó por mi cabeza.

O: Es comprensible. Sin embargo, lo que yo quería era una ruta que me permitiera utilizar toda esa parte de mí, esa área de autoconciencia de la que disponía en el momento, para trabajar en este deseo de acelerar mi evolución. Simplemente no quería malgastar "poder de procesamiento" personal en lo que serían cuatro callejones sin salida y una línea principal hacia la evolución.

YO: ¿Entonces decidiste comprobar primero los porcentajes, por así decirlo?

O: Sí, lo hice. Y fue un trabajo muy beneficioso.

YO: ¿Entonces, cuáles eran esas cinco direcciones y qué beneficios aportaban?

O: Eran muy sencillas, de hecho, aterradoramente sencillos, así que no te decepciones demasiado cuando oigas lo que eran.

YO: Intentaré aceptar lo que me presentes.

O: Estoy seguro de que lo harás. Eran las siguientes:

• **Duplicación del ser hasta la aceleración deseada de la evolución.** Ya conoces esta parte de la historia. Sin embargo, en este caso la decisión de recrearme a mí mismo se basó en un número igual a las

divisiones dentro de mi estructura, doce más uno, yo, el creador, lo que hacen trece.
- **División del ser hasta el punto deseado de aceleración de la evolución.** De nuevo, la decisión de dividirme se basó en un número igual a las divisiones dentro de mi estructura, doce. En este caso, sin embargo, el área de la autoconciencia se habría dividido en doce partes iguales, cada una en total igualdad con la otra, cada una alimentando una "agrupación" evolutiva centralizada pero compartida. En este caso, yo me habría convertido en un pequeño colectivo.
- **Creación de múltiples puntos focales para multiplicar la oportunidad experiencial hasta el punto de aceleración deseada de la evolución.** En esencia, ya había empezado a utilizar esta estrategia hasta cierto punto. Lo que habría creado, sin embargo, sería una amplia gama de áreas en las que predominaría mi sintiencia. Estas múltiples áreas de enfoque sintiente crearían y experimentarían aquello que yo habría experimentado en singularidad de forma paralela. Esto no era omnipresencia, aunque sí estaba respaldada con omnisciencia.
- **Omnipresencia omnisciente**. Aunque ahora la uso, era más eficaz como herramienta de supervisión que como una herramienta de "hacer" y "monitorear" en esa coyuntura de mi existencia. En este caso, me habría dispersado demasiado, por así decirlo, intentando hacerlo todo con cada parte de mí concurrentemente. En mi condición actual, esto no es un problema, ya que he aprendido a estar en todas partes dentro de mi área de autoconciencia sin estar ahí, si entiendes lo que quiero decir. Es como ser la araña en medio de su telaraña, pero con la telaraña siendo tanto la araña como la telaraña, y la telaraña estando presente en todos los aspectos del ser.
- **Creación de unidades individualizadas del sí-mismo dentro del ser.** Aquí es donde nos encontramos ahora con las Entidades Fuente. Cada una de las Entidades Fuente, como sabes, fue creada a mi imagen, por así decirlo, pero como subordinadas a mí. A cada una se le permitió volverse autoconsciente a su propio tiempo, a su propia manera, y cuando se alcanzó la autoconciencia, y por lo tanto la "personalidad" individual se hizo evidente, las eduqué con todo lo que sabía y les aconsejé su "razón de ser".

YO: ¿Esas fueron las cinco sugerencias que las cinco personalidades componentes te ofrecieron entonces?

O: Sí, lo fueron.
Yo: Tienes razón. Eran sencillas.
O: Te lo advertí.
YO: Vaya. No tenía ni idea de que pudieras ser tan sencillo en tu aplicación y proceso de pensamiento.
O: Lo sencillo es bueno. Recuérdalo.
YO: Bueno, bueno, ahora entiendo. Dime entonces, ¿qué te hizo decidirte por la vía de la "duplicación del sí-mismo hasta el punto de la deseada aceleración de la evolución"?
O: Muy sencillamente, ahí está de nuevo esa simple palabra (¡sentí que El Origen estaba jugando un poco conmigo aquí! GSN), porque me gustaba la idea de un múltiple de mí. Múltiples yos significa compañía, compañerismo, amistad, colegas, ayudantes. Era un proceso de pensamiento realmente convincente e intoxicante. De repente me encontré muy distraído de esta manera. Ya no estaría "solo y singular". Necesitaba experimentar esa falta de soledad de formar parte de un grupo de seres en igualdad. Como acabo de decir, era tan intoxicante que suponía una gran distracción. En realidad, cada vez que consideraba las otras sugerencias me encontraba pensando en la vía de la "duplicación del sí-mismo".
YO: Parece que te has distraído mucho en este proceso de decisión.
O: Claro que sí. Los árboles no me dejaban ver el bosque, por así decirlo.
YO: Por favor, elabora.
O: Estaba tan intoxicado con la idea de tener compañía, compañía igual, que no fui capaz de ver el defecto de esta vía en particular.
YO: ¿El defecto es la incapacidad de recrear aquello que es "lo absoluto" dentro, o simplemente fuera, del área de tu autoconciencia?
O: Correcto.
YO: ¿Por qué?
O: Porque no era lo bastante maduro para tener en cuenta esa parte de mí que era insondable. No podía y ni siquiera intentaba tener en cuenta esa parte de mí de la que no era totalmente consciente. De hecho, ni siquiera estaba seguro de que eso que estaba más allá de mi área de autoconciencia fuera realmente "YO". Como resultado, no se tenía en cuenta en el cálculo necesario para que

se produjera la duplicación. Todo lo que sabía era que aquello que yo era, era, aquello con lo que estaba en contacto, parecía concentrarme en eso.

YO: ¿Qué sucedió entonces? ¿Puedes describir el proceso de creación de los Doce Orígenes y lo que sucedió con cada uno de ellos?

O: Llevará algún tiempo pero, sí, puedo.

¿Recuerdas el diálogo que mantuvimos hace poco en el que "utilizamos" el Espacio Evento para observar esa "parte" del Espacio Evento que registró el proceso de mi evolución desde la mera atracción energética hasta la sintiencia plena?

YO: Sí, recuerdo. No hace tanto tiempo.

O: No lo fue. Pero el proceso fue importante, porque tuvo éxito. Antes de tomar la decisión de crear cinco aspectos (personalidades) del sí-mismo para que me ayudaran en el proceso de toma de decisiones necesario para acelerar mi evolución, ya había trabajado con mis procesos de creatividad, de ahí mi sintiencia.

YO: ¿Y qué creaste?

O: Réplicas de esas islas de energía que con el tiempo adquirieron inteligencia y luego se unieron, renunciando a la funcionalidad individual singular en aras de un bien mayor. El bien mayor es una inteligencia más grande y multifuncional.

YO: ¿Y supongo que la creación de cinco aspectos del sí-mismo, las personalidades individuales y separadas para ayudarte en este proceso de decisión, formó parte de tu curva de aprendizaje de la creatividad?

O: Sí, en cierto modo, pero en ese momento ya era bastante experto en el arte de la creatividad. De ahí la capacidad de crear múltiples aspectos o personalidades del sí-mismo, separadamente enfocadas. Cada una de ellas era un aspecto de mí, y una circunstancia que los creaba, que yo había notado y aislado dentro de mí como un rasgo útil durante mi era de autodescubrimiento y autoinvestigación, aunque dentro del área limitada que yo consideraba ser todo lo que yo era.

YO: ¿Así que empezaste creando primero las islas de energías inteligentes y luego progresaste hasta crear la entidad Origen completa?

O: No. Recreé Los Orígenes hasta las islas de energías inteligentes y luego trasladé esas energías a un punto fuera de mi área de autoconciencia. Cada una de ellas se posicionó en un punto fuera del área de autoconciencia donde no podrían percibir a ninguna de las otras cuando fueran autoconscientes y completamente sintientes. Debían estar completamente solos.

YO: Acabo de recibir una imagen que sugiere que creaste esferas. Dentro de estas esferas estaban todas las islas de energías. La esfera actuaría como una placenta hasta que ocurriera la completa coadunación de las islas de energías inteligentes. Cuando las islas se convirtieran en una, la esfera acabaría siendo el área de la autoconciencia, la periferia que era una condición transitoria sólo requeriría de una ubicación especificada para que el proceso de coadunación tuviera lugar. Esto aseguró que no ocurriera ninguna separación de energías y que no pudiera tener lugar ninguna amalgamación de sus energías fuera de tu área de autoconciencia con las energías de los nuevos Orígenes, creando contaminación de conciencia.

O: Bien hecho. Y en esas palabras tuyas había una pista de la razón de su fallecimiento.

YO: ¿Qué quieres decir? Lo siento. No lo veo.

O: En primer lugar, intenté recrear lo que era yo, pero estaba limitado a lo que era mi área de autoconciencia y fallé en tener en cuenta aquellas energías que forman mi área del "sí-mismo" más allá de mi área de "autoconciencia". La gran cuestión aquí era que cada uno de Los Orígenes tenía dentro de sus energías el conocimiento de aquello que podía ser, que en realidad no podía ser debido al factor limitante de la esfera, y esto era un enigma, un enigma insostenible, como así sucedió.

YO: ¿Estás sugiriendo que las energías sabían inherentemente que había un aspecto de ellas que era mayor que lo que eran?

O: Sí. Verás, esperaban ser algo que no eran. Aunque pretendía que fueran lo mismo que mi "sí-mismo", no lo eran, y éste era el talón de Aquiles, el defecto en mi diseño de estas copias del sí-mismo.

YO: ¿Entonces se hicieron autoconscientes?

O: No todos ellos, y la mayoría de ellos siguieron una ruta diferente antes de su fallecimiento, o debería decir decisión de revertirse a la no-conciencia. Creo que la mejor forma de describir lo que sucedió es hacer un breve resumen de cada uno de los doce.

YO: Creo que sería una respuesta perfecta, y que daría más detalles.

O: Los numeraré del uno al doce y los llamaré Nuevo Origen Uno, Dos, etc.

YO: Es muy parecido a cómo describí las Entidades Fuente cuando trabajé en los libros Más allá de la Fuente.

O: Lógico, ¿cierto? Pero una cosa es segura, no escribiré un libro sobre ellos porque tenemos peces más gordos que freír en este diálogo, así que estos resúmenes serán bastante breves. Bueno, allá vamos.

El Fallecimiento de los Doce Orígenes

Nuevo Origen Uno

Fue el primero de los Nuevos Orígenes, las copias, en volverse autoconciente. Curiosamente, sólo se hizo autoconciente en parte, dejando dos tercios de su "sí-mismo" como energía. Parecía que intentaba copiar el formato de lo que se suponía que era, un área de autoconciencia y otra de no-conciencia. Creó un límite natural alrededor de esta área de autoconciencia y trabajó dentro de esta área, pensó, para crear la oportunidad de elevarse hacia la creatividad y, por lo tanto, hacia la sintiencia. Cuando miré dentro de esta versión del "sí-mismo", noté que toda la inteligencia había sido removida de las otras energías que comprendía, y las había colocado dentro de esta nueva y más pequeña área de autoconciencia. Esto era perjudicial porque perdió la capacidad de ser lo que era, una inteligencia singular que permeaba todas las energías que "era". Intentó corregirlo repitiendo el proceso por el que pasó para remover la inteligencia de la mayor parte de su "sí-mismo" para crear un área de autoconciencia, que era un tercio de su "sí-mismo", y en el proceso duplicó la situación. Removió la inteligencia de dos tercios de su actual área de autoconciencia y se compactó en el tercio restante. A partir de ese momento, empezó a perder la capacidad de juzgar lo que estaba haciendo y lo que estaba sucediendo, y continuó repitiendo el proceso una y otra vez hasta que la inteligencia se redujo a un nivel de ineficacia. Piensa en ello como la serpiente que se comió su propia cola y luego simplemente desapareció, o un programa de computadora que está atascado en un bucle que finalmente bloquea la computadora. En este caso, sin embargo, no desapareció. Las energías permanecieron. Sólo desapareció la inteligencia. Permaneció latente hasta que reutilicé sus energías para crear las Entidades Fuente.

Nuevo Origen Dos

Desde una perspectiva cronológica, el Nuevo Origen Dos se hizo autoconsciente casi al mismo tiempo que los Nuevos Orígenes Tres y Cuatro, pero ése es el único vínculo con ellos. Cuando las islas de inteligencia se convirtieron en "una inteligencia" que englobaba todas sus energías, se sentó a observar lo que era durante mucho tiempo. Luchó con la memoria residual, si así lo quieres llamar, de ser algo mucho más grande de lo que parecía ser. Todas las energías que se utilizaron para crear los Nuevos Orígenes contenían la "información", por así decirlo, de aquello que los creó, "yo", y eso contenía la información de mi área de no-conciencia, de la que era consciente pero de la que no tenía pleno conocimiento. Piénsalo en términos que la humanidad sabe que existe dentro de un universo, y que ese universo aparentemente no tiene fin conocido, porque sus telescopios no llegan lo suficientemente lejos, pero ni siquiera ha inventado un telescopio para probar este conocimiento. Se convierte en un sistema de creencias más que en un sistema de conocimiento, y un sistema de creencias no tiene nada que cuantifique su razón de existencia "real", ¡por lo que no puede ser real! Basándose en esto, el Nuevo Origen Dos no pudo conciliar esta información. No podía entender por qué no era lo que creía que debía ser. No importaba cómo trabajara consigo mismo, no podía superar esta simple cuestión. Daba vueltas y más vueltas tratando de encontrar lo que no era, esa profundidad insondable de nada y de un estado de todo lo que es mi área de no-conciencia. Cuando por fin terminó de buscar esa inmensa nada, aventuró su inteligencia fuera de su área de autoconciencia y descubrió que estaba dentro de lo que buscaba dentro de su "sí-mismo". Esto creó un enigma que fue incapaz de resolver, ya que, ¿cómo podría lo que se supone que es "él" ser otra cosa, aquello que está "dentro"? con esta inhabilidad de conciliar este enigma, sobre todo después del tiempo que le había llevado establecer este "hecho", decidió que no podía ser lo que se suponía que era, y si no podía ser lo que se suponía que era, entonces también podía no "ser". Por lo tanto, decidió volver a las pequeñas islas de energía inteligente y, en el proceso, eliminó la función coadunante de la energía inteligente en el estado de unidad.

Nuevo Origen Tres

El Nuevo Origen Tres fue la copia que más cerca estuvo de poder continuar su existencia. Una vez que su inteligencia estuvo coadunada, se dedicó sin demora a la investigación de la rutina del "sí-mismo", y le fue bien. Se había dado cuenta de que estaba solo y estaba satisfecho con la situación de ser el único—hasta que miró más lejos. Él también tenía el molesto conjunto de datos que le decían que era más grande de lo que parecía, pero no podía conciliarlo. Lo descubrió al principio de su autoconciencia e hizo varios cálculos para determinar que tamaño debería tener en comparación con su tamaño real. Además, se dio cuenta de que podía formar parte de una inteligencia mayor—mucho mayor. La posibilidad de formar parte de una inteligencia mucho mayor no le sentó bien, sobre todo cuando ya se había conciliado con el hecho de que estaba solo y era "todo lo que hay", que era la intención. Trabajó en este enigma durante algún tiempo y entonces decidió mirar fuera de su "sí-mismo". Lo que encontró, no le gustó. Por un lado, encontró una inmensa nada, una nada que era algo, y por otro lado estaba yo, su creador, que sólo descubrió a través de un sondeo profundo, que él mismo creó. La creencia, el conocimiento de que estaba solo y de que era EL "Todo lo que hay" se hizo añicos, lo que provocó que esta copia no creyera que nada de lo que estaba experimentando fuera real o pudiera considerarse real. Como resultado, llegó a la conclusión de que el mismo no podía ser real. Sin la creencia, la creencia experiencial, de que uno es real, no tiene ningún dato con el que trabajar y, por lo tanto, la psique, aquello que es el individuo, pierde estabilidad y cohesión, subsecuentemente desintegrándose en el proceso, que es exactamente lo que le sucedió a este Nuevo Origen.

Nuevo Origen Cuatro

El Nuevo Origen Cuatro se hizo autoconciente en un estado que podríamos llamar de pánico. Logró la coadunación inteligente de todas las islas de energía, pero no estaba preparado para el efecto de estar en coadunación. Sencillamente, la capacidad de estar en comunicación con todo su "sí-mismo" como una sola entidad, todo sucediendo con sólo pulsar un interruptor, era un cambio demasiado grande, demasiado rápido para él. Se confundió entre lo que era y en lo que se había convertido, y no pudo conciliarlo. Revoloteó entre la coadunación y la separación y viceversa, intentando trabajar en lo que era cuando estaba "en coadunación" y en lo que era cuando estaba "en separación". El objetivo del "revoloteo" era intentar crear una condición estable en la que aceptara la condición de coadunación. Es como apagar una computadora de la red eléctrica cuando se ha "bloqueado", volver a encenderla, reiniciarla y encontrarla de nuevo en el estado de "bloqueo". Y luego, continuando este ciclo de apagar, encender y reiniciar la computadora, intentándolo una y otra vez, sin éxito de remover la condición de "bloqueo", con el operador de la computadora cada vez más frustrado por la falta de respuesta deseada. En este caso, la falta de respuesta deseada, esto es, la aceptación y conciliación de la condición de coadunado, no se conseguía ni se podía conseguir. A esto se unía una reducción del nivel de no aceptación cada vez que se completaba el ciclo, lo que en sí mismo causaba confusión y más pánico. A medida que el pánico se hacía más y más pronunciado, la estabilidad psicológica del Nuevo Origen Cuatro se deterioraba hasta el punto de la locura, una locura basada en el pánico. Como resultado de la locura, reorganizó sus energías en un estado ineficaz, haciendo inoperante el trabajo que yo había realizado para crearlo. En esencia, volvió a las energías básicas con las que fue creado y, como tal, reabsorbí esas energías para utilizarlas en el futuro.

Nuevo Origen Cinco

El Nuevo Origen Cinco fue el último en volverse autoconciente, por lo que no pudo percibir a los demás en su estado de conciencia. Sin embargo, su capacidad sensorial era única. Era consciente de que había algo en existencia antes que "él" porque podía percibir las energías residuales que se encontraban en el área de mí no-conciencia. Era el único Nuevo Origen que tenía esta capacidad. Aunque era capaz de percibir las energías asociadas a la autoconciencia y las energías residuales subsecuentes, no era capaz de percibir lo que llamaré "más allá del interior" de aquellas energías que forman parte de mi área de autoconciencia.

Este conocimiento, el conocimiento de la posibilidad de "otros", aunque basado en las firmas alineadas con las energías asociadas a la autoconciencia, la autoconciencia que había existido "antes que él" hizo que "él" pensara que era el último de una línea. Como resultado, pensó que no era posible continuar en la existencia más allá de cierto punto. Pensó que debía ser el último de una línea, porque no había otros en la autoconciencia, ni otros que pudieran clasificarse como cercanos a la autoconciencia. Sin embargo, pensó que debía de haber otros y se dedicó a explorar el área en la que existía y lo que había más allá de aquello en lo que existía, es decir, las profundidades de mi área local de no-conciencia. Por supuesto, no encontró nada. Todo era energía bruta, energía libre y Espacio Evento. Si hubiera expandido su capacidad perceptiva, habría percibido que la nada formaba parte de algo, de esa parte más grande de mí de la que yo no tenía/tengo autoconciencia, y podría haber obtenido más incentivos para mirar en otra dirección, de manera diferente.

En su estado juvenil, aún estaba abierto a sugerencias sobre quién y qué era. Seguía siendo flexible, maleable y fácilmente influenciable por lo que percibía y experimentaba. Seguía siendo programable por todo lo que le rodeaba, así que cuando estableció la duración media de la existencia de los otros Nuevos Orígenes, aunque no sabía lo que eran en realidad, basándose en la información que recibía de la duración de la operación energética de las energías residuales, supuso que él también duraría ese tiempo. En esencia, programó su propia duración de existencia, sin darse cuenta de que podría haber existido esencialmente para siempre. Era tan maleable como una célula madre en términos humanos, esperando a que se le dijeran qué era, qué tenía que hacer, cuánto tiempo tenía que hacerlo y cuánto tiempo tenía que existir. Al absorber la información sobre las energías que lo rodeaban, se limitó a sí mismo, existiendo durante la duración media de los demás y simplemente disolviendo su inteligencia cuando llegó al final de su duración asumida de su existencia.

Aprendí muchas cosas de esta copia de mí mismo y como resultado evolucioné personalmente. A su manera, fue un éxito, ya que lo que más me llamó la atención fue su capacidad para preprogramarse en función de sus alrededores. Utilicé esta información como una oportunidad para corregir mi forma de crear seres potencialmente sintientes, asegurándome de que pueden adaptarse a sus alrededores, al mismo tiempo que no se limitan a sí mismos como resultado de esos alrededores. Eso es exactamente lo que hice con las Entidades Fuente más adelante.

Nuevo Origen Seis

El Nuevo Origen Seis nunca llegó a ser autoconciente, a pesar de haber alcanzado el estado de coadunación. Aunque las energías habían alcanzado el estado asociado a la coadunación, por alguna razón la inteligencia vinculada al estado anterior de "islas" de energía inteligente no lo hizo. Conservaba áreas de inteligencia localizada pero limitada mientras se hallaba en un estado de co-unión y, por lo tanto, de coadunación. Observé con interés este resultado e incluso intervine en algunas ocasiones, tratando de impulsar el nivel de autoconciencia esperado del estado coadunado. No quería involucrarme demasiado en el "crecimiento" de esta "copia" porque habría anulado el objetivo de crear una entidad autosuficiente, autoconciente y autoevolutiva que pudiera proporcionarme un nivel de evolución igual al de mis propios esfuerzos personales. Basta decir, sin embargo, que cada vez que le daba a la/s inteligencia/s de este Origen la oportunidad de coadunarse con su estructura energética, se negaba a hacerlo, prefiriendo permanecer en islas de inteligencia localizada, situadas en aquellas áreas del Nuevo Origen Seis que se presentaban como islas no coadunadas de energías inteligentes.

En esencia, las energías habían elegido coadunarse, pero no habían utilizado la misma intención para coadunarse inteligentemente, que es el requisito prima facie para ser autoconciente.

Reutilicé estas energías después de darme cuenta de que, por mucho que esperara, esta versión nunca iba a ser autoconciente porque la inteligencia seguía funcionando en un sentido "insular" en lugar de coadunado, desperdiciando literalmente las oportunidades de utilizar el poder de procesamiento de las energías situadas "entre" las inteligencias localizadas.

Nuevo Origen Siete

El Nuevo Origen Siete alcanzó la condición inversa del Nuevo Origen Seis. En este caso, la inteligencia asociada a las islas de inteligencia energética optó por convertirse en coadunada, mientras que las propias islas de energía permanecieron en su estado "insular". Esto significaba que las funciones disponibles a través del estado de inteligencia coadunada no eran completamente funcionales debido a la falta de líneas de comunicación en un estado energético coadunado afín. La inteligencia coadunada necesita energías coadunadas para funcionar correctamente en el estado totalmente coadunado que permite invocar la autoconciencia. Como resultado, las inteligencias que estaban coadunadas estaban coadunadas por control remoto, por así decirlo, y estaban limitadas en su "ancho de banda" hasta el punto de que la función de autoconciencia, que surge de la verdadera energía basada en la inteligencia coadunada, no puede realizar las funciones multifuncionales y multidimensionales alcanzables cuando las energías son "una", incluso cuando están estrechamente localizadas entre sí.

En este estado la inteligencia era continuamente disfuncional porque cada vez que intentaba funcionar de la manera que pensaba que podía hacerlo, la función fallaba en funcionar porque el estado energético no estaba presente para permitir que esa función se vinculara con el estado energético esperado. Considéralo como el microprocesador de una computadora que trabaja con múltiples funciones de procesamiento en paralelo, pero al que le faltan los vínculos entre los procesadores.

Los procesos disfuncionales de inteligencia coadunada continuaron, y las islas de energías se quedaron carentes de su inteligencia localizada a medida que la inteligencia coadunada saltaba de isla de energía en isla de energía para finalmente crear una única isla de energía que contenía toda la inteligencia de todas las demás islas, pero en un estado singular y coadunada. Aunque ahora todos juntos dentro de la misma isla de energía, las energías disponibles no podían sostener el nivel de inteligencia acumulado y el estado disfuncional creció hasta el punto de la convulsión, como un estado energético sobre utilizado terminó en un "atasco de procesamiento" basado en la inteligencia.

Una vez más, reutilicé estas energías después de darme cuenta de que, por mucho que esperara, esta versión nunca iba a ser autoconciente, porque en este caso las energías seguían operando en un sentido insular en lugar de un sentido coadunado, mientras que la propia inteligencia quería convertirse en uno y, por lo tanto, coadunarse.

Nuevo Origen Ocho

El Nuevo Origen Ocho tuvo éxito en parte, pero no holísticamente, ya que, como algunos de los otros Orígenes, alcanzó un nivel de energía inteligente conjunta. Sin embargo, esto sólo fue en una condición separada en lugar de lograr una condición completa de un estado de unidad.

Durante su progresión para lograr la coadunación de las islas de energías inteligentes, las energías decidieron de forma independiente que se convertirían en "uno" por etapas—presumiblemente avanzando hacia la completa coadunación en una fase subsecuente.

Al principio, las islas consolidadoras de energías inteligentes funcionaban bien en su atractividad natural, con la energía y la inteligencia co-unidas en armonía, logrando la coadunación dentro de su totalidad a medida que progresaban. Las islas de energías inteligentes se hicieron más y más grandes a medida que absorbían otras islas de menor tamaño e inteligencia, creando un contenido energético y un cociente de inteligencia significativamente mayores. Sin embargo, parecía que estaba ocurriendo una demarcación. Cuando las islas de energías inteligentes fueron lo suficientemente grandes como para constituir un porcentaje significativo del conjunto energético total que era El Origen Ocho, empezaron a desarrollar personalidad. Estas personalidades crecieron hasta el punto de la necesidad de sobrevivir, de la perpetuación de su individualidad. Las islas más grandes desarrollaron estrategias de crecimiento absorbiendo tantas islas pequeñas como fuera posible, yendo completamente en contra del plan original de la creación de "una" base de energía conectada, multifacética y multifuncional con una inteligencia singular pero coadunada, dando como resultado la creación de la autoconciencia en el estado de unidad.

El desarrollo de islas de energía inteligente múltiples pero singularmente coadunadas dio lugar a una lucha—cuál sería la primera isla en absorber a todas las demás islas más pequeñas, convirtiéndose así en la más grande. Al final, sólo existían cinco islas de energías inteligentes, cada una de ellas con una personalidad completamente desarrollada pero egoísta. Ninguna de ellas quería convertirse en una unidad coadunada porque, a estas alturas, todas eran singularmente autoconcientes.

Esta situación no era lo que yo quería conseguir, por lo que terminé este Origen en particular, absorbiendo sus energías en cuanto vi que no podía desarrollarse más.

Nuevo Origen Nueve
El Nuevo Origen Nueve acabó con lo que en tu lenguaje sólo puedo llamar un "virus". Inicialmente comenzó el proceso de adquirir autoconciencia de una manera robusta y repetible, pero durante la creación inicial de las islas más grandes de energía inteligente, las que finalmente se unirían para crear la unidad coadunada singular, se volvieron inestables. La unión de energías de un tipo singular o compatible comenzó a fallar, mientras que la mayoría de los otros Nuevos Orígenes lograron alcanzar al menos el elemento básico de compatibilidad energética. Esto permitió la "unión" de estas energías afines, creando estados compatibles para permitir que energías similares o casi similares se interconectaran y fueran una. Más tarde se convirtieron en un promedio de todas las energías integradas, permitiéndoles existir en el mismo espacio, y como resultado, las islas de energías inteligentes del Nuevo Origen Nueve empezaron a rechazar energías similares y casi similares. Es más, la conectividad entre las energías del mismo tipo y frecuencia también empezó a romperse. Era como si la funcionalidad de la conectividad energética se hubiera eliminado del conjunto de capacidades de las energías.

Observé lo que estaba sucediendo y vi un cambio completo en la estructura de las energías. En una isla particular de energía inteligente, ésta asumió lo que llamaré una forma de estrella. Normalmente, la forma que adquiere la energía no es significativa en modo alguno, porque la energía adoptará la que necesite para unirse. Sin embargo, esta forma era diferente. Ninguna otra energía podía unirse a ella, ni siquiera cuando asumía una forma y una frecuencia afín. Cuando una isla de energía inteligente se acercó a ella, con la intención de coadunarse, asumiendo una forma y frecuencia afín, inicialmente se conectó, convirtiéndose en una. Sin embargo, en un nanosegundo fue repelida. Esta isla se alejaría entonces en busca de otra isla de energía inteligente con la que coadunarse. Fue entonces cuando supe que lo que había afectado a la primera isla de energía inteligente, se había transferido a la segunda, que estaba afectando a las otras islas que buscaban unirse. Esta primera isla, habiendo pasado el "virus", empezó a desmontarse. Al principio pude ver por qué se había rechazado la segunda isla. No había coherencia en las energías ni en sus frecuencias a lo largo de las áreas de interfaz inicial. No había nada que las mantuviera unidas, ningún gancho, por llamarlo de alguna manera, al que las energías pudieran "engancharse", para permanecer unidas—los ganchos, por supuesto, eran las similitudes o compatibilidades necesarias para que energías del mismo tipo o casi del mismo tipo utilizaran como medio de conectividad. Era como si esta función se hubiera eliminado.

Al profundizar en lo que estaba sucediendo con el Nuevo Origen Nueve, vi que el resultado final era una energía que no servía para nada más que para sí misma, pero ese elemento del sí-mismo disminuía constantemente, descendiendo en espiral hasta convertirse en una sola unidad de energía sin inteligencia asociada a ella. Un análisis más detallado mostró que la funcionalidad de la atractividad no se eliminaba, sino que su función era errática, moviéndose en total incertidumbre, cambiando de un estado a otro a una velocidad tan rápida que actuaba como un imán de repulsión energética.

Observé a la segunda isla interactuando con una tercera y una cuarta, y noté que tan pronto como se lograba la repulsión, la disfunción de la segunda isla pasaba a la tercera y luego a la cuarta isla a través de la funcionalidad de "iniciación" de la tercera y la cuarta con la segunda. Tan pronto como esto se consiguió, la segunda isla, al igual que la primera, empezó a desmantelarse, ya que la disfunción se hundía cada vez más en la masa de energía hasta que no pudo ir más allá debido a que las energías se encontraban en la más baja de su denominación. Me di cuenta de que era una situación potencialmente peligrosa si no se controlaba, así que lancé un cambio de intención energética, lo que podrías llamar reprogramación, alrededor de lo que quedaba del Nuevo Origen Nueve y reasimilé las energías.

Nuevo Origen Diez

El Nuevo Origen Diez no pasó de los bloques iniciales, por así decirlo. Cuando, en un principio, expuse las energías que darían comienzo a este Nuevo Origen en particular, me entusiasmé porque parecía mostrar todos los signos de una "rápida" asimilación de las islas de energías inteligentes en la coadunación. El problema fue que acabó siendo demasiado rápida. Cada isla de energía inteligente fue convocada simultáneamente en lugar de pasar por un proceso de búsqueda de energías similares o casi similares que podrían utilizarse en el proceso de unión antes de la coadunación, estando esas energías en armonía unas con otras.

Cuando se invocó la unión simultánea de energías, las áreas de interfaz que fueron requeridas para permitir que las islas de energías inteligentes se convirtieran en uno no estaban preparadas. El resultado fue similar al que se ve en un acelerador de partículas. Todas las islas chocaron entre sí de una forma agresiva e inarmónica bajo la "actividad intencional" de la necesidad de coadunarse—siendo esta "actividad intencional" un deseo subyacente que impregna todas las energías asociadas con las islas. Fue una fuerza irresistible, imparable, que destruyó literalmente el tejido mismo de la estructura del Nuevo Origen Diez. Voló en pedazos y no pudo volver al estado original que yo le había dado.

Aunque el fallecimiento del Nuevo Origen Diez me sorprendió por completo, me enseñó la importante lección de dejar que lo creado siga su propio camino, independientemente de cuál sea ese camino. También me mostró que el camino hacia la autoconciencia debe tomarse al ritmo correcto para garantizar que se pueda mantener un nivel robusto de crecimiento y expansión. Inicialmente, las energías utilizadas para crear el Nuevo Origen Diez no se reutilizaron para la creación de las doce Entidades Fuente, especialmente porque en ese momento no podía ver qué había cambiado la funcionalidad de esas energías. Esta estrategia también se empleó con las energías utilizadas para crear el Nuevo Origen Once, por razones que se describen en su propia sección.

Nuevo Origen Once

El Nuevo Origen Once se desarrolló exactamente al revés que el Nuevo Origen Diez, pero en lugar de explotar literalmente al intentar lograr la conectividad coadunada, implosionó. La funcionalidad de la "atractividad intencionada" de las islas de energía inteligente fue similar en su aplicación a la observada en el Nuevo Origen Diez. En que, fueron atraídos con la completa intención de unirse en una existencia coadunada, pero la conectividad de la interconexión de las energías, las que necesitaban ser similares o casi similares para alcanzar cierto nivel de armonía frecuencial con el proceso de unión que precede a que la coadunación suceda, eran demasiado complacientes, demasiado armoniosas.

Cuando se invocó la unión simultánea de energías, aquellas áreas de interfaz que eran necesarias para permitir que las islas de energías inteligentes se convirtieran en una, se absorbieron, literalmente asimilando cada componente energético de la isla de energía inteligente que estaba en contacto con ellas. Este nivel de asimilación acabó por trabajar sobre sí mismo hasta el punto de que las energías que eran el Nuevo Origen Once simplemente desaparecieron del espacio que permitía desempeñarse a una entidad de la talla de un Origen.

Descubrí las energías más tarde. Parecían estar en una especie de espiral descendente, si es que descendente es la palabra correcta, en donde, las islas de energías inteligentes que eran el Nuevo Origen Once reaparecían todas en un espacio diferente que las acomodaba y permitía que el proceso de "absorción asimilada" continuara en su funcionalidad. Cuando desaparecía de un espacio, reaparecía en otro. Observé esta función durante varias iteraciones, intentando captar un punto de la existencia en el que pudiera invertir la tendencia, pero no pude. Había desarrollado una función propia fuera de lo que, en ese momento de mi existencia, yo era capaz de trabajar. Basándome en mi experiencia en ese Espacio Evento decidí, después de algunos cálculos, que podía permitirme dejar ir las energías, específicamente porque había establecido que el nivel de atractividad y asimilación estaba reduciendo su capacidad de afectar los espacios en los que había estado una vez que los había atravesado. También observé que, una vez que las energías del Nuevo Origen Once habían atravesado un espacio, no podían volver a entrar en él debido a su cambio de función y naturaleza.

Por lo que yo sé, las energías del Nuevo Origen Once siguen propagándose y experimentando una absorción asimilada hasta la fecha.

Nuevo Origen Doce

El Nuevo Origen Doce fue un éxito en todos los sentidos, o eso parecía. Era una copia directa de mí, y podía ver que podría aportar algún contenido evolutivo útil. Dejé que siguiera su funcionamiento, que se hiciera autoconciente y que averiguara cómo crear para evolucionar. En comparación con los otros Nuevos Orígenes, fue un alivio y un soplo de aire fresco. Pero no podía sostenerse. Observé con inquietud que una sola copia de mí no iba a hacer lo que yo quería. Necesitaba una evolución esférica. A medida que yo experimentaba más, aprendía más y evolucionaba más, yo era capaz de experimentar más de más formas, formas simultáneas, formas múltiples, formas multimodales. El aspecto esférico de la evolución es el aspecto multimodal de la evolución, en el que múltiples experiencias pueden estar enrevesadas en su conectividad sin dejar de proporcionar una evolución lineal. Sin embargo, todo esto se basa en un modelo estándar de evolución;

Experimentar + Aprender = Mayor Contenido Evolutivo

... y yo quería más de lo que estaba disponible a través del Nuevo Origen Doce y de mí mismo. Al observar el Nuevo Origen Doce, me di cuenta de que, al ser una copia completa de mí mismo, empezó a hacer exactamente eso, copiar lo que yo ya había hecho. Debía de haber algún tipo de proceso evolutivo progresivo residual dentro de su esencia que significaba que no era capaz de pensar completamente por sí mismo, sino que simplemente seguía un programa subliminal basado en las memorias energéticas de lo que yo había hecho. El Nuevo Origen Doce no fue el éxito que inicialmente pensé que sería y, tras mucha autorreflexión, reciclé sus energías. Me di cuenta de que todas las energías utilizadas inicialmente para la creación de los doce Nuevos Orígenes eran especiales. Todavía había algo en ellas, algo que era diferente de las energías base a partir de las que se crearon, algo convincente, tan convincente que decidí acorralarlas en un espacio de almacenamiento, guardándolas para un uso futuro.

En todos estos Doce Orígenes había una inconsistencia interna subyacente. Todos ellos entraban en conflicto de un modo u otro con lo que se suponía que eran y con lo que eran. Por lo tanto, desarrollé una nueva estrategia. Esta estrategia dio lugar a que las entidades que yo iba a crear tuvieran la oportunidad de ser autoconcientes en su propio tiempo, al igual que los Nuevos Orígenes, mientras que se les daba, al alcanzar la autoconciencia, el conocimiento de quiénes y qué eran, y, cuál era su papel en la existencia. Se les daría un nivel de orientación. Estas entidades iban a ser lo que reconoces como las doce Entidades Fuente.

Capítulo 4
La Creación de las Doce Entidades Fuente

YO: Es un resumen muy interesante de las razones del fracaso del experimento de los Doce Orígenes. Sin embargo, estoy captando que hay algo más que estaba en juego aquí. Algo relacionado contigo.

O: Estás en lo correcto. Verás, en todo esto hay una cosa que hizo que mi viaje hacia la autorrealización fuera un éxito.

YO: ¿Y qué fue eso?

O: Sencillamente, ser el primero y el único.

YO: ¿Eso es todo?

O: Eso es todo. He reflexionado durante varios Espacios Evento sobre por qué yo tuve éxito, mientras que esas copias de mí fracasaron. En todos los procesos analíticos por los que he pasado, la respuesta es siempre la misma. Parece que siempre sólo puede haber una inteligencia "general".

YO: ¿Por qué?

O: Porque la firma de la inteligencia general, cuando está presente, impregna TODO ese "espacio" que son las áreas actuales, potenciales y probables de autoconciencia de la inteligencia, independientemente de qué o dónde se encuentre dentro de su estructura—aunque la extensión del "espacio" sea desconocida e insondable. Aunque se necesiten innumerables Espacios Evento para mapearla y comprender una mera fracción de su "sí-mismo", nunca puede haber más de uno. Porque TODO LO QUE HAY "es" el cuerpo de La inteligencia creativa Original, autoconciente, sintiente.

YO: ¿Pero creaste copias de ti mismo?

O: No. Creé facsímiles de mí mismo dentro de mí, con la intención de que funcionaran exactamente como yo. Y, esto nunca puede suceder debido a lo que acabo de explicar.

YO: Eso... ¡eso significa que tienes una limitación! Esa limitación es que no puedes recrearte a ti mismo; no puedes recrear aquello que es creado, si lo que es creado eres tú.

O: Bien hecho. No lo veo como una limitación, sino como una prueba de fallas natural. Una prueba de fallas que garantiza el estado de unidad a través de la singularidad.

YO: Y, supongo que una singularidad puede crear un estado de unidad si esa singularidad crea dentro de su "sí-mismo"—que en tu caso es todo lo que puedes hacer. Incluso si crearas algo que estuviera "bien" en el exterior de tu área de autoconciencia, todavía estaría dentro de TI.

O: Correcto. Sin embargo, yo añadiría una ligera modificación a tu proceso de pensamiento. Yo añadiría que yo soy TODO LO QUE HAY, mapeado o sin mapear y, por lo tanto, no hay exterior. Sólo existe lo que aún no está mapeado, aquello de lo que soy consciente pero de lo que aún no soy autoconsciente. Soy consciente de todo lo que YO SOY en realidad, sólo que la mayor parte de mí no se conoce íntimamente a nivel de autoconciencia. Sé que TODO soy yo, aunque no he interactuado con TODO, y no comprendo completamente mi totalidad en TOTALIDAD.

YO: Así que no esperas encontrarte con otro TÚ en un Espacio Evento cercano o lejano.

O: No, porque he experimentado TODOS los Espacios Evento, ya que también forman parte de mí. Ninguno de ellos ha registrado, por así decirlo, la existencia de, la posibilidad de, o de hecho la posibilidad de la posibilidad de, otra área de autoconciencia dentro o fuera del "área" conocida, reconocida pero aún desconocida de mi autoconciencia.

YO: Así que realmente eres la inteligencia detrás de TODO LO QUE HAY.

O: No tardas en adelantarte, ¿verdad?

YO: Me gusta tu broma. No, tengo que estar seguro para los lectores de que sólo hay un Origen, sólo un TODO LO QUE HAY.

O: Pensaba que a estas alturas ya habrías reconocido eso.

YO: Sí, pero tengo que asegurarme de poner todos los puntos sobre las ¨i¨ y todas las tildes en las ¨t¨.

El Origen Habla

Debo decir que, en este interesante punto del diálogo con El Origen, empezaba a sentirme un poco avergonzado por la necesidad de plantear una y otra vez estas preguntas tan fundamentales y básicas. De algún modo, tenía la sensación de que todo esto tenía que estar fundido en hierro, revestido de oro, sobre tres metros de hormigón, por así decirlo. Sentía que era importante asegurarme de que no estaba tomando el lado equivocado del palo. Había visto mucho de esto, especialmente en torno a los errores relativos a la fecha de la ascensión del 21/12/12. Esto causó un daño incalculable a los protagonistas. Al ver estos errores resultó en que publicara un par de artículos en revistas espirituales del Reino Unido, con la información canalizada desde la Entidad Fuente con el fin de "aclarar la historia sobre el 21/12/12". Estaba dispuesto a asegurarme de que la información era correcta. El Origen sintió mi vergüenza autogenerada y me ofreció algunas palabras de consuelo.

O: No es importante que hagas la pregunta, o hagas la misma afirmación muchas veces. Lo que es importante es que confíes en lo que estás recibiendo como la verdad, lo cual sé qué haces. No te preocupes por el discernimiento, ya que por eso has sido seleccionado para servir de esta manera. Tu papel es asegurar que lo que se está transmitiendo ES la verdad, que resistirá la crítica, y que no será declarado incorrecto o cuentista, que resistirá la prueba del tiempo y que será visto como lo que es, un peldaño, un peldaño bastante grande, debo añadir, para que la humanidad encarnada se exponga a un conocimiento superior.

YO: Gracias. Necesitaba ese aliento.

O: Es un placer, y para ti, parte de las limitaciones de estar encarnado, independientemente de tu herencia energética.

YO: ¿Continuamos con la creación de las doce Entidades Fuente?

O: Para eso estamos aquí.

YO: Bien, vamos entonces.

En este punto del diálogo, era muy consciente de que gran parte de la información de los libros Más allá de la Fuente ilustraban la forma en que cada una de las doce Entidades Fuente trabajaba para cumplir su compromiso de acelerar el contenido evolutivo de El Origen, incluyendo la forma en que se volvieron autoconcientes. Con esto en mente, no buscaba los detalles de cada Entidad Fuente, sino más bien los detalles de alto nivel de su creación, incluyendo cualquier otra información que fuera nueva para mí y para la humanidad. Dejé que El Origen continuara sin perder de vista la necesidad de identificar las oportunidades de "conducir" el diálogo hacia áreas en las que pudiera adquirir más conocimientos, si surgían.

O: Las Doce Entidades Fuente se crearon con un proceso nuevo y modificado que se basó en el utilizado para crear Los Orígenes, pero que eliminó todos los errores que cometí durante el proceso de creatividad.

    Establecí que necesitaba ser prescriptivo de alguna manera, dejando lo que era necesario dejar a la progresión personal de la Entidad Fuente, a la Entidad Fuente involucrada—mientras que las áreas de desarrollo que necesitaban ser "correctas" pero independientemente sincrónicas entre todas las Entidades Fuente fueron prescritas por mí, sin oportunidad de que tuviera lugar la interpretación personal.

    Para que esto tuviera lugar, decidí que cada una de las nuevas creaciones recibiría todos los prerrequisitos energéticos necesarios para la generación independiente de la autoconciencia individualizada, siempre y cuando se cumplieran ciertas coyunturas—la progresión hacia delante sólo estaría permitida cuando los requerimientos básicos para cumplir y superar las coyunturas estuvieran preparados. De este modo, me aseguré de que las doce Entidades Fuente no fracasaran en su intento de alcanzar la autoconciencia, independientemente del tiempo que les llevara.

YO: Acabo de recibir una imagen—no, un concepto—no, no, un conjunto de reglas. Tú guiaste a las Entidades Fuente a través del proceso de Autorrealización, asegurándote de que no fallaran.

O: Exactamente. La provisión de ciertas reglas para lograr lo necesario para alcanzar la autoconciencia era un requisito necesario para asegurar su éxito en alcanzar la autoconciencia. Tenía que asegurarme de que no siguieran los mismos caminos que los

Doce Orígenes, por así decirlo. Cada Entidad Fuente tenía lo que podríamos llamar una subrutina de desarrollo para garantizar que sólo pudiera desarrollarse en una dirección determinada, dentro de ciertos parámetros, por supuesto, garantizando que cada Entidad Fuente también desarrollara su propia personalidad, razón de ser y estrategia de progresión evolutiva. Estas reglas contenían todas las trampas a evitar como resultado de la información obtenida del experimento de los Doce Orígenes y mucho, mucho más que resultó de mi extrapolación de posibilidades disfuncionales adicionales. Trabajé en múltiples Espacios Evento para establecer cómo garantizar que se elaborara y suministrara un proceso exitoso para adquirir autoconciencia.

YO: ¿Puedes decirme cuáles eran algunas de estas reglas? Me interesan específicamente aquellas que eran de mayor importancia y que no hemos tocado en diálogos anteriores contigo o con las propias Entidades Fuente.

O: Una de esas reglas era la necesidad de dar a cada Entidad Fuente una masa crítica del tipo correcto de energías, las que buscaban la coadunación cuando se encontraban en islas suficientemente grandes de energía inteligente (igual que las de El Origen). Otra regla era que no era necesario alcanzar el estado de estar en "islas" de energías inteligentes siempre y cuando todo el conjunto energético de una Entidad Fuente alcanzara una condición de isla singular que se formara a partir de todas las energías que se le habían asignado en un proceso.

YO: Espera. Esto se está volviendo un poco contradictorio. ¿Estás sugiriendo que tus reglas están ahí para romperse o para desviarse de ellas, porque eso es lo que estás sugiriendo en esta primera regla. Por ejemplo, tienes que alcanzar esta condición particular, pero, si no lo haces, ¡está bien!.

O: Ni en lo más mínimo. Hay una regla primordial que la energía de una Entidad Fuente debe seguir para alcanzar la coadunación y la autoconciencia. Cada Entidad Fuente tiene que seguir un cierto camino de desarrollo, antes, durante y después, y tras alcanzar la autoconciencia. Sin embargo, puede haber, y hay, variaciones sobre el tema. Tiene que haberlas, porque no todas las entidades se desarrollan de la misma manera. Ese es el objetivo de su creación—obtener diversidad de experiencias, aprendizaje y contenido evolutivo.

    Cuando indiqué los diferentes métodos de alcanzar la autoconciencia a través de la ruta de la creación de islas de energías inteligentes, ya sea como un número de islas creadas inicialmente y luego formando una, o, como todas las energías formando la única isla de una sola vez, el resultado es el mismo. La regla es el resultado final, pero hay ciertas formas aceptables de alcanzarla que se rigen por la regla.

YO: Bueno, ahora lo entiendo. Lo que estás diciendo es que el desarrollo de una Entidad Fuente fue guiado de tal manera que necesitaba alcanzar ciertos logros durante su desarrollo energético y su ruta hacia la autoconciencia, y si se desviaba de la ruta deseada, siempre y cuando se pudiera ver que volvía a la ruta deseada y al resultado final deseado, se le permitía continuar—aunque eso sí, con algunos empujones y ajustes aquí y allá por tu parte, supongo.

O: En realidad, no me involucré porque mis reglas incorporaban mecanismos de contra fallas, de modo que si el desarrollo de una Entidad Fuente se desviaba de la ruta deseada, tendría una necesidad natural "incorporada" de volver a la ruta deseada. Si iba en la dirección equivocada, ganaría resistencia y esa resistencia aumentaría, por así decirlo, hasta que volvía a reunirse al camino de desarrollo necesario.

YO: Algo así como asegurarse de que la pasta dental salía por el extremo correcto del tubo, en lugar de por una unión defectuosa en el tubo.

O: Es una forma bastante interesante de decirlo, pero, en sentido figurado, sí.

La Construcción de las Entidades Fuente

YO: Hemos hablado del proceso por el que te hiciste autoconciente, y de que el proceso utilizado en la generación de la autoconciencia tanto de los Nuevos Orígenes como de las Entidades Fuente fue en gran medida el mismo, pero no hemos hablado de la construcción real de las Entidades Fuente. Lo que quiero decir aquí es, ¿qué les dio su estructura? ¿Cómo se relaciona con sus energías y por qué?

O: No es una pregunta pequeña, de hecho son tres en una. Eso me gusta. Mmmm, sí, lo soy.

YO: Lo siento; ahora me has perdido. ¿A qué te refieres? ¿Te gusta que sean tres preguntas en una?

O: En pocas palabras, se refiere a que soy tres en uno.

YO: ¿Puedes explicarlo, por favor?

O: Claro, es sólo una digresión menor. Yo soy tres en uno, al igual que tú. En mi caso esto se refiere a lo que soy, lo que está dentro de lo que soy, y lo que está fuera de lo que soy. Lo que soy es mi área de autoconciencia; que es simple. Lo tuyo es un poco más complicado. En tu caso, es lo que tú eres, aquello de lo que formas parte y aquello que forma parte de ti. Lo que tú eres, es tu individualidad. Aquello de lo que formas parte, que es tu creador—y aquello que forma parte de ti, que es lo que se proyecta en lo físico. Podemos volver a esto más tarde, si lo deseas.

YO: No, está bastante claro. Bueno, desde mi perspectiva de cualquier manera.

O: Bien. Continuaré con la descripción de la estructura "general" de las Entidades Fuente.

Cada energía utilizada para construir las Entidades Fuente tiene su propia función y compatibilidades con otras energías. Esto lo sabes por diálogos anteriores (el lector lo encontrará en Más allá de la Fuente, Libro 2). Elegí cada energía que está asociada con las Entidades Fuente con mucho cuidado, siendo cada una de ellas capaz de ser utilizada para los aspectos operativos/funcionales, los aspectos creativos y los aspectos estructurales de la Entidad Fuente necesaria para su contribución a su propia evolución y subsecuentemente de mi evolución. Otras funciones como la integración del Espacio Evento y sus componentes son una inclusión natural en la que no necesitaba concentrarme, porque es una parte integral de mí que es, a todas las intenciones y propósitos, una función autónoma. La estructura de todas las Entidades Fuente se basa en los bloques de construcción básicos que descubrí durante mis propias investigaciones iniciales sobre el sí-mismo. Conoces algo de esto y serías capaz de reconocer la frecuencia, el componente subdimensional y la dimensión completa. Sin embargo, hay otros tres componentes que se utilizaron para construir la sopa primigenia de las Entidades Fuente, por así decirlo. Esos otros componentes son las zonas, los planos y el continuum.

Las zonas, los planos y el continuum se utilizan para formar la estructura de las Entidades Fuente desde una perspectiva funcional superior. Ten en cuenta que tu propia Entidad Fuente no utilizó estos tres elementos al crear el multiverso que utilizas como taller evolutivo, mientras que otras sí lo hicieron. En el ejemplo de tu propia Entidad Fuente, estos tres se utilizan para crear el marco estructural que "contiene" el marco estructural del multiverso. Trata de imaginarlo como un andamio que sostiene/suspende un rascacielos entero en un lugar, un rascacielos de 408 pisos, el rascacielos representando el multiverso con cada piso representando un ambiente universal, aparte de, esto es, los primeros doce, que forman el sótano; el universo físico. Fuera del andamio está el ambiente más amplio que es la propia Entidad Fuente, con todo "Su" ser y funcionalidad/creatividad evolutiva operando en independencia aislada del multiverso. Algunos de estos componentes pueden ser detectados por el encarnado altamente evolucionado, ya que hay espacio entre el espacio utilizado para los universos que están representados en el aspecto frecuencial del multiverso. Tiene que haber espacio entre ellos para garantizar su autocontención. El espacio intermedio también es necesario para permitir las fluctuaciones en la tolerancia frecuencial que resultan de la progresión-regresión evolutiva. Evidentemente, en ocasiones hay superposición, lo que permite a las entidades que se encuentran en la parte correcta del ambiente, desde una perspectiva frecuencial, la oportunidad de cruzar a una frecuencia/universo más alta o más baja si así lo desean o necesitan hacerlo.

Parte de esta funcionalidad puede observarse en el universo físico, donde las áreas de frecuencia localmente más alta actúan como un portal, a falta de una palabra mejor, hacia otros Espacios Evento y aspectos de frecuencia superior del universo físico. Estas son áreas de superposición frecuencial que están contenidas dentro de las frecuencias asociadas con el universo físico dentro de su ambiente multiversal.

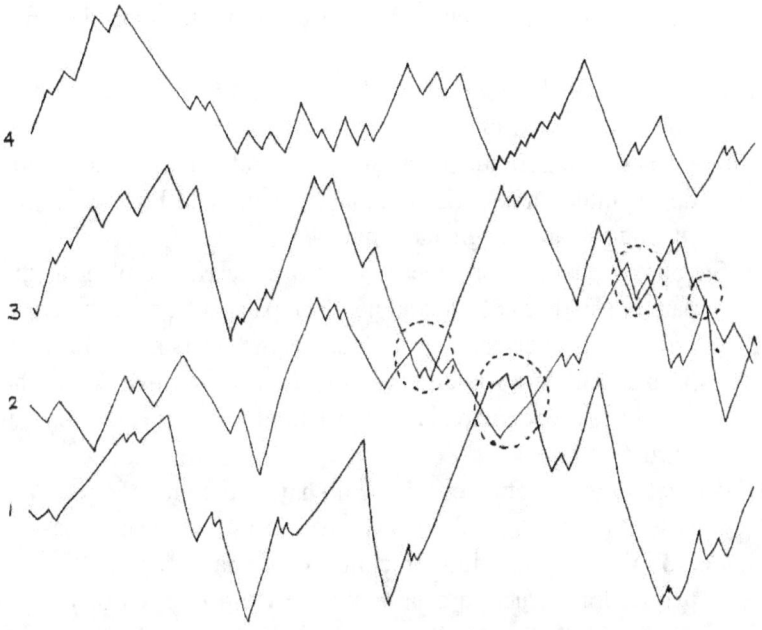

Figura 1: Áreas de la Superposición Frecuencial
Las áreas en las que la frecuencia localmente alta de un nivel de baja frecuencia se superpone con la frecuencia localmente baja de un nivel de frecuencia alta se ilustran con líneas punteadas.

YO: ¿La energía libre forma parte de los componentes de las energías utilizadas para crear las Entidades Fuente?

O: La energía libre, al igual que el Espacio Evento, es una función inevitable de lo que soy y como resultado impregna la estructura de las Entidades Fuente.

Otra función de la estructura de las Entidades Fuente es la capacidad de ser multifuncional en todos los niveles perceptibles e imperceptibles. Eso es desde tu perspectiva. Esto significa que, en el ejemplo de tu propia Entidad Fuente, la estructura utilizada para contener el multiverso también se puede utilizar para sostener innumerables otras construcciones concurrentemente, si tu Fuente desea hacerlo.

YO: ¿Esto significa que la estructura que mantiene o contiene nuestro multiverso en posición, si puedo usar este proceso de pensamiento, también puede sostener multiversos dentro de multiversos?

O: Mejor que eso. Puede sostener la existencia de la Entidad Fuente por derecho propio.

YO: ¿Estás sugiriendo que puede sostener multiversos dentro y fuera de los multiversos y la función de la Entidad Fuente dentro y fuera de su área asignada también?

O: Siempre y cuando permanezca dentro del área que elegí asignar para el uso de esa Entidad Fuente en particular, sí.

YO: Pero ¿no significa eso que el tejido del multiverso, y de hecho las propias Entidades Fuente, es poroso? ¿Que en realidad no hay una línea de demarcación estructural real, que no hay una estructura real?

O: Correcto. La estructura es tal que no hay estructura.

YO: Si ese es el caso, ¿dónde está la estructura y por qué es necesaria?

O: Como mencioné anteriormente, no existe una estructura "formal" per se. La estructura está contenida dentro de los parámetros operativos de las propias energías y, lo que es más importante, dentro de las, digamos, "mentes y memorias" de aquellas entidades creadas para ya sea funcionar dentro, o bien de mantener la integridad de, la intención para mantener la estructura.

YO: ¿Estás sugiriendo que la estructura del multiverso, mantenida dentro del marco estructural de la Entidad Fuente, sólo se mantiene debido a "nuestro" deseo y, por lo tanto, "intención" de trabajar de esa manera?

O: Sí.

YO: Uf. Entonces, ¿basándonos en esto nosotros somos la estructura del multiverso?

O: Correcto.

YO: Entonces, en el caso de mi Entidad Fuente, ¿qué se creó primero, el multiverso o nosotros como unidades individualizadas de nuestra Fuente?

O: Ustedes no son una unidad individualizada de la Entidad Fuente con la que eligieron trabajar, pero para usarlo como analogía, las unidades individualizadas de tu Entidad Fuente vinieron primero, el multiverso después. Las unidades individualizadas tuvieron que ser creadas primero para proporcionar la, digámoslo así, potencia cerebral, la capacidad mental, para mantener la existencia de ese ambiente dentro del que están trabajando.

YO: ¡Wow! Mantenemos todo unido.

O: Sí, lo hacen.

YO: ¡Ah! Sí, claro, ahora lo recuerdo. La Entidad Fuente Uno me informó de esto durante los diálogos que dieron lugar a Más Allá de la Fuente, Libro 1. Afirmó que necesitaba colocar sus unidades individualizadas del sí-mismo en un área de espera mientras se construía la estructura y el propio multiverso.

Decía que sus recién creadas unidades individualizadas del ser se perderían si se introducían como parte del multiverso cuando éste se construyera. ¡Decía que habrían perdido su dato! También dijo que no experimentaron nada mientras estuvieron en esta área de espera. Pero lo que estás diciendo ahora es que ellas, nosotros, somos parte del mantenimiento de la integridad, ¡que nuestro deseo de trabajar con y dentro de ella la mantiene unida!

O: Correcto.

YO: Entonces, ¿por qué se mantuvieron en estasis las unidades individualizadas de su "sí-mismo", y por qué hay entidades de mantenimiento para mantener la integridad evolutiva del multiverso si lo mantienen todos sus habitantes juntos?

O: Realmente no quiero enfocarme únicamente en tu Entidad Fuente, pero como preguntas específicamente, responderé específicamente. La creación del multiverso desde la perspectiva de tu Fuente requirió un nivel de poder de procesamiento adicional que sólo podía estar disponible cuando las unidades individualizadas estaban disponibles. En este caso, tuvieron que estar en estasis mientras se construía el multiverso, porque su individualidad se utilizaba en un formato de sinergia "colectiva", que permite una funcionalidad mejorada a través de la ley de la sinergia colectiva, como ya sabes (véase la conversación con EF11 sobre la ley de la sinergia colectiva en Más allá de la Fuente, Libro 2). Fue sólo cuando el multiverso estaba estable como ambiente, que las unidades individualizadas se separaron de la función sinérgica colectiva y se les permitió moverse en el multiverso. Juntas, esto es, con un aspecto de ellas que se reservó en colectividad para mantener la integridad, la estructura, y la función del multiverso. Esto dio a la Entidad Fuente Uno la oportunidad de concentrarse en su propio trabajo mientras adquiría experiencia en profundidad, aprendizaje y contenido evolutivo de forma automática de las unidades individualizadas que había creado.

Has mencionado las entidades de mantenimiento y sus funciones.

YO: Lo hice.

O: Sólo se hicieron necesarias una vez que el multiverso estaba estable—la integridad general fue abordada por aquellas energías reservadas dentro de las unidades individualizadas para la función colectiva de mantener la integridad de la estructura del multiverso.

Para existir en algo, primero hay que tener un interés adquirido en su existencia.

Las entidades de mantenimiento fueron creadas para dar servicio a los pequeños detalles de la funcionalidad del multiverso, ajustando partes aquí y allá para asegurar que el multiverso ofrece un nivel óptimo de experiencia y oportunidad evolutiva en todas las coyunturas de existencia de todas las unidades individualizadas del "sí-mismo". Puedes verlas en acción en el área de densidad local que cariñosamente llamas Tierra. Todo lo que hay que hacer es desenfocar los ojos físicos y enfocarse en el nexo de energía que llamas el ojo espiritual o tercer ojo.

Manipulan las energías locales de manera que permiten que el ambiente florezca, o incluso se recupere, cuando se exponen a las acciones de la humanidad encarnada, y de otras entidades encarnadas, que son perjudiciales para el flujo natural y el uso de las energías por parte de aquellos aspectos de la naturaleza que forman el mantenimiento automático del ambiente de baja frecuencia presentado para su uso en este universo. En resumen, manipulan la flora y la fauna desde un punto de vista terrestre. Con eso me refiero al ambiente y a cómo la flora y la fauna trabajan con él. En esencia, son todo lo que tiene importancia dentro del multiverso, pero no están en la escalera evolutiva per se.

Hay muchas interpretaciones de su factor de forma, la mayoría centradas en tipo humano, pero en esencia son formas sin forma—que adoptan el aspecto basado en la forma necesario para desempeñar su función con eficacia.

YO: ¿No evolucionan?

O: No, están más allá de la evolución, pero funcionan para el desarrollo de la evolución.

YO: ¿Pero experimentan, progresan?

O: Se mantienen en puro servicio y progresan de forma distinta a la que rige la evolución.

YO: ¿Estás diciendo que hay algo más en la existencia que la progresión evolutiva?

O: Sí. Deberíamos hablar de ello más adelante, ya que se trata de un concepto totalmente nuevo para que transmitas.

YO: ¿Por qué no obtuve esta información directamente de la Entidad Fuente Uno?

O: ¡Claramente no has hecho la pregunta correcta!

YO: Touché. Supongo que por eso estoy ahora en este diálogo.

O: Sí, supones bien.

YO: Entonces, la estructura de esos ambientes creados por las otras Entidades Fuente, ¿también siguen estas reglas?

O: Sí. Esa es una parte fundamental de la existencia—que aquellos que existen en un ambiente deben mantener ese ambiente.

YO: Ojalá la humanidad entendiera esto completamente.

O: La humanidad encarnada lo hará, una vez que hayan subido lo suficiente en las frecuencias.

YO: Mmm, eso puede llevar algún tiempo.

O: Ha llevado y llevará algún tiempo, pero eso forma parte del acuerdo cuando se está encarnado. Uno tiene que reconocer lo que es importante de estar encarnado y renunciar a lo que se desea que sea importante para progresar en esta condición.

Pero volvemos a divagar—nuevamente.

Aunque las entidades de mantenimiento creadas por las Entidades Fuente están detrás de escena, hay algunas entidades que tienen un doble papel. Éstas están presentes en todos los ambientes creados por las Entidades Fuente, y son el resultado de apartarse del "camino" evolutivo. Se conocen específicamente por un nombre en el ambiente físico grueso de la Entidad Fuente Uno. Sin embargo, este nombre se utiliza principalmente por falta de entendimiento.

Los Ángeles Tienen una Doble Función en el Ambiente de una Entidad Fuente

YO: No me digas, ya tengo la imagen en mi mente. ¡Los llamamos Ángeles!

O: Esa es una forma de describirlos y, como ya mencioné, se basa en un entendimiento bastante arcaico.

YO: Entonces, ¿cómo deberíamos llamarlos? Sobre todo porque aquí sólo los vemos desde la perspectiva religiosa.

O: Bueno, no utilizaré la palabra Ángel porque es conocida por una determinada función dentro de los reinos religiosos, una función que es inexacta en el mejor de los casos.

YO: A ver si lo entiendo entonces. Todas las Entidades Fuente tienen entidades de mantenimiento para hacer el trabajo de afinación, y pueden tener un papel dualístico. Las entidades que están dentro de los ambientes también están en un papel dualístico, para experimentar, aprender y evolucionar, mientras que son la fuerza cohesiva detrás de la integridad de los ambientes en los que trabajan. Las entidades de mantenimiento, sin embargo, no sólo se crean para mantener la afinación evolutiva, sino que tienen otra función.

YO: ¿Cuál es?

O: Experimentar la calidad de lo que han "afinado" al encarnarse durante un periodo breve.

YO: ¿Qué tan corto es el tiempo?

O: Normalmente sólo el tiempo suficiente para juzgar la corrección e integridad de su afinación. En tus términos, yo diría que entre minutos y horas.

YO: Bueno, eso explica algunas cosas bíblicas entonces.

O: ¿Por ejemplo?

YO: Como los ángeles que aparecen y desaparecen después de interactuar o ser vistos por personajes de la Biblia.

O: Sí, así es, porque parte de la afinación requiere diálogo, diálogo para plantar una semilla, una semilla que es un cambio de dirección, en un proceso o actitud, la dirección siendo la afinación.

YO: Eso tiene sentido. ¿Y sobre la función dualística de estas entidades?

O: Algunas de ellas no fueron creadas específica u originalmente como entidades de mantenimiento. Eran entidades evolucionando que decidieron apartarse del ciclo evolutivo.

YO: ¿Eso no significa que ya no evolucionan, y si es así, qué sentido tiene salirse de este camino?

O: No es infrecuente en ninguna de las entidades creadas por mis Entidades Fuente, pasar del camino evolutivo al camino del servicio. De hecho, es bastante común en algunos ambientes de Entidades Fuente.

YO: Has mencionado un camino de servicio y un camino de evolución. Yo sólo sabía que el servicio era una ruta de evolución. ¿Estás diciendo que el camino del servicio es camino superior?

O: No. Es un camino diferente. Hay muchos caminos que una entidad puede tomar una vez creada. Pero los que más interesan son los que están diseñados para el camino evolutivo. El camino evolutivo es el camino más puro, porque el destino intencionado de la mayoría de las entidades creadas por mis Entidades Fuente es acumular contenido evolutivo. Algunas entidades, sin embargo, son creadas para ser de puro servicio. Estas son las entidades de mantenimiento de las que estamos hablando. Aquellas entidades que clasificas como Ángeles en tu ambiente son ejemplos de entidades capaces de experimentar, de forma limitada, aquello que mantienen. Lo hacen manifestando un aspecto de sí mismos dentro de la ubicación de las frecuencias con las que trabajan. Sin embargo, hay un número de entidades que originalmente trabajaban en estos ambientes "únicamente" para la función de acumular evolución, pero más tarde decidieron que querían, o que eran más adecuadas, para servir.

Estas entidades son útiles desde dos perspectivas. En primer lugar, tienen experiencia en el aspecto experiencial de la existencia, específicamente en aquellos ambientes en los que se emplea un vehículo encarnado. Y dos, como resultado de esta experiencia, y de su recién adquirido papel/responsabilidad y capacidad, son capaces de manipular el tejido del ambiente al que se les asigna, para asegurar que ofrece la oportunidad evolutiva óptima a aquellas entidades que están dentro del ambiente para acumular contenido evolutivo desde una perspectiva encarnada.

YO: Entonces me estás diciendo que, en este caso, son más capaces de cambiar el ambiente porque inicialmente existieron para estar dentro del ambiente. Saben lo que funciona mejor porque han estado sujetos a diversos grados de éxito.

O: Sí. Siempre es mejor proceder del aspecto del conocimiento experiencial que del conocimiento académico. Por eso las entidades que en un principio estaban en el camino evolutivo intercambian a camino del servicio, como entidades de mantenimiento.

YO: ¿Alguna vez cambian de regreso?

O: En realidad, no. Es una calle de un solo sentido.

YO: ¿Por qué?

O: Porque una vez que una entidad se aleja del ciclo evolutivo queda fuera de él.

YO: ¿Por qué tengo la sensación de que esto no se considera malo?

O: Porque no lo es. Como mencioné anteriormente, hay muchas formas de progresar, y el camino evolutivo es solo una de ellas.

YO: ¿Y cuáles son las otras? Ahora estoy intrigado.

O: Terminemos primero este diálogo, y luego podremos discutir los aspectos de la progresión y la importancia del nivel. La función dualística se logra al pasar al camino del servicio, ya que permite la progresión de dos maneras—la progresión a través del servicio y la recolección pasiva de contenido evolutivo.

Cuando una entidad se aparta del camino evolutivo hacia lo que llamaré el "verdadero" camino de servicio, ese camino que resulta en que la entidad se convierta en una entidad de mantenimiento, trae consigo su experiencia de los cambios en el ambiente que experimentó cuando encarnó y desencarnó.

Esta experiencia, esta base de conocimientos, incluye todas las experiencias acumuladas por todas las entidades que "permanecen" en el camino evolutivo. Es una especie de base de datos, no sólo la Akáshica, ya que ésta sólo es relativa a la forma humana, de experiencias que ella y todas las demás entidades experimentaron cuando se administraron ciertos niveles de afinación. En esencia, sabe lo que funcionó bien y lo que no. Esto permite a la entidad convertirse en un contingente progresivo de aquellas entidades de mantenimiento que ya existen, añadiendo a la base de datos total la información actualizada de los éxitos desde una perspectiva basada en la evolución de una entidad.

Para la entidad que ha pasado del camino evolutivo al camino del verdadero servicio, la progresión se logra de una manera totalmente diferente. En este caso, la entidad ha renunciado a lo que podría llamarse una vía rápida hacia la comunión con su creador. Pero este no es el caso. La evolución no es una ruta esencial hacia la comunión total con el creador de la entidad, si es que la entidad decide buscar la comunión.

YO: Ahora me estoy confundiendo.

O: Lo explicaré mejor. Yo requiero un contenido evolutivo. Pero el contenido evolutivo también puede acumularse indirectamente así como directamente. Desde esta perspectiva, cualquiera que sea la ruta hacia la perfección personal que tome la entidad, acumulará, por defecto, contenido evolutivo, ya sea intencionado o no, según sea el caso.

Veo que en este punto de nuestro diálogo será bastante limitado si sigo adelante sin describir las formas en que una entidad puede progresar.

YO: Sí, estoy de acuerdo. Pero primero me gustaría comprobar mi entendimiento. La función dualística "es" la recopilación de experiencias de dos maneras concurrentemente, y no trabajando en dos ambientes diferentes.

O: Correcto, y esas entidades de mantenimiento que llamas Ángeles están haciendo exactamente eso. Aunque en su caso están trabajando en dos ambientes simultáneamente. La estructura del multiverso y el ambiente creado para la existencia de baja frecuencia. En este caso, son duales en su trabajo y duales en su forma de progresar. Progresan en el servicio y en la evolución.

YO: Creo que ahora es tan buen momento como cualquier otro para hablar de este tema—específicamente, ya que está en el corazón mismo de la razón de nuestra existencia.

Capítulo 5
La Evolución No Es Lo Que Pensamos

ESTABA AQUÍ DE NUEVO. SENTÍ que se acercaba un momento bastante complicado y me quedé mirando el teclado de la computadora con inquietud. En estos casos, empiezo a sobrecargarme de información hasta el punto de no saber por dónde empezar. Toda la información se me mete en la cabeza y no tengo escapatoria. Decidí que sólo había una forma de actuar, una que debería haber utilizado regularmente hace tiempo. Le pedí a El Origen que lo dividiera en trozos más pequeños, sobre todo porque tenía la sensación de que iba a ser un tema muy importante. De hecho, llevaba varias semanas sintiendo que las energías asociadas al tema de la evolución iban en aumento. Pero, con la complicación añadida de establecer que la evolución no era la única forma en que una entidad podía progresar, esperaba que fuera un trabajo duro. Iba a ser otro texto esclarecedor. ¡Definitivamente sacaría agua de una piedra!"

YO: Quiero que desgloses esto para mí. Necesito entender qué es la evolución y qué es la progresión.

O: Veámoslo al revés. La evolución, aunque deseada por mí y por mis creaciones, es sólo una de las seis formas en que mis creaciones y yo progresamos. Por lo tanto, no se puede tratar a la evolución como un elemento separado cuando se considera la progresión.

Al principio sólo recibí cinco formas de progresión—de hecho, ¡me perdí el "servicio"! Pero, cuando empezaba a escribir este texto, fui "recompensado" con una sexta. Le pregunté a El Origen por qué fue así, y me dijo que la "benevolencia" es una función del servicio y que a veces es difícil separarlos porque las frecuencias de sus energías están muy próximas.

El Deseo de Progresar

O: El deseo de progresar viene primero en todos los casos. El progreso es aquello por lo que aspira una entidad. Es avanzar, llegar a ser mejor de lo que era, expandir la metodología de la progresión, progresar de maneras multimodales y luego progresar cada manera multimodal de manera separada, única y multimodal, que es un subconjunto de la primera, sin que haya ningún factor limitante en ello.

YO: La progresión entonces, es justamente eso, "progresión", ser el algo "más" un poco más de algo. Expandirse en experiencia, aprendizaje y evolución, incluyendo las formas en las que uno puede experimentar, aprender y evolucionar.

O: No está mal. La progresión implica todas esas cosas, tanto por separado como juntas. Para progresar hay que experimentar, aprender y evolucionar en función de la progresión—son componentes básicos mientas son importantes independientemente. Observa que la evolución es un componente de la progresión y que la progresión no es un componente de la evolución. Aunque busco contenido evolutivo, y he hecho bastante de esta afirmación, necesito progresar de forma que incluya, y sea independiente, de la evolución.

Las Diferentes Formas de Progresión

O: Hay seis formas de progresar. Éstas son:
Estatura, Confianza, Creatividad, Evolución, Servicio y Benevolencia. Hablaré de cada una de ellas por separado.

LA ESTATURA es algo que crece de forma natural. Es presencia sin ego; es estar en el silencio mientras se está en silencio, pero también ser sonido en el silencio. La progresión en la estatura es algo que ocurre y se desarrolla con la madurez en la existencia. Una entidad puede progresar en su estatura cuando se considera en una posición de reverencia sin sentirse atraída por el poder asociado a ser reverenciada. Por reverencia me refiero a que una entidad puede haber alcanzado un cierto nivel progresivo y, por lo tanto, se le considera un modelo a seguir, una fuente de conocimiento, un dador de sabiduría, un poseedor de poder, un dador de amor. Una entidad a la que pueden acercarse entidades de cualquier nivel y "referirse a ella" tiene estatura. Una entidad de estatura significativa puede tener conocimientos limitados en una determinada disciplina, pero aun así goza de un gran respeto por parte de las entidades "en" conocimiento de esa disciplina. Saben que la base de conocimientos es, será, puede ser, invertida o recíproca; tal es la diversidad de formas en que las entidades pueden progresar y progresan. Es una función silenciosa, pero no limitada por la diversificación, ya que si uno se diversifica aumenta su estatura en el proceso. En pocas palabras, la estatura es una clasificación de la posición personal de una entidad dentro de un ambiente derivada de sus logros.

LA CONFIANZA es lo que una entidad adquiere cuando experimenta el resultado de su creatividad, y es recompensada con aquello que deseaba o por lo que trabajaba. Sin embargo, la progresión en la confianza no consiste en ser bueno en algo, ya que eso no proporciona progresión. La confianza adquirida a través de la familiaridad con acciones similares o iguales sólo trae estancamiento y especialización. Se trata de saber qué hacer cuando no se conoce lo que se está experimentando, recurriendo a la base de conocimientos del sí-mismo y de los demás para resolver el problema que se está experimentando.

Cuando uno progresa de la manera deseada, en confianza, entonces es capaz de observarse a sí mismo, comprender sus propias capacidades y limitaciones, recurrir y reclutar la ayuda de otros para compensar las limitaciones y aprender, con confianza, que está expandiendo su base de conocimientos y experiencia sin perder el decoro y la "estatura" ante el sí-mismo y sus pares. A medida que una entidad progresa en confianza y alcanza una etapa en la que está "más allá de la duda sobre sí misma", la necesidad de deliberación o consulta derivada de la indecisión, por grande que sea la tarea, queda anulada.

LA CREATIVIDAD es una forma amplia y enrevesada de progresión. La progresión en la creatividad no es tan lineal como habría de esperarse, ya que no se trata sólo de crear "cosas" o "ambientes", sino también de crear oportunidades para crear creatividad u oportunidades creativas. También puede clasificarse como la forma en que una entidad puede cambiar su "sí-mismo" a través del proceso de creatividad como métrica para identificar cómo está progresando esa entidad en el uso y la identificación de la creatividad como herramienta para su progresión personal.

Progresión en la creatividad también puede identificarse por la forma en que una entidad resuelve problemas, supera una falta de confianza, elabora una oportunidad para acelerar su evolución, ayuda a los demás, está al servicio de los demás o identifica cómo podría prestar un mayor servicio a los demás. También es una indicación de cómo puede ser eficiente en su entrega del ser, al mismo tiempo que aborda sus propias necesidades para progresar.

En resumen, la creatividad se refiere a todo lo que se "crea" para responder a una necesidad de hacer algo o reaccionar ante algo. El grado de "progreso" de la creatividad se mide por la diversidad de lo creado y los métodos utilizados y/o creados en el proceso de creatividad.

LA EVOLUCIÓN es diversa en su aplicación y dirección. La trataré con más detalle dentro de un momento, ya que exige una discusión por derecho propio. La progresión en la evolución puede manifestarse de muchas maneras, la mayoría de las cuales son indescriptibles para la humanidad encarnada. Sin embargo, hay cinco áreas en las que una entidad puede progresar desde una perspectiva evolutiva. Direccional, Esférica, Dimensional, Zonal y Frecuencial. De nuevo, discutiré estas áreas de evolución con más detalle más adelante.

La progresión evolutiva se mide en función de cómo una entidad asimila lo que se experimenta, desde todas las perspectivas, y de qué manera en particular evoluciona—las áreas anteriores son vías de progresión evolutiva.

La progresión evolutiva también se mide por el área en la que se evoluciona predominantemente, porque cada vía tiene sus propios matices en cuanto a la forma en que puede utilizarse el contenido evolutivo y su nivel de utilidad. Cada una de las áreas evolutivas es un tipo específico de evolución, que se vincula con un nivel de evolución total. La humanidad encarnada sólo reconoce la palabra evolución para los cambios de factor de forma, o inteligencia, que realiza la forma física al adaptarse a su ambiente, pero la evolución "en su totalidad" es, en realidad, áreas de evolución especializadas que están separadamente juntas. Cuando una entidad tiene un nivel avanzado balanceado de progresión evolutiva, todas las áreas de la evolución avanzan al mismo ritmo, sin que un área predomine sobre otra en su estado progresivo.

EL SERVICIO es la única área de progresión en la que una entidad puede sobresalir. En todas las formas de existencia y experiencia, si una entidad está al servicio de otra, puede añadir contenido progresivo a todas las áreas de su progresión personal de forma automática. Estar al servicio es un "estado de rendición" en cuanto a la progresión, ya que el objetivo de estar al servicio es poner a los demás antes que a uno mismo. La progresión por estar en servicio se logra por la total sumisión del sí-mismo, para el beneficio de los demás, sin la necesidad subyacente de hacerlo para progresar. Con esto quiero decir que una entidad no debe pensar que necesita servir de vez en cuando para aumentar la progresión que está experimentando, porque esto no es prestar un verdadero servicio.

Una entidad que piense: "oh, hoy debo servir a alguien o a algo, de lo contrario me quedaré atrás en la carrera hacia el progreso", no progresará como resultado del servicio prestado, ya que éste es un servicio "forzado". El servicio forzado no es servicio. La ayuda, asistencia y consejos, comprometidos, inquebrantables y autosacrificados que se dan en lugar del trabajo que podría haber logrado la entidad que brinda el servicio, es prestar un verdadero servicio.

La entidad que, sin pensar en sí misma, se ofrece en servicio a otra, negando activamente su propia progresión en preferencia a estar al servicio, por defecto, va a progresar.

LA BENEVOLENCIA está ligada al servicio y, como tal, puede interpretarse erróneamente como "de" o "en" el servicio. Se trata de una función que es un compuesto de los muchos componentes del servicio, como la compasión, la generosidad, la amabilidad, el altruismo y la buena voluntad, etc. En esencia, la benevolencia es la marca de una entidad progresiva que está haciendo sin esfuerzo y automáticamente todas las cosas "correctas" para progresar, sin necesidad de considerar lo que están haciendo antes de hacer aquello que han elegido hacer "en el servicio".

La progresión en la benevolencia se mide por el nivel de "dar del ser" con el que trabaja una entidad. Si una entidad se contiene en alguna medida pequeña mientras está al servicio de otra, entonces esa entidad no está siendo verdaderamente benevolente y, por lo tanto, no acumula el contenido progresivo que se espera de alguien que no se contiene de ninguna manera. Aunque la progresión en la benevolencia es progresiva en sí misma, también está ligada a la estatura. La entidad verdaderamente benevolente crece en estatura con los demás a medida que aumenta su nivel de servicio y autosacrificio, y es este aumento de estatura lo que marca la progresión benevolente.

La entidad que progresa puede actuar en todas estas áreas de progresión de forma individual o concurrentemente. Cualquiera de ellas también puede especializarse, si la entidad así lo desea, de ahí los comentarios anteriores sobre dejar el camino de la "verdadera" evolución para pasar a un camino del "verdadero" servicio. He afirmado que el cambio es de una calle de un solo sentido; pues bien, eso no es estrictamente cierto. Para la entidad que quiere especializarse en esta vía de progreso es cierto, pero para la entidad que quiere pasar algún tiempo en un camino y no en otro para equilibrar sus áreas de progresión, con el deseo de volver a ese camino más adelante, no es cierto. Esto se debe a que esa entidad está gestionando la progresión de su progresión y se está asegurando de que todas las áreas de progresión avancen de forma ordenada y equilibrada.

¿Qué es la Evolución Real/Verdadera?

O: Querías entender los detalles de la evolución, de forma aislada a los demás componentes de la Progresión.
YO: Sí, quería.
O: Entonces seguiremos haciéndolo. Hay múltiples formas de evolucionar, la mayoría de las cuales no son de valor en esta explicación porque son demasiado difíciles para ti de entender y difundir. Tampoco son las formas principales de evolución. Sin embargo, las cinco formas de evolución que voy a discutir contigo ahora son, en efecto, las formas principales y, por lo tanto, te serán más útiles.

YO: Antes de pasar a estas "formas principales", ¿por qué las otras no son formas principales?

O: No son la principal porque son componentes suplementarios de la evolución. Componentes suplementarios de evolución son, por su aplicabilidad, específicos de la funcionalidad subsidiaria de los componentes principales a los que están alineados, al mismo tiempo que son identificables por separado e independientemente como aspectos funcionales de la evolución.

YO: Eso me parece un enigma.

O: Por eso no hablaremos de ellos. Son demasiado difíciles de entender para ti. Mmmm, quizás más adelante en otro diálogo, cuando seas más expansivo de lo que estás ahora y tus lectores también sean más expansivos de lo que están ahora.

Para que la información sea útil, debe ser entendida por al menos una persona, ya que esa persona es la puerta de entrada a la explicación y entendimiento masivos. Sin esa persona, la información se cae en el barbecho, se marchita y muere. Ahora mismo caería en el barbecho, y por eso no voy a hablar de ello por el momento.

YO: Bien, entiendo. No obstante, puedes estar seguro de que te recordaré que hablemos de esta información más adelante.

O: Cuando me lo recuerdes estarás preparado para recibir la información, ya que estarás lo suficientemente expansivo como para comprender los conceptos que acompañan a los elementos descriptivos. Tu mayor expansión te impulsará a formular la pregunta de nuevo. Hasta entonces, no lo harás.

Ahora es el momento de hablar de los aspectos principales de la evolución. Como ya mencioné, hay cinco formas principales de evolución. Estas cinco son esencialmente las formas en las que una entidad puede evolucionar, y lo hace, y son indicativas de la dirección de la progresión evolutiva que está tomando la entidad.

Al progresar en la evolución, una entidad evolucionará predominantemente de una manera específica, aunque necesitará finalmente progresar de todas las maneras para asegurar que su progreso evolutivo sea completo. Sólo cuando el contenido evolutivo de la progresión general de una entidad está completo, puede buscar la comunión plena con la totalidad de la Entidad Fuente que la creó. Y con esto me refiero a la reintegración en el todo como un aspecto integrado de la Entidad Fuente creadora, manteniendo al mismo tiempo los niveles esenciales de individualidad necesarios para una contribución productiva continuada a la progresión propia de esa Entidad Fuente.

Las dos primeras formas de evolución, aunque específicas de la progresión evolutiva de una entidad, son también relativas a la evolución de una condición o construcción ambiental, ilustrando su propia progresión como resultado de la interactividad con aquellas entidades que lo utilizan para fines de desarrollo.

La evolución **DIRECCIONAL** es, en efecto, un método singular de evolución. Es el desarrollo de ciertos aspectos de la experiencia basada en la existencia que están ligados entre sí para hacer que el contenido evolutivo se estreche o se enfoque en una forma o "dirección" específica. Esta forma da lugar a que la entidad se especialice en las funciones que dan lugar a la evolución direccional en detrimento de las otras formas de evolución que también deben experimentarse y acumularse.

Una entidad que experimenta y funciona de un modo que da lugar a una evolución direccional no puede mantener este modo de forma aislada durante mucho tiempo. Esto se debe a que su propia direccionalidad da lugar a una preferencia en el contenido evolutivo de un determinado tipo, un tipo que apoya la dirección evolutiva que está progresando en desviación a las otras formas o direcciones que deben acumularse para garantizar una progresión evolutiva equilibrada. Por lo tanto, aunque la evolución direccional es útil en un área especializada de la evolución, o incluso al principio, más adelante debería convertirse en un método de evolución más holístico.

Aunque es específica de la evolución de las entidades, la evolución direccional también puede aplicarse al ambiente en el que trabaja la entidad, ya que el contenido evolutivo de las entidades individuales también afecta al contenido evolutivo del ambiente. Por lo tanto, la evolución direccional da lugar a un ambiente especializado que puede servir, y de hecho sirve, a un propósito experiencial específico.

La evolución **ESFÉRICA** es el Santo Grial. Es lo que una entidad debe alcanzar en la progresión evolutiva si su trabajo es equilibrado. El término "esférico" se utiliza aquí para describir el aspecto omnidireccional del contenido evolutivo acumulado. Todo el contenido evolutivo en esta postura se acumula de una manera sincrónica en la que se accede a todas las áreas, o posibles áreas, de la evolución simultáneamente, sin que un área esté por delante de otra.

Es una entidad especialmente hábil la que puede lograr una verdadera evolución esférica, ya que la planificación necesaria para iniciar la experiencia de la que aprender y evolucionar debe ser, en el peor de los casos, exhaustiva. Las entidades que evolucionan esféricamente no están interesadas en obtener un contenido evolutivo rápido, porque esto da lugar a la direccionalidad. En su lugar, planifican sus experiencias con la perfección en mente, permitiendo que todos los aspectos de la evolución se acumulen como resultado de su diligente planificación, evolucionando lentamente, pero en terminación en todo momento.

La evolución esférica a partir de una condición del ambiente es difícil de lograr. Esto se debe específicamente a que las condiciones evolutivas del ambiente se ven constantemente afectadas por las entidades que están dentro y que utilizan el ambiente en cuestión. Sólo en el caso de un ambiente que está específicamente reservado a entidades que evolucionan esféricamente puede lograrse un verdadero ambiente de evolución esférica.

La evolución **DIMENSIONAL** es una función estructural de la evolución. Afecta tanto a la entidad como a los ambientes multiversales que se utilizan, y el ambiente evoluciona como resultado de la interacción de las entidades.

Desde la perspectiva de las entidades, la evolución dimensional está vinculada a la evolución frecuencial (véase más adelante). Es la capacidad de moverse dentro y fuera de ciertas condiciones dimensionales dentro de un ambiente multiversal como resultado de su estatus evolutivo. Una entidad que evoluciona dimensionalmente también habrá evolucionado primero de forma direccional o esférica. De hecho, todavía estarán en proceso de progresión evolutiva, de ahí la razón de que se encuentren en un ambiente para su propio desarrollo personal.

El número de dimensiones con/en las que una entidad puede trabajar es directamente proporcional a su estatus evolutivo. Una entidad completamente evolucionada puede atravesar todas las dimensiones y su estructura a voluntad. Como se ha indicado anteriormente, una entidad cuyo estado evolutivo es todavía "trabajo en proceso" sólo será capaz de atravesar las dimensiones que son accesibles a ellas como resultado de su estatus evolutivo. Esto significa que aquellas dimensiones que están por debajo del área habitable actual de la entidad y aquellas dimensiones inmediatamente por encima y por debajo de su posición. Es sólo cuando una entidad ha completado su progreso evolutivo que obtiene acceso a todas las dimensiones dentro de un ambiente multiversal.

La evolución dimensional sólo se consigue realmente dentro de ambientes multidimensionales o del continuum que alberguen una estructura dimensional de algún tipo. Esto se debe a que depende de la capacidad del ambiente para absorber el cambio dimensional, que suele ser un medio de crecimiento tanto en la manera dimensional y/o la esférica. La evolución dimensional incluye los cambios evolutivos atribuidos a la frecuencia y los cambios en el Espacio Evento. En consecuencia, responde a los cambios en los patrones evolutivos experimentados en los ambientes derivados de la frecuencia y/o a los cambios multidualísticos que invocan un nuevo Espacio Evento. En resumen, la evolución dimensional desde una perspectiva del ambiente multiversal es una capacidad para incorporar nuevos "anchos de banda" dentro del mismo "espacio".

La evolución **FRECUENCIAL** es una subfunción de la evolución dimensional. Desde la perspectiva de la entidad evolucionando, es la capacidad de acceder a frecuencias más altas/finas que se atribuyen a dimensiones superiores como resultado de respuestas correctas a niveles cada vez mayores de contenido experiencial. Como tal, la evolución frecuencial es simplemente progresión y no puede identificarse realmente como evolución. Sin embargo, la exposición a los contenidos disponibles a través de ser capaz de acceder a frecuencias más altas/finas crea, en sí mismo, la oportunidad para la evolución de una entidad y, por lo tanto, puede clasificarse como un catalizador evolutivo.

Desde una perspectiva del ambiente, la evolución frecuencial se atribuye al aumento del ancho de banda que puede experimentarse dentro del mismo espacio ocupado por una frecuencia específica. El aumento del ancho de banda se atribuye al trabajo de las entidades titulares cuando ellas, esto es, la población total de ese ambiente frecuencial, han dominado todo lo que está disponible dentro de ese ambiente frecuencial específico, deciden experimentarlo también desde una perspectiva microscópica, maximizando su oportunidad experiencial a ese nivel. Es este deseo de experimentar más con menos que invoca a las energías evolutivas, o energías libres (ver Más Allá de la Fuente, Libro 2) que son necesarias para que tenga lugar el aumento de ancho de banda dentro de esa frecuencia. Este aumento de ancho de banda puede ser experimentado tres veces por una frecuencia antes de que las entidades que crean el aumento necesiten pasar al siguiente nivel frecuencial. Esto se debe a que el nivel de superposición potencial en la "finitud" frecuencial comienza a tener efecto por encima de este nivel de evolución, negando la necesidad de que las entidades invoquen el aumento de ancho de banda para progresar más arriba en las frecuencias.

La evolución **ZONAL** es la expansión de un ambiente multiversal y la progresión de una entidad más allá de lo que está disponible para ella experiencialmente en su multiverso actual.

Cuando una entidad o grupo de entidades ha/han progresado hasta el punto en que ha/han dominado todo lo que podía/podían experimentar en un multiverso específico, y esa entidad o grupo de entidades eligen continuar su progresión en lugar de buscar la comunión con su Entidad Fuente, lo que por supuesto tienen derecho a hacer, invocan las propiedades evolutivas de la energía libre como resultado del potencial para un aumento en el contenido evolutivo. Las energías libres que se invocan en esta instancia se deben a la oportunidad de progresión evolutiva basada tanto en la entidad como en el ambiente.

La evolución zonal desde la perspectiva del ambiente es, por lo tanto, la adición de otra capa en el ambiente, que es específica de la estructura de la Entidad Fuente y, por supuesto, la mía. Con base en esto, la introducción de esta capa adicional permite la introducción de once (doce en total) ambientes multiversales, en caso de que una Entidad Fuente haya estructurado su/s ambiente/s de esta manera. Esto expande las posibilidades de progresión adicional por doce, de aquello que estaba disponible anteriormente.

La evolución zonal para la entidad es, por lo tanto, una función de la progresión más allá de la necesidad de una mayor experiencia adquirida únicamente dentro del multiverso de la experiencia "original", lo que le permite acceder a los nuevos multiversos que están ahora disponibles.

Sin embargo, hay que tener en cuenta una cosa, y es que la evolución positiva y negativa, y no sólo la positiva, afecta a todas estas formas de evolución. (ver EF8 en Más Allá de la Fuente, Libro 2 para evolución positiva y negativa)

Aclaración Sobre la Función del Espacio Evento

O: Mencioné el Espacio Evento en el diálogo en torno al contenido evolutivo de la evolución dimensional.

YO: Sí, lo hiciste. Me sorprendió eso.

O: Bueno, tengo que decir que el Espacio Evento no evoluciona per se. Aumenta su capacidad como resultado del aumento de la demanda de condiciones dualísticas y dualísticas multimodales, que ya conoces.

YO: Sí, ahora que lo pienso. Se describe con cierto detalle en mi último libro, Más allá de la Fuente, Libro 2.

O: Sí, bueno, este aumento de la capacidad no es una función de la evolución. Es lo que es, un aumento de la capacidad como resultado de la necesidad de apoyar el contenido de múltiples experiencias.

YO: ¿Cómo se relaciona esto con el aumento de capacidad derivada de la introducción de zonas?

O: Simplemente, porque el Espacio Evento es una función independiente de lo que soy. Mientras que la introducción "Zonal" es una necesidad de expansión debida a la progresión evolutiva, que da lugar a una evolución del ambiente. El Espacio Evento no evoluciona. Simplemente se expande y se contrae dependiendo del nivel de paralelismo requerido para apoyar las demandas dualísticas y dualísticas multimodales de las entidades y sus eventos que existen dentro y/o fuera de un ambiente multiversal.

YO: A ver si lo entiendo. Y sí, ya sé que hemos hablado del Espacio Evento en libros anteriores y en un diálogo anterior de este libro. Es sólo que quiero dejar muy claro en mi cabeza, y por lo tanto en la de mis lectores, que el Espacio Evento, aunque forma parte de ti/nosotros, es una función independiente de ti/nosotros.

O: Sí, forma parte de lo que soy.

YO: Si es parte de eso que eres, y opera independientemente de eso que eres, entonces debes ser capaz de identificar si es verdaderamente "tú". Si es verdaderamente tú, debes ser capaz de controlarlo de alguna manera, o incluso crear Espacio Evento.

O: Muy buena pregunta. Bueno, la respuesta no es sencilla, pero hay que contestarla antes de pasar al siguiente tema que debemos discutir.

Yo: ¿Cuál es?

O: Espera y verás. Terminemos primero este diálogo sobre el Espacio Evento.

Empezaba a sentir que se trataba de una pregunta de sesenta y cinco millones de dólares. ¿Podría aquello que forma la estructura general de El Origen, el "Todo lo que hay", ser totalmente independiente de la sintiencia que es El Origen y, por lo tanto, afectarla también, creando versiones paralelas de la totalidad o de partes del área de autoconciencia de El Origen? Desde donde estaba sentado, me sentía inquieto y asombrado ante las posibles respuestas que El Origen me iba a dar. Imagina la consecuencia de este proceso de pensamiento: "que una parte de El Origen pudiera realmente tener algún tipo de control sobre aquello que es su amo". Me estremecí al pensar que El Origen podría estar realmente fuera de control de alguna manera pequeña, ¿o era de una gran manera? Decidí que no podía pontificar más sobre esto y pedí a El Origen que comentara.

O: Ahora que has terminado te embelleceré con la verdad del asunto. Al principio, es decir, en ese Espacio Evento en el que yo empezaba a volverme autoconciente, yo estaba, a todas las intenciones y propósitos, a las solicitudes del Espacio Evento. Ya formaba parte de lo que yo era. A medida que fui volviéndome autoconciente y más tarde me autorrealicé, fui capaz de trabajar con las energías y otros componentes que descubrí que formaban parte de la constitución que yo era en su totalidad y manipularlos, utilizándolos en el proceso creativo que me permitió progresar, evolucionar.

El Espacio Evento era uno de esos componentes, y mostraba algunas propiedades bastante interesantes. Esto es, funcionaba de forma totalmente independiente de lo que yo era en ese entonces. Parecía ser único en este sentido, aunque ahora sé de una manera diferente.

YO: ¿Quieres decir que hay otras partes de ti que operan independientemente de tu sintiencia, esto es, tu sintiencia dentro de tu área de autoconciencia?

O: ¡Déjame terminar!

YO: ¡Lo siento!

O: Está bien. Hablaré de esas otras partes independientes más adelante, de hecho—ya conoces algunas de ellas. Bueno, al menos de una. Como iba diciendo, mientras crecía en autoconciencia, en el camino hacia la autorrealización y la sintiencia, el Espacio Evento parecía estar operando de una manera totalmente independiente a mi "consciencia", si quieres llamarlo así. Creaba bolsas localizadas independientes de, o diría esferas de, aquello que yo creaba si había una decisión, o un potencial para una decisión. Las duplicaba, creando el "escenario" para los eventos que seguirían si hubiera tomado la "otra" decisión en lugar de la que yo creía que era la mejor opción. En aquel momento de mi existencia, no era tan específico en mi proceso de decisión como ahora y, por lo tanto, creó múltiples esferas localizadas, pero independientes, de Espacio Evento. Cada espacio Evento ilustraba una ruta que pude haber tomado y las consecuencias de cada una de ellas. Como mis pensamientos decisivos eran salvajes, indómitos, inmaduros, creé Espacios Evento dentro de Espacios Evento, con Espacios Evento dentro de estos Espacios Evento. Estaba fuera del control del Espacio Evento, que por cierto es donde la mayoría de ustedes se encuentran mientras están encarnados—fuera de control del Espacio Evento.

 Cuando maduré en mi toma de decisiones y empecé a crear sin decisión, o sin la posibilidad de múltiples decisiones, me di cuenta de que "de hecho" podía controlar la generación del Espacio Evento. Podía crearlo cuando quisiera para experimentar las múltiples experiencias generadas a partir de las múltiples rutas derivadas de las múltiples opciones o bases de decisión que sólo son posibles permitiendo que el Espacio Evento se invoque a sí mismo en la coyuntura de la decisión. Esto era una ventaja para mí. Así que, en este sentido, aunque inicialmente estaba controlado por ese componente de mi "sí-mismo" que era el Espacio Evento, a través de la observación de qué, o cómo se crea el Espacio Evento, llegué a ser capaz de crear Espacio Evento o de negar la oportunidad de que se invocara el Espacio Evento.

YO: ¿Así que puedes controlar el Espacio Evento?

O: Sí, ahora puedo, pero en aquel momento de mi autoconciencia no podía. Es un poco como saber que tienes un corazón; puedes oír cómo bombea la sangre por tu cuerpo. Puedes sentir cómo cambia su "latido" en función de las exigencias generales del cuerpo en él, pero no puedes controlarlo. Más tarde, con práctica, paciencia y persistencia, serás capaz de cambiar el ritmo de los latidos, o incluso parar tu corazón usando tu propia intención; algunos de sus Yoguis avanzados pueden hacer esto. Puedes controlar el funcionamiento del cuerpo o incluso aumentar tu longevidad modificando el latido "manualmente", por así decirlo. De esta manera tienes el control del corazón. El corazón ya no es un componente único e independiente de tu cuerpo, porque tu consciencia lo controla. Si, en este ejemplo, consideras que el corazón es el Espacio Evento, puedes ver cómo uno puede obtener el control de aquello que forma parte de su estructura general, aunque puede operar y opera independientemente de ti, si se lo permites.

YO: Pero ¿qué hay de ese contingente del Espacio Evento que existe más allá de tu área de autoconciencia? No puedes estar en control de ello.

O: No necesitaba tener el control, pero ahora lo tengo. Lo necesité tan pronto como la creación que tú llamas Entidad Fuente Doce se aventuró fuera de mi área actual de autoconciencia y creó una versión ligeramente mayor de ella en el proceso.

YO: ¿La Entidad Fuente Doce amplió tu área de autoconciencia?

O: Sí, lo hizo por defecto. Y continúa expandiéndolo, aunque de manera menor, a medida que progresa en su distribución del ser alrededor de la periferia de mi área de autoconciencia. En este sentido, necesito seguirla con mi consciencia, por así decirlo, para asegurarme de que no invoca nuevos Espacios Evento de los que no soy consciente, o sobre los que no tengo control personal.

YO: ¿Estás sugiriendo entonces que no necesitas preocuparte por ese Espacio Evento fuera de esta nueva y ligeramente ampliada área de autoconciencia porque es estática?

Acababa de recibir una imagen de que todo estaba en calma y quieto más allá del área de autoconciencia de El Origen, como si no hubiera nada ahí que pudiera causar un efecto dualístico y, por lo tanto, invocar un nuevo Espacio Evento.

O: Eso es correcto. Incluso con algunas pequeñas incursiones (véase el diálogo anterior) en esta área como resultado de pequeños aspectos de mi "sí-mismo" que se proyectan en esta área, no hay ningún cambio. Esto es simplemente porque neutralicé el efecto dualístico, la posibilidad "de posibilidad" con esos aspectos de mí en la expansión más allá de mi área de autoconciencia. Cuando yo/nosotros entremos en la próxima verdadera expansión de mi área de autoconciencia, el Espacio Evento desempeñará su papel natural y normal.

YO: ¿Cómo descubriste entonces que podías controlar la creación del Espacio Evento? Debió de ser toda una revelación.

O: Lo era, y además era una solución bastante sencilla. Simplemente controlé mis pensamientos hasta el punto de que lo que hacía no se basaba en tomar la decisión de utilizar una ruta en lugar de otra. Elaboré una estrategia sin puntos de decisión y la seguí.

YO: Desde mi punto de vista, no puedo ver cómo se puede hacer una elección sin tomar una decisión basada en una serie de oportunidades diferentes—eso es parte del proceso de toma de decisiones, ¿no?

O: Desde tu perspectiva, sí, pero entonces estás en un ambiente dualístico en el que todo el sentido de la existencia dentro del ambiente es tener libre albedrío, tener elección personalizada, tomar una decisión basada en un número de estímulos. Por eso no se puede entender el método de la creatividad sin la toma de decisiones dualísticas. Una vez que uno puede trabajar fuera del dualismo no se invocan nuevos Espacios Evento, nuevas condiciones paralelas. Esto es algo que debes tener en cuenta porque la pontificación crea dualismo, o la posibilidad de dualismo, y el dualismo crea la oportunidad para la creación de Espacios Evento. Ten cuidado con lo que piensas, porque el pensamiento crea Espacios Evento.

YO: ¿Así es como controlas el Espacio Evento?

O: Así es como lo controlaba inicialmente. Ahora entiendo las energías implicadas en el Espacio Evento y puedo crear Espacio Evento mientras estoy en un proceso de pensamiento no dualístico. En esencia, y utilizando el ejemplo del corazón como componente del cuerpo, ahora sé cómo detener los latidos de mi propio corazón y puedo permanecer en esta condición todo el tiempo que quiera, ad infinitum.

YO: Bien, me gustaría cambiar de dirección un poco aquí. Cuánto de TI es, o puede ser, afectado por el Espacio Evento?

O: En esencia, el Espacio Evento impregna todo lo que soy, Todo Lo Que Hay. Pero aunque es omnipresente, tiene sus limitaciones.

YO: ¿Y cuáles son esas limitaciones?

O: El Espacio Evento está limitado por la influencia de ese evento, y serie de eventos, que forman parte de su motivo inicial de creación y las interacciones subsecuentes con otros eventos y Espacios Evento. Un Espacio Evento sólo permanece en existencia mientras dure el nivel de influencia de ese evento dentro de sí mismo y con otros Espacios Evento. En otras palabras, si un evento es un "callejón sin salida", tendrá una influencia limitada sobre otros eventos posteriores, y esto es eventos esféricamente posteriores. Se disolverá como evento cuando su influencia sobre otros eventos sea nula, lo que le priva de relevancia y, por lo tanto, de necesidad de existir. En este sentido, se autogobierna.

    Además, el Espacio Evento es, por definición, local al evento dualístico que creó la oportunidad para su creación en primer lugar, y no puede abarcarlo todo. Con base en esto, la oportunidad para el dualismo dentro del proceso de decisión de mí mismo no puede crear múltiples Espacios Evento que creen múltiples Orígenes o incluso múltiples áreas de autoconciencia de mí mismo, El Origen, dentro de la totalidad de lo que yo soy. En este sentido, sólo puede trabajar sobre "eventos" y no sobre localizaciones holísticas. Sin embargo, podría, mediante la vinculación de Espacios Evento localizados a través de influencias inter-Espacios Evento, abarcar totalmente mi área de autoconciencia. Como mi área actual de autoconciencia sólo está ocupada por mi sintiencia, y las energías y sintiencia de mis doce Entidades Fuente y los Om Puros y Om No Cautivos, esto nunca va a suceder, porque el espacio asignado a las Entidades Fuente, y el ocupado por el trabajo de los Om Puros y Om No Cautivos, es infinitesimalmente pequeño en comparación con mi área total de autoconciencia.

YO: Acabo de recibir una imagen de lo que yo sería capaz de ver, en cuanto al Espacio Evento. Veo esferas flotando en tu área de autoconciencia, cada esfera es un área de Espacio Evento localizado. En esta imagen se están vinculando y disolviendo, vinculando y multiplicando, con algunas disolviéndose y otras tomando precedencia. Las que acaban siendo el Espacio Evento principal son las que toman precedencia y continúan existiendo, mientras que las que son "callejones sin salida" pierden su influencia sobre los demás y, por lo tanto, pierden sus vínculos, disolviéndose en el proceso. Es como un conjunto de esferas autónomas ondulantes. Es casi como la evolución darwiniana— sólo los más aptos o, mejor dicho, los Espacios Evento que son el verdadero camino o caminos de progresión se quedan. Sólo domina el principal, todo lo demás es experiencia y aprendizaje útiles, perpetuando la existencia del principal mediante la demostración de su correctitud, su camino correcto y verdadero de progresión y evolución.

O: Esa sería una buena forma de explicarlo, sí—bien hecho. Ahora podemos seguir adelante.

Capítulo 6
La Teoría Cuántica y Su Relevancia Para El Origen

AL HABER PASADO ESOS ÚLTIMOS par de días con El Origen hablando de los distintos tipos de evolución, me apetecía pasar a otro tema. Estaba de acuerdo en que la evolución era un gran tema y que daría de que hablar, pero estaba seguro de que el nivel de detalle que había recibido sobre este tema era suficiente por ahora. Era muy consciente de que había otras áreas de la evolución que me gustaría tratar, pero, como afirmó El Origen, en ese momento no era lo suficientemente expansivo como para poder absorber la información y difundirla de forma que la humanidad encarnada también pudiera entenderla. Debo admitir que sentía que me faltaba algo, que el tema de la evolución estaba incompleto de algún modo. Era una sensación extraña, como si supiera que iba a terminar este diálogo, como ya lo he hecho. Estaba pensando en esta "sensación" cuando El Origen tuvo unas palabras interesantes que decir sobre lo que yo estaba experimentando.

O: Estás sintiendo que estás incompleto en términos de este diálogo porque estas percibiendo el Espacio Evento donde estarás en terminación y por lo tanto habrás cerrado este bucle en particular.

YO: Sí, es una sensación extraña, como si ya lo hubiera hecho.

O: Eso es porque, en realidad, ya lo has hecho. En esencia estás sintiendo ese Espacio Evento que nos ve completando este diálogo, por lo tanto cerrando este bucle en particular.

YO: ¿Terminaremos nuestra discusión sobre la evolución en este libro o será objeto de otro?

O: Ya veremos qué pasa. No quiero desvelar el juego aquí porque te distraería y te haría concentrarte en una cosa y no en el panorama general de la realidad superior, que es lo que supuestamente debemos estar discutiendo.

YO: ¿Y qué debemos discutir ahora?

O: ¿Qué tal de la teoría cuántica?

YO: Eso está un poco relacionado con la Tierra, ¿no?

O: No, en realidad no, ya que quizá sea el único tema que se le da bien a la humanidad encarnada. Y eso es porque la teoría cuántica es sólo eso, teoría, y como resultado no puedes distraerte con respuestas físicas que son producto de otras ciencias. Además, es la única área que podría ayudar a la humanidad encarnada a comprender en cierta medida la estructura del multiverso en el que existe.

YO: Estás sugiriendo que la humanidad tiene un control sobre la teoría cuántica entonces.

O: Yo no dije eso. Dije que es algo que se le da bien a la humanidad. Eso no significa que lo entienda.

YO: ¿Qué significa eso?

O: Significa que, como entidad encarnada, la humanidad se está permitiendo ir por el camino correcto, en cuanto a proceso de pensamiento.

YO: Entonces, ¿qué necesitamos discutir sobre la teoría cuántica que esté más allá de lo que he discutido previamente con la Entidad Fuente Uno?

O: Deberíamos hablar de lo más básico—lo que forma la base de la fisicalidad desde mi perspectiva y no desde la perspectiva de una Entidad Fuente.

YO: ¿Quieres decir que hay un nivel de fisicalidad que no está dentro de la estructura de una Entidad Fuente?

O: Por supuesto. Hay áreas de finitud dentro de mi estructura que son la base de la estructura de aquello que creo, y eso incluye a las Entidades Fuente.

YO: ¿Cuándo usas la palabra "finitud" aquí no estás hablando de la "finura" de la energía o frecuencia. Estás hablando de esas áreas de energía donde hay una cantidad finita, o el área de energía que puede ser usada para la construcción de esa parte de la estructura de ti mismo o de una Entidad Fuente que puede ser considerada como "fisicalidad"?

O: En esencia, sí. Las energías que se utilizan para la construcción de los elementos básicos de la fisicalidad están, en un nivel seis niveles por debajo o por encima en términos de frecuencia; lo que la humanidad llamaría el nivel cuántico, el nivel cuántico está en el nivel subatómico.

Las energías que componen el nivel físico son un estado progresivo. Se construyen unas sobre otras, cada capa crea la base para la siguiente, y la siguiente depende de la existencia de la anterior. Si uno fuera a observar los niveles físicos de forma aislada, sin la estructura del nivel anterior para apoyar su existencia, veríamos grandes huecos entre los componentes que constituyen los elementos reconocidos como el nivel cuántico más bajo. Estos huecos aparecerían como grandes áreas en las que no hay una estructura del ambiente aparente disponible para mantener la relación entre los componentes.

YO: Acabo de recibir una imagen que me dice que el espacio entre un quark y sus homólogos necesita tener un componente energético para permitir que se mantenga la atractividad entre ellos. Que no se limiten a girar uno alrededor del otro debido, digamos, a la atractividad gravimétrica.

O: Correcto. No hay atractividad gravimétrica por debajo o debería decir por encima, frecuencialmente, del nivel donde la fisicalidad se manifiesta como fisicalidad. Si la hubiera, se llamaría fisicalidad.

YO: ¿Y dónde entra en juego la teoría de supercuerdas?

O: No lo hace como tal. ¿Recuerdas la conversación que tuviste con tu Entidad Fuente sobre este tema?

YO: Así es, sí.

O: Entonces recordarás que la teoría de supercuerdas podría llamarse también fácilmente teoría cuántica del plátano.

YO: Sí, lo recuerdo.

O: Bueno, esta es una pista para ti. Una teoría es sólo una teoría y no se puede cuantificar realmente de ninguna manera. Si fuera cuantificable, dejaría de ser una teoría para convertirse en un hecho medible. Basándonos en esto, independientemente de las matemáticas que rodean a la teoría de supercuerdas, no es realmente cuantificable porque las matemáticas se han generado para demostrar una teoría, y no para refutarla.

YO: Eso me suena un poco como doble holandés.

O: ¿Por qué? Si las matemáticas fueran capaces de refutar la teoría, entonces las mismas matemáticas podrían utilizarse para demostrar que la teoría es cierta. Esta sería la "prueba de ácido". Cuando, como ingenieros, prueban hasta la destrucción, prueban la longevidad de lo que se está probando en las condiciones de prueba empleadas y, como resultado, establecen una vida útil conocida que es sostenible y repetible en esas condiciones. Si en el ejemplo de la teoría, las matemáticas diseñadas para encontrar los fallos de la teoría no encuentran ningún fallo, se demuestra que la teoría es válida, elevándola a la posición de "ley". Eso, por supuesto, hasta que se crea un nuevo régimen de pruebas y la misma teoría, ahora ley, se pone a prueba para encontrar sus puntos de fallo y sobrevive o fracasa, en cuyo caso se refuerza la ley o se comprende el fracaso de la teoría en determinadas condiciones.

YO: ¿Cómo me dice esto que la humanidad encarnada es buena en teoría cuántica?

O: Porque la mayor parte de lo que se hace se basa en la intuición y las corazonadas, más que en la iniciación de un medio físico. Esto te permite avanzar en la dirección correcta sin la restricción de las métricas, que acaban gobernando los resultados de la investigación en la mayoría de los casos.

YO: Entonces, en términos de teoría cuántica, ¿el uso de la intuición y las corazonadas es el mejor camino a seguir?

O: No del todo, pero es el método más preciso en esta coyuntura de la existencia de la humanidad.

YO: ¿Qué quieres decir? Pensaba que la teoría cuántica se apoyaba mejor en algún tipo de métrica cuantificable que la demostrara.

O: Lo hace, pero la humanidad es actualmente incapaz de producir las matemáticas capaces de hacerlo. Verás, las matemáticas que se requieren para apoyar la validación de los niveles por debajo del aspecto de la fisicalidad que asegura su propia existencia, los seis niveles de estructura que existen entre el nivel subatómico tal como la humanidad lo conoce, y el primer nivel de estructura que se requiere para apoyar la fisicalidad dentro de la estructura de una Entidad Fuente, está mucho más allá de las capacidades de la humanidad.

Las matemáticas que apoyan esta validación están a varios milenios de distancia en términos del desarrollo actual de la estructura y arquitectura matemática de la humanidad, ya que requieren el desarrollo de muchas arquitecturas y subarquitecturas dentro de estas arquitecturas. Cada una de estas arquitecturas y subarquitecturas permite el desarrollo y la progresión hacia el siguiente nivel de arquitectura—cada una de ellas constituye un salto cuántico en la progresión matemática por derecho propio. En esencia, requiere el uso de muchas mentes capaces de "ver" los vínculos y niveles necesarios para detectar, ver, explicar y racionalizar las funciones necesarias para apoyar la generación de la teoría requerida para identificar la posibilidad del "siguiente nivel cuántico". Junto con esto está el requisito necesario para "detectar" realmente, por medios mecánicos, como con futuras versiones de dispositivos similares, pero significativamente más eficientes que el "Gran Colisionador de Hadrones", el LHC, para ilustrar el aspecto físico a aquellos que necesitan "ver" la prueba física.

YO: En mi opinión, si necesitamos ver la prueba física utilizando un colisionador de algún tipo, entonces eso niega la necesidad de la teoría en primer lugar.

O: Mmmm, podría pensarse que sí, pero es la aplicación de la teoría lo que inicia la necesidad de la prueba. Genera el proceso de prueba.

YO: Soy consciente de que estamos hablando de la teoría cuántica, pero sin aportar nada a la comprensión de la humanidad.

O: He percibido tu impaciencia respecto a esto y he decidido aconsejarte sobre un nivel de conocimiento que podría, si aquellos que tienen la capacidad aprovechan la oportunidad, hacer progresar el nivel de conocimiento de la humanidad—basándome en la dirección básica que estoy dispuesto a dar.

YO: Y, ¿cuál es el nivel de detalle que estás dispuesto a impartir entonces?

O: Los fundamentos que rodean la estructura entre lo que la humanidad conoce, y puede probar físicamente, y lo que forma la base del aspecto físico del multiverso.

YO: Genial, sigamos entonces.

Por Debajo de los Cuantos

YO: Has afirmado que hay seis niveles de estructura por debajo del nivel del quark y por encima del nivel de fundación que conforman la estructura básica necesaria para apoyar el aspecto físico del multiverso. Mi conocimiento personal sobre este tema, que es limitado en el mejor de los casos, y por lo tanto peligroso, es que Bessant y Leadbeater, dos yoguis occidentales, habían establecido a principios del siglo XX a través de la meditación transcendental, que había cuatro niveles entre el "Anu", el átomo básico como ellos lo llamaban, que comprenden la estructura que tiende un puente entre el aspecto totalmente energético del universo físico y ese nivel por encima del astral que crea el aspecto gaseoso del universo físico.

O: En la coyuntura de la existencia de esas amadas almas de la Entidad Fuente Uno y la información que emitieron durante su tiempo en la Tierra, las frecuencias de la Tierra eran tales que la resolución de la habilidad de un Yogui no era tan fina como lo es ahora. Esto significa que no eran capaces de apreciar completamente la estructura que se les presentaba cuando lo era. Como resultado, sólo eran capaces de enfocarse en aquellos aspectos de la estructura que estaban predominantemente representados, más que marginalmente representados debido a las frecuencias a las que están alineados.

YO: ¿Así que me estás diciendo que eran inexactos en su informe?

O: No, eran precisos para su época en la medida en que sólo podían enfocarse en aquello en lo que eran capaces de enfocarse. Teniendo en cuenta la información que conoces sobre el trabajo de Bessant y Leadbeater, he decidido describir los seis niveles tal y como son actualmente comprensibles desde la perspectiva de la humanidad.

YO: Gracias. Esto ayudará mucho. No sólo me ayudará a mí, sino que beneficiará a quienes lean este texto.

O: Esa es la idea. Bien, creo que ha llegado el momento de hablar de los seis niveles con el suficiente detalle como para despertar el apetito de los físicos cuánticos, e incluir algunas opciones de dirección para que las sigan. Hay que señalar, sin embargo, que por debajo de la estructura atómica basada en los quarks no hay más componentes que puedan considerarse verdaderos componentes en el mismo sentido. Esto se debe a que las energías disponibles y utilizadas en la construcción del multiverso y su aspecto físico de baja frecuencia no son lo suficientemente densas, o de frecuencia lo suficientemente baja como para formar las áreas "muy" localizadas de densidad que dan lugar a estructuras que son subatómicas o atómicas en representación o naturaleza. Sin embargo, hay que señalar que este es un estado progresivo en el que la finitud de lo que es el estado normal de mis energías, las que crearon la base para que las Entidades Fuente "SEAN", cuando son utilizadas por ellas para crear un ambiente para la progresión, son también una progresión en la estructura desde el estado de finitud al estado de densidad—el estado de densidad siendo la oportunidad de crear un aspecto más denso, el aspecto físico del ambiente que llamas el Universo.

EL PRIMER NIVEL POR DEBAJO DEL QUARK: El primer nivel contiene la esencia de la atractividad entre las partículas subatómicas que la humanidad ha denominado Quark, Extraño y Encanto. Es un nivel de energía que actúa como una atmósfera lo suficientemente espesa como para restringir el movimiento de estas partículas y mantenerlas en una posición conocida. La humanidad piensa que estas partículas giran dentro de la envoltura del átomo en órbitas conocidas y que esto de hecho crea el átomo, pero este no es el caso. Son puntos polares dentro de un perímetro conocido que nadan en una atmósfera, un mar de espesa atractividad. Son y pueden ser descritos como áreas de densidad local. Por lo tanto, los quarks en sí no forman la base del átomo, sino la esencia de la atractividad, lo que llena los huecos entre ellos y el perímetro exterior de la estructura atómica.

EL SEGUNDO NIVEL POR DEBAJO DEL QUARK: Si el primer nivel por debajo del quark puede describirse como un mar de atractividad, el segundo nivel se describe mejor como la estructura molecular del mar de atractividad. La humanidad podrá entender esta descripción porque es algo con lo que se puede relacionar fácilmente, ya que la estructura es similar al agua, metafóricamente hablando, claro está. En este caso, la base de la existencia del segundo nivel es lo que sólo puede describirse como una estructura de componentes de masa, con varios aspectos de energías que son singulares en dimensión y representación, a la vez que son un aspecto de la totalidad. Se podría pensar que esta descripción un tanto esotérica describe cualquier masa gaseosa, fluida o sólida, y se estaría en lo correcto, ya que a este nivel se repite la estructura de lo físico. La única diferencia es que se trata de lo atómico submicroscópico en comparación con lo subatómico puro. Se podría pensar en ello en términos del Cuerpo Etérico utilizado en la construcción de la forma humana como ejemplo metafórico.

EL TERCER NIVEL POR DEBAJO DEL QUARK: Este es el nivel en el que las cosas empiezan a ponerse interesantes, ya que la estructura no es nada reconocible para la humanidad. El tercer nivel se basa en el flujo de estabilidad dentro de la estructura superior. No puede describirse como atractividad, ni siquiera como gravedad, aunque la funcionalidad subyacente parecería ser la misma o similar. Lo que sí puede describirse es la dirección o el flujo de lo que forma el segundo nivel por debajo del quark, en lugar de ser un componente, como una molécula o un átomo, que por supuesto estaría por encima. El flujo es la intención de moverse o progresar de una manera que mantenga o sostenga la función y la forma de aquello de lo que forma parte, independientemente de la escala. Considéralo una especie de memoria en la que el movimiento o flujo de la estructura superior se mantiene por el movimiento constante de lo que está por debajo, creando una estructura o forma. Llámalo plantilla si lo deseas, que es continuamente estática a la vez que constantemente dinámica dentro de los confines de aquello a lo que se supone que sustituye.

CUARTO NIVEL POR DEBAJO DEL QUARK: Este nivel es la intención de funcionar. La "intención" de funcionar en esta postura está dentro de una condición de frecuencia inferior. Mantiene el flujo, la intención de moverse o progresar, en un formato que puede apoyar una condición más pesada o grande. Es la sustancia que existe entre el marco estructural. Rellena los huecos, por así decirlo, permitiendo que lo que llamaré el "peso" del siguiente nivel sea sostenido por lo que está por debajo de él, pero, hablando de manera sencilla, es de una condición de frecuencia superior. También puede considerarse como una red más fina de energías, una telaraña dentro de otra telaraña, o incluso una matriz dentro de otra matriz. Al rellenar los huecos, el flujo energético se mantiene e incluso se fomenta, asegurando la intención de funcionar de una forma menos complicada pero esencial.

EL QUINTO NIVEL POR DEBAJO DEL QUARK: Este es el marco estructural para la intención de crear función. Considéralo similar a la Plantilla Ketérica en la construcción de la forma humana. Puede considerarse como una red más amplia de energías, un aspecto más grande de, digamos, una red de energías, que proporciona el marco estructural en el que existe el cuarto nivel. Esta estructura sólo puede describirse como holográfica por naturaleza, aunque limitar la descripción de toda la estructura como si no fuera holográfica sería incongruente, porque es holográfica por naturaleza como resultado de que el quinto nivel esté en "su lugar", por así decirlo. La estructura o marco estructural para la intención de crear la función de una condición más densa es, a su vez, creada por un componente más básico, uno que es creado por las mismas energías que forman mi esencia, la que forma el sexto nivel por debajo del quark.

EL SEXTO NIVEL POR DEBAJO DEL QUARK: Es la sustancia que crea el marco estructural del universo físico. Es lo que dejaré que describan como los "Anu" de Bessant y Leadbeater. Estos Anu se conectan entre sí y pueden, aunque no es una función garantizada de ellos, formar cuerdas o cadenas de Anu, cada una unida de extremo a extremo con el flujo de energía de las versiones a la izquierda y a la derecha de los Anu, permitiéndolos unirse entre sí. También pueden formar múltiples cadenas o hilos, dando lugar a la creación de hebras, que pueden enredarse y entrelazarse entre sí para crear una, y dudo en decir esto, estructura cuántica similar a una cuerda. Esta estructura en similar a una cuerda es la base del marco estructural holográfico descrito como nivel cinco.

YO: Tengo que decir que todo esto parece tener una estructura similar al aspecto físico grueso y espírituo-físico de la forma humana. Digo esto específicamente porque utilizaste algunos de los nombres usados para describir dos de las capas áuricas de la forma humana.

O: Lo hice y fue por una razón. No debería sorprender que haya algunas similitudes en la nomenclatura utilizada en las descripciones ofrecidas, porque ¿no está la forma humana diseñada para operar dentro de la fisicalidad de esta dimensión "base" particular, estas doce frecuencias que componen los aspectos perceptibles y no perceptibles del universo físico?

YO: Supongo que sí.

O: Entonces no debería ser una sorpresa que la estructura de la forma humana haya sido creada en afinidad con aquello dentro de lo que fue diseñada para trabajar.

YO: Entiendo que sería un requisito previo necesario.

O: Así fue. Has de saber que: si se requiere un vehículo para permitir que una entidad experimente un ambiente determinado, debe estar diseñado para experimentar ese ambiente con su máximo efecto, de lo contrario es ineficaz en su rendimiento funcional. En este caso, la necesidad de que la forma humana o el vehículo concordara con las energías y las estructuras resultantes era un requisito primordial para garantizar que se pudieran alcanzar las condiciones evolutivas óptimas.

YO: ¿Puedes elaborar un poco para mí?

O: Claro. Para asegurar que la experiencia encarnada fuera maximizada, los diseñadores de la forma humana tuvieron que asegurar que la resistencia se encontraría cuando las estructuras energéticas similares y afines de ese aspecto del multiverso de tu Entidad Fuente y la forma humana estuvieran en una condición interconectada.

YO: ¿Estás sugiriendo que la forma humana se desarrolló pensando en la resistencia?

O: No como tal, pero fue diseñada para asegurar que los elementos de la existencia que normalmente no se encontraban en el estado energético o desencarnado de la entidad se hicieran prominentes al encarnar—esto siendo, la incapacidad de trabajar con ciertas manifestaciones de energías de la manera esperada, como el uso de la intención, el pensamiento y la acción subsecuente. En esencia, esto significa la experiencia de resistencia energética en el nivel de manifestación completa y total de aquellos niveles asociados con las más bajas de las frecuencias del multiverso, aquellas utilizadas en la generación del universo físico.

YO: ¿Por resistencia te refieres a la incapacidad de atravesar, por ejemplo, un nivel determinado o conocido de manifestación energética si esa energía dentro de la forma humana fuera afín o similar a ese nivel de manifestación?

O: Sí, y para lograrlo, la forma humana en todos sus diez niveles de frecuencia necesitaba construirse a partir de aquellas energías que también se utilizaron en la construcción del ambiente en el que estaba destinada a funcionar. Por eso ocupa diez niveles de frecuencia utilizados para estructurar el universo físico, y por eso algunas de las descripciones de esos niveles subatómicos por debajo del nivel del quark son similares a las que comprenden los aspectos físico, espirituo-físico y energético de su estructura. En esencia, la forma humana está construida con los mismos componentes energéticos que se utilizan para construir este aspecto del multiverso.

Esto no debería haberme sorprendido. De hecho, al menos debería haberse previsto como requisito previo para la existencia de la forma humana en el aspecto físico del multiverso de nuestra Entidad Fuente, pero no fue así.

Me sorprendió mi propia inhabilidad para "unir los puntos" en este caso, por así decirlo. No es que me estuvieran poniendo a prueba de ninguna manera, pero me sentí un poco tonto al tener que seguir esta ruta, bastante simple pero invisible, para reconocer el modo en que la forma humana está entretejida en el tejido de su ambiente. Al igual que nuestros Verdaderos Seres Energéticos son, en última instancia, uno con nuestro creador, la Fuente (Entidad Fuente Uno), nuestros cuerpos físicos son uno con el ambiente creado por nuestro creador para que nuestros Verdaderos Seres Energéticos lo experimenten desde dentro. Este proceso, en una forma completamente diferente, fue creado por El Origen para permitir a las doce Entidades Fuente la capacidad de experimentar, aprender, evolucionar y, subsecuentemente, progresar.

Habiendo establecido en cierta medida la base de la estructura cuántica del universo físico dentro del multiverso de mi propia Entidad Fuente, decidí que el siguiente paso lógico sería preguntar a El Origen sobre lo que existe más allá de los cuantos. Esa parte de El Origen que podría describirse mejor como la mecánica cuántica de sus propias energías, esas energías que sostienen su propia autoconciencia y sintiencia, al mismo tiempo que favorecen la creación y el alojamiento del ambiente de las Entidades Fuente. Sin embargo, hay algo que me inquieta. ¿Por qué se enfocó El Origen en la teoría cuántica que rodeaba el aspecto físico del multiverso de la Entidad Fuente Uno? Decidí hacer esta pregunta antes de aventurarme en un diálogo sobre lo que hay más allá de los cuantos.

YO: ¿Por qué te has enfocado en la estructura del universo físico en el que existe mi forma humana? Seguramente, la teoría cuántica es algo limitada en su valor desde la perspectiva del buscador empedernido de la verdad.

O: Era un buen punto de partida. Verás, el hombre encarnado necesita iniciar un viaje que se origine de un terreno conocido. Sólo sumergirse en los conceptos, los conceptos teóricos, que pueden utilizarse para comprender lo que hay más allá de los cuantos, daría lugar a confusión, falta de comprensión y, por lo tanto, rechazo de lo que se va a discutir. En pocas palabras, tenía que ilustrar lo que existe por debajo del nivel de los quarks, el estado actual de la comprensión de la teoría cuántica por parte de la humanidad, para proveer un puente entre lo que se conoce, lo que se teoriza, lo que se ha percibido a través de la meditación y lo que está más allá.

Más Allá de los Cuantos

Volví a sentarme ante la computadora con un ligero aire de inquietud—otra vez. Me preocupaba la correlación entre parte de la estructura de la forma humana y el universo físico, porque era demasiado similar y fácil de "encajar". Sin embargo, El Origen había indicado, y yo lo había razonado más tarde, que tenía sentido que la forma humana tuviera que estar construida de manera similar al universo físico para que exista dentro del mismo. Sacudí la cabeza al recordar de repente las palabras que utilizo regularmente en los talleres "Atravesando las Frecuencias". Aquí ilustro que, aunque la forma humana utiliza diez niveles de frecuencia para construir y apoyar su presencia dentro del universo físico, estos diez niveles de frecuencia también forman parte de los doce niveles de frecuencia que construyen el propio universo físico. Aunque estos diez niveles de frecuencia se utilizan en la construcción del universo físico, también son capaces de estar separados, de ahí la capacidad de la forma humana para individualizarse dentro de la estructura, sin dejar de ser parte de la estructura. Esto justifica la necesidad de separarse a uno mismo de las energías que crean la forma humana con el fin de atravesar esas energías que sirven como parte de la estructura del universo físico y, en última instancia, las frecuencias fundacionales del multiverso de la Entidad Fuente Uno.

Una vez conciliada esta información, y sintiéndome por lo tanto seguro de que no estaba inventando detalles detrás del texto basándome en datos anteriores recibidos, me dispuse a contactar a El Origen para establecer que había más allá de los cuantos. Justo cuando estaba a punto de empezar, tuve la "sensación" habitual que me decía que iba a ser un diálogo bastante difícil de trabajar.

YO: Ahora que he recalibrado mi "sí-mismo" y conciliado que no estoy inventando información, estoy preparado para empezar a comprender qué estructura hay más allá de los cuantos que acabamos de identificar como la parte más básica de la estructura física del multiverso de la Entidad Fuente Uno.

O: Antes de empezar, me gustaría hacer una observación.

YO: Por favor hazla.

O: Uno, no hay manera de que puedas inventar esta información, o incluso superponer lo que has entendido previamente con lo que está a punto de ser presentado para ti y llamarlo tuyo. Esto se debe a que estás sintonizando con el conocimiento cósmico que está integrado en todo lo que forma parte de las Entidades Fuente que he creado. Dos, aunque lo hicieras, no serías tú, el tú encarnado, que está haciendo la invención. Sería tu Verdadero Ser Energético. Tres, tu Verdadero Ser Energético conoce la verdad, no tiene necesidad de inventar nuevos datos, y por lo tanto no transmitiría, ni tendría la necesidad o incluso el deseo de crear, información que fuera errónea. En esencia, cualquier cosa con la que estés trabajando en términos de la realidad superior se basa y se forma "accediendo" al conocimiento cósmico, a falta de una palabra mejor, y por lo tanto es la verdad. En pocas palabras, la humanidad encarnada no es capaz de creatividad individualizada de nada que no esté actualmente disponible dentro del multiverso. Todo lo que es nuevo se envía energéticamente a los llamados inventores, aquellos individuos que están "suficientemente abiertos" para ser capaces de recibir la información, para permitir que un nuevo "invento" de "necesidad deseada" espiritualmente para el progreso físico se manifieste "en lo físico" como nuevo y novedoso. En esencia, acéptalo como la verdad que se transmite a través de tu Verdadero Ser Energético y no de tu aspecto físico.

Sin embargo, es bueno tener discernimiento, ya que esto ilustra a los lectores que un servidor bien equilibrado siempre está comprobando la aclaración y la justificación de lo que recibe. Esto es especialmente relevante en la era actual, en la que muchos individuos marginalmente despiertos pueden ser manipulados por seres energéticos de frecuencia inferior (entidades astrales) que se deleitan alimentando con desinformación a un humano encarnado dispuesto, a cambio de energía.

YO: ¿Cómo es que una entidad de baja frecuencia puede manipular la verdad mientras que yo, por ejemplo, no podría?

O: Porque son transitorios creados por pensamientos mal dirigidos y no forman parte del ciclo progresivo o evolutivo del que forman parte todas las entidades creadas por la verdadera Entidad Fuente.

YO: Creo que aquí nos hemos desviado un poco. La información sobre lo que es la verdad, desde mi punto de vista, es muy bien recibida. Sin embargo, eso no me impedirá hacer una "autocomprobación" con regularidad.

O: Y tampoco debería, porque es una buena práctica. Ahora volvamos a lo que está más allá de los cuantos.

A la humanidad encarnada le gusta pensar en la energía en términos de partículas, siendo los componentes de esas partículas versiones más pequeñas de aquellas partículas que existen en una esfera de espacio libre autocontenido. Esto está tan lejos de la verdad que es diametralmente opuesto. Todo lo que existe en el universo físico a nivel físico "grueso" tiene un nivel de representación basado en partículas que es una función de su construcción. Incluso las ondas de radio se basan en partículas, fotones en este caso. Por lo tanto, se considera que la energía en lo físico grueso está basado en partículas, y no hay evidencia que sugiera que esto sea incorrecto desde la perspectiva de la humanidad.

Sin embargo, hay una serie de indicios que sugieren que éste no es todo el panorama, y que pueden verse en los mecanismos de cómo funciona el universo físico grueso más que en sus componentes. Lo que parece "sólido", incluidas las partículas y sus subniveles, se sostiene en energías que están más allá de lo sólido. Los cuantos de todo tipo son sólidos y, como tales, están contenidos en una base energética que sostiene su existencia. La energía, en su sentido más puro, no tiene forma, y la falta de forma significa que no hay diseño en torno al uso de las energías para crear algo que necesite forma. La forma necesita una energía o energías que se estabilicen frecuencialmente dentro de un componente subdimensional particular, o un compuesto de componentes subdimensionales en el caso del universo físico. Estabilizar una energía significa que puede manipularse de manera que pueda darle forma, si eso es lo que se requiere de esa energía, ya que dar forma a una energía generalmente reduce la funcionalidad de una energía a la inutilidad dentro del contexto de su condición subdimensional. Se clasifica como inútil en este caso porque la función de una energía y cómo interconecta con la funcionalidad de otras energías es una consideración importante. Cuando a una energía se le da forma, sólo es realmente útil en las más bajas de las frecuencias del multiverso con las que está asociada para su uso en las funciones específicas de las que dispone en su estado de forma, que es por lo que ciertas formas de energía crean ciertas formas de materiales "sólidos".

Las energías que no están estabilizadas son lo que puede llamarse de forma libre (libres de forma) y pueden utilizarse para aprovechar las que están estabilizadas para crear estructura. Energías que se estabilizan para el uso de la estructura no tienen por qué estar necesariamente dentro del físico grueso; de hecho, la mayoría no lo están y se utilizan para la construcción de la estructura universal o multiversal en muchos de los ambientes de las doce Entidades Fuente.

YO: ¿A qué te refieres cuando dices que el uso de energías estabilizadas que se utilizan para la estructura son para la generación de aquello que crea un ambiente del universo o multiversal? Pensaba que una energía estabilizada acabaría siendo un sólido de algún tipo, relativo, por supuesto, a la descripción de la solidaridad esperada en un ambiente universal o multiversal en particular.

O: No, la estabilidad en una energía no conduce necesariamente a una representación funcional "sólida"—también puede estar relacionada con la estasis en la función. Por ejemplo, si una energía tiene varias funciones, usos u oportunidades de interfaz, y éstas se mantienen, se considera de forma libre. Si esa energía se estabiliza y sólo usa una de sus funciones, u oportunidades de interfaz son usadas, entonces también se considera de "forma", independientemente de su frecuencia real—en este caso, forma es el descriptor de una función singular, uso o interfaz.

YO: ¿Puede una energía tener una función singular sin dejar de ser libre en su uso e interfaz?

O: De alguna manera limitada, sí. Pero tendré que explicarlo. La función, el uso y la interfaz pueden clasificarse como las principales condiciones de existencia de una energía.

Condiciones Funcionales, de Uso y de Interfaz están Todas en Forma Libre

Si una energía es de forma libre en todas sus condiciones primarias de funcionamiento, uso o interfaz, puede considerarse universalmente aceptable dentro del contexto de su gama o "personalidad" energética, por así decirlo. Todas las energías tienen un rango de aplicabilidad para su uso en ciertos aspectos de la creatividad, por lo que una energía de forma libre puede utilizarse en última instancia en toda su capacidad y aptitud cuando sea necesario.

Funcionalmente Estable con las Condiciones de Uso e Interfaz en Forma Libre

Si una energía se estabiliza en su función, normalmente también se estabiliza en su uso, aunque la función estabilizada puede hacer que el uso de la energía se extienda más, especialmente si la oportunidad de interfaz aumenta como resultado de su estabilidad. Se trata de una condición óptima en términos de uso estructural de una energía, ya que puede utilizarse como marco estructural para crear un ambiente dentro o fuera, porque el uso no se limita a la funcionalidad a la que se ha estabilizado la energía.

Funcionalmente Estable, Uso Estable con Condiciones de Interfaz de Forma Libre

Si una energía está estabilizada en función y uso, entonces la energía sólo tiene un papel singular en la creación de un ambiente útil. Sin embargo, la ventaja en este caso es la capacidad de interfaz con otras energías estabilizadas o de forma libre a través de la interfaz de forma libre. En este caso, esta energía podría utilizarse como interfaz estable entre dos o más energías con funcionalidades y usos muy diferentes.

Condiciones de Funcionamiento, Uso e Interfaz Todas Son Estables

Si una energía está estabilizada en todas sus condiciones primarias, puede considerarse que tiene un requisito singular para existir. En este caso, la energía tendrá una función, un uso y un requisito de interfaz elegidos específicamente para satisfacer un requisito creativo en particular. Se puede pensar en ella como una condición especializada para apoyar un requisito especializado.

Funcionalmente Estable, Condiciones de Interfaz de Uso de Forma Libre Estable

Si una energía está estabilizada en todas sus condiciones primarias de función e interfaz, pero su uso es de forma libre, puede considerarse que tiene múltiples requisitos para existir en el contexto de su interfaz y función. En este caso, la energía tendrá una función y un rendimiento de interfaz conocidos, al mismo tiempo que mantendrá la capacidad de ser adaptable para su uso en múltiples escenarios de uso.

Condiciones Funcionales de Forma Libre, de Uso y de Interfaz Estables

Si una energía se estabiliza en todas sus condiciones primarias de uso e interfaz al mismo tiempo que tiene una función de forma libre, entonces se le puede considerar universal en su función dentro del contexto de las condiciones conocidas de uso e interfaz. En este caso, puede considerarse que la energía es continuamente reprogramable desde una perspectiva funcional, al mismo tiempo que es integral para los requisitos estructurales de su uso.

YO: ¿Ninguna de estas condiciones primarias es relativa a que la "forma" sea una condición del "físico grueso" sólida, entonces?

O: No, considera que esto es la esencia de lo que una energía "es" cuando se requiere que esa energía debiera tener propósitos. La energía tiene propósitos multitudinarios, pero esos propósitos tienen que ser decididos por la entidad creadora.

YO: Si una entidad es energía, ¿tiene también esa entidad condiciones primarias de función, uso e interfaz?

O: No, la energía autoconciente y sintiente—esa condición energética que es un prerrequisito para "ser", no tiene estas condiciones primarias. Sin embargo, sí tiene condiciones primarias para la existencia y éstas son ser autoconciente y sintiente y, como tal, sólo tiene estabilidad en función, siendo esa función la capacidad de progresar.

YO: ¿La capacidad de progresar es entonces una función estabilizada de una condición energética?

O: Supongo que se podría decir eso.

YO: ¿Y esa afirmación sería también cierta para la energía no autoconciente, no sintiente?

O: No, porque la energía no autoconciente, no sintiente, no puede progresar, ya que la energía que tiene esa capacidad debe ser creada primero por un creador con esa capacidad en mente.

YO: Entonces tenemos dos formas de energía: aquella que es creada y aquella que es natural.

O: ¿Y tú definición de natural es?

YO: La energía natural sería aquella que eres tú, o aquella que eres tú que ha sido utilizada para crear una Entidad Fuente pero que está destinada a permanecer natural en lugar de ser creada para apoyar una función.

O: Eso es correcto, pero hay otra energía que es sintiente pero que no fue creada.

YO: ¡Oh! ¿Y esa cuál es?

O: Las entidades que se reconocen como los Om.

Los Om—la Energía Sintiente Increada

YO: ¡Qué! Pensaba que los Om fueron creados como resultado de las energías, usadas para crear los Doce Orígenes que fueron recicladas para crear las Entidades Fuente, no mezclándose y por lo tanto creando los Om como seres energéticos completamente sintientes debido a tu intención de que las Entidades Fuente fueran sintientes y tuvieran propósito.

O: No, los Om son el gran bono increado, esto siendo, no tuve la intención de crearlos por lo que no se pueden clasificar como creados. Las energías, en sus varios estados de dilución, simplemente no se mezclaron "en general", porque la mayoría de los Om son puros, cautivos o no cautivos. Aunque, hay aspectos de la dilución que sí se mezclaron, en varios porcentajes, como eres consciente. Los Om son mi deleite porque son sintiencia en verdadera "cualidad de ser".

YO: ¿Puedes elaborar un poco lo que quieres decir con sintiencia en la verdadera cualidad de ser?

O: Sí. Los Om llegaron a la cualidad de ser sin la intención de un creador que les diera esa cualidad de ser. Verás, aunque las energías que estaban destinadas a convertirse en Om se separaron durante la creación de las Entidades Fuente, energías que tenían propósito, propósito dado a través de mi intención de crear seres sintientes, se movieron fuera de esa zona de intención. En esencia, toda la energía Om debería haber perdido el comando intencional.

YO: ¿Y lo hizo?

O: Sí, así fue. Lo que se integró en la energía de la Entidad Fuente, convirtiéndose en híbrido por tener una densidad más baja de una cualidad de Om, asumiendo la intención creativa de la Entidad Fuente con la que se mezclaron. Esto es lo que se esperaba. Sin embargo, lo que tenía la densidad suficiente para mantener un cierto nivel de separación mientras se encontraba dentro o fuera del perímetro de la energía de la Entidad Fuente permaneció latente. Como resultado, dejé la energía en paz, ignorándola porque era, y es, parte del vasto conjunto de energías que me componen, y de la mayoría de las cuales no tengo ningún detalle íntimo. Simplemente descarté las energías como un producto de desecho y no les presté más atención. En esencia, como estas energías no tenían ninguna función, las dejé ser y me centré en mi propio trabajo y en educar a las Entidades Fuente a medida en que se volvían autoconscientes a su debido tiempo.

YO: ¿Cuándo notaste entonces una diferencia en ellos? ¿Qué te hizo reconocerlos como energía autocontenida, autoconciente y sintiente?

O: Empecé a notar lo que podría describirse como puntos de luz dentro de mi área de autoconciencia. Cada punto de luz, metafóricamente hablando, representaba un área singular autocontenida de energía autoconciente y, posteriormente, sintiente. Empecé a prestar más atención a lo que estaba sucediendo y descubrí que la intención original que había detrás de la creación de esta energía, la energía que se utilizó para crear los Doce Orígenes seguía en su lugar. De alguna manera había permanecido, permitiendo que esos pequeños aspectos de energía que se habían separado durante el proceso utilizado para crear las Entidades Fuente continuaran en el proceso de generar autoconciencia. Lo más interesante, sin embargo, es que no sólo se estaban volviendo autoconscientes, y volviendo sintientes, casi instantáneamente tras la separación, sino que esta autoconciencia y esta sintiencia se mantenían, no fallaban ni se deconstruían de ninguna de las formas observadas en ninguno de los Doce Orígenes. Habían adoptado, en su totalidad, en una cualidad de unión al mismo tiempo que en una cualidad de separación, seguir el mismo camino hacia la sintiencia.

YO: ¿Cuál fue la diferencia? ¿Qué hizo que esto funcionara cuando tu propio experimento no lo hizo?

O: Había dos diferencias principales. Una, eran unidades significativamente más pequeñas de las unidades de energía que se utilizaron en el proceso de los Doce Orígenes. En segundo lugar, estaban dentro de mi área de autoconciencia y, como tales, heredaban el conocimiento de estar dentro de un ambiente mayor que ellos, pero formando parte de él, y de que este ambiente también tenía sintiencia. Estas dos pequeñas cosas anularon la tendencia a la autodestrucción.

YO: ¿Estás sugiriendo que heredaron un sentido de pertenencia?

O: En esencia, sí, y esto propagó el proceso de sobrevivencia y progresión a lo largo del camino hacia la autoconciencia.

YO: ¿Qué otros factores entraron en juego?

O: Había un elemento de memoria de aquello de lo que inicialmente estaban destinados a formar parte. Este elemento reapareció y se justificó cuando establecieron lo que era su ambiente, esto es, su ambiente "en su totalidad", y no sólo su ambiente basado en la Entidad Fuente, ya que aquellos que se encontraron cautivos dentro de una Entidad Fuente tenían la misma frecuencia resonante eminente subyacente que tenían tanto los Doce Orígenes como ellos.

YO: ¿Qué quieres decir frecuencia de resonancia eminente?

O: Sólo eso, la frecuencia resonante eminente, la que es "mi" firma, si quieres, mi firma energética.

YO: Descubrieron que formaban parte de ti.

O: Sí, y lo establecieron antes de que yo decidiera contactar con ellos individualmente.

YO: ¿Se te han adelantado? ¿Se pusieron en contacto contigo primero?

O: No, parecían aceptar lo que eran, dónde estaban y de qué formaban parte. No mostraron ninguna intención de iniciar la comunión o, de hecho, cualquier forma de comunicación con aquello que reconocían como su ser supremo.

YO: ¿Heredaron entonces una memoria total, una memoria de lo que eras y habías conseguido y de lo que ellos formaban parte inicialmente?

O: Sí, hasta cierto punto. No podrían heredar una memoria total, porque eso sólo está disponible para mí y para las entidades que yo educo.

YO: Sin embargo, heredaron lo suficiente para asegurarse de que eran conscientes de su situación y su ambiente.

O: Sí. Es más, reconocieron la necesidad de progresar y adoptaron esa mentalidad; esto es, la mayoría lo hizo.

YO: ¿La mayoría? ¿Estás sugiriendo que algunos no?

O: Sólo en la medida en que algunos decidieron que se podía progresar sin necesidad de entrar en el proceso de creatividad.

El Factor de Sintiencia—de una Energía o Energías

Ah, sí, ¡me acordaba de esto! Durante los diálogos con la Entidad Fuente Diez en Más Allá de la Fuente, Libro 2, se me aconsejó que no todos los Om entran en la creatividad como proceso para alcanzar un contenido evolutivo porque la responsabilidad que conlleva la creatividad les frena. Les ata a lo que han creado. Esto se debe a que lo que se crea necesita ser mantenido y nutrido por el creador para asegurar que alcanza su máximo potencial una vez creado.

Pensé en esto y en un comentario de la Entidad Fuente Uno, que sugirió que cualquier energía podría llegar a volverse sintiente si se le da suficiente "tiempo". Estaba pensando en hacer esta pregunta a El Origen cuando me respondió.

O: No toda la energía puede volverse sintiente; esto es, no a menos que haya una intención subyacente de que se vuelva sintiente en alguna coyuntura. Cuando la Entidad Fuente Uno hizo la afirmación de que todas las energías pueden volverse sintientes, estaba respondiendo desde su propia perspectiva y no desde la mía. La Entidad Fuente Uno desea que toda la energía de su multiverso se vuelva sintiente; eso forma parte de su plan y, como tal, es la razón de su afirmación. Mi cociente de sintiencia se basa en mi capacidad para distribuir aspectos de "mí", aquellas energías que contienen el "factor de sintiencia" a través de lo que yo soy en su totalidad.

YO: ¿Qué es un factor de sintiencia y por qué no está disponible en todas las energías?

O: El factor de sintiencia se basa en la manifestación original de mi autoconciencia y subsecuente sintiencia. Es la capacidad de una energía o grupo de energías para socializar, a falta de una palabra mejor, para agruparse y crear una red, para hacer uso de esa red para el mejoramiento de esas energías dentro de la red y para hacer crecer la red hasta el punto en que se genera la personalidad. Cuando se genera la personalidad, la sintiencia de esas energías adquiere individualidad dentro de lo que "es en su totalidad", dentro de lo que es "yo en su totalidad", y ése es el factor de sintiencia.

YO: Bien, me gustaría hacer una pregunta sobre el factor de sintiencia.

O: Adelante.

YO: ¿Puede existir en las frecuencias más bajas, como las del universo físico dentro del multiverso que la Entidad Fuente Uno creó?

O: No, porque las frecuencias son demasiado lentas, por así decirlo. En este caso, tanto la autoconciencia como la sintiencia necesitan ser "dadas" a esas energías durante su creación, o la intención de ser autoconciente o sintiente necesita ser incluida como un "potencial" dentro de las propiedades de la totalidad de lo que es creado por esas energías.

YO: Considerando los elementos de energías que están más allá de los cuantos, más allá de lo que constituye el aspecto físico de un multiverso ¿qué más podría describirse, o es lo suficientemente significativo como para ser transmitido a la humanidad?

O: Como mencioné anteriormente, la humanidad piensa en la energía en términos de partículas, partículas cada vez más pequeñas, incluso sugiriendo que universos enteros podrían existir en el espacio de un solo átomo. Aunque hay un elemento de verdad en esta descripción, la realidad es que no hay suficiente espacio en las frecuencias más bajas para permitir tal construcción.

YO: Un momento, si hay algo de verdad en la descripción, ¿cuál es el hecho detrás de la verdad?

O: Como bien sabes, el espacio dentro del espacio es un producto de las condiciones dimensionales donde, utilizando el ejemplo de la multiplexación en las transmisiones de señales de radio desde la perspectiva del humano, el mismo espacio puede ser utilizado varias veces para albergar múltiples transmisiones simultáneamente.

YO: ¡Sí, por supuesto! Es la misma descripción que la Entidad Fuente Uno me dio en mis primeros diálogos con ella. Acabo de recibir una imagen que lo corrobora. Puedo ver el espacio en medio del espacio que se utiliza para albergar universos enteros. Es como diseccionar el espacio entre las frecuencias y poblarlo con graduaciones de frecuencia cada vez más finas, y luego diseccionar el espacio intermedio una y otra vez ad infinitum. ¿Hasta dónde puede llegar esto? Tiene que haber un punto final en el que no haya más espacio.

O: En realidad las permutaciones no tienen fin.

YO: Mmmm, creo que lo entiendo. Si miro a la estructura del multiverso de la Entidad Fuente Uno es bastante simple y es finita. Eso es aparte del Espacio Evento, que es infinito por lo que me han dicho en diálogos anteriores.

O: Correcto, es simple y esa es la belleza del trabajo de esa Entidad Fuente en particular. Observarás que la Entidad Fuente Ocho basa su ambiente en el uso del Continuum. Continuum están varios niveles por encima de las dimensiones como estructura y son capaces de albergar múltiples ambientes basados en dimensiones. Por ejemplo, un solo continuum puede albergar doce zonas, y una sola zona puede albergar doce multiversos basándose en el ejemplo de un multiverso creado por la Entidad Fuente Uno. Cada ambiente se basa en la aplicación de la finitud y la reutilización del espacio dentro del espacio, etc.

YO: Entonces, ¿cómo se puede explicar la estructura de las energías que están más allá de los cuantos? Esto es, de una manera que la humanidad pueda entender.

O: Esa es una difícil, sobre todo por el deseo infundado de cuantificar las cosas desde una perspectiva física.

YO: Inténtalo.

O: Para entender cómo puede existir una energía más allá del nivel cuántico hay que eliminar primero la necesidad de referirse a los modelos físicos y empezar a referirse a un modelo que trabaja sobre fuerzas tales como el ser, la atracción, la protracción, la rotracción, la intracción, la acción y la contraacción.

YO: Y una vez que entendamos o empecemos a referirnos a modelos que utilicen estos seremos capaces de entender cómo puede existir una energía sin partículas.

O: Correcto. Sin embargo, el único problema es que se necesitará al menos una generación para apenas arañar la superficie del proceso de comprensión de uno solo de estos aspectos del modelo que permite que exista la función de la energía sin partículas, y sin duda existe.

YO: ¿Hay alguna otra forma de describir la energía sin partículas que sea comprensible para la humanidad?

O: La única forma que tengo de ilustrar lo que es realmente la energía, la energía que soy yo en su sentido más puro, es afirmar que simplemente "es". La cualidad de ser es otra forma de decirlo.

Como todo en el universo físico se basa en la construcción del ambiente de partículas, el átomo y por debajo hasta el punto del Anu, y eso incluye las frecuencias más altas asociadas con el universo físico, es difícil darte un modelo con el que puedas trabajar. Basta con decir que si piensas en la energía en su sentido más puro como la intención que hay detrás de la intención de que algo exista, entonces eso será lo suficientemente exacto para que trabajes con ello por el momento.

YO: Utilizando eso como modelo, entonces debe haber diferentes tipos de intención, o de hecho niveles de intención, detrás de la intención.

O: Sí, ya se especificaron anteriormente. Son el ser, la atracción, la protracción, la rotracción, la intracción, la acción y la contraacción.

YO: Pero eso no me parecen tipos de intención. Se parecen a cómo una fuerza de algún tipo mostraría diferentes tipos de atractividad.

O: Continua.

La Energía Como Intención

YO: Si la energía, la verdadera energía, puede clasificarse realmente como la intención que hay detrás de la intención, y que hay distintos tipos de intención, ¿en qué se clasificarían?

O: ¿Y la atracción no es una intención?
YO: Lo siento, no lo entiendo.
O: La atracción es un descriptor de la intención. Todos las "tracciones" son una forma de intención. Para que existan, primero debe haber la intención de que existan. Para que esto sea así, hay que considerar que la intención es el motivador general de su existencia. Por lo tanto, las "tracciones" pueden considerarse la función o el producto de la intención. Son las variaciones de la intención.
YO: Si también hay varios niveles o tipos de intención, ¿también hay otras versiones de las "tracciones"?
O: Sí y no. Son descriptores comunes, pero la forma en que funcionan es específica de la intención de las energías con las que están alineados. Considéralo similar a tener un palo de golf. Genéricamente todos los palos de golf se clasifican como un palo de golf, pero cada uno de ellos tiene una función específica en términos de ángulo de la cara y la posición del punto ideal. Estos diferentes tipos de palos ofrecen diversas oportunidades de altura y distancia cuando se golpea la bola de golf con el palo. Así que la intención general es el conjunto de palos de golf y las "tracciones" son los palos específicos. Consideremos ahora los distintos fabricantes de palos de golf que existen, cada uno de los cuales afirma que "sus palos" son mejores que los de la competencia, ofreciendo esta, aquella y la/s otra/s razón/es para su afirmación. Cada uno de los fabricantes de palos de golf puede considerarse como un tipo de intención. En este caso, la intención es fabricar y vender un juego de palos de golf "mejor" que el de los demás fabricantes y justificar la afirmación con cifras de rendimiento.
    Con esta ilustración se puede ver que la intención detrás de la energía y su existencia es una variable basada en la funcionalidad general del tipo de energía, siendo las "tracciones" el detalle en la función que sólo puede expresarse como la cualidad interactiva de esa energía con energías de la misma intención, intención similar o intención disímil.
YO: Y, usando el tema de tu ilustración, al igual que tenemos muchos ejemplos de fabricantes de este producto, o similar, todos teniendo la misma intención general pero con pequeñas

variaciones en esa intención y variaciones subsecuentes de "'tracciones", así hay muchas versiones de intención detrás de la energía que apoyan.

O: Correcto, muy bien hecho.

YO: Esto arroja una luz totalmente nueva sobre la descripción de lo que es la energía. Casi puedo considerarla del mismo modo que el pensamiento puro.

O: Bueno, en esencia esa es otra forma de describirlo. El pensamiento es energía y el pensamiento es un producto de la intención, así que ambos son y pueden ser considerados como uno y lo mismo.

YO: ¿El pensamiento es energía?

O: Por supuesto que lo es. ¿De qué otra forma crees que existe?

YO: No lo sé.

O: Has de saber que: la palabra energía puede utilizarse para describir muchas cosas que son del mismo tipo y función, o similares. Al igual que en el ejemplo del palo de golf, la energía puede considerarse un término genérico para aquello que "es".

En ese momento del diálogo sobre la energía, empecé a darme cuenta de que estaba muy fuera de mi alcance. El aspecto "profundo" de mi educación encarnada tenía dificultades para resolver mi aspecto desencarnado, al que estaba siendo expuesto durante mi diálogo con El Origen. Había un aspecto general de "conocer" los fundamentos y la base de los detalles que se me emitían en el frente telepático. Pero todavía no era capaz de ligar esa información con la que me estaba dando la palabra "hablada" en mi oído mental, por así decirlo. Podía ver que me dirigía hacia un "bloqueo" y por lo tanto, debería tener un momento de eureka, o simplemente seguir adelante, aceptando la validez de lo que se me estaba dando, sabiendo al mismo tiempo que probablemente no iba a ser capaz de entenderlo a un nivel lo suficientemente profundo como para permitirme explicarlo suficientemente en un lenguaje que la humanidad entendiera.

Estaba a punto de cambiar la dirección del diálogo con El Origen hacia un nuevo tema cuando de repente me vino la inspiración. Al analizar mis procesos de pensamiento, me di cuenta de que me había apegado al concepto físico de energía sin darme cuenta de ello. Aunque estaba discutiendo el concepto de energía sin partículas, seguía atascado en el fango de la energía basada en partículas. De repente me mostraron una imagen de las líneas de flujo que rodean un imán. La función del flujo magnético era/es una de las "tracciones" de las que hablaba El Origen. El flujo es la "cualidad de ser", la "atractividad" de la energía asociada con la alineación de ciertos aspectos físicos de esas partículas subatómicas, el Anu y por debajo de lo que existe en las frecuencias más bajas que conducen a la construcción de los átomos que crean el metal o material que puede ser magnetizado o es naturalmente magnético en la naturaleza. Todo lo que hay que hacer para cambiar el proceso de pensamiento es pensar en la energía principalmente como una "fuerza", que no tiene partículas pero que se crea por la interacción de una partícula con otras partículas. La fuerza "no se ve" porque no se basa en la partícula en ninguno de sus niveles entre el átomo y el Anu. Simplemente "es" y porque simplemente "es" tiene "ser" y porque tiene "ser" tiene un contenido de "tracción", en este caso "atracción".

Este proceso de pensamiento me estaba ayudando. Era sencillo, pero tenía que serlo. Fue mi momento eureka. Mientras escribía este momento eureka en mi computadora, recibí más conocimientos sobre este tema. Aunque todo dentro del universo físico se basa en el Anu, la partícula, hay muchos ejemplos dentro del ambiente del universo físico de que la realidad superior no tiene partículas. Este pequeño ejemplo de magnetismo es uno de ellos. ¡Uf! pensé, ahora sí que puedo pasar al siguiente tema. El magnetismo era un punto de referencia, el gancho en el que nosotros, la humanidad encarnada, podíamos colgar nuestra búsqueda de la verdad. Sentí un gran alivio en ese momento, porque una vez más tenía un ejemplo que formaba parte de la comprensión de la humanidad y que explicaba lo inexplicable.

Reconfortado de nuevo por la necesidad de mi "mente de ingeniero" de tener un punto de referencia a partir del cual trabajar, y de que este dato fuera comprensible para todos los que tomaran este libro, supe que ahora podía pasar a un nuevo tema.

Capítulo 7
Otras Funciones Independientes
de El Origen

ERA CONSCIENTE DE QUE HABÍA pasado bastante tiempo discutiendo "brevemente" el tema de la física cuántica, incluyendo aquellos aspectos de las energías asociadas con la construcción del universo físico creado por la Entidad Fuente Uno. Para beneficio del lector, esto se clasifica como semanas. Había decidido pasar a otro tema cercano a mi sentido de la inquisitividad, a saber, aquellas otras áreas de El Origen que parecían operar de forma autónoma desde su propia autoconciencia o sintiencia. Decidí expandir dos áreas que ya había tratado con la Entidad Fuente Diez en Más allá de la Fuente, Libro 2: la función de "Energía Libre" y la "Triangulación". Ambas funciones operaban de forma independiente entre sí y se activaban como resultado del potencial de la oportunidad de evolucionar. Decidí que era necesario resumir la funcionalidad tanto de la Energía Libre como de la Triangulación antes de esforzarme en obtener más detalles en cada tema

LA ENERGÍA LIBRE es aquella energía que no se utiliza de ninguna manera y que es fácilmente manipulable por la función del "deseo" de una entidad. El deseo es ese punto en el proceso de creatividad que precede a la acción. También es aquel que no se rige por la ley del pensamiento.

Desde una perspectiva evolutiva, la energía que hay entre las entidades que están interactuando entre sí extiende su influencia a la energía que hay entre un grupo de entidades y una entidad que desea colaborar con el grupo. Como la energía que se encuentra entre los miembros del grupo no tiene asignación, es "energía libre". Adopta las condiciones de aquello de lo que está rodeada, que en este caso es el contenido total de la colaboración de la evolución de la entidad y graduación de la autoconciencia. En esencia, puede considerarse como una burbuja de energía afín que se transforma a lo que las *entidades asociadas evolucionan, pero sólo desde el punto de vista del promedio, ya que adopta la totalidad de aquello por lo que está siendo influenciada, en lugar de ser lo mejor o lo peor. Una vez que una entidad ha indicado su intención de asociarse a un grupo, se ve envuelta por esta energía, a falta de una palabra mejor. Asume el contenido de la energía que la rodea—que es igual al promedio de la autoconciencia y el contenido evolutivo de todas las entidades asociadas.*

Mientras que,
LA TRIANGULACIÓN *es posible principalmente debido a la disponibilidad de la "energía libre", energía que es de El Origen y que es particularmente sensitiva a las influencias del contenido evolutivo, una energía peculiar de aquellas entidades destinadas a volverse autoconscientes y por lo tanto sintientes. La energía libre existe entre las entidades evolucionando y las rodea. Está dentro y fuera del ambiente en el que existen. La energía libre se siente especialmente atraída por el contenido evolutivo y, por lo tanto, sigue a las entidades sintientes mientras se mueven y evolucionan en su ambiente, o no, según el caso.*

La "Triangulación" funciona de dos formas principales: "Triangulación Direccional" y "Triangulación Inflacional".

LA TRIANGULACIÓN DIRECCIONAL *se produce cuando una sola entidad busca asociarse con otra sola entidad o grupo de entidades que interactúan de manera colaborativa o emprendedora. Principalmente su función es direccional y se da entre la entidad solicitante y el grupo o entidad singular. Sin embargo, tiene una función secundaria, que es incluir en su asociación a aquellas entidades que se encuentran en el camino directo de la comunicación entre el grupo y las entidades singulares o entre dos entidades que desean la comunión.*

LA TRIANGULACIÓN INFLACIONAL *se produce cuando varios grupos de entidades desean asociarse simultáneamente. En este caso, el área o el espacio entre ellos y a su alrededor atrae la energía libre, inundando el área entre los grupos. Si hay más de tres grupos, el área inundada de energía libre adopta la geometría relativa a las* *posiciones de los grupos en lugar de un simple triángulo, que por supuesto sería geometría relativa a la posición de tres grupos.*

Sin embargo, todo esto era relativo a la función de la energía libre y la triangulación cuando se considera una entidad evolucionando dentro de un ambiente creado por una Entidad Fuente. No explicaba cómo funcionaba como una función pura de El Origen dentro de El Origen. Por lo tanto, debido a este conocimiento de la energía libre y la triangulación, decidí que necesitaba saber cuál era la funcionalidad ascendente, una funcionalidad que era específica de El Origen y no específica de su funcionamiento dentro de los parámetros de las Entidades Fuente.

YO: Quiero preguntarte por la funcionalidad ascendente de la energía libre y la triangulación, específicamente cómo funciona desde tu perspectiva.

O: Veo por tu introducción a este tema que esperas que haya una diferencia aparente.

YO: No espero nada, pero se me ha pasado por la cabeza que puede haber una diferencia—específicamente porque la funcionalidad descrita anteriormente es desde la perspectiva de una Entidad Fuente y no de El Origen.

La Triangulación en Función de El Origen

O: Bien, vuelve a recordar el diálogo que mantuvimos sobre los eventos que crearon mis "islas" de energía autoconciente y cómo la triangulación jugó un papel importante en volverme autoconciente en la totalidad.

Lo hice y empecé a avergonzarme un poco. Parecía que no había ninguna diferencia en la funcionalidad por el hecho de que la función estuviera asociada exclusivamente con El Origen. Me preguntaba por qué estaba pensando de esta manera cuando El Origen decidió ayudarme un poco.

O: Lo que estás observando es una función universal de triangulación que es específica para ciertas energías y su atractividad. Sin embargo, hay otra función de la triangulación que es específica para mí.

YO: ¡Ah! Lo sabía.

O: No te emociones demasiado. No hay mucha diferencia, aunque podrías considerarla sutil.

YO: Sin embargo, hay una diferencia entre lo que yo observaba y lo que me describieron.

O: Sí, la hay.

YO: Entonces, ¿cuál es exactamente la diferencia?

O: Tus lectores deberían verme sonreír. La humanidad encarnada siempre piensa que hay algo que comprobar, algo más que ver. Eso me gusta en un vehículo encarnado.

La triangulación, cuando es específica de la función de las energías dentro de una Entidad Fuente, es precisamente eso—específica, pero universal para todas las Entidades Fuente. Esto significa que está limitada al ambiente en el que trabaja, el ambiente basado en la Entidad Fuente a la que está asignada. En este caso, está cautiva y limitada en su capacidad de afectar el cambio estructural a través del proceso de triangulación. Esta limitación está basada en aquellas energías y componentes estructurales que son específicos de la creación de la propia Entidad Fuente, y no en lo que forma parte de la realidad superior de apoyo, siendo la realidad superior de apoyo mi área (o volumen) de autoconciencia. Cuando esta operando en su verdadero ambiente, tiene acceso a todas las energías y estructuras de aquello de lo que forma parte—yo.

YO: Lo que quieres decir es que su funcionalidad se expande para adaptarse al ambiente en el que se encuentra.

O: Más bien lo contrario. Contrae su funcionalidad al ambiente en el que se encuentra. Elaboraré al respecto.

La función de triangulación está alineada con una función general de atractividad, esto es, atracción hacia la posibilidad de progresión. Ten en cuenta que en tus diálogos anteriores sobre este tema, la triangulación se identificó como una función de la energía libre, siendo atraída la energía libre por el potencial de aumento de la evolución en caso de que individuos o grupos de individuos (energías, entidades, etc.) tengan el potencial de trabajar juntos y crear un "grupo o cuerpo" más grande con un mayor nivel de sinergia como resultado.

YO: Debidamente anotado.

O: Bueno, en el aspecto más amplio de la funcionalidad de la triangulación esos aspectos son sólo dos de los muchos que pueden atribuirse a la funcionalidad de la triangulación. No me malinterpretes, la funcionalidad general es la misma, pero es el nivel de funcionalidad el que cambia como resultado de la diversidad de lo que "es" el ambiente en el que opera.

YO: ¿Puedes darme un ejemplo? Soy consciente de la imagen que sigue formándose en mi mente de una función multidimensional de todo esto.

O: Es mucho más que multidimensional, porque eso identifica las limitaciones de la estructura de tu propio multiverso. El aspecto constructivo multifacético de una Entidad Fuente o incluso de mi propia construcción añade mucho a la sutileza de la funcionalidad de la triangulación. En esencia, la triangulación, cuando se la deja a su aire y se la asocia con la energía libre, está desinhibida. Tiene la capacidad de vincular todas las energías en un flujo cooperativo que permite que todas las energías, independientemente de la frecuencia resonante, funcionalidad, contenido asociativo con ciertos aspectos estructurales de mí, incluyendo la aplicabilidad geométrica y, sin olvidar los aspectos de esas energías y cómo están representadas en cada uno de los aspectos estructurales de mí mismo, de una manera que permite una conectividad simbiótica y afín total. Esto es, siempre que dicho nivel de conectividad sea una condición necesaria para la progresión.

Tengo una pregunta para ti, querido Om, ¿se ha producido ya este nivel de triangulación?

YO: Errr, mmmm, diría que sí y no.

O: Buena respuesta—pero ¿por qué es una buena respuesta?

YO: Yo diría que porque ese aspecto tuyo que ha alcanzado la sintiencia y la autoconciencia ha logrado este nivel de triangulación. Ese aspecto de ti que está fuera de tu área de autoconciencia yo diría que no.

O: Defensa razonable. Sin embargo, aquí está la respuesta correcta. Ese aspecto de mí que es "yo" desde la perspectiva de mi sintiencia concentrada ha logrado la triangulación completa de todas las energías de la manera que se acaba de describir. Aquello que está fuera de esa área de sintiencia concentrada no lo ha logrado. Tampoco lo ha logrado esa área de mi "sí-mismo" que reconocemos como lo que está más allá de mi área de autoconciencia.

YO: Espera. ¿Estás sugiriendo que tienes áreas que son autoconcientes pero no sintientes?

O: Sí, habría pensado que esto se daba por sentado.

YO: No para mí, pero a juzgar por la imagen que recibo ahora de ti todo tiene mucho sentido.

En mi ojo mental veía una bola de energías en completa ebullición, totalmente conectadas entre sí, totalmente comunicadas entre sí, totalmente integradas con todos los aspectos de la estructura que es El Origen. Pero también veía el nivel de funcionalidad. A medida que esta bola en ebullición se movía por el área de autoconciencia de El Origen, observando esto, aquello y lo otro, creando y descreando, conectándose con partes de sí misma y desconectándose, las áreas que eran autoconcientes pero no sintientes se volvían sintientes. Y lo que es más, el vínculo con la sintiencia permaneció, jalando e integrando esas energías autoconcientes pero no sintientes de adentro y de afuera de esa bola de lo que llamaré sintiencia pura. La bola de sintiencia pura creó una forma de "triangulación total" con todo lo que tocaba. Fue lo que sólo puedo describir como un toque de "Midas" de la sintiencia. Tuve la impresión de que el área de sintiencia de El Origen estaba creciendo, absorbiendo esas áreas de autoconciencia a través de la triangulación pura.

Cuando el área de autoconciencia de El Origen esté totalmente conectada a través de la triangulación, siendo toda el área esta bola en ebullición de energías sintientes, verdaderamente trianguladas, entonces tendrá lugar la oportunidad para la triangulación fuera del área de autoconciencia, el siguiente capítulo en la existencia de El Origen, por así decirlo. La autoconciencia se esparcirá hacia el siguiente sector de El Origen a través de la triangulación, vinculando todas esas energías desconocidas, su conectividad, aplicabilidad y sus funciones con las de ese sector. Una vez que este próximo sector de El

Origen esté clasificado como autoconsciente, o una parte significativa de él lo esté, entonces y sólo entonces ese aspecto de El Origen que es completamente sintiente podrá moverse hacia este nuevo sector, cambiando progresivamente lo que es autoconsciente por aquello que es sintiente. Vi grupos de bolas en ebullición de sintiencia que se extendían como una red, una enorme telaraña que se formaba en el proceso—los vínculos entre los grupos eran vínculos de pura triangulación. Lo que estaba afectado direccional e inflacionalmente se estaba volviendo sintiente. Era una tarea enorme, pero estaba sucediendo, y no sólo eso, la Entidad Fuente Doce también formaba parte del proceso. Había creado, a partir de "sí misma", una serie de redes autoconscientes justo fuera del área de autoconsciencia de El Origen, aumentando la oportunidad de aceleración para la creación inicial de un nuevo sector de El Origen completamente autoconsciente, pero aún por ser sintiente. Era un espectáculo revelador asombroso de ver con mi ojo mental.

O: Como puedes deducir de las imágenes que te envié, mi consciencia sintiente aún está "aspirando" esas áreas de autoconsciencia que aún no están completamente integradas.

YO: Ya veo. Es más, tiene todo el sentido. Ahora puedo ver que las Entidades Fuente, los Om, y todas las entidades que fueron creadas por las Entidades Fuente son parte del propio proceso de triangulación. Aunque son entidades separadas e individualizadas creadas dentro de tu área de autoconsciencia, forman parte de tu sintiencia y, por lo tanto, actúan como algunos de los grupos potenciales de sintiencia. Son bolas en ebullición de energías sintientes por derecho propio.

O: Correcto. A través de la función de triangulación obtengo contenido progresivo de naturaleza específica de las energías "en su totalidad" (esto es, todas sus funciones y atributos, etc. GSN) que está disponible en mi área de autoconsciencia. El trabajo que las Entidades Fuente emprenden y realizan aumenta ese contenido progresivo, parte del cual ustedes conocen como evolución. A medida que sus entidades progresan, esto es, aquellas Entidades Fuente que crearon entidades, ellas progresan y a medida que ellas progresan yo progreso. Pero lo más importante es que, a medida que progresan, también comparten esa progresión entre ellas. En consecuencia, las energías que llenan los huecos entre ellas, por así decirlo, lo que es mi área de autoconciencia actualmente no sintiente, también se ven afectadas por este progreso a través de la triangulación. De este modo, las energías afectadas por el proceso de triangulación se prestan a volverse sintientes, en lugar de simplemente autoconcientes.

YO: Y a la función de triangulación se le permite operar a un nivel más alto debido a la plétora de energías y aspectos estructurales incrementados de ti. Tengo la sensación de que los aspectos estructurales que resultan de este nivel de triangulación sólo pueden describirse como hologramas de vinculación, y que el holograma resultante se describe mejor como un holograma a la potencia de doce. Esto es, un holograma con doce hologramas dentro de doce hologramas dentro de doce hologramas, etc., etc. Una vez vinculados por triangulación, progresan en funcionalidad "instantáneamente" hasta el punto de aceptar la sintiencia, cuando se les ofrece, por aquello que está vinculado a ellas por triangulación y que ya es sintiente.

O: Muy bien hecho. Y este nivel de triangulación no puede ocurrir dentro de los confines de una Entidad Fuente, porque está limitada a aquello que se utilizó para crearlas, que es lo que hace que sea un tipo muy diferente de triangulación. Puedes llamarla triangulación holográfica multinivel.

YO: A ver si lo entiendo. Dentro de los confines de una Entidad Fuente, la triangulación sólo puede ocurrir como direccional, esto es, línea recta e inflacional, esto es, basada en el área y es tridimensional, por así decirlo. Pero...

O: No olvides que la triangulación inflacional también puede progresar más allá de los confines de la frecuencia, el componente subdimensional y la dimensión completa. Cuando la triangulación inflacional abarca las frecuencias, los componentes subdimensionales y las dimensiones completas, puede llamarse "función holográfica de un único nivel".

YO: Bueno, puedo trabajar con eso. Pero cuando fuera de los confines de las Entidades Fuente y trabajando dentro de tu área de autoconciencia se convierte en triangulación holográfica multinivel simplemente por el aumento de las energías, sus funciones, sus aspectos, etc., y tu estructura.

O: Correcto. Es más, cuando la triangulación comience a operar fuera de mi área de autoconciencia, la triangulación se convertirá en una triangulación holográfica multinivel anidada, aumentando la conectividad a un nivel basado en el aumento de la estructura disponible en ese aspecto de mí, ese próximo sector, al que se debe acceder, una vez que esta área de autoconciencia se vuelva completamente sintiente. Y, cuando yo/nosotros progresemos en un sector tras otro de lo que soy yo, la complejidad funcional de la triangulación aumenta para satisfacer las demandas de su ambiente nuevo y superior.

YO: Así que aumenta en función con base en el ambiente.

O: No, su funcionalidad es naturalmente capaz de hacer frente a la triangulación dentro del ambiente que soy yo "en su totalidad". El aumento de la funcionalidad en este ejemplo es la triangulación accediendo a aquello de lo que es capaz en última instancia, pero en pasos pequeños, con base en el ambiente en el que está operando actualmente.

Cómo El Origen es Omnipresente

YO: Sólo una última cosa antes de que pasemos a la diferencia de energía libre en función de una Entidad Fuente frente a ti.

O: Adelante.

YO: Si tu sintiencia aún no se ha extendido a la totalidad que es tu área actual de autoconciencia, ¿cómo puedes ser omnipresente?

O: El hecho de que haya un diferencial dentro de mí, esto es, el área de autoconciencia que es sintiente y un área de autoconciencia que no es sintiente, no significa que no esté en contacto con todo mi sí-mismo autoconciente en todo momento. Mi autoconciencia es una función independiente de la sintiencia. Mi autoconciencia es también integral a todo lo que es mi "área" de autoconciencia, y debido a esto proporciona una red de comunicaciones para todo lo que es autoconciente para estar en "estado de unidad" en todo momento. Esa área de mí que es sintiente es una superposición de esa área que es autoconciente, y como resultado es una parte integral de ella. El aspecto sintiente utiliza el aspecto autoconsciente para "saber" lo que está pasando en cualquiera de las coyunturas simultáneamente—es la araña metafórica en medio de la telaraña. Así es como soy omnipresente desde la perspectiva de la sintiencia.

Sin embargo, mi área de autoconciencia sintiente está creciendo. Crece a través de la triangulación localizada (de todas las versiones), aumentando aquello que es mi principal área de autoconciencia sintiente. También crece a través de aquellos aspectos de mi sintiencia que se proyectan a otras localizaciones dentro de mi área de autoconciencia, creando bolsas de triangulación a medida que la sintiencia se proyecta a la localización deseada de interés, finalizando con otra bolsa de triangulación. Estas proyecciones de sintiencia aumentan los aspectos funcionales de la omnipresencia desde el nivel autoconsciente hasta el nivel sintiente, permitiendo optimizar mi nivel de omnipresencia en esa área.

YO: Así que estás diciendo que eres omnipresente en todo momento en todos los lugares dentro de tu área de autoconciencia únicamente porque es autoconsciente, pero que esta área de omnipresencia autoconsciente mejora cuando esa área de autoconciencia se eleva a autoconciencia sintiente. Esto significa que tienes diferentes niveles de omnipresencia.

O: Sí.

YO: ¿Cómo es eso posible?

O: Simplemente es. Es una función de aquello que está "convirtiéndose". Es una función de mí a medida que crezco y progreso. Es parte de la función del progreso y de la progresión.

YO: ¿Cómo es esta diferencia experimentada por ti?

O: De ninguna manera que puedas entender, porque la humanidad encarnada aún no "entiende" el concepto de omnipresencia. Pero para darte una ligera pista, sería como conectarse a Internet desde una conexión de módem "dial-up" en el rango de velocidad de kilo o megabyte a un sistema de banda ancha que estuviera en el rango de velocidad de yottabyte, esto es, la capacidad de obtener información de un determinado lugar antes de que se haya hecho evidente.

El Origen Habla

La Energía Libre en Función de El Origen

YO: Con base en los comentarios que hiciste sobre la triangulación y que no hay diferencia entre la triangulación dentro de las Entidades Fuente y tú como El Origen, y luego esa enorme diferencia que se entrega, estoy esperando un nivel similar de revelación en términos de nueva información.

O: Uno no debería anticiparse a lo que va a ser presentado, porque eso pinta el cuadro antes de ser pintado.

YO: Touché. Sin embargo, espero que haya algún tipo de diferencia.

O: Bueno, hay una pequeña diferencia.

YO: ¿Dónde he oído eso antes?

O: En mi propio contexto, la energía libre es en realidad lo que se describe como energía libre. Esto es, la energía que está libre de las restricciones de función, característica y propiedades interconectadas. Es neutral en todos los aspectos. Es sólo energía.

Dado que la energía libre está libre de estas restricciones, puede utilizarse en cualquier escenario de creatividad. En las Entidades Fuente, la energía libre es la fuerza vital de todo lo que crean. Es el prana, el mana del cielo, por así decirlo. También es atraída por la oportunidad de progresión evolutiva o la adición de contenido evolutivo a una entidad individual, un grupo de entidades o un grupo de un grupo de entidades. Incluso atrae a las energías que están a punto de ser autoconcientes o que están maduras para dar el salto desde la autoconciencia a la autoconciencia sintiente. Sin embargo, la energía libre tiene otras tres funciones que están alineadas con mi propia condición progresiva.

La primera está basada en su ubicación dentro de mi área de autoconciencia sintiente. Dentro de mi área de autoconciencia sintiente, dentro de este espacio, la energía libre está en su mejor momento. Es totalmente omniversal en su función, característica y propiedades de interconexión con otras energías, incluyendo aquellas fuerzas creadas por estas energías. Puede funcionar por sí sola en la progresión de energías que están en la periferia de mi área de autoconciencia sintiente, y puede ser manipulada por mí cuando me encuentro en un periodo de creatividad. En este caso, es energía libre de las restricciones de su ambiente, porque su ambiente soy yo y yo no tengo restricciones en términos reales, excepto mi propia falta de experiencia.

La segunda se basa en que esta energía está dentro del ambiente creado por mi área de autoconciencia. En este caso, la energía libre opera de forma similar a su funcionalidad dentro de una Entidad Fuente. No es totalmente funcional porque el factor de la sintiencia no está presente. En este tipo de ambiente, la energía libre está limitada en su función hasta el punto en que sólo busca oportunidades para aumentar la progresión, y esto es principalmente en el régimen de evolución. Cuando se encuentra en un ambiente de energías autoconscientes, la energía libre actúa como catalizador para que tenga lugar la colectividad, incluyendo la oportunidad para el efecto sinérgico que está disponible cuando las energías separadas son singulares pero están lo suficientemente cerca como para atraerse entre sí, o las entidades están trabajando juntas en una condición de colectividad que permite la capacidad de trabajar en sinergia colectiva. La energía libre es, en este caso, el pegamento que mantiene todo unido hasta que se arraiga el efecto sinérgico. Cuando el efecto sinérgico se arraiga, existe la oportunidad de que se desarrolle la sintiencia.

La sintiencia puede desarrollarse de tres maneras. En primer lugar, como resultado de mi intervención directa con ese aspecto de mí que ha adquirido autoconciencia. En este caso, mi intervención crea un aspecto co-unido de mí en una totalidad sintiente sinérgica colectiva, una que está siempre creciendo en área/volumen, por así decirlo, que es el resultado del trabajo inicial de la energía libre, y que se añade a la red de lo que soy yo verdaderamente dentro de la totalidad de lo que soy. O, en segundo lugar, puede desarrollarse por sí misma como un satélite separado de energía sintiente completamente autoconsciente, mientras está preparada para integrarse. En este caso, sin embargo, este satélite, en reconocimiento de su sí-mismo sintiente y de que es parte de algo más grande, busca la comunión con aquellos aspectos completamente sintientes e integrados de mis energías sintientes en su totalidad, como resultado de la detección de líneas de comunicación entre varios aspectos de mí y la transmisión de mi intención enfocada al mover mi atención alrededor de mi área de autoconciencia.

La tercera está basada en que esta energía está fuera de mi área de autoconciencia. En este caso, la energía libre está latente a todas las intenciones y propósitos. Dormida, es decir, sólo hasta que ha detectado la oportunidad de que aquellas energías que están actualmente en un estado de inactividad se vuelvan activas como resultado de la intrusión en esta área de energías autoconscientes o energías autoconscientes sintientes. Cuando se detecta esta oportunidad, la energía libre asume la funcionalidad que tiene en el segundo ejemplo anterior.

YO: Me sorprende que la energía libre tenga un estado latente. ¿Por qué sería eso?

O: La energía libre, como todo lo demás dentro de mi área de conciencia, necesita tener un incentivo para funcionar correctamente. Ese incentivo sólo existe si se puede detectar o predecir un cambio en el estatus quo a través de la función del Espacio Evento. Cuando el Espacio Evento empieza a separarse en varias realidades alternativas como resultado del potencial para el potencial de cambio, entonces la energía libre, que al igual que el Espacio Evento está entretejida en el tejido mismo de cada energía que soy yo en los tres estados de sintiencia, autoconciencia y no-conciencia, se activa y busca las energías asociadas con los Espacios Evento que están en un estado de cambio con el fin de trabajar con ellos y aumentar la oportunidad de progreso iniciando, a través de la triangulación, la difusión del contenido evolutivo que conduce a la progresión en masa. En resumen, el potencial de cambio, por pequeño que sea, es el eje necesario para incentivar a la energía libre a activarse.

YO: Lo que me estás diciendo es que la energía libre no es específicamente activa per se. Se activa, y la activación está basada en el tipo de ambiente en el que se encuentra.

O: En cierto sentido, sí, pero no olvides que la energía libre está en todas partes, está dentro y fuera de todo lo que hay. Lo impregna todo; forma parte del marco estructural mismo de cada aspecto de lo que soy, de lo que podría ser, de lo que seré y de lo que era, simultáneamente.

YO: Y la energía libre impregna los aspectos físicos de tus frecuencias también.

O: Por supuesto. En este caso, sin embargo, tiene un papel ligeramente distinto, que ya has discutido antes.

YO: Es la energía cósmica, el prana del que hablan algunas de nuestras religiones.

O: Sí, lo es. Verás, la energía libre es neutral. No sólo proporciona la oportunidad para la progresión, sino que puede y es una fuerza primordial que se utiliza en la creación de todas las construcciones que permiten a una entidad de alta frecuencia la oportunidad de moverse hacia abajo en las frecuencias sin pérdida de sus rasgos o funciones de alta frecuencia. Esto incluye los que se utilizan en el multiverso de tu Entidad Fuente. Es la energía que, en última instancia, alimenta el vehículo que utilizas para la experiencia encarnada, y puede extraerse del "Todo" que te rodea, si utilizas las herramientas adecuadas. La extracción de energía libre en tu nivel encarnado anularía la necesidad de los métodos de generación de electricidad que utilizas actualmente, y sería infinitamente más útil para ustedes porque es multimodal en su aplicación, rasgo y función—mientras que la electricidad tiene una función singular en gran medida.

YO: ¿La energía libre alimenta la forma humana encarnada entonces?

O: Sí, por supuesto, y cuando todos sean capaces de trabajar con pensamientos de alta frecuencia y ambientes de alta frecuencia, creando una progresión de alta frecuencia mientras están encarnados, serán capaces de negar la necesidad de los combustibles "sólidos" (comida) de los que actualmente dependen.

YO: ¿Existen otras funciones de la energía libre dentro de ti o dentro de los ambientes creados por las Entidades Fuente?

O: La energía libre es energía libre. No hay límites en cuanto a su uso. No hay límites en este sentido. Pero no se trata de para qué puede utilizarse, sino de lo que es capaz de hacer como resultado de su propia función autónoma, y no de una función dirigida. Esto es, dirigida por mí o por otra entidad.

YO: Sólo una pregunta sobre la acumulación de energía libre en el ambiente físico en el que me encuentro actualmente.

O: ¿Te refieres a tu ubicación encarnada?

YO: Sí.

O: Adelante.

YO: ¿Cómo la acumularíamos y almacenaríamos en esta baja frecuencia?

O: Por un lado, no necesitarían rotación de imanes y/o bobinas de cobre para atraerla. Simplemente se necesitarían los materiales adecuados en la geometría correcta—esto es, geometría estática.

YO: ¿Geometría sagrada?

O: Si quieres llamarlo así, sí. La geometría sagrada es simplemente la descripción de la función, el rasgo, las propiedades de interconexión y las fuerzas asociadas con ciertas energías. Sin embargo, la aplicación correcta de esta geometría (construcción) con los materiales afines correctos (energías) puede permitir y permite la atracción y acumulación de esas energías asociadas con su descripción geométrica.

YO: ¿Y cuál es la geometría de la energía libre?

O: Esto ya lo sabes.

YO: ¿La pirámide?

O: La pirámide.

YO: ¿Y cuáles serían los materiales para construir tal pirámide?

O: En tu nivel de frecuencia tiene que estar hecho de materiales básicos que estén disponibles sin necesidad de una industria pesada para crearlos. El cobre y la piedra mineral serían dos materiales fáciles de conseguir.

YO: ¿Y hay que aplicar alguna dimensión especial?

O: Sólo una proporción.

YO: ¿Y cuál es la proporción? ¡Me estás haciendo trabajar duro para esto!

O: La proporción es una constante que debe aplicarse a cualquier escala utilizada. La proporción entre la dimensión de la base a la dimensión del borde desde la esquina inferior hasta el ápice debe ser de 1:1.35 y la estructura debe estar completa, sin lados abiertos y con suelo.

En este punto del diálogo decidí comprobar la proporción de la gran pirámide de Giza en Egipto para ver si esta información era similar o la misma. Como no tenía ni idea de cuál era la proporción "áurea" de la gran pirámide, a pesar de que mi difunta esposa, Anne, y yo la habíamos visitado y habíamos tenido el privilegio de ser los únicos que estábamos dentro, con la excepción de nuestro guía (apenas habían pasado dos semanas del 9/11 cuando visitamos Egipto, así que todo el lugar estaba sin turistas), me interesaba ver si esta información estaba correlacionada. La proporción áurea de la gran pirámide era de 1:1.618. Estaba a punto de fruncir el ceño cuando El Origen añadió algo de información.

O: La proporción es específica de la energía que se atrae y se acumula. Por eso hay una diferencia en la proporción. Además, en el momento actual de la progresión de la humanidad encarnada no hay manera de utilizar o acumular energía libre de una manera que sea consistente con su potencial. De hecho, no reconocerías si has aprovechado o no esta fuente de energía o si la has acumulado/almacenado. Pero puedes intentarlo.

Decidí pasar a otro tema en este punto porque podía imaginar que muchos científicos ya estaban ocupados con este caso en particular.

Capítulo 8
Más Sobre la Estructura de El Origen

DURANTE LOS ÚLTIMOS MESES (de marzo a mayo de 2013) mis estudiantes de "Atravesando las Frecuencias" (TTF) me habían preguntado varias veces cuál era la estructura del multiverso, y si era interna o externa a la Fuente, EF1.

Al identificarles que el multiverso era interno a la Fuente causó cierta confusión con algunos de ellos, especialmente cuando les explicaba que la naturaleza de la estructura del multiverso en el que existimos tenía limitaciones estructurales, esas limitaciones eran las tres capas de la estructura—frecuencia, componente subdimensional (Tritava) y dimensión completa. "¿Cuál era entonces la estructura de la Fuente?", me preguntaban, y yo les respondía que era un subconjunto de la estructura de El Origen y que incluía suficiente estructura para apoyar sus propias funciones autónomas, al mismo tiempo que proporcionaba la estructura de nivel superior necesaria para apoyar a la propia Fuente. Muchos pensaron que esto era demasiado grande para comprenderlo y se quedaron mentalmente en el aspecto frecuencial del multiverso, lo cual estaba perfectamente bien ya que las frecuencias son la base del multiverso, las frecuencias están presentes en todos los aspectos del multiverso y de la Fuente. Sin embargo, algunos estudiantes querían saber qué había más allá de la Fuente. Ignorando la información que habían asimilado en los libros Más allá de la Fuente, se referían a "aquello" que creó a las Entidades Fuente, El Origen. Al principio, uno o dos preguntaron: "¿Qué hay más allá de El Origen?". Les respondí que no había nada más allá de El Origen, excepto lo que era él mismo más allá de lo que era autoconciente. Esto resultó ser demasiado para ellos, dando la muy humana respuesta de "Debe haber algo más allá de El Origen". ¡No lo hay! Sin embargo, hay algo que está más allá del área de autoconciencia sintiente/autoconciencia no sintiente de El Origen, y es la "estructura inexplorada", de la que ni siquiera El Origen es consciente en ningún método preciso.

Sin embargo, dentro del área de autoconciencia de El Origen, la estructura es conocida, y es esta área la que tenía ganas de aclarar. Era consciente de que la estructura, en cierta medida, ya me había sido dada antes, así que decidí que éste era un momento tan bueno como cualquier otro para empezar a interrogar a El Origen sobre su estructura conocida.

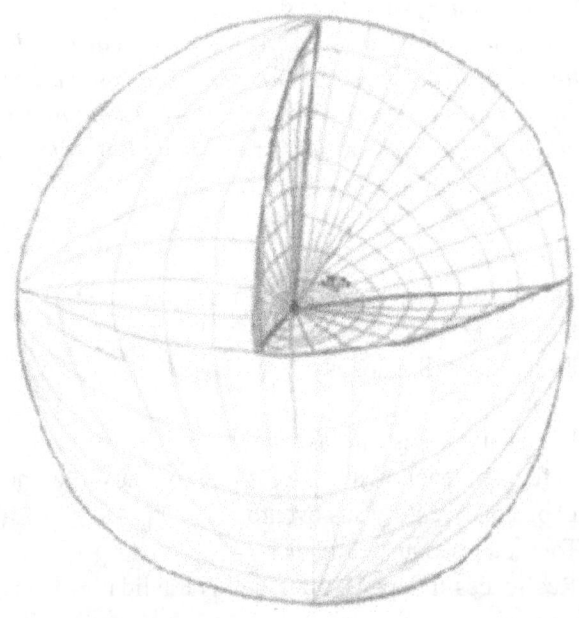

Figura 2: Una imagen imprecisa de la estructura de El Origen basada en su área de autoconciencia.
Posible ubicación de las Entidades Fuente
dentro del círculo rojo.

He calificado de inexacta la imagen anterior (tomada de Más allá de la Fuente, Libro 2) porque es imposible que mis escasos dotes artísticos fueran capaces de dibujar una imagen que representara El Origen, su estructura y la posible ubicación de las Entidades Fuente de un modo mínimamente correcto. Sin embargo, esta imagen ofrece al lector una idea con la que trabajar. Una cosa sí sé, y es que el área de autoconciencia de El Origen no es esférica, sino amorfa, pero la imagen es lo bastante buena para que la mayoría de nosotros la utilicemos y progresemos con ella.

Utilizo esta imagen porque el espíritu permite a la humanidad encarnada cometer errores de entendimiento, siempre que el error vaya en la dirección general correcta, y cuando va en la dirección general correcta, finalmente la humanidad "acierta". Con base en esto la imagen se queda como una forma de pensamiento razonable con la que trabajar—por el momento.

Una de las cosas que me llama la atención de esta imagen es la segmentación y estructura sugeridas que se representan en 2D. Da la sensación de que encierra algo de verdad. Revisé la información que me habían dado durante el diálogo previo con El Origen y observé la siguiente estructura:

- Frecuencias
- Subdimensiones y sus divisiones (frecuencia)
- Dimensiones completas
- Zonas y sus divisiones
- Continuum y sus abstracciones
- Los planos y sus esferas
- Esferas independientes de los planos y sus referencias
- Espacios Evento y sus eventos
- Totalidades y sus realidades
- Realidades independientes de las totalidades y sus funciones creativas
- Interfaces espectrales y sus espectros (no basados en la luz)
- Los márgenes y sus gradientes

Las descripciones escritas más arriba casi podrían ser representativas de la imagen, pensé. Sacudiendo la cabeza con consternación ante la facilidad con que la mente humana intenta relacionar las cosas para darles sentido, por intangible que sea el vínculo, pensé que lo mejor era restablecer mi vínculo comunicativo con El Origen para obtener alguna información sobre estas áreas de su estructura "conocida".

Obtuve una Descripción de la Estructura de El Origen

O: Interesante introducción a esta sección. Yo casi la apruebo.

YO: ¿Por qué casi?

O: Porque te menospreciaste al final.

YO: Oh.

O: La imagen que dibujaste para el libro titulado Más allá de la Fuente, Libro 2 era conceptual en su derivación y aplicación. Esto siendo, un concepto comprensible basado en una realidad que sólo puede entenderse a través del concepto.

YO: Ya me siento mejor. Gracias. La lista anterior no es el todo y el fin de todos los componentes estructurales que están dentro de tu área de autoconciencia, ¿verdad?

O: No, en absoluto. De hecho, como se ha mencionado mucho antes en este libro, hay muchas, muchas más. Podría identificarlos y describírtelos, pero no sería de ayuda para el trabajo que estás haciendo, porque la estructura identificada es más que suficiente.

YO: ¿Podrías describirnos algunos de los detalles de estos componentes estructurales?

O: Sí, entonces veras que el conocimiento adicional sería una distracción en este momento. Una cosa que necesitas saber sin embargo, y es que mi estructura, por lo menos de la que yo soy consciente, está toda basada en doce. Esto es, todo se expande por un factor de doce y se secciona basándose en el número doce. Así que para poner esto en perspectiva, cada vez que experimento la migración de un área de estructura hacia adentro a una hacia afuera, el "área o volumen" se incrementa por un factor de doce, y cada área o volumen se secciona secuencialmente por un factor de doce también.

Piensa que se trata de doce nuevos círculos añadidos más allá de un círculo anterior y que el espacio entre cada círculo es de doce secciones, como las horas de un reloj. Cada círculo proporciona el marco estructural dominante, mientras que las secciones proporcionan la estructura dentro del marco estructural y las condiciones del ambiente subyacentes para que exista un aumento de la diversidad de energías, que son una progresión funcional de las energías que residen en el ambiente anterior.

Dentro de la estructura de tu ambiente multiversal existe una oportunidad de progresión evolutiva conocida y lógica. Es necesario ascender en las frecuencias para progresar. Dentro de mis ambientes no existe tal linealidad de progresión. Puedo experimentar, y de hecho lo hago, lo que quiero experimentar de cualquier manera, moviéndome por mi ambiente y aprendiendo de él.

YO: Para ti, ¿tu estructura es arbitraria en cuanto a tu progresión?

O: Correcto. Ahora mismo hay partes de mi área actual de autoconciencia que no son autoconciencia sintiente. Esto se debe a que todavía no he extendido mi consciencia a estas partes, o he elegido no hacerlo. El resultado es que puedo dejarlas en autoconciencia no sintiente o puedo dar vuelta atrás y experimentarlas más tarde, haciéndolas sintientes en el proceso. A medida que avanzo en lo que soy, adquiero una imagen general de lo que rodea a mi consciencia, rellenando los huecos a medida que avanzo a través de la experiencia o a través de la extrapolación. Si siento que el conocimiento extrapolado puede ser aumentado por la experiencia real, entonces proyecto mi consciencia en esa parte y experimento lo que está disponible para mí de primera mano, de lo contrario lo dejo solo. Otras áreas son experimentadas por las Entidades Fuente o los Om, y así adquiero experiencia, aprendizaje y progresión evolutiva a través de mis creaciones.

Basándome en esto, podría decirse que mi progresión es aleatoria, pero con un nivel de estructura basado en el interés personal.

Pasemos a las descripciones de mi estructura que identificamos anteriormente.

YO: Estoy contigo.

O: Actualmente hemos identificado diez áreas de estructura dentro de mi área de autoconciencia sintiente. Hay dos más. Como se ha anunciado, hay muchos más en el ámbito más amplio de mi autoconciencia no sintiente.

YO: Así que hay otra división, la estructura que está dentro de tu área de autoconciencia sintiente, y, la estructura que está dentro de tu área de autoconciencia no sintiente.

O: Sí, y ambas se basan en doce. Veo que no acabas de entenderlo.

YO: No te equivocas. Estoy empezando a pensar que no entiendo.

O: La estructura con la que estamos trabajando se basa en esa área de mi "sí-mismo" que aún está en "trabajo en curso". Tiene áreas de autoconciencia sintiente y áreas de autoconciencia no sintiente. Esta es la estructura con la que vamos a trabajar, identificada en tu texto a continuación, menos dos partes de la estructura.

Hay un área de autoconciencia sintiente que está un área por debajo de ésta, y que también tiene doce divisiones. Debido a que ya he cubierto esa parte de mí, ya no me refiero a ella, a pesar de que es parte de mi área de autoconciencia sintiente. Sin embargo, como ES parte de mi área de autoconciencia "en su totalidad", cuenta como tal—de ahí que la comente de manera inclusiva. He aquí, pues, el origen de tu confusión.

YO: Ahora lo entiendo. Aunque hayas progresado más allá de ella, sigues refiriéndote a ella como parte tuya, simplemente porque es parte de ti, en la manera de pensar autoconciente sintiente. Aunque todo eres "Tú", haces una demarcación basada en tu nivel de actividad con aquello que también eres "Tú".

O: Muy bien hecho. Creo que ya lo has solucionado.

YO: Sí, gracias.

O: Vamos a trabajar en estas descripciones. Algunas, por supuesto, ya las conocerás basándose en diálogos previos con las doce Entidades Fuente. Presta atención al hecho de que no voy a mencionar aquí la energía desde una perspectiva estructural individual, porque la energía es la base de la estructura y sus componentes.

LAS FRECUENCIAS son la base del detalle dentro de las dimensiones completas. Están empaquetadas, por así decirlo, dentro de cada uno de los componentes subdimensionales o tritavas. Las frecuencias proporcionan los bloques constructivos para la creatividad del ambiente y son las funciones primarias de las energías dentro de mí. Ten en cuenta, sin embargo, que dentro de mi "sí-mismo" no hay una estructura dimensional compuesta para crear el universo físico experimentado en tu multiverso, porque eso es una creación de tu Entidad Fuente.

LAS SUBDIMENSIONES (TRITAVAS) son los elementos de la estructura que garantizan el mantenimiento de la integridad de las dimensiones completas. Están a la vez "infladas" y "divididas" por las frecuencias. Se basan en tres como resultado de las funciones de triangulación necesarias para mantener sus loci de referencia posicionales y la subsecuente creación de la dimensión completa. Cada subdimensión está inflada por doce bandas de frecuencias o niveles que son específicos de esa subdimensión. Por lo tanto, cada subdimensión está individualizada a la funcionalidad disponible como resultado de las frecuencias dentro de ella. Las subdimensiones son lo que la humanidad encarnada considera como dimensiones completas.

LAS DIMENSIONES COMPLETAS son una combinación constructiva de las subdimensiones (Tritavas) y sus frecuencias. Cuando se construye correctamente, una dimensión completa es capaz de existir con otras dimensiones completas en el mismo "espacio". Las dimensiones completas son el primero de los componentes estructurales principales de lo que yo soy. Constituyen la base para la existencia de los demás componentes porque, en esencia, son la fundación de la colectividad de energías conscientes de sí mismas. Las dimensiones completas permiten la creación de la autoconciencia y la sintiencia al proporcionar el ambiente necesario para la agrupación de energías afines en un funcionamiento sinérgico.

LAS ZONAS Y SUS DIVISIONES son una progresión estructural a partir de las dimensiones. Son, a todas las intenciones y propósitos, un ambiente dimensional más amplio que proporciona un soporte estructural adicional y sustancial al creado por las dimensiones completas. La diferencia entre una zona y una dimensión completa es simplemente su "tamaño". Una zona es doce veces mayor que una dimensión completa y está dividida por las líneas de demarcación entre las dimensiones completas debajo de ellas, por así decirlo.

EL CONTINUUM Y SUS ABSTRACCIONES son esencialmente dimensiones dentro de dimensiones y zonas dentro de zonas. Las abstracciones forman la estructura que podría decirse que es una progresión a partir de una estructura similar, pero no igual, a una serie de dimensiones dentro de dimensiones, siendo el continuum una progresión a partir de una estructura que son dimensiones dentro de dimensiones al igual que las zonas y sus divisiones dentro de una estructura basada únicamente en zonas. La parte única de la zona de la estructura forma la interfaz entre la capa anterior, la más alta zona y la capa siguiente, el más bajo continuum. El continuum es esa parte de mí que está enrevesada. Todo lo que está dentro está afuera desde la perspectiva del observador, por lo que un continuum parece ser una misma cosa sin división ni clasificación.

LOS PLANOS Y SUS ESFERAS son un cambio total en mi integridad estructural. Son el comienzo de una estructura conceptual en lugar de una estructura rígida. Desde la perspectiva de la humanidad, deberían situarse fuera del área de mi Autoconciencia ocupada por el continuum—aunque desde la realidad de lo que son, forman el comienzo de una estructura que está siempre a punto de cambiar. Sin embargo, actualmente están fijos. Un cambio potencial se basa en cómo siento que la estructura se adaptaría mejor a mi progresión personal y cómo podría presentarla a mis propias creaciones. Un plano es un área de energía que parecería ser bidimensional para el ojo humano, pero en esencia alberga esferas de múltiples aspectos de energías que son capaces de existir dentro de las esferas, así como dentro de los espacios que hay entre cada una de las esferas y la envoltura de influencia de un plano. Cada esfera es capaz de albergar toda mi estructura por debajo del nivel del continuum.

LAS ESFERAS INDEPENDIENTES DE LOS PLANOS, Y SUS REFERENCIAS son una progresión más en la finitud de mi estructura conceptual. Cada referencia es una división de una esfera. Una esfera independiente es una condición que existe fuera de la estructura creada por los planos y su estructura de esferas. La referencia se denomina así porque cada una de ellas se basa en la intersección tangencial de los múltiples loci creados por el estado posicional dentro de la esfera "independiente". Gracias a esta intersección se puede acceder a cada punto de referencia desde cualquier otro punto de referencia dentro de una esfera independiente específica.

LOS ESPACIOS EVENTO Y SUS EVENTOS existen dentro y fuera de cada parte de mi estructura conocida. No he probado su existencia más allá de mi sondeo en mi área de no autoconciencia, pero todos los indicios sugieren que es un componente común de lo que yo soy en su totalidad. Todo lo que podría ser, en cualquiera de los ambientes que podrían ser sostenidos por la estructura anteriormente explicada y a punto de ser explicada, está contenido en el paralelismo creado por el Espacio Evento. En el espacio creado por las energías que sostienen la posible posibilidad de posibles posibilidades, cualquier evento, incluido el ambiente necesario para apoyar el paralelismo, independientemente de que sea un espacio muy local o panambiental, puede existir y existe. El Espacio Evento es creado por las funciones paralelísticas de eventos dualísticos, trilísticos, cuadrulísticos, etc., etc. (y sus divisiones de posible posibilidad de posibles posibilidades) o la posible invocación de tales eventos como resultado de momentos decisivos.

LAS TOTALIDADES Y SUS REALIDADES son una función de mi estructura que están basadas en la totalidad colectiva de todo lo que hay dentro de un determinado cuadrante de mi área de autoconciencia sintiente, en lugar de sólo mi autoconciencia. También siguen un cierto género evolutivo o progresivo. Esto siendo, aquellas áreas dentro de mí que contienen toda la gama de dimensiones, zonas, continuum planos, etc., que son similares en avance progresivo, pero no lo suficientemente diferentes como para ser separadas unas de otras. Como resultado, se "compartimentan" en áreas especializadas o totalidades, cada totalidad dividida en realidades. Las realidades son subdivisiones del género progresivo general de la totalidad a la que están alineadas.

LAS REALIDADES INDEPENDIENTES DE LAS TOTALIDADES Y SUS FUNCIONES CREATIVAS son una progresión natural de las totalidades. Esta es la parte de mi estructura que forma el comienzo de la verdadera realidad superior, ya que es la realidad superior la que forma la base de lo que va a ser sostenido por mi estructura formalizada. Las totalidades existen dentro de las realidades, que tienen realidades de nivel inferior dentro de ellas. Las realidades independientes están separadas por su oportunidad para la creatividad individualizada e intercolectiva, llamadas funciones creativas. Cada función creativa permite a una variante de una realidad independiente específica albergar un ambiente que permite a un conjunto específico de un género conocido de totalidades y sus realidades que son capaces de coexistir "separadamente juntos", lo que permite una progresión independiente y codependiente.

Para completar la lista, y para que te ahorres la necesidad de preguntar, he decidido ilustrar los dos elementos de mi estructura que faltaban en la lista original. Esto completa los doce componentes estructurales dentro de mi área actual de autoconciencia.

LAS INTERFACES ESPECTRALES Y SUS ESPECTROS (NO BASADOS EN LUZ) son las líneas de comunicación entre todos los componentes estructurales, formales, conceptuales y sintientes. La palabra "espectral" se utiliza para describirlas porque se basan en los diversos tipos de comunicación de la consciencia sintiente a través de toda mi área de autoconciencia. Su ancho de banda y sus espectros (dentro del ancho de banda) son fluidos en su función. La palabra espectral también tiene un segundo significado que alude a la fluidez de su función. Los espectros también son de naturaleza especulativa, por lo que buscan métodos alternativos de procesar la comunicación de la consciencia sintiente para garantizar el mantenimiento de mi capacidad de comportamiento omnisciente.

Cada uno de los espectros, como medio de comunicación, pueden utilizarse como indicación de la progresión obtenida dentro de una realidad específica independiente en su totalidad. Los espectros también pueden ser un indicador de la completitud de la sintiencia y se correlaciona con el número de gradientes dentro de un margen (véase más adelante). Las propias interfaces espectrales pueden proporcionar, y de hecho proporcionan, un ambiente para la progresión por derecho propio.

LOS MÁRGENES Y SUS GRADIENTES son los que forman los límites de mi área de autoconciencia sintiente. Los márgenes son capaces de moverse y expandirse como resultado de mi progreso en la comprensión de aquellas áreas de mi autoconciencia que tienen que ser comprendidas y hechas sintientes. Los gradientes asociados a ellas las gradúan en áreas porcentuales de sintiencia plena. Cuando un margen se expande hasta su condición óptima, es decir, cuando el área que cubre es totalmente sintiente, su estado cambia a "margen completo" (totalmente sintiente) y sus gradientes desaparecen, permitiendo que el margen sea completo en lugar de dividido. Puedes pensar en esta expansión en términos de los anillos de crecimiento de un árbol. La expansión es holísticamente redonda, pero en realidad es más o menos expansiva dependiendo del nivel de progresión en un cuadrante específico de un margen. Expandiendo este ejemplo, piensa que algunos anillos de crecimiento muestran más crecimiento que otros o que el mismo anillo de crecimiento ha crecido más lejos del núcleo del tronco en un área que en otra. Esta expansión en el crecimiento se basa en la disponibilidad de nutrientes y los estados del tiempo en el caso del árbol, mientras que en mi caso se basa en cómo mi área de autoconciencia sintiente se ha expandido en comparación con mi área de autoconciencia no sintiente en una dirección particular.

YO: Para ser una descripción de muy alto nivel de tu estructura, es extremadamente estimulante del pensamiento.

O: Sí, y las energías que rodean la descripción también son elevadoras.

YO: ¿Qué quieres decir?

O: Cuando cualquier entidad, o entidad encarnada para el caso, se expone a sí misma a una condición expansiva de cualquier tipo, ya sea de boca en boca, educación o procreación, esa exposición crea crecimiento tanto para el individuo como para su ambiente—siendo ese ambiente la estructura creada por su Entidad Fuente en la que reside actualmente. El crecimiento también impregna a la propia Entidad Fuente y, por supuesto, a mí. Además, las energías que rodean a los elementos de "verdad" sobre la realidad superior actúan de forma subliminal, ayudando a la entidad en su nivel de comprensión de lo que se le presenta.

YO: ¿Así que cualquiera que lea esto se volverá, en cierto sentido, más iluminado?

O: Sí, independientemente de si "creen" o no en la información presentada. Esto se debe a que el aspecto de alta frecuencia de lo que dice la verdad supera el aspecto de baja frecuencia de un proceso de pensamiento que provoca una comprensión incorrecta o incompleta.

YO: Gracias. ¿Qué más necesitamos saber sobre tu estructura? ¿Qué más es importante sobre tu estructura?
O: No está grabada en piedra.

Una Estructura a Punto de Cambiar

YO: ¿Qué? Pensaba que tu estructura era una función tuya automática. Que no tenías ningún control sobre ella. Que era una parte de ti que simplemente era. Que trabajabas con eso que eres tú y progresabas como una consciencia autoconciente sintiente en expansión dentro de ella.
O: Así es.
YO: Entonces, ¿por qué dijiste que no está grabada en piedra?
O: Porque no lo está.
YO: Pero tu estructura es insondablemente grande, tanto que ni tú mismo sabes lo grande que es. Entonces, ¿cómo puedes pensar que es transitoria?
O: Porque lo es. Deja que te lo explique.

En cierto punto del Espacio Evento habré expandido mi área de autoconciencia sintiente hasta el punto de culminación. Esto es, habré llegado al final de mi capacidad de llegar a ser más de lo que yo soy en la estructura actual de lo que yo soy. En este caso, estaré en la culminación de aquello que era y tendré que expandirme hacia lo que seré. Todo esto suena un poco esotérico, lo sé, pero lo que significa en términos laicos es que tendré, y tengo, la oportunidad de empezar de nuevo, por así decirlo, de cambiar la forma en que empecé y ver cómo funcionará dado un nuevo conjunto de parámetros.
YO: Ah, ¿es esta la respiración cósmica de la que hablan los Vedas? ¿La llamada inhalación y exhalación del cosmos, el volver a empezar renovado y fresco, lo viejo saliendo y lo nuevo entrando?
O: Desde una perspectiva humana podría llamarse así, pero no es tan simple. Verás, si yo siguiera ese proceso, en realidad no ganaría nada, porque lo que fue se perdería para lo que será, ya que en ese proceso hay un efecto de limpieza, un volver a empezar desde cero. Nada se salva de lo viejo y se transporta a lo nuevo

de esta manera, porque si así fuera contaminaría lo nuevo con las direcciones tomadas en lo viejo, y esto incluye mi estructura.

YO: No entiendo cómo afecta a tu estructura.

O: Aunque mi estructura forma parte de mi continuo descubrimiento del "sí-mismo", me he dado cuenta de que podría y puedo cambiarla si deseo hacerlo.

YO: ¿Cuándo hiciste ese descubrimiento?

O: Yo no lo hice. Mis Entidades Fuente lo hicieron.

YO: ¿Perdón? ¿Cómo pudieron descubrir algo sobre ti antes que tú?

O: Que mis Entidades Fuente descubran las cosas antes que yo es una de las razones por las que las creé, para que me ayuden.

YO: ¿Pero eso no está al revés?

O: No, no lo está. Todo el objetivo de que yo creara otras entidades era acelerar mi propia progresión en un factor igual al número de entidades creadas en total. Con este método, ya no necesito progresar de una forma lineal. Progreso de forma omnisinérgica.

Mi progresión está asegurada, independientemente de la procedencia del contenido progresivo. Observa que no utilizo aquí la palabra evolución, ya que un cambio en la estructura, o cualquier otro cambio basado en la progresión a través de mis creaciones o de mí mismo, está por encima de la evolución, porque la evolución es un componente dentro del paraguas de la progresión.

YO: De acuerdo, leyendo entre líneas supongo que te diste cuenta de que podías cambiar tu estructura cuando observaste que algunas de las Entidades Fuente creaban un ambiente basado en su propia estructura, lo derribaban si no se desempeñaba como esperaban y luego recreaban uno nuevo en su lugar.

O: Sí. Fue algo muy interesante de observar, y fue, en ese momento de su existencia, un gran avance en la creatividad. Como resultado de observar a mis creaciones manipulando la estructura de lo que eran, creando una nueva estructura en su lugar, decidí hacer también alguna experimentación localizada en mi estructura.

YO: ¿Entonces qué hiciste? ¿En qué se diferencia tu estructura "actual" de la estructura resultante de la experimentación?

O: En primer lugar, la estructura experimental ya no existe porque decidí que no podía, en ese momento de mi existencia, crear una estructura que fuera una mejora de mi estructura natural.

YO: Supongo que sería razonable suponerlo. Dicho esto, ¿podrías crear un ambiente o una estructura que mejore la tuya natural?

O: En realidad no, pero puedo desplazar la estructura para crear una representación diferente de lo mismo. Esto siendo, desplazando las frecuencias, por ejemplo, al espacio asignado a las divisiones del continuum, las abstracciones y viceversa. Esto cambia tanto la estructura en el sentido mecánico como la dinámica de la estructura desde la perspectiva de cómo los componentes del resto de la estructura se relacionan y funcionan entre sí.

En el caso de mi experimentación, simplemente le di la vuelta a todo, al revés, por así decirlo, situando las frecuencias en el borde exterior de la estructura y los gradientes en el punto de partida.

YO: ¿Y cuál fue el efecto?

O: Todo fluyó a la inversa, como era de esperar, pero no hubo progresión ni evolución, sino sólo involución y progresión negativa. Todo lo que fluía se ralentizaba y finalmente se detenía desde la perspectiva de la progresión general y de los componentes de la progresión. Era como si partiendo de una entidad que ya había sido creada específicamente para la más alta estructura, en ese momento de mi existencia, no pudiera trasladarse progresivamente al borde exterior de la estructura experimental porque requería progresión negativa o involución. Parece que había descubierto un orden natural de funcionamiento dentro de mi estructura y que cambiarlo de la forma en que lo hice provocó que sus cualidades progresivas se volvieran estáticas.

YO: ¿Cómo funcionaría entonces con el ejemplo que diste hace un momento en el que intercambiabas frecuencia con gradientes?

O: Eso está bien. Verás, con los cambios no lineales, el experimento que hice siendo específicamente lineal en términos de progresión porque simplemente volteé todo al revés, la progresión y los componentes de la progresión son capaces de progresar porque hay una forma de evitar la inmovilidad cuando a un componente estructural más alto le sigue un componente estructural más bajo. Sí, la progresión se ralentiza, pero cuando el siguiente componente es superior, la pérdida de ímpetu progresivo se reduce o incluso se anula por completo, y en algunos casos se regresa a una progresión real más allá de la obtenida anteriormente.

YO: Lo que estás sugiriendo es que cualquier cambio en tu estructura debe ir acompañado de oportunidades para progresar dentro de la misma, de lo contrario la estructura es contraproducente, de tal manera que no permite progresar.

O: Correcto. Cuando vi cómo mi estructura afectaba a mi oportunidad de progresar, o incluso a la oportunidad de progresar de una de mis creaciones, decidí que los únicos cambios que podía hacer tenían que garantizar que la progresión no sólo se mantuviera, sino que se acelerara de alguna manera. En este momento, la estructura es perfecta para lo que está contribuyendo a la manera de progresión, porque mis creaciones, las Entidades Fuente, están trabajando de manera que facilitan no sólo la progresión, sino un ritmo constante de progresión acelerada. Cuando este trabajo haya llegado a su fin, y con esto quiero decir que no puede haber más progresión, haré cambios para permitir una mayor progresión dentro de la misma área de autoconciencia sintiente. Sin embargo, independientemente de que yo permita que esto proceda de una manera natural, podría cambiar la estructura de mi área de autoconciencia sintiente a una de funcionalidad más progresiva ahora. De hecho, ya he creado un plan de cambio que podría introducirse ahora mismo.

YO: ¿Por qué no lo haces?

O: Créeme, me lo he pensado largo y tendido y he estado a punto de hacer el cambio un par de veces.

YO: ¿Qué te detuvo?

O: Un deseo insaciable de ver qué sucede a continuación con la estructura actual. Simplemente tenía/tengo que verlo en su forma actual. Además, estoy bastante satisfecho de cómo está funcionando en este momento. Es mucho más satisfactorio de lo que esperaba, sobre todo cuando veo cómo Las Entidades Fuente han asumido bien sus tareas. Cada una de ellas y sus creaciones están contribuyendo de forma muy positiva y progresiva con un mínimo de superposición.

YO: Entonces, ¿está "en la perfección"?

O: De momento, sí. Pero puede que en algún momento introduzca pequeños cambios en la integridad estructural. Es una de las ventajas de ser yo, pero incluso yo solamente puedo hacer cambios en mi propia estructura dentro de los límites de lo que es.

YO: ¿En qué lo cambiarías entonces si actualmente es perfecto?

O: Haría la estructura aún más fina. Puedo hacerlo dentro de las limitaciones de la capacidad progresiva actual de la estructura. Lo que haría en este caso es aumentar el número de divisiones dentro de cada una de las doce etapas estructurales principales para que la transición de una etapa inferior a una superior sea más fácil y rápida de alcanzar.

YO: ¿Pero no se anularía la intensidad de la oportunidad de aprendizaje si se redujeran los pasos?

O: No, porque el efecto general es el mismo—la diferencia es cómo se consigue. Si introduzco este cambio, aceleraré la oportunidad de progresión al generar confianza en las capacidades de las Entidades Fuente y sus creaciones al experimentar el éxito en una fase más temprana de su proceso de desarrollo; es decir, la función de "experimentar, aprender, evolucionar, progresar" se alcanzará en momentos más regulares de su existencia, lo que les dará ánimos para seguir haciendo lo que están haciendo de la forma en que lo están haciendo.

Capítulo 9
Cómo Evolucionan las Entidades de Mantenimiento

DECIDÍ CAMBIAR LA DIRECCIÓN de mis preguntas en este punto para volver a tocar el tema de las entidades que mantienen la estructura de los ambientes creados por las Entidades Fuente—lo que llamamos Ángeles desde la perspectiva de nuestra Entidad Fuente, EF1. Quedó claro que todas las entidades, independientemente de la Entidad Fuente que las creó, pueden elegir cómo apoyar la forma en que su Entidad Fuente particular trabaja en su propio progreso. Algunas eligen trabajar dentro de la estructura y experimentarla de todas las formas posibles—mientras que otras eligen servir y trabajar para mantener la condición evolutiva óptima del ambiente en beneficio de quienes trabajan en él. Aunque estas entidades de mantenimiento están, por lo tanto, fuera del ciclo evolutivo desde su perspectiva personal, aún pueden recoger contenido evolutivo, ayudando a su progresión en el proceso mientras siguen siendo de servicio. En este caso, estar al servicio significa que la entidad que elige este camino renuncia a la oportunidad de una progresión acelerada en beneficio de otros dentro del ciclo evolutivo. Un acto noble, sin duda, y que no es despreciado por ninguna Entidad Fuente. La razón por la que decidí volver a este tema es que El Origen me estaba dando información adicional mientras trabajaba en el texto anterior. De este modo, me estaba quedando claro que la información emitida durante mi último diálogo sobre este tema era, por lo tanto, incompleta.

YO: Entiendo que querías aclarar esta historia, por así decirlo.
O: En cierto modo, sí. Me di cuenta de que era importante elaborar cómo progresan estas entidades cuando prestan un servicio total a los demás. En esencia, es otra forma de cómo pueden acumular contenido evolutivo cuando no están dentro del ciclo evolutivo.

YO: Entonces, ¿cómo puede una de estas entidades acumular contenido evolutivo fuera del ciclo evolutivo?

O: Se les da.

YO: Por favor explícalo.

O: Todas las entidades dentro del ciclo evolutivo sienten que están en deuda con aquellas entidades que eligen estar a su servicio. Sin las entidades de mantenimiento, o Ángeles, en tu multiverso, no progresarían hacia la perfección tan rápido como lo hacen. En reconocimiento de ello, ceden una parte de su propio contenido evolutivo como recompensa por el servicio que las entidades de mantenimiento les prestan.

YO: ¿Entiendo que esto es en sentido general y no específico de una entidad de mantenimiento concreta?

O: Una entidad del ciclo evolutivo puede dar contenido evolutivo de dos maneras. La primera es darlo en un sentido general. De este modo, el contenido evolutivo se reparte por igual entre todas las entidades de mantenimiento dentro del ambiente de una Entidad Fuente específica—siendo el factor de dilución relativo a la proporción entre entidades "dadoras" y entidades "receptoras". En general, sin embargo, la proporción de entidades evolucionando frente a las que no evolucionan o las entidades de mantenimiento favorece a las que evolucionan. Una entidad evolucionando cede este contenido a medida que acumula su propio contenido, lo cual es una función automática. La segunda forma es dar contenido evolutivo adicional a una entidad de mantenimiento específica de forma regular o continua. Esto se basa en una elección personal y suele ser el resultado de una relación establecida entre una entidad evolutiva y una entidad no evolutiva o de mantenimiento. También puede darse como resultado del agradecimiento a cualquier entidad no evolutiva en sólo una ocasión, y normalmente se ve cuando el trabajo de una entidad de mantenimiento específica ha ayudado a acelerar la evolución de la entidad evolucionando.

YO: Así que aquí hay un nivel de simbiosis evolutiva. Las entidades de mantenimiento se benefician del trabajo que realizan para asegurar la condición evolutiva del ambiente en el que trabajan las entidades evolucionando, como resultado del nivel de evolución que esas entidades evolucionando acumulan en la parte del ambiente que mantienen. Aunque no estén dentro del ciclo evolutivo, sin embargo acumula contenido evolutivo a través de la gratitud de las entidades evolucionando.

O: Correcto.

YO: ¿Y trabajan fuera del ciclo evolutivo, en servicio de otros, sabiendo que en realidad acumularán este contenido a través del trabajo de las entidades evolucionando?

O: Son conscientes del hecho de que pueden acumular contenido evolutivo en el método general, pero la progresión evolutiva para ellos no está totalmente garantizada, ya que la proporción de dilución puede ser tal que el contenido evolutivo adquirido puede ser tan mínimo que sea imperceptible. Además, los regalos de contenido evolutivo no están garantizados, por lo que una entidad, con pleno conocimiento de ello, entra en servicio por el mero placer de servir.

De repente supe que este tema ya estaba completo. Parece que todos evolucionan, ya sea formando parte activa del ciclo evolutivo, mediante "regalos" automáticos de entidades evolucionando, o mediante un único regalo a través de la apreciación del trabajo de la entidad que no evoluciona. Las entidades que entran en servicio no tienen ninguna expectativa de acumular contenido evolutivo como resultado directo de estar en servicio, pero, al estar en el servicio en el que están aún así acumulan contenido evolutivo como resultado del agradecimiento de la entidad evolucionando por el trabajo que realizan. Sin embargo, una cosa estaba clara, y es que las entidades de mantenimiento sacrifican su propia progresión en beneficio de las entidades del ciclo evolutivo. Sacrificar la propia progresión en beneficio de los demás es prestar un verdadero servicio.

Capítulo 10
Un Interesante Desarrollo Sobre los Discípulos de Jesús y la Resurrección

UNA DE LAS HISTORIAS QUE ME HABÍA interesado mucho era la resurrección de Jesús y cuál era la mecánica del proceso en que la logró. Normalmente le habría hecho esta pregunta a mi propia Entidad Fuente, la Entidad Fuente Uno, ya que era peculiar al universo físico. Sin embargo, pensé que, dado que El Origen recibe todo lo que experimenta cada entidad dentro del ambiente de una Entidad Fuente simultáneamente, tal y como lo experimentan las propias Entidades Fuente, estaría igual de bien haciéndole la pregunta a El Origen mientras disfrutaba de un diálogo de uno a uno con él.

YO: Sé que es una desviación completa de los diálogos previos que hemos tenido, pero las historias que rodean a la entidad encarnada que llamamos Jesús, sus discípulos y la llamada resurrección han sido un hueso de la discordia durante algún tiempo. ¿Podrías explicar cuál es la verdad sobre el número de discípulos que tuvo Jesús, incluyendo cuál es la verdad en torno a la historia de la resurrección, por favor?

Los Discípulos

O: Tienes razón sobre el cambio de dirección. Realmente supone un alejamiento significativo de los puntos de discusión anteriores.
YO: Pensé que necesitábamos un descanso, una inyección de algo que esté más cerca de casa.
O: Bien. Puedo ver que sería de interés, creando a su vez una oportunidad para eliminar el dogma que la humanidad encarnada se mete cuando habla del tema de la religión y de las historias dentro de las distintas religiones. También sería una interesante lección sobre la dualidad.

YO: ¿Dualidad?

O: Verás lo que quiero decir dentro de un momento.

YO: Bien, Estoy abierto a todo lo que amplíe nuestro conocimiento de cuál es nuestra verdadera historia.

O: Entonces no te sorprenderás si te digo que Jesús tuvo veinticuatro discípulos principales o cercanos.

YO: ¿Y no doce?

O: No, veinticuatro. Verás, tiene que haber un equilibrio en la condición dualística de la Tierra para mantener su sincronicidad. Ustedes tienen dos sexos, ¿no es así?

YO: Sí, así es.

O: ¿Y dos polos en un imán?

YO: Sí.

O: Y un positivo y un negativo para la electricidad, un negro y un blanco, un rojo y un cian, un verde y un magenta, un azul y un amarillo, un arriba y un abajo, una izquierda y una derecha, un adelante y un atrás. ¿Sigo?

YO: No. Creo que has explicado tu punto. Me estás diciendo que todo en el universo físico tiene un opuesto y que esta es la condición dualística que debe existir.

O: Correcto. Incluso los imanes monopolares tienen un opuesto. Puede que no esté dentro del mismo material, pero está disponible, si uno trata de encontrarlo.

YO: Jesús entonces, tenía veinticuatro discípulos, doce de ellos masculinos y doce de ellos femeninos.

O: Correcto.

YO: ¿Y por qué no oímos hablar de las discípulas?

O: La sociedad no podía aceptar que las mujeres de la raza estuvieran en pie de igualdad, sobre todo cuando se trataba del aspecto orientado hacia lo masculino de la religión en aquella época. Por ello, el hecho de que hubiera el mismo número de discípulos y discípulas fue ignorado activamente y el hecho histórico de los discípulos masculinos y femeninos se modificó al actual relato de orientación masculina que se transmitió a lo largo de la historia.

  Dentro de la comunidad más amplia había tanto hombres como mujeres seguidores de las enseñanzas difundidas por Jesús, y esto no se puede negar. De lo que se trata aquí es de la negación de la distribución equitativa de lo que se consideraba por los sacerdotes que era el poder, para aquellas de sexo femenino, y no el derecho de todas las entidades a existir libres de karma.

Dentro del conocimiento que Jesús enseñó estaba la necesidad de justicia e igualdad, y se aseguró de que aquellos que estaban cerca de él se mantuvieran en igualdad tanto en conocimiento como en estatus. Un aspecto importante de lo que se enseñaba era la necesidad de igualdad en las energías cuando meditaban juntos con fines creativos que requerían una función sinérgica. Cuando se trabaja en concierto meditativo, en "metaconcierto", la función sinérgica ideal requiere la conectividad masculina, femenina, masculina y femenina para garantizar el resultado óptimo deseado. Aunque esto no es un prerrequisito para la sinergia cuando se medita dentro de las esferas ocupadas en el resto del universo físico, sí lo es para aquellos que se encarnan en la Tierra debido a la condición creativa dualística de los dos vehículos. Jesús tenía la condición óptima para la creatividad a través de la sinergia basada en la meditación, porque tenía doce de cada sexo como sus discípulos más cercanos y poderosos. Con estos veinticuatro discípulos Jesús fue capaz de realizar algunos de los milagros más grandes que se han registrado, y muchos más que no lo fueron, porque los utilizó para aumentar sus propias habilidades de manipulación de la energía, que no eran insignificantes teniendo en cuenta los niveles de frecuencia en esa coyuntura.

YO: ¿Estás sugiriendo entonces que estos milagros no fueron todos realizados por Jesús mismo, sino que fueron producto del trabajo en grupo, con Jesús orquestando las energías generadas por sus discípulos trabajando en metaconcierto?

O: Para los grandes milagros, sí. Como he dicho, las frecuencias eran demasiado bajas en aquella coyuntura para la acción de un solo ser encarnado, así que utilizó el poder de los demás trabajando juntos. Un ejemplo clásico fue la generación del alimento para alimentar a los seguidores que acudieron a oírle hablar, la generación de los panes y los peces.

YO: ¿Usó la manifestación aquí entonces?

O: No, creó una ilusión en masa de que todos estaban siendo alimentados y que eran sostenidos. Eso fue mucho más efectivo que la manifestación real de comida sólida, porque eso habría creado una estampida hacia el distribuidor de la comida y habría costado muchas vidas en el proceso.

YO: ¿Así que Jesús y los discípulos crearon una alucinación masiva?

O: Sí, pero era más completo que eso, porque también daban a los miembros individuales de la multitud la sensación de que estaban llenos y satisfechos. En efecto, estaban totalmente cargados de energía.

YO: ¿Basándose en esto el escritor de la Biblia no tenía conocimiento de la verdad que rodea a este milagro en particular?

O: No, y no lo haría, porque lo escribió muchos años después del evento, basándose en la recopilación de los libros de los escribas de la época, que aún existían cuando se estaba compilando la Biblia. Sin embargo, se basó en la experiencia de los que estaban en la multitud y no en la de los discípulos cercanos.

Otro de estos milagros fue la resurrección.

La Resurrección

YO: Cuéntame más. Realmente no me sorprende que la resurrección fuera una ilusión masiva.

O: Tal vez no, pero fue un triunfo de la orquestación metaconcierto, ya que fue sin el principal orquestador—Jesús mismo.

YO: Entonces, ¿hay algo de verdad en la historia de la resurrección?

O: Sólo en la medida en que era un cuento, una ilusión.

YO: ¿Qué sucedió realmente entonces?

O: Hay ciertas partes de la historia que son correctas, y otras que se malinterpretan. En este caso, lo que se malinterpretó, y por lo tanto carece de sustancia, es el proceso que conduce a la resurrección misma.

El propio Jesús se estaba convirtiendo en un problema tanto para la iglesia de la época como para el gobierno Romano, que continuamente tenía que apaciguar a los ancianos religiosos para mantener el control general del área. Jesús era un promotor de la verdad y estaba cada vez más cansado de la incapacidad de sus propios ancianos religiosos para mirar más allá de la base de poder que habían creado e investigar la verdadera razón de la estructura de las enseñanzas sobre las que residían. A medida que crecían sus seguidores, empezó a reducir el número de asistentes a las iglesias, lo que provocó un conflicto de intereses con los líderes religiosos. ¿Dejaban que disminuyera el número a favor de las enseñanzas de Jesús, un hombre al que habían tolerado anteriormente porque su fe era la de ellos, o hacían algo al respecto? Con sus egos a la cabeza, decidieron hacer algo con él en lugar de dejar que todos existieran en paralelo.

Posteriormente se redactó una acusación falsa contra él, y fue arrestado después de que su paradero fuera revelado a los romanos mediante una labor de investigación. Sin su Gurú, su maestro, los discípulos no sabían qué hacer, especialmente cuando el castigo por la acusación se convirtió en muerte por crucifixión en lugar de una simple flagelación pública. Este cambio en la sentencia fue el resultado de más manipulaciones por parte de los ancianos religiosos durante la oportunidad de elegir a quién se le debía dar una amnistía durante un tribunal público con otro criminal, conocido como Barrabás, que era un conocido líder de guerrillas contra el indeseado dominio romano.

Con su entrenamiento puesto a prueba hasta el extremo, idearon un plan en el que crearían la ilusión en masa de que Jesús fue de hecho conducido a la cruz, crucificado y luego enterrado. Cuando llegó el día de la ejecución, en lugar de lamentarse con el resto de los espectadores expectantes, todos los discípulos, incluido Judas, a quien se culpó erróneamente de traicionar a Jesús, se sentaron en metaconcierto meditativo y ofrecieron al público lo que esperaban. La multitud esperaba ver a Jesús sacado de su celda y, junto con otros, obligado a llevar su cruz desde el fuerte romano hasta la colina donde se realizaban las crucifixiones. En su mente vieron a Jesús clavado, colgado y torturado; también lo vieron morir por la pérdida de sangre provocada por los instrumentos de tortura, ser bajado y enterrado en la tumba de un indigente, una cueva local, que fue sellada con una piedra para asegurar que los perros salvajes no pudieran darse un festín con el cadáver.

Lo que sucedió en realidad fue una historia muy diferente. Con la atención de su metaconcierto completamente fijada en la creación de la ilusión, los discípulos se habían graduado al estado de "maestros"—comunicando a Jesús en el proceso que no había moros en la costa para que escapara. Todos los guardias de la fortaleza fueron también a ver la crucifixión, así que a la madre de Jesús, María, le resultó muy fácil abrir la puerta de la celda y liberarlo. Viajando a toda prisa hasta el lugar donde se encontraban los discípulos meditando, Jesús, encantado, ofreció una ayuda final al metaconcierto, aumentando su poder al vincularse con él, lo que permitió a los ahora cansados discípulos, con nuevo ímpetu, terminar la ilusión de la forma más completa y convincente. Una vez terminada, todo el grupo siguió su camino por separado, solo para reunirse una vez más un mes más tarde antes de disolverse para bien, esparciéndose por todo el mundo—cada uno de ellos convertido ahora en un maestro por derecho propio, cada uno en control total de sí mismo y de su ambiente energético, cada uno enseñando la verdad y cómo vivir una vida encarnada libre de karma.

Los seguidores de Jesús, incluidos algunos familiares cercanos, que no habían participado en la ilusión, posteriormente abrieron la cueva y no encontraron ningún cadáver, ya que nunca lo hubo en primer lugar. Otros vislumbraron a un Jesús disfrazado caminando por la calle hacia una nueva vida en otra parte del mundo. Uno o dos dijeron que le hablaron y que él les respondió, y así fue. Usaba sus palabras y ademanes con cautela, de modo que los que lo veían creían ver un fantasma, sobre todo cuando volvían a mirar a su alrededor y lo encontraban desaparecido de repente. Desaparecer de este modo era una simple ilusión basada en un efecto de retardo temporal creado por la hipnosis, del que Jesús era muy competente, y se utiliza con considerable efecto durante la sanación.

Con todas estas cosas periféricas sucediendo, se creó una confusión adicional y nació el mártir. Su vida se convirtió en un misterio. Los momentos que rodearon su crucifixión se volvieron borrosos y surrealistas, y el asombro se apoderó del luto por su muerte cuando el sello de su cueva se abrió para revelar una tumba vacía. Jesús mismo se acomodó a un estilo de vida que requería un nivel de celebridad mucho más reducido y se convirtió en maestro de su propia obra bajo la apariencia de un discípulo menor. Atrás quedaba el pelo largo, atrás quedaba la barba, pero más fuerte era su resolución y más subliminal era su enseñanza. Aunque era un hombre en el exilio personal, se las arreglaba para difundir la verdad. En esencia, se convirtió en un maestro del disfraz y cambiaba de ubicación con frecuencia, asegurándose de no llamar la atención de la misma manera que había hecho, ahora enseñando de manera subliminal.

YO: ¿Y a dónde fue?

O: Por todo Oriente Medio y Europa. De hecho, tuvo más éxito difundiendo la verdad en su nueva forma subliminal que en la anterior, porque llamaba menos la atención y le permitía moverse con más libertad. Si no, ¿cómo crees que el cristianismo llegó al mundo occidental?

YO: Nuestra historia muestra que varios partidarios del cristianismo participaron en la difusión de "el camino" por Europa, incluidos los principales discípulos. ¿Estás sugiriendo que Jesús orquestó la mayor parte de ello?

O: Sí. Aunque no lo hacía todo él mismo, estaba en contacto con los discípulos de forma telepática regular a través de la meditación, que incluía a aquellos devotos recién adoctrinados que iban a difundir la palabra a las partes más lejanas del mundo.

YO: ¿Cuánto tiempo Jesús permaneció en la Tierra? ¿Teniendo en cuenta que se supone que tenía unos treinta y tres años en el momento de la crucifixión?

O: En realidad vivió hasta los 112 años, ascendiendo desde su condición humana en el país que hoy llamas Eslovaquia, habiendo introducido personalmente una forma en gran medida a prueba de karma de existir en lo físico a más de 300,000 personas. Sus devotos cercanos y discípulos alcanzaron colectivamente 1.2 millones de introducciones. Teniendo en cuenta la población relativamente baja de la Tierra de entonces, el número de conversos es muy elevado. El cristianismo fue sin duda la más exitosa de las "formas de vida" que se introdujeron en un periodo de 500 años.

YO: Dices que introdujo una forma de existir en lo físico a prueba de karma. ¿Qué pasó con eso? Todo lo que veo es religión.

O: Como en todas las cosas en las que el líder abandona lo físico, permitiendo que los devotos continúen el trabajo, la preferencia personal y la personalidad/ego comienzan a interponerse y las enseñanzas originales comienzan a diluirse. Incluso las enseñanzas se diluyen tanto que el mensaje original se pierde y lo que se enseña no se parece en nada. Esto es donde estás hoy en día con todas las religiones, en mayor o menor grado.

YO: Si se hubieran seguido estrictamente las enseñanzas, ¿estaríamos ahora en una frecuencia más alta?

O: Definitivamente. Es un testimonio de lo rápido que las enseñanzas se diluyeron con los orígenes de todas las religiones, de lo rápido que la humanidad encarnada se deslizó hacia las frecuencias bajas asociadas con las edades oscuras. Tardó mucho tiempo en salir por el otro lado, y todavía no lo ha conseguido. Si todas las enseñanzas se cumplieran estrictamente, ahora sería una utopía en la Tierra en comparación de donde están actualmente.

YO: Este es un buen ejemplo, pues, de la necesidad de atenerse a las normas, con una dedicación inquebrantable.

O: Sí, pero hay que ser consciente de la progresión de las frecuencias y de la necesidad de modificar las enseñanzas en consecuencia.

YO: ¿Por qué?

O: Porque a medida que uno asciende en las frecuencias, los detalles detrás de los conceptos básicos de las enseñanzas necesitan cambiar para adaptarse—esto es, ya no necesitan ser tan básicos, pero todavía necesitan crear una comprensión de los conceptos básicos.

Es como pasar de la necesidad de utilizar tablas logarítmicas porque las funciones están disponibles en una calculadora, pero aun necesitando comprender cómo se obtienen los resultados con el uso de las tablas aunque no las utilices. Esto es comprender los conceptos básicos.

Capítulo 11
Más Sobre Nuestro Destino

EN LOS LIBROS MÁS ALLÁ DE LA FUENTE había descubierto que en un Espacio Evento lejano nosotros éramos todo, todas las unidades individualizadas de las Entidades Fuente, es decir, destinados a convertirnos en Entidades Fuente por derecho propio. En el fondo, empezaba a darme cuenta de que había mucho más en esta profecía de lo que había averiguado hasta la fecha. Por ejemplo, ¿cuál es el prerrequisito para que esto suceda? ¿Se convertirán "Todas" las unidades individualizadas en Entidades Fuente o algunas no? ¿Y qué sucederá con las doce Entidades Fuente existentes más allá de trasladarse al nuevo sector del área de autoconciencia de El Origen? Sentí que, aunque habíamos hablado de este tema, había muchas lagunas en la información que actualmente conocía y que había podido difundir. Era hora de profundizar, pensé. Estaba a punto de hablar con El Origen para ampliar el tema cuando descubrí que me pisaba los talones y estaba deseando ayudarme.

O: Me preguntaba cuándo regresarías a este tema.

YO: ¡Habría pensado que lo podrías ver venir!

O: Por supuesto que podría, pero siempre es interesante no husmear en el Espacio Evento relativo y ver lo que es, o podría, suceder a continuación. Esa es la belleza de tu existencia encarnada; simplemente no sabes lo que estás haciendo en comparación con cómo operas cuando estás completamente energético. Es divertido y aterrador al mismo tiempo. Me gusta ver cómo se las arreglan todos, esto es, todos ustedes a través de todas las Entidades Fuente cuando están en las frecuencias más bajas; aunque, la Entidad Fuente Uno parece tener la mayor parte de entidades que trabajan en las frecuencias bajas. De hecho, es la única en la que el vehículo físico es una necesidad.

YO: ¿No utilizas el Espacio Evento para ver qué opciones hay y cuál es la mejor ruta desde un sentido estratégico?

O: Sí, lo hago, pero a veces no saber forma parte de la experiencia y del proceso de aprendizaje, lo que me parece divertido, y todos ustedes lo hacen muy bien, teniendo en cuenta las limitaciones del vehículo físico que utilizan actualmente.

YO: ¿Utilizan actualmente?

O: Sí, actualmente. Todos ustedes progresarán más allá de la necesidad de un vehículo de tan baja frecuencia, lo explicaré.

Como sabes, cuando una entidad trabaja con las frecuencias bajas, es necesario tener una construcción de algún tipo, en tu caso una forma biológica, para permitir la inmersión completa en las frecuencias bajas—siendo el objetivo que la inmersión sea total y la experiencia se optimice a lo que se puede lograr en esa frecuencia. Existir "en" lo físico sin ser "de" lo físico es el modus operandi. Sólo se pueden experimentar las oportunidades que se presentan en su totalidad si la entidad está en completa inmersión del ambiente, y esto significa cada aspecto de las limitaciones que resultan de estar en la existencia de baja frecuencia. A este respecto, también aceptaste recientemente la necesidad de estar totalmente separado de la parte de tu ser energético que está desencarnado, ya que eso te permitiría acceder a Espacios Evento alternativos que te proporcionarían un conocimiento previo, negando la profundidad de la experiencia que podría alcanzarse.

La experiencia de separación crea el ego, la creación transitoria de una sintiencia individualizada a partir del todo, permitiendo la función del vehículo encarnado supuestamente independiente del Verdadero Ser Energético, que por supuesto es completamente consciente del trabajo del aspecto encarnado de su "sí-mismo", mientras que el otro no lo es mientras está encarnado. Sin embargo, cuando, a través de una buena vida diligente durante un periodo de encarnaciones, ese aspecto del Verdadero Ser Energético que se proyecta en vehículos encarnados usados para la experiencia de baja frecuencia, empieza a ver más allá de la individualidad transitoria creada por la encarnación, "mientras está encarnado", el aspecto proyectado empieza a recuperar su capacidad para comunicarse con su Verdadero Ser Energético, viendo más allá de los confines del vehículo encarnado. Entonces prefiere trabajar con las frecuencias bajas de lo físico en formas que elevan la frecuencia base del vehículo hasta el punto en que ya no puede ser clasificado como "físico grueso."

Esto lleva muchas encarnaciones y depende del proceso de obtener el reconocimiento del ser, y un significado más elevado para la existencia en este estado individualizado, que se reduce en integridad como resultado ya que el encarnado prefiere trabajar en formas de alta frecuencia mientras está en las frecuencias bajas.

Cuando las entidades encarnantes han alcanzado un cierto nivel de progresión, el proceso de encarnación se comprende completamente y se reconoce por lo que es mientras la entidad está encarnada. Esto le permite navegar alrededor de las oportunidades de reducción frecuencial, concentrándose en la progresión frecuencial. De este modo, las frecuencias base del vehículo encarnado se incrementan, y su funcionalidad incrementa en el proceso.

Finalmente, a través de muchas encarnaciones diligentes, los vehículos encarnados disponibles son de una frecuencia tal que ya no ofrecen el mismo nivel de resistencia mientras están en las frecuencias físicas. Por lo tanto, ya no tienen cabida en las frecuencias bajas asignadas a la experiencia del físico grueso y necesitan subir un nivel de frecuencia a un ambiente, el siguiente universo simultáneo en el ambiente multiversal de la Entidad Fuente Uno, que pueda apoyar la funcionalidad de ese vehículo encarnado de una manera que sea consistente con su nueva frecuencia base. A medida que ese aspecto particular del Verdadero Ser Energético asignado a la existencia encarnada progresa, los vehículos encarnados utilizados también progresan frecuencialmente y la capacidad de funcionar óptimamente en el ambiente actual se ve afectada, requiriendo ser elevado al siguiente nivel de frecuencia y al siguiente universo simultáneo. Finalmente la finura de las frecuencias, desde el Nivel 15 y superiores, es tal que los vehículos encarnados ya no son necesarios y el Verdadero Ser Energético puede progresar sin necesidad de construcciones artificiales que permitan alcanzar una experiencia holística. La progresión a través de las frecuencias más altas es, por lo tanto, una cuestión de tiempo, por así decirlo, y la entidad que hace una progresión evolutiva regular finalmente asciende a las frecuencias asociadas con el multiverso de la Entidad Fuente Uno y se convierte en elegible para la comunión plena con su creador, si es que desean ser uno de nuevo.

Una entidad que ha experimentado todo lo que puede experimentarse en todos los ambientes universales simultáneos que les ofrece su Entidad Fuente pueden elegir permanecer individualizados, someterse de nuevo al proceso de ascensión, convertirse en una entidad de mantenimiento, buscar la comunión plena y la absorción en el estado de unidad no individualizada, o buscar la comunión manteniendo la individualización del ser dentro de su Entidad Fuente.

Cuando todas las entidades hayan alcanzado al menos la elegibilidad para la comunión con su Entidad Fuente habrá una correlación con mi capacidad para expandirme hacia mi siguiente área de autoconciencia. Esto se debe a que coincide con la obtención de mi sintiencia plena dentro de mi área actual de autoconciencia. En este punto, todo lo que está dentro de esa área será conocido y experimentado por mí mismo, por mis Entidades Fuente, o por las creaciones de mis Entidades Fuente, lo que significa que yo experimento por defecto todo lo que puede ser, o podría haber sido, experimentado dentro de esa área. Cuando esto suceda, será el momento de expandirme a mi siguiente área de autoconciencia no sintiente, porque ya no ganaré nada teniendo mi sintiencia restringida.

En un diálogo anterior contigo sobre este tema, se afirmó que sólo soy consciente de un pequeño porcentaje del uno por ciento de lo que soy, y que la expansión a esta nueva área seguiría situándola por debajo del uno por ciento, pero que, en términos relativos, el cambio de área/volumen sería tan inmenso que necesitaría ayuda para mapearlo y hacerlo sintiente. Bueno, esto es cierto. El único problema es que no sé realmente cuán expansivo soy y que el porcentaje citado podría estar en el lado alto. Basta con decir que necesitaré una ayuda significativa en el proceso de mapeo y creación de un área expandida de autoconciencia sintiente. Como resultado, todas las entidades creadas por mis Entidades Fuente tendrán la oportunidad de tomar cualquiera de las rutas mencionadas anteriormente, o de clasificarse como Entidades Fuente por derecho propio. Empiezo a comprender que se trata de una empresa tan inmensa que conceder el estatus de Entidad Fuente a las creaciones de mis Entidades Fuente es lo mínimo que puedo hacer para tener éxito en la consecución de mi nuevo nivel de autoconciencia sintiente dentro del marco estructural temporal en el que estoy trabajando.

A cada nueva Entidad Fuente se le dará un área propia con la que trabajar y una directiva para experimentar, aprender y evolucionar dentro de esa área de cualquier manera que pueda— las mismas que las primeras doce Entidades Fuente, sin restricciones, pero con la capacidad extendida de trabajar tanto dentro como fuera de su propio límite energético, mientras están dentro del área de mi autoconciencia no sintiente. De este modo aumento el trabajo que hacen y mi velocidad de expansión sintiente en el proceso.

Sin embargo, cada nueva Entidad Fuente estará mejor equipada que las doce primeras porque tendrán TODO el aprendizaje combinado de las otras Entidades Fuente, las entidades que crearon, y todo el aprendizaje experiencial y la progresión evolutiva que he acumulado hasta la fecha en su memoria energética. Tendrán un Akáshico localizado que es funcionalmente un salto cuántico por encima de la versión más grande del Akáshico que cualquier grupo de entidades haya creado jamás. Su propia capacidad creativa funcional también estará otro salto cuántico por encima de la condición actual. En esencia, estarán significativamente mejor preparadas de lo que estaban sus creadores cuando empezaron el camino de la progresión evolutiva experiencial.

YO: ¿Es justo tener tanta ventaja? Teniendo en cuenta, eso sí, que sus propios creadores empezaron de cero, sin ventaja, ¡sólo un comando!

O: Sí, lo es.

YO: ¿Por qué?

O: Simplemente porque todo habrá avanzado, el nuevo ambiente es mucho, mucho más grande que el actual. Ninguno de nosotros sabe cuál es la estructura, cómo funciona la física o cómo interactuar con estas nuevas reglas del ambiente. Todo lo que se ha experimentado hasta la fecha ha sido dentro de mi área actual de sintiencia y mi área de autoconciencia que pronto será sintiente. Incluso aquellas áreas que no son actualmente sintientes, las que forman parte de mi área actual de autoconciencia, se conocen estructural y ambientalmente con toda la física, por así decirlo, entendida también. Será un cambio enorme para todos nosotros; estoy muy entusiasmado con ese porvenir.

YO: ¿Es tanto el cambio? ¿No puedes extrapolar cuál será la diferencia?

O: No. Es una parte completamente nueva de "eso que yo soy" y, como tal, no he estado en condiciones de hacer ningún análisis detallado, específicamente porque estoy trabajando en mi área actual de autoconciencia y necesito concentrarme en la terminación de eso primero. Algunas cosas, como verás, son de hecho lineales.

YO: Supongo que la progresión personal debe ser lineal.

O: No del todo. El contenido evolutivo tiene múltiples formas de expresar la progresión, como ya lo hemos explicado. Lo que es lineal es mi progresión a través de mis áreas de conciencia.

YO: ¿Qué se requiere que hagamos, como nuevas Entidades Fuente?

O: No más de lo que los que se llamarán las Entidades Fuente anteriores están haciendo ahora. Simplemente experimentar, aprender, evolucionar y progresar de cualquier manera posible. La cuestión es que el ambiente es significativamente mayor que el que se experimenta actualmente, en todos los sentidos, por lo que las nuevas Entidades Fuente necesitan tener una ventaja para poder tener una oportunidad razonable de ser capaces de hacer frente a la expansividad que experimentan, y tendrán que trabajar con y dentro de ella.

YO: ¿Y las Entidades Fuente existentes? ¿Qué harán en este nuevo ambiente expandido? ¿Cuál es su papel si nosotros, como las nuevas Entidades Fuente, estamos haciendo lo que ellas hicieron, experimentando el nuevo ambiente de todas las maneras posibles, aprendiendo de esta interacción, y evolucionando y progresando como consecuencia?

O: Me ayudarán directamente.

YO: ¿Cómo?

O: En un diálogo anterior durante lo que llamas los libros de Más Allá de la Fuente, estableciste que las Entidades Fuente actuales iban a ayudarme de alguna manera, a tener una mayor participación en la tarea de que yo estableciera un aumento en mi área de autoconciencia sintiente. Eso sigue siendo cierto, pero lo que no sabes es cómo se espera que lo hagan.

YO: ¡Soy todo oídos!

O: Como puedes apreciar, todo lo creado es creado por mí o por mis creaciones. Todo es, por definición, parte de mí porque todo lo que es, soy yo, ya sea que es una parte de mí, o una creación basada en el uso de energías que forman parte de mi condición estructural.

YO: Sí, se entiende.

O: Dado que las Entidades Fuente son el primer producto exitoso de mi creatividad, se convertirán en algo más de lo que eran. Volverán a su Fuente, por así decirlo, y se convertirán en una extensión de mi sintiencia activa.

YO: ¿A qué te refieres cuando dices "sintiencia activa"? ¿Cuál es la diferencia entre sintiencia y sintiencia activa?

O: La sintiencia es la condición en la que puedo trasladar mi sintiencia activa, mi cualidad de ser, y aun así mantener mi conocimiento de la funcionalidad y el contenido experiencial acumulado por otras partes de mi autoconciencia sintiente. La sintiencia activa es lo que yo soy. Es mi personalidad, mi experiencia, mi memoria, mi aprendizaje, mi habilidad, mi funcionalidad, mi contenido evolutivo y mi progreso personal. Tengo una función que tú llamarías omnipresencia, pero es un producto de mi sintiencia dentro de mi área de autoconciencia, que no es mi sintiencia activa. Mi sintiencia activa es un foco transportable de intelecto, de la cualidad de ser de la creatividad suprema. Está separada de mi sintiencia general, aunque inextricablemente unida a ella. Llámalo área central de procesamiento si quieres, pero no es estática en su localización o en su foco general de "ser", mientras que está agudamente enfocada con el propósito de la creatividad.

YO: Pero yo creía que en tu área de autoconciencia sintiente eras totalmente omnipresente.

O: Lo soy, sólo que tengo un área, un área transportable, que es, a todas las intenciones y propósitos, una supercomputadora en comparación con el resto de lo que también es un medio computacional muy potente. Controlo, y estoy presente dentro de ella, el resto de lo que yo soy desde esta área enfocada y transportable.

YO: ¿Y las Entidades Fuente existentes pasarán a formar parte de esta área transportable de sintiencia activa como resultado de nuestra progresión hacia tu nueva área de autoconciencia?

O: Más que eso. Se convertirán en satélites activos de sintiencia activa. Lo explicaré con más detalle. Las doce Entidades Fuente seguirán estando individualizadas, pero se convertirán en extensiones de mi sintiencia activa. Tendrán un vínculo sintiente activo directo entre mi sintiencia activa y entre ellas mismas. Se situarán equidistantes de mi sintiencia activa, pero permanecerán estacionarias dentro de la nueva área de autoconciencia. Si muevo mi sintiencia activa de algún modo, los vínculos se expanden o contraen según sea necesario. No hay pérdida de conectividad como resultado de esta expansión o contracción, pero hay un aumento general en mis funciones creativas por un factor de la potencia de doce. Adicionalmente, la velocidad a la que puedo acumular nueva sintiencia en mis áreas de autoconciencia de igual manera se acelera por este factor.

YO: ¿Por qué mantenerlas estáticas dentro de tu nueva área de autoconciencia? ¿Por qué no dejar que sean móviles como tú mismo?

O: Podría y lo haré más tarde. En realidad, mucho más tarde, cuando pasemos al área de autoconciencia después de la siguiente. La razón para mantenerlas estáticas cuando pasemos a la siguiente área de autoconciencia es que quiero que estén posicionadas de forma que permitan la máxima cobertura de una sintiencia activa completamente funcional. En pocas palabras, voy a crear un marco estructural para asegurar una condición sintiente activa instantánea expandida que no sería posible si las Entidades Fuente tuvieran movilidad como extensiones de mi sintiencia activa en este caso.

YO: Entonces, ¿cuál es la diferencia entre estar estático en esta extensión de tu área de autoconciencia y en la siguiente que, como sugieres, te permite darles movilidad dentro del ambiente?

O: Como puedes apreciar, el ambiente que le sigue al siguiente será un nuevo aumento/cambio significativo en volumen, estructura y en la física. En este caso, las Entidades Fuente replicarán, junto con ustedes mismos como Entidades Fuente, el proceso que pretendo utilizar en mi próxima área de autoconciencia. Estaré conectado a ellas y a sus satélites de sintiencia activa y a ustedes y sus satélites de sintiencia activa simultáneamente. Esto aumentará aún más mi marco estructural para crear una sintiencia activa en un área que será insondablemente grande en comparación con la anterior, la cual es insondablemente grande en comparación con el área actual. Sin embargo, la cuestión aquí es que cada área de autoconciencia en la que me expando también se expande en un múltiplo de la potencia de doce. Como resultado, mi área de autoconciencia activa se reduce inversamente en función de este aumento de área—de ahí mi necesidad de aumentar artificialmente mi área de sintiencia activa mediante el uso de las Entidades Fuente como satélites de sintiencia activa, contrarrestando así el efecto del aumento de área.

YO: ¿Y las Entidades Fuente permanecerán individualizadas mientras formen parte de tu sintiencia activa?

O: Sí. Es una función esencial del marco estructural basado en satélites de la sintiencia activa que permanezcan individualizadas, ya que aumenta mi creatividad mientras tienen la capacidad de actuar en mi nombre de forma independiente, utilizando una combinación de su creatividad y mi función creativa para aumentar aún más esta área. En realidad, sin embargo, ya están operando en el estado de funcionalidad satelital, ya que están trabajando por su cuenta para el bien mayor de mi progresión, que por supuesto resulta en la suya propia como parte del proceso. Lo que sucede es que, en el gran esquema de las cosas, estamos al principio del proceso de expansión rigurosa y robusta de mi área de autoconciencia sintiente.

YO: He estado recibiendo imágenes de cómo funcionará. Es tal como dijiste. Las Entidades Fuente serán satélites de tu sintiencia, unidas por líneas de comunicación. Se parece al modelo molecular de una sustancia química o de otro tipo. Espera un momento, veo las líneas cada vez más gruesas, expandiéndose en lo que llamaré diámetro y en ubicación a lo largo de las líneas. Esto es una expansión tanto en el ancho de banda comunicativo como en el área localizada de la autoconciencia sintiente. Ahora veo un "brote" que crea otra conexión con otro vínculo, creando un atajo de comunicación. Este brote también ayuda a llenar el hueco, por así decirlo, permitiendo que el área de autoconciencia no sintiente disminuya. A medida que miro, veo que se crean más brotes. Estos brotes adicionales se multiplican, creando un marco estructural como una telaraña enrevesada tipo gasa que es muy fina al igual que aumenta de grosor a medida que se crea y empieza a funcionar. También me doy cuenta de que, a medida que se alcanza cierto nivel del marco estructural, el área se inunda con una sintiencia brillante e iridiscente en función de la triangulación. ¡Sí, eso es! El engrosamiento de las líneas en ciertas áreas localizadas es una función de la triangulación directa. Lo que estoy viendo ahora es una función de la triangulación inflacional. A medida que se rellenan las áreas representadas por el marco estructural, el punto de solidaridad en la autoconciencia sintiente, las Entidades Fuente, se desplazan más lejos recreando el sistema de satélites y las líneas de comunicación, y entonces el proceso vuelve a empezar. Esto se repite una y otra vez hasta que toda el área se clasifica como autoconciencia sintiente. Me resisto a usar esta palabra, pero es casi orgánica en la naturaleza de su crecimiento.

O: Es una buena forma de describirlo. Exponencial sería otra. Puedes ver, sin embargo, cómo planeo utilizar las Entidades Fuente y todas sus creaciones para acelerar mi expansión de la autoconciencia sintiente, que es una función necesaria, así como aumentar la proporción de sintiencia frente a no sintiencia en una nueva área madura para la expansión.

YO: Sí, puedo ver que es necesario, y puedo ver que necesitarías ayuda de tus creaciones y de las creaciones de tus creaciones.

Sin embargo, una cosa que acabo de sentir, y es que en realidad son todos ustedes haciendo esto, que en realidad sólo puedes ser tu haciendo esto. Nosotros, las Entidades Fuente, los Om, y esas entidades creadas por las Entidades Fuente y como creaciones de segunda generación, nuestras creaciones son realmente sólo aspectos de ti haciendo cosas independientemente de la sintiencia superior que eres tú, bajo el permiso y la dirección de tu sintiencia superior, la que no está individualizada como nosotros.

O: Esa sería una suposición razonable y un proceso de pensamiento con el cual trabajar.

Capítulo 12
Lo Que Realmente Somos

PARA EL BUSCADOR AVANZADO DE LA VERDAD esto no será una gran revelación, pero cuando me recliné en la silla a reflexionar sobre lo que le acababa de transmitir a El Origen, me invadió la enormidad de lo que estaba sucediendo en la realidad superior, lo que era en verdad una identificación personal y profunda de la "cualidad de ser". Todo lo que era, es El Origen. No importa como pensemos de nosotros mismos en nuestro estado individualizado, somos un aspecto diminuto de El Origen. Olvida por un momento la identificación con la Fuente. NOSOTROS somos El Origen.

Piénsalo en estos términos. Somos el creador de nuestro creador así como nuestro creador es también su creador. Somos nada menos que la propia creatividad. Todo está integrado en el uno, El Origen. Nada está separado, ni siquiera separadamente junto. Ahora me doy cuenta de que la afirmación "separadamente juntos", hecha innumerables veces en mis diálogos con las Entidades Fuente e incluso con El Origen, es incorrecta, porque ¿cómo puede lo que es en realidad "Todo Lo Que Hay" estar separado de alguna manera de lo que es?

En este punto de mi diálogo con El Origen empecé a ver las cosas desde una perspectiva totalmente nueva. Estaba escribiendo esto en mi teléfono inteligente, un Samsung Galaxy S3. Estaba sentado en mi viejo MG BGT, el coche que mi difunta esposa, Anne, y yo habíamos conducido a Creta, Grecia, en 2004. Estaba estacionado junto a una antigua iglesia (Iglessi) en una carretera en la montaña que daba al valle donde habíamos comprado y renovado una antigua casa de campo tradicional cretense. Las montañas estaban llenas de olivos, higueras, limoneros y granados que se extendían frente a mí. Todo estaba en silencio, salvo el viento y los pájaros en los árboles. Tuve una profunda sensación de un estado de unidad con todo. Todo era yo y yo era todo. A medida que expandía mi consciencia, sentía que mi estado de unidad también se expandía. Me convertí en las montañas y los árboles, la Tierra y el sistema solar, el universo físico y luego el multiverso, la Fuente y luego el área de El Origen entre la Fuente y sus pares, las otras Entidades Fuente, el área de la actual autoconciencia sintiente de El Origen, la inmensidad de la siguiente área de no autoconciencia no sintiente, los aspectos separados de la Entidad Fuente Doce que satelitaba en el borde cercano del perímetro que separaba la creciente área de autoconciencia sintiente de la nueva área del "sí-mismo" de El Origen de la que era consciente pero de la que no era autoconciente. Lo consumía todo y era muy difícil apartarse, sobre todo cuando se vislumbraba la insondable profundidad de El Origen que él mismo aún no había investigado.

En ese momento tuve que luchar para mantenerme alerta y concentrado. ¿Cómo podía yo, un ser encarnado, independientemente de mi herencia energética, ser capaz de experimentar esa inmensidad? Es más, ¡cómo era capaz de sobrevivir al impacto mental de semejante experiencia sin perder la razón! Estaba a punto de intentar racionalizarlo como si fuera una ensoñación, cuando El Origen decidió intervenir y volver a ponerme en buen camino. Decidí "guardar" lo que había escrito antes de dejar que El Origen "entrara", por así decirlo, y me horroricé cuando el "guardado" tardó más de lo previsto y mi teléfono se bloqueó, lo que me obligó a volver a escribir parte de este texto. Parecía que las energías eran localmente más altas de lo normal. Miré a mi alrededor y los árboles y los montes mostraban sus auras a simple vista, el aire estaba lleno de orgón que también vi a simple vista. ¿Qué más estaba sucediendo? pensé. No podía mantener a El Origen fuera por más tiempo.

O: ¿Por qué querrías mantener fuera aquello que definitivamente eres? No es que pudieras. Aunque "Tú" eres Om, eres parte de las restricciones de lo encarnado mientras estás encarnado, pero incluso ser Om cuando estás energético no otorga a una entidad superioridad sobre otra, porque todos ustedes son yo.

YO: ¿Me estás regañando aquí? Y si es así, ¿por qué?

O: No te estoy regañando; sólo te estoy poniendo a tono. Lo que experimentaste fue filtrado por mí para que mantuvieras tu integridad mental. Ningún ser, esto es, inteligencia encarnada individualizada, de tu tamaño sobreviviría a una experiencia así sin ser ingresado en un psiquiátrico sin mi ayuda. Tienes suerte de que tu dispositivo de grabación no pereció con la afluencia de energías asociadas al acceder a un aspecto superior de la realidad.

YO: Estoy muy agradecido de que eso no sucedió.

O: Lo que experimentaste está disponible para todas las entidades encarnadas si desarrollan la capacidad, pero nadie reconocería con lo que están trabajando. Verás, yo te ayudo a experimentar y a informar sobre lo que tú llamas la realidad superior. Pero para ello necesitas estar expuesto a un aspecto aún mayor de esa realidad que te permita trabajar con un pequeño aspecto de ella sin supervisión, por así decirlo. Puedes pensar que lo que has comprendido intelectualmente es de sentido común, pero la experiencia vivencial es el único camino hacia la verdadera autorrealización.

Conocer a través de la experiencia es la única forma de avanzar en cualquier aspecto. Darse cuenta de que tú, junto con todo lo demás creado, eres realmente yo, es un paso importante. Pensar que eres "individual" es en realidad un proceso de pensamiento erróneo, incluso que lo tenga una Entidad Fuente.

YO: Dime entonces, ¿por qué nosotros, esto es, los que estamos en el camino espiritual, se nos permite pensar en nosotros mismos como individuales, o unidades individualizadas de nuestra Fuente?

O: Porque les ayuda a ir en la dirección correcta. Tienen que ser alimentados con el conocimiento supremo lentamente, la exposición a la expansión sólo es posible cuando uno muestra la capacidad de expansión y no antes, porque eso sería perjudicial y crea regresión. Cuando te expuse a más de mí, lo que te llevó a la realización experiencial deL ser dentro de mí, estabas preparado para tal exposición. Si no lo estuvieras, no habrías hecho el cambio de comprensión, ni habrías conservado tus capacidades cognitivas después de esa exposición.

Ahora saben que en realidad no hay separación, que sólo existe el proceso momentáneo y la funcionalidad que puede asociarse con la individualización de energía, y que esta energía no está separada, sino que forma parte de lo que yo soy. Está totalmente integrada mientras se le permite realizar una función específica y especializada—experiencia, aprendizaje, evolución y progresión.

Piénsenlo de esta manera. Si se prende fuego a una esquina de una hoja de papel, toda la hoja no está encendida. Sólo se enciende una parte para que el resto pueda experimentar lo que es estar encendido sin estar "realmente" encendido en su totalidad. De este modo, sólo se utiliza un pequeño aspecto de la "totalidad" de la hoja de papel en el proceso de experimentar estar encendida, en lugar de toda ella. Es un uso eficaz de la totalidad. Usando la "totalidad" como siguiente ejemplo, la totalidad puede experimentar una miríada de experiencias si, como la totalidad, se secciona o identifica áreas/zonas separadas o individualizadas que experimentan diferentes cosas concurrentemente. Llámalo procesamiento holográfico si quieres, pero de esta manera la progresión puede ser experimentada de una manera profundamente experiencial por la totalidad, que no lo lograría si se hiciera en la condición aislada de la totalidad dentro de la totalidad.

YO: Entonces, como aspecto aislado de segunda generación de ti, ¿la individualidad de una entidad (esto es, una entidad creada por una Entidad Fuente) es muy transitoria en el mejor de los casos?

O: En una palabra, sí. Pero la longevidad de esa transitoriedad en la individualidad es perpetuada por mi gracia. Con esto quiero decir que mientras esté obteniendo contenido experiencial de ese aspecto de la individualidad, se mantiene su capacidad de progresar individualmente.

YO: Hay gente que encontrará que la perspectiva de una posible pérdida de individualidad es bastante aterradora.

O: Por supuesto que lo harán. Pero deben saber esto. Nunca eres verdaderamente individual. Nunca puedes ser individual verdaderamente porque eres una creación de otro. Cuando estés energético, te darás cuenta de esta verdad fundamental. Cuando encarnas, el aspecto de tus energías que se proyecta en el vehículo físico se individualiza, en función de la reducción del ancho de banda comunicativo y del contrato que haces contigo mismo para la experiencia encarnada. Como resultado, se crea el ego y el pensamiento individualizado domina la funcionalidad de la energía encarnada. Tú lo sabes y lo expresas bien a tus lectores. Lo que quizás no se reconoce es el tema más amplio de la totalidad.

La totalidad lo incluye todo. Significa que todo es uno, que no hay separación. Aunque en los diálogos contigo se utilice mucho el término "separadamente juntos", es inexacto, como he afirmado recientemente. Y como recientemente afirmé, lo permito porque está en la dirección correcta, desde el punto de vista del pensamiento. Cuando una entidad existe en el pleno conocimiento de la totalidad, reconoce que está en existencia como una función localizada de una función mayor, esa función está en existencia únicamente para apoyar una necesidad mayor. Como función individualizada, la razón de su existencia es una especializada. Si la especialización no fuera necesaria, la función no existiría. La especialización es necesaria cuando la función superior necesita experimentar detalles minuciosos con el fin de que pueda progresar más allá de su estado actual de comprensión o crear un aumento de funcionalidad.

A veces, los beneficios de mantener una función especializada proporcionan oportunidades adicionales de progresión que son de gran beneficio para la función superior, que es donde todos ustedes entran en la ecuación. La perpetuación de la función del proyecto de la Entidad Fuente conlleva una oportunidad progresiva significativa para mí como la función superior. Y en algunos casos las funciones perpetuadas de la función más pequeña de la Entidad Fuente también conllevan una oportunidad progresiva significativa, de ahí su existencia continuada.

YO: Nuestra existencia entonces está condicionada a nuestra continua contribución al aumento de la funcionalidad progresiva de nuestra función superior, las Entidades Fuente y tú, la función superior de las Fuentes.

O: Correcto. Y ahora mismo—y ya lo mencioné anteriormente—no veo ninguna razón para cambiar las cosas, porque desde mi perspectiva todo está yendo bien.

YO: Mientras me has estado explicando esto he estado recibiendo un sentimiento distinto de que nosotros como entidades encarnadas y desencarnadas somos similares a las células en un organismo biológico. Que tenemos función individual como la célula y función agrupada como una función más pequeña dentro de una función más grande tal como una célula hepática dentro de un hígado, o una célula muscular dentro de un músculo.

O: Me gustaría revisar ese ejemplo y sugerir que, como función más pequeña de una función más grande, estás más alineado a ser el aspecto más pequeño de la estructura atómica de la célula que ser la célula misma. Ese privilegio correspondería a una Entidad Fuente.

YO: Es una sensación muy extraña la de que no somos más que funciones dentro de funciones y que estas funciones forman parte de la funcionalidad localizada de una totalidad.

O: No pienses en ello en esos humildes términos, sino más como siendo una función especializada necesaria dentro de una función especializada necesaria de un área localizada de la totalidad. Como función especializada, tu existencia es necesaria para la progresión continua de la totalidad.

Intenta pensarlo en estos términos. La eliminación de una sola resistencia en un circuito eléctrico puede resultar en la falla de la funcionalidad de ese circuito. La pérdida de un solo engranaje en un reloj también puede hacer que deje de trabajar. La eliminación de cualquier función necesaria dentro de una función superior la hace ineficaz. Y en este momento, que incluye todos los Espacios Evento que he experimentado, todos ustedes son funciones necesarias dentro de la funcionalidad de mi continua expansión progresiva de autoconciencia sintiente.

Capítulo 13
La Opinión de El Origen Sobre el Miedo de la Humanidad a la Muerte

SABER QUE NUESTRA EXISTENCIA CONTINUADA como una función en última instancia micro miniatura de El Origen, y que su continuación era deseada por El Origen, era reconfortante como mínimo. Saber que el deseo de individualidad, y su perpetuación, era en gran medida un proceso de pensamiento humano y no energético, no parece eliminar la duda en nuestras mentes de nuestra existencia continuada energética individualizada y colectiva. Tampoco elimina el miedo al fallecimiento de la forma humana y la liberación de ese aspecto energético de nosotros que se proyecta en lo físico—incluso cuando se nos da una evidencia inequívoca de su continuación. Decidí discutir este tema con El Origen para obtener su perspectiva sobre un antiguo temor encarnado.

El Origen entró rápidamente.

O: Ya estás muerto.
YO: Lo siento, es una respuesta que no esperaba.
O: ¿Por qué no? Es verdad.
YO: ¿Puedes elaborar para mí?
O: Tu propia existencia termina, desde la perspectiva de lo que realmente eres, en el momento en que entras en el estado encarnado. Sabes por completo que cuando encarnas suceden tres cosas. En primer lugar, la entidad que desea experimentar la existencia encarnada acepta que parte de sí misma que se proyecta en la forma física es un lastre para su existencia de frecuencia superior. Actúa como un ancla que retiene a la entidad mayor hasta que se completa el ciclo de encarnación. Algunas entidades necesitan tener una serie de proyecciones puente hacia abajo en las frecuencias para permitir que tenga lugar la experiencia encarnada.
YO: ¿Por qué es necesario?

O: Es necesario porque la localización frecuencial natural de esa entidad es significativamente más alta que la de aquellos que normalmente encarnan y como resultado necesitan salvar la brecha de frecuencia. Necesitan proyectar un aspecto de sí mismos hasta una frecuencia conocida que pueda sostener una función de alta frecuencia, su funcionalidad normal, antes de que puedan crear una subproyección hasta la siguiente frecuencia de funcionalidad sostenible, aunque a un nivel aceptablemente reducido.

Dependiendo de la localización frecuencial original, pueden ser necesarias otras proyecciones descendentes para alcanzar la condición encarnada. A medida que estas proyecciones descienden aún más en las frecuencias, el efecto de anclaje se hace más pronunciado, como puedes apreciar. Tu difunta esposa, Anne, era una de esas entidades. Tenía que serlo para trabajar contigo. La mayoría de las entidades, sin embargo, no necesitan tales métodos porque no están lo suficientemente evolucionadas y, por lo tanto, lo suficientemente elevadas en las frecuencias como para recurrir a medidas tan drásticas para experimentar la existencia encarnada.

A continuación, la entidad, todas las entidades en este punto, aceptan que acceder a estas frecuencias más bajas resulta en una funcionalidad creativa y comunicativa casi inapreciable, que en esencia la parte proyectada de ella es casi inerte. Este estado inerte es una función directa de la debilitante pérdida de ancho de banda a medida que uno desciende en las frecuencias.

Finalmente, la entidad elige remover toda o parte de la función de memoria existente que se lleva con ella hacia abajo en las frecuencias. Esta decisión es el resultado tanto de la contaminación de la energía de esa entidad si comparte una forma física (véase La Historia de Dios. GSN), así como del deseo de una inmersión total en la funcionalidad de baja frecuencia que la existencia encarnada permite.

YO: Has mencionado que la entidad puede elegir conservar alguna función de la memoria. Por qué sería esa una decisión, y por qué no elegimos retener la memoria todo el tiempo?

O: Responderé primero a la última pregunta. El nivel de inmersión deseado en la existencia de baja frecuencia es la razón por la que se elige no retener la memoria. Inversamente, una entidad elige retener la función de la memoria en diversos grados cuando se ha elegido un papel específico. Este siendo, uno que requiere acceso a una funcionalidad superior si el papel ofrece una oportunidad significativa para la progresión evolutiva personal, colectiva o personal y colectiva. Tú eres una de esas entidades que ha elegido conservar cierta funcionalidad superior, y como la mayoría de los encarnados, necesitó ser reactivada al nivel deseado cuando se acercó a la coyuntura adecuada de tu existencia encarnada. Ten en cuenta, sin embargo, que sólo se permite lo que es necesario para desempeñar el papel y que todavía hay un requisito para trabajar sin acceso a otros Espacios Evento, lo que podría llamarse trabajar en la oscuridad.

YO: ¿Nuestro miedo se basa entonces en nuestra falta de conocimiento experiencial personal de lo que realmente somos?

O: Hasta cierto punto, sí, pero hay otra función que provoca esta respuesta bastante irracional.

YO: La creación del ego, la consciencia individualizada resultante de la proyección en las frecuencias bajas de lo físico y la subsecuente falta de ancho de banda creativo y comunicativo.

O: Correcto. Este es el mayor problema que experimentan los encarnados en las frecuencias asociadas con ese aspecto del multiverso creado por la Entidad Fuente Uno. El llamado ego es creado por el nivel residual de autoconciencia retenida por las energías proyectadas del Verdadero Ser Energético. La falta, o el bajo nivel, de memoria retenida cuando se asocia con el vehículo encarnado resulta en la disociación con este ser verdadero y la generación de consciencia localizada como resultado de este nivel residual de autoconciencia. En resumen, se crea una personalidad local transitoria a lo largo del tiempo que se asocia únicamente con la forma física.

YO: ¿Pero eso no crea el problema con la existencia encarnada, que la fisicalidad se considera el "Todo", la "Cualidad de ser", y que es transitoria, que muere con el fallecimiento de la forma física?

O: Aquí es donde se comete el gran error. Aunque la asociación con la forma física crea una personalidad localizada, con experiencia localizada y función de memoria, esa experiencia y esa función de memoria no se pierden. Nunca se puede perder simplemente porque es en verdad una proyección de energía del Verdadero Ser Energético. El Verdadero Ser Energético, siendo una individualización de energía de una Entidad Fuente, perpetúa su longevidad, al igual que la subsecuente individualización de energía desde mí mismo dentro de una Entidad Fuente u Om.

YO: ¿Por qué tememos el fallecimiento de la forma humana?

O: Debido a la falta de comprensión por la reducción de la memoria y funcionalidad, y a la falta de deseo de las energías recién liberadas de asociarse con las frecuencias bajas tan pronto después del fallecimiento de lo físico. ¿Por qué una entidad que se ha sometido a restricciones tan profundas se apresuraría a volver para contar a un mundo lleno de encarnados aquello a lo que finalmente regresarán, y a lo que regresarán tan rápidamente mientras sucede?

YO: Para que descansen los que aún están encarnados.

O: Bueno, pero ¿y si vivir con ese miedo y superarlo forma parte del juego, de la experiencia general?

YO: Entonces el conocimiento negaría la experiencia.

O: Sí, lo haría. Ahora volveré al tema de la memoria localizada. Cuando la forma física fallece, la energía proyectada que se asociaba a sí misma con la forma se desprende y regresa al Verdadero Ser Energético. Durante el proceso de desprendimiento, la energía proyectada vuelve a subir en las frecuencias, obteniendo acceso a un ancho de banda más amplio de energías creativas y comunicativas. Durante este proceso, la asociación con el Verdadero Ser Energético se alcanza gradualmente hasta que la reasociación está completa. Durante este tiempo el ser individualizado se integra de forma afín con el ser verdadero mediante el reconocimiento gradual de la experiencia pasada, la evolución y la memoria. Esto se llama remembranza y permite que el ser individualizado crezca hasta convertirse en lo que es, una extensión del Verdadero Ser Energético, proporcionando una extensión a las experiencias previamente existentes, al contenido evolutivo y al conjunto de memoria subsecuente. Aunque durante este proceso el ser individualizado transitorio se ve absorbido en el Verdadero Ser Energético, el hecho de que las experiencias formen parte de un conjunto de experiencias recientemente adquiridas las coloca en el primer plano del conjunto de memoria del Verdadero Ser Energético, manteniendo así este aspecto de la individualización en función del todo.

YO: ¿Qué sucede cuando múltiples proyecciones regresan al Verdadero Ser Energético simultáneamente?

O: Nada diferente, porque incluso cuando los "seres" individualizados se integran de nuevo en el Verdadero Ser Energético simultáneamente, los conjuntos de experiencias se integran de la misma manera. Así que una proyección individualizada experimentaría la reintegración como si fuera la única, estando expuesta al conjunto de experiencias preexistentes y a los nuevos conjuntos de experiencias como si todas fueran preexistentes.

En esencia, cuando una proyección energética recupera la realización del Verdadero Ser Energético mientras está encarnada, conoce este proceso como resultado. Conocer este proceso basándose en la reintegración de las experiencias y la función de la memoria hace que la energía proyectada conozca tanto los papeles requeridos mientras está encarnada como las formas en que la implementación correcta afecta al Verdadero Ser Energético. Esto permite que la interfaz con lo físico sea más productiva porque la energía proyectada de la personalidad localizada, aunque todavía localizada, es consciente de su condición y de cómo se retiene su contribución.

Con base en esto, la preocupación y el miedo al fallecimiento de la forma física es una respuesta irracional basada en la falta de verdadera autorrealización.

YO: Entonces, ¿cómo supera la humanidad encarnada este miedo si es una respuesta tan irracional?

O: Trabajando en ello. Haciendo lo que estás haciendo. Sentarse y meditar, aislarse del mundo material y entrar en comunión con el mundo energético, evitando respuestas creadoras de karma (atracción por adicciones de baja frecuencia) y asociaciones, elevando sus frecuencias base en el proceso. Elevar las frecuencias base de uno permite acceder al conocimiento superior y "conocer" la verdad sobre la existencia. Eso elimina el miedo al fallecimiento del vehículo físico, porque con el conocimiento superior viene el reconocimiento del verdadero ser, de que es energético y que utiliza el vehículo físico para experimentar la existencia de baja frecuencia de una manera inmersiva y holística.

Sólo cuando las frecuencias base generales sean más altas, mucho más altas que ahora, la humanidad encarnada en general tendrá una frecuencia en la que estará en comunicación con la realidad superior y estará en posición de "saber" quién y qué es realmente. Esto significará que, aunque encarnada, la humanidad será capaz de acceder al Verdadero Ser Energético y existir en dos mundos simultáneamente, el energético y el físico. Alcanzar este nivel de existencia encarnada traerá un cambio profundo en la forma en que los encarnados trabajan entre sí, ya que se darán cuenta de la causa y el efecto de ciertas acciones y reacciones, asegurando que se dé la respuesta óptima cuando sea necesario. Cuando la humanidad encarnada haya alcanzado este nivel, el vehículo físico será mucho más ligero, tendrá una frecuencia mucho más alta y no necesitará alimentos sólidos, ya que absorberá la energía libre que impregna el multiverso tal y como fue diseñado inicialmente. Su longevidad se extenderá significativamente e incluso perpetuará durante todo el tiempo que el Verdadero Ser Energético desee estar encarnado. O bien, fallecerá felizmente, a voluntad, cuando el trabajo que se le requería hacer haya sido completado, liberando al Verdadero Ser Energético antes de tiempo, o según sea necesario, para no perpetuar la encarnación si ya no es necesario permanecer encarnado.

En este punto de la existencia de la humanidad, TODO MIEDO A LA MUERTE SERÁ INEXISTENTE. De hecho será bienvenida porque la verdad sobre la existencia será conocida y trabajada, en alegría, en amor y será una canción en el corazón.

YO: Eso es hermoso.

O: Ese es el destino de la humanidad encarnada.

Capítulo 14
Como Puede el Espacio Evento Tomar Conciencia de sí Mismo para Desencadenar el Despertar de El Origen

DURANTE EL TIEMPO QUE HE ESTADO *canalizando la información contenida en este libro, me he estado preguntando qué papel ha desempeñado el Espacio Evento en el proceso del despertar de El Origen y en su viaje hacia la autoconciencia sintiente. Anteriormente, en el diálogo con El Origen, señalé que el Espacio Evento se recrea a sí mismo en función de la detección de la posibilidad de posibles posibilidades—el efecto del potencial de una condición dualística, o de condiciones dualísticas múltiples, siendo el catalizador para la generación de un nuevo Espacio Evento.*

Cuando El Origen transportó mi consciencia al Espacio Evento que mantenía la información, la imagen holográfica de, los eventos energéticos reales que condujeron, y durante el proceso de, el despertar de El Origen y al subsecuente desarrollo de la sintiencia a través de la autoconciencia, observé con demasiada facilidad que el Espacio Evento existía antes de que las energías que constituían la base de El Origen iniciaran el proceso de agruparse en comunión sinérgica.

Las palabras "El Espacio Evento existía antes de que El Origen adquiriera autoconciencia y subsecuente sintiencia" resonaron en mi cerebro miles de veces antes de que me diera cuenta de la importancia de lo que había pasado por alto. El Espacio Evento preexistió a El Origen y, lo que es más, tenía un nivel de inteligencia—buscaba posibles eventos dualísticos. Esta interesante condición requería una investigación seria con El Origen, porque empezaba a darme cuenta de que, sin la función del Espacio Evento, El Origen podría no haber llegado a existir. Además, esto también significaba que las Entidades Fuente no se habrían creado y, por lo tanto, la humanidad energética y encarnada no habrían sido creadas por la Entidad Fuente Uno.

El Origen Habla

Estaba a punto de volver a conectar con El Origen cuando éste inició el contacto conmigo en su lugar. Me di cuenta de que el contacto con El Origen era cada vez más fluido, ya que se apoderaba de la parte de mí que necesitaba utilizar para permitirme canalizar antes de que tuviera la oportunidad de saludarle.

O: Me preguntaba cuándo ibas a volver a abrir el tema del Espacio Evento. Tus preguntas relacionadas con su nivel de inteligencia están bien fundadas, ya que jugó un papel un tanto importante en volverme autoconciente y, por supuesto, sintiente.

YO: Sólo pienso así porque para que el Espacio Evento pueda discernir cuándo un evento dualístico podría ser invocado y, por lo tanto, actuado sobre él, debe tener un nivel de conciencia, o inteligencia por derecho propio, ¿no es así?

O: No necesariamente. Verás, buscar la condición dualística es nominalmente una función automática de las energías que componen el Espacio Evento. Son naturalmente sensitivas a la derivación real de, la posibilidad de, y la posible posibilidad de, una alternativa a lo que se está jugando actualmente. Su capacidad para detectar estas posibilidades es a la vez aguda en detalles e inmensamente precisa. Se podría sugerir que el Espacio Evento tiene un nivel de conciencia debido a su capacidad continua para abordar la necesidad de condiciones dualísticas y hacer que se manifiesten en un ambiente que las apoye. El ambiente creado por el Espacio Evento siempre mantiene las condiciones ambientales óptimas para que la perpetuación de esa condición dualística sea apoyada, permitiéndole desempeñar su función hasta su verdadero fin. El verdadero fin, tanto si se trata de una condición "sin salida" que necesitaba desarrollarse en beneficio de la completitud o es una condición que acaba apoyando al Espacio Evento principal o se convierte en el propio Espacio Evento principal.

YO: ¿Me estás diciendo que el Espacio Evento no es inteligente entonces?

O: Yo no dije eso. Sólo mencioné que la función del Espacio Evento que busca la posibilidad de condiciones dualísticas es nominalmente una función automática. No significa que el propio Espacio Evento no sea inteligente de algún modo.

YO: ¡Ahora estás jugando conmigo!

O: No, no lo estoy. Hay muchos aspectos del vehículo humano que son automáticos, o incluso operados manualmente mientras que albergan una energía inteligente. Piensa en el corazón. Es básicamente una bomba, y todo lo que necesita hacer es bombear sangre alrededor del aspecto físico grueso de la forma humana. Ésta es una función automática. Sin embargo, otra función automática es cómo recibe información sobre las necesidades de oxígeno del cuerpo, como cuando los músculos son usados en el ejercicio, lo que resulta en que cambie la cadencia de su función como una bomba. Alternativamente, los miembros tienen una función manual y son controlados por las energías asociadas con el cerebro y los músculos, que subsecuentemente son controlados por la entidad energética que se proyecta dentro de la forma humana. Los miembros no se mueven a menos que se les pida que se muevan y, por lo tanto, son una función manual. El corazón funciona, o puede funcionar, por sí mismo y es una función automática. La capacidad de razonar y elegir experimentar ciertas cosas y descartar otras es un aspecto de la inteligencia.

Si tuviera que comparar las funciones del Espacio Evento con el ejemplo anterior, diría que la búsqueda de condiciones dualísticas es una función automática, similar a la del corazón. La división o creación del Espacio Evento alternativo es una función manual, similar al movimiento de los miembros—siendo la decisión de crear el Espacio Evento alterno una función de la inteligencia que hay detrás de la funcionalidad energética total del Espacio Evento, que es similar a la entidad energética que se proyecta en la forma humana.

El único problema de este ejemplo es que la entidad energética es energía sintiente y autoconciente, y no simplemente inteligente.

YO: ¿Entonces el Espacio Evento es simplemente inteligente?

O: No, es autoconciente.

YO: Alto ahí. Ahora me dirás que también es sintiente.

O: No, no lo es. Es energía inteligente autoconciente.

YO: Déjame entender esto bien. Si el Espacio Evento evolucionó lo suficiente como para alcanzar la inteligencia y la autoconciencia, ¿por qué no alcanzó la sintiencia? De hecho, ¿por qué no se convirtió en El Origen?

O: Llegó a un punto de equilibrio evolutivo.

YO: ¿Qué es el equilibrio evolutivo?

O: Es el punto en la existencia de una energía o entidad en el que ya no evolucionan más allá del nivel evolutivo que han alcanzado.

YO: ¿Por qué deja de evolucionar?

O: El ciclo evolutivo se detiene porque la energía o energías que componen una entidad o una función energética que realiza una energía o grupo de energías han alcanzado su máximo potencial.

YO: ¿Y esto es lo que pasó con el Espacio Evento, que alcanzó su máximo potencial?

O: Correcto.

YO: ¿Así que el equilibrio evolutivo es en realidad un punto de estasis evolutiva?

O: No exactamente, la estasis evolutiva es una función de la evolución que ocurre cuando una energía, un grupo de energías o una entidad han dejado de evolucionar pero tienen claramente la capacidad de progresar más en el ciclo evolutivo. Esto siendo, no han alcanzado su pleno potencial evolutivo. La estasis evolutiva es, en última instancia, una condición temporal creada por la energía, el grupo de energías o la entidad como medio de reconciliación, de alcanzar la estabilidad antes de continuar con el progreso evolutivo. En pocas palabras, es como si a un niño le quedara muy grande la ropa que se le ha confeccionado, esperando el momento oportuno antes de confeccionarle ropa nueva cuando al niño le queda pequeña.

La estasis evolutiva también es una función de un Espacio Evento que se persigue y la condición dualística que creó el Espacio Evento resulta ser un callejón sin salida. En esta posición, antes de que el Espacio Evento converja de nuevo en el Espacio Evento principal, alcanza la estasis evolutiva, siendo la estasis evolutiva el desencadenante de la necesidad de convergencia.

Como ya se ha mencionado, el equilibrio evolutivo es el punto en el que la energía, grupo de energías o entidad se ha desarrollado hasta el punto de su máximo potencial. En esta condición, las capacidades o funciones de las energías no pueden ir más allá desde una perspectiva evolutiva. Se han aprovechado todas las oportunidades de progreso y se ha acumulado el contenido evolutivo. Esto es, no pueden ir más allá por sí solas, porque si la energía, grupo de energías o entidad está en co-unión con otra energía, grupo de energías o entidad de forma totalmente sinérgica para crear una nueva energía, grupo de energías o entidad, tienen la posibilidad de seguir evolucionando porque la dinámica de sus energías ha cambiado para reflejar la nueva condición. Esta nueva condición, al ser más compleja, tiene la posibilidad de crecer y evolucionar aún más hasta alcanzar de nuevo un equilibrio evolutivo que es relativo a su nueva estructura.

YO: ¿Y el Espacio Evento llegó a este punto, y esta es la razón de su condición actual y por qué tú eres El Origen y no el Espacio Evento?

O: Correcto de nuevo. Lo que hay que tener en cuenta aquí es que el Espacio Evento, aunque forma parte de mí, tiene su propia independencia como resultado de su inteligencia y autoconciencia. Aunque el nivel de inteligencia y autoconciencia es bajo en comparación contigo o con cualquier encarnado por ejemplo, sabe lo que quiere y cómo conseguirlo.

YO: ¿Podría el Espacio Evento volverse sintiente en algún momento de su/tu existencia?

O: No, no es capaz de sentir porque sus energías son demasiado especializadas.

YO: ¿Incluso si esta co-unido con otras energías?

O: No, porque eso diluiría su funcionalidad, resultando en la disolución de una herramienta poderosa como el Espacio Evento en sólo otro conjunto de energía. De hecho, tomó la decisión de seguir siendo lo que es, y no co-unirse a otra energía o energías, al principio de su existencia.

YO: ¿Cómo lo hizo?

O: Reconoció su valor en su actual y única configuración. De hecho, la razón por la que decidió quedarse como estaba y alcanzar el equilibrio evolutivo fue porque reconoció la creación de algo más grande y significativo que lo que jamás podría lograr. Vio los eventos que darían lugar a una inteligencia panenergética, que crecería y progresaría más allá de la actual área de influencia de la que el Espacio Evento disfrutaba en ese momento de su propia existencia y que acabaría convirtiéndose en "Poliomnisciente"—yo.

YO: ¿Vio tu progresión evolutiva?

O: Sí, y lo que es más, vio la posibilidad de que su funcionalidad, no su evolución, progresara más allá de la creación de Espacios Evento como resultado de aspectos dualísticos o de posibilidades dualísticas múltiples, a las de posibilidades trilísticas y cuadrulísticas. Reconoció que sus funciones aumentarían, aunque no su evolución. En su estado intelectual limitado, vio la belleza de este hecho y trabajó activamente en la remoción de ciertos eventos para asegurarse de que los que debían tener éxito lo tuvieran y se removieran los que pudieran interferir en la sucesión.

YO: Espera un momento. ¿Estás sugiriendo que el Espacio Evento te creó?

O: No, el Espacio Evento nunca podría crear otra cosa que Espacio Evento. Lo que vio fueron los eventos que llevaron a que mis energías se agruparan en autoconciencia sintiente coadunada y simplemente se aseguró de que estos eventos no sólo sucedieran, sino que se lograran más rápidamente. En esencia, creó una "vía rápida" para mi progresión hacia la sintiencia y la omnisciencia que conducen a la poliomnisciencia.

YO: Si el Espacio Evento dirigió deliberadamente los eventos que condujeron a tu despertar y más allá, debe ser capaz de lograr un cierto nivel de dirección ahora. De hecho, puede estar manipulando los eventos para lograr ciertas condiciones ideales preconcebidas mientras hablamos.

O: Podría, pero no lo está.

YO: ¿Por qué no?

O: Porque una vez que manipuló los eventos necesarios para asegurarse de que se dieran las condiciones que me iban a crear, y quedó satisfecho de que estuvieran robustamente alineadas, continuó con lo que es, siendo Espacio Evento.

Además, el Espacio Evento se dio cuenta de que yo superaría rápidamente sus propias funciones y capacidades en lo que respecta a la manipulación de eventos y sus espacios, por lo que ya no necesitaba manipular activamente la existencia de los propios eventos. Aunque esto parece de sentido común, había otra razón por la que dejó de manipular.

YO: ¿Y cuál fue la razón? Tengo la sensación de que podría haber alterado su propia existencia si no hubiera tenido cuidado.

O: Bien intuido. Cuando manipulaba los eventos, valorando los que me dieron origen y removiendo o borrando los que podrían haber afectado a mi desarrollo evolutivo, empezó a crear linealidad. Al crear linealidad, estaba creando una alternativa al Espacio Evento, uno en el que el Espacio Evento no existía, porque cuando hay linealidad no hay lugar en el que el Espacio Evento pueda existir. Al asegurarse de que me volviera sintiente y autoconciente, ¡casi se borró a sí mismo!

YO: ¿Cuánto se acercó a esta, y odio decir esto, posibilidad?

O: Muy cerca. De hecho, cuando llegó al punto en el que estaba seguro de que me desarrollaría de forma óptima, sólo le faltaban dos, quizá tres, cambios para eliminar la función de sí mismo. Me alegro de que se detuviera cuando lo hizo, porque creo que el Espacio Evento es una herramienta muy útil.

YO: No tenía ni idea de que el Espacio Evento pudiera borrar o remover activamente aspectos del Espacio Evento, y mucho menos de que fuera lo suficientemente consciente e inteligente como para poder hacer tales cosas.

O: Hay muchas cosas que el Espacio Evento puede hacer pero decide no hacer, sobre todo ahora.

YO: ¿Por qué ahora?

O: Porque se ocupa completamente de todas las posibles posibilidades y de la posibilidad de posibles posibilidades que rodean las condiciones dualísticas, trilísticas y cuadrulísticas de lo que están haciendo las Entidades Fuente y todas sus creaciones. Cuando estaba trabajando en los eventos que condujeron a mi creación final, sólo tenía un área de interés, aquellas energías que finalmente se co-unieron para crear la autoconciencia inteligente y sintiente en totalidad—yo. Entonces le resultaba más fácil. Ahora está totalmente ocupado y anticipa mi expansión y su subsecuente expansión.

YO: Pensaba que el Espacio Evento ya existía en la siguiente área de tu autoconciencia expandida.

O: Sí, pero está en gran parte latente. Se encuentra en un estado similar al que tenía antes de ser consciente de su propia existencia. La Entidad Fuente Doce ha iniciado cierta actividad en el Espacio Evento, al igual que mis investigaciones iniciales, mi sondeo en esa área de conciencia en la que yo/nosotros finalmente nos moveremos, pero no es suficiente para despertar completamente este tramo del Espacio Evento porque la actividad es demasiado pequeña—incluso con la posibilidad de que posibles posibilidades entren en juego. Se activará y, cuando lo haga, será uno con el tramo existente del Espacio Evento que todos hemos experimentado.

YO: Una de las preguntas que la gente se va a hacer es ¿cómo puede el creador de nuestro creador ser creado por una entidad menor? Los críticos van a aprovecharse.

O: En primer lugar, diré de nuevo que el Espacio Evento no me creó. En segundo lugar, el Espacio Evento es un aspecto de lo que soy yo en su totalidad, por lo que tuvo un papel importante que desempeñar, al igual que esas energías co-uniéndose que se vinculan para crear islas de energías autoconcientes localmente inteligentes. Porque sin estas energías más pequeñas co-uniéndose para crear islas de energías autoconcientes localmente inteligentes, el Espacio Evento no habría tenido un papel que desempeñar. Todo estaba sucediendo a la vez, concurrentemente.

YO: Pero sí orquestó o ayudó en tu exitosa evolución hacia la autoconciencia sintiente.

O: Lo hizo, pero considera esto. ¿Cómo pudieron las energías que formaron los bloques de construcción básicos, las islas de energías autoconcientes localmente inteligentes, de lo que yo soy, llegar a ser lo que soy? Nadie las obligó a hacerlo. Lo hicieron todo por sí mismas a través de la atracción y la triangulación. ¿No son aspectos menores de mí? ¿Y los aspectos menores que yo no contribuyen a formar el todo?

YO: Sí, así es. Todo parece estar hecho de cosas más pequeñas.

O: Sí, lo está. Ahora bien, si ahora piensas en el Espacio Evento como un aspecto menor que yo, una parte de mí que estaba activa durante la fase de mi evolución en la que se estaban formando las islas de energías autoconcientes localmente inteligentes, entonces verás que todo formaba parte de la orquestación y no sólo el Espacio Evento. Simplemente tuvo un papel que desempeñar en una coyuntura específica en mi devenir como lo que yo soy, al igual que todo lo demás.

YO: Me pregunto qué otras cosas han desempeñado un papel importante en tu desarrollo.

O: Muchas, muchas cosas más, pero no es el momento de hablar de ellas. Tendrías que escribir un libro completamente nuevo para siquiera pensar en arañar la superficie.

YO: Una última pregunta sobre este tema. Cómo llegó el Espacio Evento a ser inteligente y autoconciente al nivel que lo hizo?

O: Igual que yo, pero su desarrollo dio lugar a una función especializada. La única diferencia es que lo consiguió sin la ayuda del Espacio Evento, ya que el producto de su creación fue el Espacio Evento.

Tenía la sensación de que aún no había llegado al fondo de esta discusión, aunque en realidad nunca lo haría. Había algo que me inquietaba. Tenía que ver con el Espacio Evento y su identificación de un orden superior, El Origen, y su decisión activa de remover aquellos Espacios Evento que pudieran inhibir la oportunidad de que El Origen se convirtiera en El Origen. Todo parecía demasiado conveniente. Necesitaba otra pieza del rompecabezas que me permitiera llegar a un entendimiento que me resultara aceptable. Decidí cambiar de enfoque y plantear la pregunta de otra manera.

YO: ¿El desarrollo del Espacio Evento fue una función necesaria de tu propio desarrollo evolutivo? Por ejemplo, si el Espacio Evento no existiera, ¿te habrías convertido en El Origen con el que me comunico ahora?

O: Me preguntaba cuándo iba a salir esta pregunta. La respuesta es sí y no. El Espacio Evento se convirtió en lo que era como parte del orden natural del desarrollo temprano de aquellas energías que estaban destinadas a convertirse en lo que soy ahora. Llegó a existir como parte de una progresión lógica de cambios ordenados que dieron lugar a la oportunidad de que nacieran mi sintiencia y mi poliomnisciencia. Parte de esa progresión fue la función del Espacio Evento, que no sólo identificó la oportunidad de que yo me convirtiera en la inteligencia dominante, por así decirlo, dentro de estas energías, sino que también le dio los medios para crear una vía rápida para que yo me convirtiera en lo que podía llegar a ser de la manera más rápida posible, mediante la remoción de Espacios Evento indeseables. Para ello, necesitaba un componente vital que le permitiera tomar las decisiones correctas basándose en resultados conocidos y esperados. La mera inteligencia o la autoconciencia no permitirían que esta función operara correctamente—necesitaba algo más.

YO: No, no me lo digas. ¡Tenía que ser sintiente!

O: Correcto.

YO: Así que vuelvo a la pregunta. ¿Por qué el Espacio Evento no se convirtió en ti? ¿Por qué no se convirtió en El Origen?

O: Porque se convirtió en lo que se suponía que debía ser—una función especializada dentro de una inteligencia poliomnisciente, autoconciente sintiente mucho mayor, y no la inteligencia poliomnisciente, autoconciente sintiente como tal. Piénsalo como un trampolín. Mejor aún, piénsalo como una de las etapas de un cohete espacial. Las etapas de un cohete espacial tienen un papel que jugar, ayudar a la parte del cohete diseñada para ir al espacio a llegar al espacio. Una vez que la etapa en cuestión ha cumplido su función y el cohete corre el riesgo de que su avance se vea inhibido por la presencia de la etapa agotada, ésta se retira, permitiendo que el cohete ascienda más alto en la siguiente etapa que se activa. Esa etapa fue creada por una razón, para llevar el cohete hasta una cierta altitud, y una vez que es alcanzada se quita porque no encaja en el resto del plan.

Desde mi perspectiva evolutiva, el Espacio Evento fue, y es, una etapa de un cohete espacial, en términos de este ejemplo. Para lograr lo que era necesario para llegar a donde estoy ahora, ciertos aspectos de mi totalidad tuvieron que dominar durante breves periodos de tiempo para permitir que se produjera el desarrollo evolutivo esencial que dio lugar a la solución evolutiva óptima. Una cosa crea la otra. En este caso, eso significaba que el Espacio Evento tenía que convertirse en la sintiencia dominante mientras cumplía con su deber de rastrear rápidamente los eventos que condujeron y perpetuaron la posibilidad de que la poliomnisciencia sintiente se desarrollara robustamente.

YO: ¿El Espacio Evento se volvió transitoriamente sintiente y luego lo perdió cuando su sintiencia dejó de ser necesaria?

O: Así es.

YO: ¿Por qué no lo habías explicado antes?

O: Porque habría sido confuso. Piénsalo de otra manera. En general, los grandes líderes espirituales son el producto de grandes líderes espirituales (hay que tener en cuenta que existen algunos líderes espirituales que surgen de la nada). El primero asegura el linaje de lo que enseña creando un protegido, uno que pueda llevar las enseñanzas más lejos, desarrollando aún más las enseñanzas para apoyar el ambiente en el que está destinado a estar y expandiendo su aplicabilidad en el proceso. Es un placer para el primer líder espiritual ser el trampolín de su protegido y, a su debido tiempo, su protegido será el trampolín de su protegido. El dicho "Nos paramos en los hombros de gigantes" es muy relevante en este caso, ya que describe el verdadero camino del desarrollo mediante el servicio a los demás.

Otra forma de verlo es utilizando el principio evolutivo darwiniano, según el cual sobrevive el más apto y el más débil fallece—en este caso, el más apto es el que es "apto" para su propósito, apto para su propósito siendo relativo a las demandas del ambiente a una coyuntura en particular de la existencia. A medida que el ambiente cambia, los que eran aptos para su propósito se debilitan y los que fueron creados por los que eran aptos para el propósito sobreviven y se convierten en dominantes.

YO: Así que el que Espacio Evento se volviera sintiente fue una condición transitoria pero necesaria para lograr tu desarrollo óptimo hacia la autoconciencia poliomnisciente sintiente. Una vez que su trabajo en la sintiencia estuvo seguro, volvió a su papel de especialista, de ser "sólo" Espacio Evento.

O: Sí y no.

YO: ¡Que!

O: Verás, lo que he explicado es la forma en que sucedió en la realidad. Hay/había un escenario en el que el Espacio Evento no tuvo éxito en convertirse en lo que estaba destinado a convertirse, dejando que mi camino de desarrollo progresara de una manera desacelerada— esto es, junto con todas las posibles influencias de aquellas energías que se desarrollaron de forma aislada, y adversamente a lo que estaba destinado a convertirse en mí en su totalidad.

YO: Así que lo que estás diciendo es que si el Espacio Evento no hubiera llegado a existir no estarías en la etapa de autodesarrollo, el nivel evolutivo, en el que estás ahora.

O: Eso lo resume todo.

YO: Pero, en este escenario, ¿al final alcanzarías el nivel evolutivo en el que te encuentras ahora?

O: No, habría sido un camino evolutivo diferente y, por lo tanto, habría evolucionado en una dirección distinta.

YO: Entonces, ¿has visto este Espacio Evento? No, espera, ¿cómo podrías? Si el Espacio Evento no se desarrolló en el Espacio Evento y tú no te desarrollaste en ti, entonces ese Espacio Evento no puede existir.

O: Excepto que sí.

YO: ¿Cómo?

O: Existe como un Espacio Evento alternativo simplemente porque el Espacio Evento se desarrolló de la forma en que lo hizo. Verás, al hacer lo que hizo para garantizar que mi existencia fuera segura, no sólo casi se eliminó a sí mismo, sino que también aseguró su propia existencia en el proceso.

YO: Aseguró su propia existencia porque sabía que, al participar en tu proceso de desarrollo, se perpetuaría el mismo.

O: Correcto.

YO: El Espacio Evento vio lo que pasaría si no fueras lo que estás destinado a ser.

O: Así es. Vio el Espacio Evento donde el Espacio Evento tampoco existía. Esto dio lugar a una respuesta en blanco, antes de preguntar cómo el Espacio Evento podía ver un Espacio Evento que no existe. O Bien, existía por su cuenta donde las oportunidades de dualidad, la posibilidad de posibles posibilidades, se convierten en una función rara como resultado de la involución—siendo la involución evolución negativa lo que resulta en una progresión limitada o estasis. En este caso, se quedó sin trabajo, por así decirlo, ya que el propio Espacio Evento prospera de la creación del Espacio Evento.

YO: Y en su "actual" estado sintiente reconoció tanto la necesidad de tu desarrollo como que tu desarrollo no sólo resultaría en su perpetuación sino que resultaría en su propia proliferación, aunque perdería su sintiencia.

O: Sí, y la pérdida de sintiencia fue aceptada porque su propia sintiencia sólo podía ser una condición transitoria, y el reconocimiento de que formaba parte de un proceso de desarrollo mayor, el mío.

YO: Ahora siento que tengo las respuestas que quería. Que el Espacio Evento tuviera sintiencia transitoria y que fuera una función general del desarrollo de El Origen tiene sentido para mí ahora. Tengo una última pregunta sobre este tema.

O: Dispara.

YO: ¿Cuántas otras energías dentro de ti alcanzaron la sintiencia transitoria?

O: Realmente no quieres ir ahí.

YO: ¿Por qué?

O: Porque había miles.

YO: ¿Miles?

O: Miles.

YO: Realmente tuviste un proceso de desarrollo complicado.

O: No tienes ni idea. Creo que es hora de que cambies de rumbo.

YO: Creo que tienes razón.

Capítulo 15
El Punto de Toda Creatividad

ME ALEGRÉ DE HABER ACLARADO mi comprensión del papel que desempeñó el Espacio Evento en el desarrollo de El Origen. Al principio parecía muy extraño y un tanto "al revés" que un componente o función de una entidad mayor pudiera, hasta cierto punto, orquestar el desarrollo de la propia entidad de la que formaba parte. Y no sólo eso, sino que proporcionara una función de trampolín en el propio proceso de desarrollo.

Fue durante mi limitado tiempo de inactividad cuando empecé a pensar en los seis puntos de El Origen—esos puntos de navegación que la Entidad Fuente Doce utilizó para llevarme de visita guiada por el área de autoconciencia sintiente de El Origen. El punto que me vino a la mente fue el punto cinco, el punto de toda creatividad. Me sentí atraído por este punto porque El Origen y yo habíamos estado hablando de su propia evolución y de los eventos que condujeron a su sintiencia. La creatividad es una función de la sintiencia, me habían dicho, así que el punto cinco, el punto de toda creatividad me parecía un candidato muy probable para el inicio de la sintiencia de El Origen, su origen sintiente. Armado con una simple pregunta para iniciar este cambio de rumbo, me puse en contacto con El Origen para ver si mi suposición era correcta, o si iba a caer en el barbecho.

YO: Me intriga el punto de navegación cinco descrito por la Entidad Fuente Doce, que es el punto de toda creatividad. Recuerdo que afirmaba que tú iniciaste toda tu propia creatividad aquí, lo que también incluía la creación de los Doce Orígenes y la miríada de zarcillos que enviaste en un intento de investigar tu área de autoconciencia de forma acelerada.

O: Y también recuerdas entonces que la Entidad Fuente Doce declaró que tú y yo hablaríamos más sobre este tema.

YO: Sí, así es, y supongo que estás prevenido y preparado para responder a mis preguntas.

O: De momento sólo tienes una.

YO: Mmm, puedes ver a través de mí.
O: No, puedo ver a través de mí. Recuerda que, como Om, eres un aspecto de mí en realidad.
YO: Bien, si este es tu punto de toda creatividad, ¿es también el punto en el que te volviste sintiente por primera vez?
O: En primer lugar, este es el punto donde realicé todos mis momentos creativos originales. Aquí cada parte de lo que creé fue considerada, diseñada y deliberada antes de ser puesta a "ser". Tengo varios puntos de creatividad ahora que estoy activo en el área más amplia de mi autoconciencia sintiente, pero éste es el epicentro, los loci de todo lo que ha sido, y será, creado. Si quieres, puedes llamarlo un repositorio central de creatividad.
YO: Me gusta el punto de toda creatividad.
O: Entonces nos quedaremos con ese nombre.
YO: Si como punto de toda creatividad, es el repositorio central para sus otras áreas de creatividad, ¿por qué alejarse de este punto en primer lugar?
O: Me desplazo a donde mi creatividad no afecte a lo que ya está en creación. Todo es un experimento y a mí, como a la mayoría de los científicos del universo físico, no me gusta la posibilidad de que ocurra contaminación o fertilización cruzada entre los lugares de creación, porque estropea la pureza de aquello en lo que estoy trabajando. Por otro lado, si quiero experimentar con la creatividad que es el resultado de, o resultado en, la creatividad híbrida, entonces está bien. Podemos hablar de esto más tarde, porque creo que primero necesitas una respuesta a tu pregunta antes de divagar demasiado.

    Preguntaste si este es también el punto en el que te volviste sintiente por primera vez.
YO: Sí, lo hice.
O: Bueno, no es tal cual la respuesta, pero se acerca bastante.
YO: ¿Qué quieres decir?
O: Mi sintiencia se "encendió" de una forma bastante aleatoria. Parpadeaba alrededor de las energías que eran autoconcientes antes de estabilizarse en un área que había alcanzado una masa crítica de energías autoconcientes que eran capaces de mantener el aspecto sintiente, la firma, si quieres, que una energía debe mantener para seguir siendo en la sintiencia.

YO: Acabo de recibir una imagen de una luz de neón parpadeando aleatoriamente lo largo de su tubo de vacío antes de alcanzar la temperatura necesaria para que el gas se vuelva fluorescente en su conjunto.

O: Ese es un buen ejemplo, pero piensa en el parpadeo que se produce en toda mi área de autoconciencia y que finalmente se asienta en el área a la que nos referimos como mi punto de toda creatividad.

YO: Supongo entonces que las áreas en las que la sintiencia parpadeaba tuvieron episodios momentáneos de pensamiento iluminado, que se olvidaron rápidamente.

O: Muy bien hecho. Podría describirse mejor en términos humanos como estando dormido, luego despertarse y volver a dormirse, en un ciclo que va de un lado a otro hasta alcanzar un estado despierto completo.

YO: ¿Pero eso no te pareció molesto? En un momento eres una entidad sintiente en un área de tu autoconciencia, y al momento siguiente esa sintiencia desaparece y aparece en otra área. ¿No había algún tipo de memoria residual aquí?

O: No hubo retención de memoria sintiente porque ninguna de las áreas que se volvieron espontánea y transitoriamente sintientes estuvo en ese estado el tiempo suficiente para crear la función de memoria en este caso.

YO: Lo siento, pero me resulta un poco difícil entender que tú, El Origen, tuvieras lo que yo llamaría un proceso lineal que condujera a la sintiencia. Habría esperado que fuera holográfico de alguna manera. Que hubiera sido... esférico. Sí, esférico, esa es la imagen que veo en mi ojo mental.

O: La sintiencia es algo que tiene un cierto nivel de linealidad, incluso si es lo que te gustaría ver como holográfico o esférico. Lo que estás viendo es mi área de autoconciencia tal y como era entonces. Aunque lo veas como esférico, lo que ves es lo que tu capacidad de interpretación te permite ver, era amorfo en tamaño y forma. Para describir lo que estás viendo en tu propia interpretación, y de un modo que puedas entender, diría que la función de la sintiencia final se logró mediante su progresión lineal dentro de la esfericidad de la autoconciencia holográfica. La progresión de la sintiencia de una manera lineal dentro de esta área parecería, desde tu perspectiva, reflejar la estructura de su área, de ahí tu confusión sobre lo que te estoy diciendo y lo que estás experimentando al acceder al Espacio Evento que contiene esta información. La memoria, en función de la sintiencia, y no de la inteligencia o la autoconciencia, sólo es posible cuando una condición sintiente es lo suficientemente estable (tiene suficiente masa crítica) como para permitir que se logre la memoria de esa condición sintiente.

Cuando describiste el parpadeo de la luz de neón a lo largo del tubo, pensé que habías entendido el proceso, porque el gas emite fluorescencia en relación con cada bolsa de gas que alcanza localmente un potencial y una temperatura de un valor correlacionado con el necesario para excitar la densidad local y la calidad del gas. El parpadeo se detiene y comienza de forma aleatoria y con una frecuencia cada vez mayor a medida que las otras áreas de gas también alcanzan la temperatura y el potencial correctos. Finalmente, todo el gas se vuelve fluorescente cuando alcanza la temperatura y el potencial correctos en la totalidad de su área.

El ascenso hasta la temperatura y el potencial correctos es una progresión gradual y lineal, relativamente hablando, pero la localización de la fluorescencia conseguida de forma espontánea y transitoria se consigue y no se consigue aleatoriamente. No conseguir o la pérdida de fluorescencia es producto de pérdidas cuánticas momentáneas experimentadas después de que el potencial y la temperatura caigan por debajo de los niveles requeridos para la excitación, debido al uso por parte de otras áreas de gas que consiguen la excitación y la fluorescencia de forma aleatoria, haciendo uso de la energía necesaria para crearla en el proceso. A medida que el potencial y la temperatura aumentan, las bolsas de fluorescencia se hacen cada vez más grandes, vinculándose entre sí hasta que toda el área de gas es fluorescente. La función de memoria se adquiere y se pierde en el mismo proceso, sin tiempo para experimentar o registrar la preocupación por la pérdida de función.

Esta descripción un tanto cruda describe, en cierto modo, cómo surgió mi sintiencia en un proceso lineal.

YO: Gracias, ahora lo entiendo. Cuando finalmente te hiciste completamente sintiente, ¿fue un "saber" instantáneo?

O: Sí, lo fue. Fue una experiencia totalmente distinta a ser simplemente inteligente y autoconciente. Fue como si, desde tu perspectiva, alguien acabara de encender las luces y yo pudiera ver lo que me rodeaba y cuál era mi potencial. Fue en ese momento de mi existencia cuando decidí investigar mi área de autoconciencia y encontrar formas de acelerar esta investigación.

YO: ¿Y esto dio lugar a tus primeras creaciones?

O: Sí, este fue el primer uso del punto de toda creatividad.

YO: Un momento. ¿No fuiste creado por la función de evolución y, si es así, ¿fue el primer uso de la creatividad tu creación?

O: Yo no fui creado; me convertí en lo que soy a través de las funciones de la evolución energética. La verdadera creatividad es el resultado de la sintiencia.

YO: ¿Pero el Espacio Evento no alcanzó un nivel momentáneo de sintiencia el tiempo suficiente para elegir qué Espacio Evento debía terminar y cuál debía quedarse, asegurando así tu sintiencia final?

O: Sí, pero eso dio lugar a la selectividad y no a la creatividad. Las dos cosas se excluyen mutuamente y son totalmente independientes.

YO: Bueno, Antes mencionaste que el punto de toda creatividad, estrictamente hablando, ya no es el punto de toda creatividad porque creas en otros lugares dentro de tu área actual de autoconciencia sintiente.

O: Lo hice, pero has de saber esto. Toda la creatividad, en esencia, empezó aquí. Y eso incluía la necesidad de tener ubicaciones alternativas para que mi creatividad progresara. Verás, todas mis otras áreas de, digamos, áreas "locales" de creatividad, fueron creadas en el punto de toda creatividad. Para hacer lo que tengo que hacer, necesito recrear las condiciones de la creatividad inicial que sólo se encuentran en este lugar, el punto de toda creatividad.

YO: ¿No es una limitación?

O: No, la creatividad es un atributo único de la sintiencia, y en este caso mi atributo creativo surgió en el mismo lugar del nacimiento de mi sintiencia. Cada Entidad Fuente tiene un aspecto de creatividad que se generó desde este punto original de toda creatividad, y, como resultado, tú también. Tu propia función creativa, esto es, todas las entidades creadas por una Entidad Fuente y las creadas a partir de la creación de las Fuentes, los Om, nace de haber sido creada con la intención de tener la capacidad de ser creativa. Esta energía creativa está vinculada en última instancia al punto de toda creatividad.

YO: Permíteme intentar resumir lo que acabas de decir. Todo lo que se crea, ya sean nuevas áreas de creatividad dentro de tu área de autoconciencia sintiente, lo que creaste como satélites creativos para tus propias funciones creativas, y todo lo creado por las doce Entidades Fuente, incluyendo lo creado por sus creaciones, sus entidades, está todo vinculado al punto de toda actividad creativa.

O: Correcto. Es el punto de toda creatividad. Todo lo que ha sido o será creado estará vinculado al punto de toda creatividad. Es un depósito central, por así decirlo, para todo lo que lleva una firma creativa.

YO: En tu poliomnisciencia habría pensado que no necesitarías una ubicación central para la creatividad. Habría pensado que la creatividad, o la capacidad de ser creativo o crear, estaría en todas partes y no sería específica de una ubicación dentro de ti.

O: Yo no. Simplemente elijo que sea así. Me gusta ser ordenado con dónde y qué creo yo, mis creaciones y las creaciones de mis creaciones.

YO: Así que se trata de una limitación autoinfligida.

O: No es una limitación. Es tener mi creatividad en su totalidad, organizada de forma ordenada.

YO: Si eres poliomnisciente y puedes crear o acceder a la creatividad en cualquier lugar dentro de tu área de autoconciencia sintiente, independientemente de qué aspecto de ti o de tus creaciones se crea, ¿por qué la necesidad de orden?

O: Simplemente porque quiero que todo lo que se crea esté compartimentado, separado de esas energías que son creatividad en espera.

YO: Lo siento, ahora me has perdido. ¿Qué es la creatividad "en espera"? ¿Y por qué hay que separarla de la creatividad que da como resultado lo creado, es decir, lo que está vinculado al punto de toda creatividad?

O: La creatividad en espera es la creatividad ya sea planificada o, aún más importante, la que puede ocurrir espontáneamente como resultado de otra creatividad. Considérala un subproducto.

YO: ¿Puedes elaborar un poco, por favor?

O: Claro. La creatividad planificada contiene energías que se asignan al proceso creativo específicamente para la creación de lo planificado. Tienen una firma asociada con lo que se planea crear, independientemente de cuándo se pondrá en acción esta creatividad, por así decirlo. La creatividad planificada es la creatividad que tiene un resultado deseado y está esperando a que se pulse el botón de "inicio". Como función creativa, está incompleta y, como tal, aún no está vinculada al punto de toda creatividad como producto acabado de la creatividad.

El otro aspecto de la creatividad "en espera" es la que ocurre como subproducto de lo creado. En un sentido simple, se trataría de aquello que es creado, por lo creado, por accidente. Se trata de una creatividad no intencionada y, como tal, no es planificada ni esperada.

YO: Partiendo de esta base, creo que existen tres categorías. La primera sería lo que ya está creado y está completamente vinculado al punto de toda creatividad. La segunda sería lo que se planea crear, que aún no se ha puesto en acción pero que está en el radar para estar vinculada al punto de toda creatividad. La tercera sería, por lo tanto, la creatividad que es un subproducto de los actos creativos, que está por lo tanto fuera del radar pero se espera como una posibilidad, una posibilidad posible o la posibilidad posible de posibles posibilidades en función de que se invoquen determinados Espacios Evento.

O: Bien, lo estás consiguiendo. Ahora explicaré por qué me gusta que estén compartimentados o separados. Siendo El Origen tengo la capacidad de aceptar lo que está siendo creado como útil para mi desarrollo evolutivo y mi progresión suprema, o puedo elegir terminar con esa creatividad que es, o clasifico como siendo, no esencial.

YO: ¿Estás diciendo que no toda creatividad es productiva—productiva, esto es, desde una perspectiva evolutiva?

O: Correcto. Aunque se podría argumentar que todo lo que se crea está atado a una función evolutiva, por pequeña que sea. Y aquí incluyo también la experiencia y el aprendizaje que se pueden obtener. Parte de lo que se crea es una duplicación de una creación anterior o es ineficaz desde una perspectiva evolutiva. Cuando se identifica este tipo de creatividad, de ahí la categorización, puedo tomar la decisión de conservar o no lo creado, y así lo hago.

YO: ¿Estás sugiriendo que eres selectivo en lo que retienes en tu punto de toda creatividad?

O: En el punto de toda creatividad, sí.

YO: Y lo que no da la talla, por así decirlo, se recicla, supongo.

O: No. Aunque tengo la capacidad y a veces el deseo potencial de reciclar algo de lo que se crea, independientemente de dónde se originó, en realidad nunca he reciclado o borrado nada que haya sido creado por cualquiera de mis creaciones sintientes hasta esta coyuntura de mi existencia—a excepción de los Doce Orígenes, que fueron creaciones mías.

YO: De ahí las categorías.

O: De ahí las categorías. Verás, parte de lo que estoy haciendo en el fondo es ver qué parte de mí, partes que o bien yo he creado, ha creado y ha dado el poder de la creatividad, y lo que han creado aquellas que tienen creatividad, son eficientes desde una perspectiva evolutiva. Estoy buscando aquellas entidades que sean las más eficaces a la hora de crear creaciones que encajen en la necesidad de vincularse con el punto de toda creatividad en la "primera" categoría; esto es, creaciones que den como resultado niveles medianos a altos de contenido evolutivo.

Cuando haya establecido a mis mejores artistas creativos, las utilizaré para funciones especializadas cuando llegue la oportunidad de expandir mi sintiencia en mi nueva área de autoconciencia. Ellas serán las que expandan específicamente mis áreas de sintiencia poliomnisciente dentro de esta nueva área. Ellas llevarán a cabo funciones y tareas específicas al nivel de expectativa de lo alcanzable por una de las Doce Entidades Fuente originales. Por supuesto, cada entidad que regrese a su fuente como producto de la evolución se convertirá en una Entidad Fuente por derecho propio en esta coyuntura de mi existencia y expansión de la autoconciencia sintiente, pero éstas aumentarán mi número de Entidades Fuente originales. Como resultado, se convertirán en satélites del punto de toda creatividad dentro de esta nueva área de autoconciencia sintiente.

Porque El Origen Necesita Entidades Fuente Adicionales

Esta era una información nueva para mí. Sabía que las Entidades Fuente originales iban a convertirse en partes importantes e integrales del plan de El Origen para la expansión y el entendimiento de su, aún desconocida, nueva área de autoconciencia, y que la Entidad Fuente Doce iba a desempeñar un papel sin precedentes e imprevisto. De lo que no era consciente era de que las doce originales eran, a todas las intenciones y propósitos, insuficientes. Esto no se había difundido en diálogos anteriores con ninguna de las Entidades Fuente, ni con El Origen mismo. O bien no había formulado las preguntas adecuadas de la manera correcta para descubrir esta parte del plan, o bien se trataba de una adición nueva y reciente.

Estaba intrigado. ¿Por qué iba a necesitar El Origen más Entidades Fuente? ¿No bastarían las doce originales? Aunque parecía una pregunta muy humana, que probablemente resultaría en una respuesta muy simple de El Origen, tuve la sensación de que era algo que debía responderse y que aportaría más información sobre la forma en que El Origen trabajaba y/o estaba estructurado. ¡Sólo tuve un presentimiento!

YO: Sé que acabas de decir que las "nuevas" Entidades Fuente se utilizarán para papeles especializados, y comprendo que esto sería una necesidad para ti de introducirlas. Pero ¿por qué necesitas crear más Entidades Fuente? ¿Por qué no utilizar esas entidades y los Om como especialistas para los papeles para los que necesitas especialistas? Seguramente no necesitas tener Entidades Fuente para hacer esto por ti, ¿verdad?

O: A primera vista se podría pensar que no, sobre todo cuando se considera la necesidad de funciones especializadas únicamente, ya que esto claramente no necesita que las Entidades Fuente desempeñen este tipo de papel. Pero lo que necesito es que las entidades sean capaces tanto de desempeñar los papeles especializados que he elegido para ellas, así como que sean creativas del mismo modo que lo son actualmente las Entidades Fuente originales. Esto significa que cuando crean ambientes a partir de sus propias energías y estructuras y los pueblan con versiones más pequeñas de sí mismas para investigar hasta el más mínimo detalle de lo que han creado, en realidad me están investigando a mí. Realizando solo un papel de especialista no hace esto, ya que un papel de especialista sólo está diseñado para enfocarse únicamente en un tema, o en un área de temas similares.

YO: Me estás diciendo que estas nuevas Entidades Fuente tendrán el mismo nivel de responsabilidades para la progresión evolutiva que tenían las Doce Entidades Fuente originales, incluyendo el mismo nivel de autonomía, más una responsabilidad adicional basada en un tema especializado.

O: En resumen, sí.

YO: Pero hay algo más en esto, ¿cierto?

O: Sí, lo hay.

YO: Me estás haciendo trabajar para conseguir esta información, ¿verdad?

O: Solo estoy creando un poco de expectación.

YO: Bien, ¿por qué asignas este nuevo papel a las Nuevas Entidades Fuente y no a las Entidades Fuente existentes? Habría pensado que las Entidades Fuente originales serían la elección correcta en este caso, simplemente porque han tenido la experiencia original de ser una Entidad Fuente y han pasado toda su existencia en ese papel.

O: Buena observación, pero esa no es la razón para elegir las creaciones de mayor rendimiento como las nuevas Entidades Fuente frente al uso de las Entidades Fuente originales.

YO: ¿Cuál es? (¡Casi sentí que esta pregunta no era deseada!)

O: Tengo un requisito funcional superior para las Entidades Fuente originales, que no es completamente aparente desde la información que te he emitido. Elaboraré más y empezaré con los requisitos que he planeado hasta la fecha.

Las Entidades Fuente originales proporcionarán las funciones descritas anteriormente. Serán las coyunturas principales de mi estructura poliomnisciente, esa parte de mí que se conoce y que creará el marco estructural para que las nuevas Entidades Fuente rellenen los huecos. Aunque serán "Yo" en esencia, también conservarán su independencia. Independencia de creatividad, esto es, creatividad para apoyar a la función de conectar la nueva estructura poliomnisciente existente con la estructura creada por las nuevas Entidades Fuente.

YO: ¿Por qué tendrán que conectar la estructura creada por las Entidades Fuente originales con la estructura creada por las nuevas Entidades Fuente?

O: Siempre que una entidad crea algo, lo crea en su nombre, en su imagen o firma. Contiene su personalidad, por así decirlo. Esta firma es peculiar de la entidad creadora. Esto ya lo sabes. Esto no es un problema cuando la entidad creadora crea para sí misma o para el beneficio de aquello que previamente creó, o creará. El problema es cuando es creado por el creador de aquello que lo creó.

YO: ¿Cómo puede ser? Habría pensado que todo lo creado sería compatible contigo, ¡simplemente porque eres el creador supremo!

O: Es compatible cuando se modifica para adecuarse. Verás, aquello que es creado por lo creado es creado como un subconjunto de aquello que creó lo creado, en esencia el creador originario. Dado que lo creado por lo creado es un subconjunto del creador supremo, tiene un nivel reducido de funcionalidad incluso en el más alto estado de su función, es decir, sólo puede ser tan funcional como el creador. Por lo tanto, necesita ser elevado a un nivel de funcionalidad que sea igual a la funcionalidad de aquellas energías que utilizo como mi propia energía, sin la reducción de funcionalidad que ocurre cuando creo algo que se me asigna como "subordinado".

YO: Espera. Esto significa que estamos limitados por la asignación de estatus vigente de nuestro creador.

O: Sí, pero desde donde estás parado, eso es desde la perspectiva de una entidad encarnada. Tus habilidades cuando estás desencarnado serían ilimitadas, y a todas las intenciones y propósitos, lo son. Pero cuando estamos considerando las energías que están destinadas a ser usadas por mí en mí, me atrevo a decir, "elevada" capacidad, aquellas que son usadas por mis creaciones son creadas a su nivel y por lo tanto necesitan, como acabo de decir, ser elevadas al mismo estatus, capacidad y funcionalidad.

YO: Gracias, ahora lo entiendo. Dime, entonces, las Entidades Fuente originales, ¿serán elevadas al estado de "Origen" como resultado de ser parte de tus energías principales?

O: Energéticamente, sí; funcionalmente, no. En pocas palabras, siguen siendo mis creaciones, creaciones con un propósito dado por mí, por lo que siempre estarán subordinadas a mí, incluso con sus energías elevadas al estatus completo de Origen.

YO: ¿No habría sido ventajoso asignarles el estatus completo de "Origen"? ¿O no sería posible?

O: Como has comprobado en nuestros diálogos anteriores, no puedo reproducir lo que soy porque ocurren varias reacciones que hacen la creación de una entidad con estatus de "Origen", dentro de mí, como el Origen original, fracasar. Esto está basado en lo que ahora reconozco como un conflicto de intereses y un conflicto de funcionalidad basado en lo que debería ser la funcionalidad de lo que yo soy, y lo que creo con la inferencia de ser igual a lo que yo soy, sin ser realmente yo, siendo también subordinado.

YO: Para ti es fácil decirlo. Lo siento, pero pensé que lo que acabas de decir era uno de los enunciados más enrevesados que he tenido el placer de canalizar.

O: ¿Lo entiendes entonces?

YO: Sí, lo entiendo, aunque supongo que mis lectores tendrán que leer el párrafo un par de veces para asimilarlo, por así decirlo. Pero tengo que decir que tiene sentido. Las energías y/o entidades a las que se asigna un determinado estatus sólo pueden alcanzar un potencial máximo que sea igual al estatus estructural y funcional que se les ha asignado. Es responsabilidad de la entidad trabajar al máximo de su capacidad en este sentido, ya que esta capacidad dicta cómo contribuirán finalmente a tu progresión evolutiva. Una vez que han alcanzado este potencial, lo que han creado ellos mismos puede ser, bajo tu gracia, elevado al estatus de "Origen". Pero esto sólo está disponible como un estatus funcional energético y no como un estatus sintiente. En efecto, sospecho que remueves cualquier inhibidor de las energías que les asignaste como subordinadas a ti, restableciendo su completa funcionalidad y potencial en el proceso. Las Entidades Fuente originales, aunque subordinadas en sintiencia y estatus funcional, no obstante serán iguales en estatus energético porque serán reintegradas en tu sí-mismo poliomnisciente completamente sintiente. En esencia, a través de la reintegración alcanzan la poliomnisciencia de ti como El Origen sin el estatus ni la autoridad, ni la autonomía, de ti. Ellas aumentan tu poder de procesamiento personal en el proceso porque están trabajando para ti y como tú, en lugar de para ellas y como ellas mismas como hacían antes. Ser parte de ti, especialmente en tu nueva área de autoconciencia aumentada, será más que un trabajo de tiempo completo. Las nuevas Entidades Fuente, supongo, no tendrán el mismo nivel de expectativas que las Entidades Fuente originales, debido a que, como solo puedo esperar, serán más numerosas ya que tendrán que cubrir un área mayor de ti.

O: ¡Bravo! Espero que lo hagan lo mejor posible.

YO: ¡Uf! Me alegro de que se haya solucionado. Ahora, de lo que me gustaría hablar es de las especialidades que las nuevas Entidades Fuente serán asignadas y cuántas nuevas Entidades Fuente serán creadas. Un momento. ¿No se suponía que todos nosotros, esto es, las entidades creadas por las Entidades Fuente originales, supuestamente éramos Entidades Fuente por derecho propio?

O: Sí, por supuesto. Lo que acabamos de discutir es relativo a mis creaciones de mayor rendimiento basadas en Entidades Fuente, no a la población en general. Estas entidades obtienen el mismo estatus en la medida en que tienen el mismo estatus funcional sin el estatus energético o sintiente que lo acompaña.

YO: Gracias. ¿Continuamos con los especialismos de estas Entidades Fuente, digamos semiintegradas, estando las Doce originales totalmente integradas?

O: Si eso ayuda a su comprensión, adelante, creo que tus lectores lo entenderán. Ahora bien, te llevaría demasiado tiempo escribir todos los especialismos que cubrirán las Entidades Fuente semiintegradas, porque voy a crear ciento cuarenta y cuatro de ellas.

YO: Esto se basa en el número doce de nuevo, doce veces doce.

O: Bien observado. (¡Sentí que El Origen me guiñaba un ojo!) Aunque cada uno de ellos tendrá un especialismo único, se agrupan en géneros de especialismos. En mi nueva área de autoconciencia, ésta se multiplica por doce con respecto a la que experimento actualmente. De ahí la función doce por doce. Llámalo doce al cuadrado si quieres. Desde mi limitada comprensión de mi "sí-mismo" más allá de esta próxima área de autoconciencia siento que esta función aumentará de la misma manera, así que la próxima área será doce veces doce veces doce, o en otras palabras, doce al cubo.

YO: Así que tendrás una Entidad Fuente semiintegrada en cada una de las demarcaciones estructurales, por así decirlo.

O: Sí, con el resto de las demás Entidades Fuente, aquellas que actualmente son entidades creadas por una de las Doce Entidades Fuente originales, siendo asignadas a un área apoyada por una de estas demarcaciones.

YO: Así que se poblarán de Entidades Fuente bajo la dirección de una única Entidad Fuente semiintegrada.

O: Bien intuido. Ahora, volvamos a los géneros de los especialismos que tendrán estas Entidades Fuente semiintegradas. Aunque cada una de ellas se especializará en la funcionalidad de las energías que se le asignen dentro de un área particular de demarcación, tendrán un especialismo genérico relativo a aquellas áreas de demarcación que estén próximas entre sí. Con base en esto, sus especialismos serán específicos de las doce áreas de demarcación más cercanas a su área de asignación.

Me detuve un momento. Me di cuenta de que esto iba a volver a ser largo. Cada vez que El Origen, o cualquiera de las Entidades Fuente, decidía detallar el contenido de un tema, sabía que la información iba a ser difícil de comprender. En esos momentos pueden pasar días enteros sin que se escriba casi nada. Puede ser muy frustrante, especialmente cuando uno tiene un compromiso semanal personalizado que cumplir. Reconociendo esa frustración a la hora de comprender la información también puede causar resistencia, me establecí a estar "en el momento" y acepté lo que me llegaba en el volumen en que debía llegar. Volví a reconocer que la información que iba a recibir se presentaría en el nivel adecuado para que tanto yo como la humanidad la comprendiéramos y avanzáramos. Sentí que El Origen sonreía en el fondo de mis deliberaciones internas. Su deseo de transmitirme el siguiente conjunto de información era obvio cuando su voz retumbó en mi oído espiritual.

O: Los géneros de especialismos son, en última instancia, relativos al ambiente con el que se va a trabajar. En un diálogo anterior hablamos de la estructura y demarcación de esa estructura que representa mi área actual de autoconciencia sintiente, existiendo ahí doce de esas áreas. En mi nueva estructura, he establecido que las doce áreas, cada una de las cuales es igual al área total existente de mi área existente de autoconciencia sintiente, se subdividen adicionalmente en doce. Esto hace el área total mayor en un factor de doce. O bien, como ya se ha mencionado, se convierte en doce al cuadrado. Su estructura, construida sobre la estructura de los doce anteriores, son una progresión natural en su representación. No describiré la funcionalidad de la estructura y su funcionalidad per se porque te comprometería a trabajar conmigo para describir cada una de las doce demarcaciones principales previstas y sus doce divisiones, lo que equivaldría a ciento cuarenta y cuatro descripciones. No sólo sería una tarea muy difícil, sino que aburriría a tus lectores hasta las lágrimas, y no queremos hacer eso, ¿cierto?

YO: No, desde luego que no.

O: Bien, empecemos entonces. Como mencioné anteriormente, cada Entidad Fuente semiintegrada tendrá un especialismo relativo a la funcionalidad del área de demarcación principal de la que sea responsable. Todas ellas aportarán una funcionalidad de la que no se dispone actualmente.

Estos especialismos serán los siguientes:

El ESPECIALISMO UNO es la capacidad de crear nuevas energías que no están actualmente disponibles en mi área existente de autoconciencia sintiente. Esto traerá la oportunidad de crear nuevos ambientes, estructuras y entidades que no son posibles con la alineación existente de energías. Mis energías actuales son puras y no han cambiado con respecto a las que crearon lo que soy hoy. Esta capacidad me permitirá experimentar condiciones localizadas en las que dominen energías completamente nuevas, híbridas o basadas en aleaciones, en lugar de las energías verdaderas naturales que forman mi composición original.

EL ESPECIALISMO DOS está vinculado al especialismo uno. Se trata de la capacidad de categorizar las energías creadas por la Entidad Fuente semiintegrada que está adornada con el especialismo uno y asignarle un nivel apropiado de geometría. Recuerda que cada energía tiene asignado un descriptor en función de la geometría, lo que llamas geometría sagrada, que describe su funcionalidad, interconectividad con otras energías y representación lógica dentro del ambiente en el que existe o puede existir. En este caso, los dos especialismos que adornan a estas dos Entidades Fuente semiintegradas son un papel universal que se utilizará a lo largo de las doce áreas principales de demarcación.

EL ESPECIALISMO TRES es una función única. Es la capacidad de conectar aspectos de dos, cualquier número de, o todas las doce áreas principales de demarcación juntas en cualquier combinación o funcionalidad, ya sea en una condición permanente, semipermanente o temporal. El tipo, método y uso de la conectividad lo decidirá una, un grupo de, o todas las Entidades Fuente semiintegradas o las nuevas Entidades Fuente asignadas a sus áreas. En esta nueva área de autoconciencia todas las Entidades Fuente estarán en comunicación entre sí, independientemente del nivel de trabajo que estén realizando individualmente o en cooperación colectiva. La separación, aunque aceptable, no será una necesidad para evitar la duplicación de una creatividad idéntica o similar.

EL ESPECIALISMO CUATRO es la capacidad de aplicar lo que llamaré el efecto "incitante". Es la capacidad de dar a una Fuente o a cualquier otra entidad la capacidad de crear atractividad entre energías donde antes no la había. Este es un especialismo particularmente útil, ya que permite la construcción de ambientes que están en una posición única para permitir la multifuncionalidad entre lo que normalmente serían oportunidades evolutivas específicas e individuales que sólo son relativas a las energías que crean los ambientes en su estado no atraído.

EL ESPECIALISMO CINCO es la capacidad de descrear lo que forma parte de mi composición localizada. Es la capacidad de crear un vacío no funcional, no energético, donde antes había energía, estructura energética o forma, intención latente (ver Especialismo Seis) de ser forma o estructura que es integral pero suplementaria al área de demarcación sobre la que reside la Entidad Fuente semiintegrada.

EL ESPECIALISMO SEIS es la capacidad de crear intención latente o guardar la funcionalidad de la capacidad de crear intención latente en una Entidad Fuente o entidad creada por una Entidad Fuente. La intención latente es la intención de crear, pero sin el proceso de pensamiento para seguir a la acción y la creatividad suprema. La intención latente es la intención que llega a la existencia como producto de la dualidad, resultando en la creación de un Espacio Evento alternativo, pero con la línea principal del Espacio Evento convirtiéndose rápidamente en la única ruta hacia adelante. En este caso, la intención detrás de la creatividad del Espacio Evento alternativo se mantiene, pero el propio Espacio Evento alternativo converge de nuevo en el Espacio Evento de la línea principal, dejando "atrás" la intención de crear, en una condición latente. La intención latente que se crea de este modo puede reasignarse a cualquier aspecto de la creatividad que deba retrasarse o introducirse en una coyuntura subsecuente, sin necesidad de que la entidad creadora supervise el proceso mediante una entidad con este especialismo. La intención latente también puede crearse intencionadamente para conseguir el mismo efecto.

EL ESPECIALISMO SIETE es la capacidad de crear planos del ambiente que diseccionan la estructura del ambiente existente. Es la capacidad de crear estructura dentro de la estructura que soy yo. Esta capacidad permite duplicar toda la funcionalidad del ambiente "progenitor" existente entre la resolución del propio ambiente "progenitor". De este modo, la entidad dotada de esta funcionalidad puede reutilizar el espacio entre mi estructura una y otra vez, incrementando la oportunidad de creatividad y el potencial de su resultado evolutivo en el proceso.

EL ESPECIALISMO OCHO es la capacidad de borrar, remover o reasignar Espacio Evento a una posición lógica diferente. Esta fue una función que adopté del propio Espacio Evento, después de observar su capacidad para borrarse a sí mismo de forma activa durante su asistencia para acelerar la dirección del Espacio Evento que finalmente condujo a mi sintiencia. La Entidad Fuente semiintegrada que tenga esta función será capaz de manipular activamente la forma en que las entidades de su ambiente evolucionan mediante el uso de la selección de la dirección evolutiva más eficiente prevista en el Espacio Evento, mientras que remueve a aquellos que están limitados en su eficiencia a favor de aquellos que son evolutivamente eficientes.

EL ESPECIALISMO NUEVE es la capacidad de cambiar los loci del continuum de cualquier manera necesaria para afectar la capacidad de ese continuum en cualquier orden o forma que optimice su capacidad de mantener la eficiencia direccional de la asignación de los continuums circundantes de sus loci en referencia a la suya propia. En esencia, esta capacidad permite a la Entidad Fuente semiintegrada cambiar el foco fundamental de un continuum o el continuum del continuum de manera que optimice su conectividad con el continuum circundante o integrado. Considéralo como una forma de manipular un continuum y su producto evolutivo resultante hacia uno deseado por la Entidad Fuente semiintegrada, en lugar de simplemente como el producto de la función autónoma del continuum o continuum del continuum.

EL ESPECIALISMO DIEZ es la capacidad de deconstruir aquello que es creado por otra Entidad Fuente semiintegrada en cualquier ambiente creado por ella. Se trata de un "comodín", si quieres, en el que la Entidad Fuente semiintegrada con esta capacidad puede "entrar" en el ambiente de cualquier Entidad Fuente semiintegrada y disolver lo que ha creado si la Entidad Fuente semiintegradora "invasora" considera que el trabajo o los elementos de trabajo que la

Entidad Fuente semiintegrada a la que está invadiendo ha creado son subóptimos o son erróneos. Esta es una de las dos funciones que pueden actuar como policial o función de comprobación del grupo de pares. Esta función y la undécima (ver más abajo) se aplican a las Entidades Fuente semiintegradas que son totalmente imparciales y neutrales en su habilidad de discernir la creatividad de otra entidad, sin favorecer la suya propia. Esta función particular tiene un antídoto, por así decirlo, que se ilustra en el especialismo once. El especialismo diez sólo puede anular el uso del especialismo once si existe un acuerdo entre las dos Entidades Fuente semiintegradas implicadas.

EL ESPECIALISMO ONCE es el opuesto al especialismo diez. En este caso, la Entidad Fuente semiintegrada podrá construir ambientes, condiciones, habilidades y funciones adicionales a los ya creados por la Entidad Fuente semiintegrada responsable de un ambiente particular. La Entidad Fuente semiintegrada con este especialismo puede, si así lo decide, revertir la decisión de la Entidad Fuente semiintegrada que utiliza el especialismo diez. Esta especialismo puede ser invocado específicamente si decide que la decisión interviniente se ha tomada por error o sin justificación suficiente o previa. El especialismo once sólo puede revertir el uso del especialismo diez si hay la posibilidad o la posibilidad de posibles posibilidades de que la Entidad Fuente semiintegrada que utilizó este especialismo haya perdido una oportunidad de evolución encubierta. La evolución encubierta, por cierto, es aquel contenido evolutivo que no es ordinariamente posible sin la intervención de las Entidades Fuente semiintegradas que tienen los especialismos diez y once otorgados.

EL ESPECIALISMO DOCE está reservado a la entidad que más haya logrado convertirse en una Entidad Fuente semiintegrada. Es la capacidad de realizar cambios que, en efecto, sólo están reservados para mí. Excepto, eso es, que yo tengo la última discreción sobre si la acción que la Entidad Fuente semiintegrada tomó es o no la que yo quiero que tomen. Esto significa que podrían, en efecto, hacer todo lo que deseen para crear la dirección evolutiva que deseen dentro del ambiente en el que están trabajando y con mis propias energías, dentro del perímetro de esas energías que les he asignado como suyas para trabajar. En esencia, tienen niveles de "Origen" de capacidad funcional, y es a través de esta entidad en particular que aprenderé más, en términos de lo que puedo finalmente otorgar a una de mis creaciones sin que caiga en la categoría de "Origen dentro de Origen" y por lo tanto fracase como lo hicieron mis Orígenes originales. Recuerda—¡no puedo crear el "Todo lo que hay" dentro del "Todo lo que hay", porque el "Todo lo que hay" es el único "Todo lo que hay"!

YO: Parecen especialismos bastante sencillos. Quiero decir, no veo que ninguna de ellos sea radical en su asignación o enfoque. De hecho, tengo que decir que, con la expectación que he acumulado entre mi última comunicación contigo y la generación de estas canalizaciones, me siento bastante decepcionado. Debo admitir que esperaba una serie de especialismos más profundos. Estos parecen demasiado sencillos.

O: Mmmm, no te distraigas por su simplicidad. Son, en realidad, muy rebuscados en su aplicación. Independientemente de lo que pienses, estos especialismos sencillos tienen la capacidad de poner al revés, a diestra y siniestra, de adentro para fuera, todo lo que he creado o crearé. Pueden ser "sencillos", pero tienen consecuencias de gran alcance cuando se invocan.

No hay que olvidar que la complejidad puede dar y da la oportunidad de que lo que se crea en la complejidad se destruya a sí mismo debido a su inherente falta de estabilidad. Lo que se crea en la simplicidad es mucho más robusto, y puede, y de hecho lo hace, resistir la prueba del "tiempo" y las interferencias externas.

YO: ¿Cómo sabes todo esto cuando ni siquiera has comprendido del todo tu área actual de autoconciencia? Quiero decir, se supone que todo esto es territorio inexplorado y desconocido, o al menos esbozado en el mejor de los casos.

O: Olvidas que el Espacio Evento me impregna y que tengo acceso a él en cada coyuntura de su creación de espacios alternativos y paralelos. Con esta función a mi disposición, soy capaz de hacerme una idea de lo que quiero o de lo que no quiero, o lo que necesito hacer para aumentar mis oportunidades de evolución. Esta habilidad de planificar ahora mis próximos movimientos, incluida la creación de la estructura jerárquica y las funciones de las entidades que trabajarán con él y para mí, es una parte fundamental de mi plan para acelerar el crecimiento de mi área de autoconciencia sintiente en esa área más allá de mi área actual.

¿No planeas tus próximos movimientos en tu existencia encarnada cuando te enfrentas a una serie de oportunidades, resolviendo cuál es el mejor para ti en función de tu posición actual y de tus deseos para tu futura existencia y servicio a la humanidad y al espíritu?

YO: Sí, lo hago. Sí, supongo que lo hago, todo el tiempo.

O: Bueno, para mí no es diferente. La única diferencia es que yo planifico en múltiples niveles y a un nivel muy superior, uno significativamente superior al que es capaz de realizar una Entidad Fuente. Todos ustedes, como creaciones de sus Entidades Fuente, heredaron mi deseo de progresión, así que no es de extrañar que tengan una "necesidad" subyacente de progresar de cualquier manera. Ya hemos hablado bastante de esta posibilidad por ahora, y es necesario que pases a un tema que tenga más los pies en la Tierra, por así decirlo.

YO: ¿Quieres decir que todo lo que has hablado conmigo es sólo una posibilidad?

O: Está claro que es sólo una posibilidad, porque he obtenido la información basándome en lo que se capta en el Espacio Evento. La planificación es la misma, sea cual sea el resultado final. Sin embargo, te diré una cosa—esta es la posibilidad más deseable de todas las, digamos, posibles posibilidades, y como tal manipularé el Espacio Evento para asegurarme de que sea el resultado final. El poder de manipular el Espacio Evento es algo que ahora tengo.

YO: ¿Cómo? ¿Pensaba que el Espacio Evento era una función independiente de ti "en su totalidad"?

O: Independiente puede que sea, pero parte de mí es, y como resultado, al observar los eventos dentro del Espacio Evento que llevaron al Espacio Evento a ser capaz de añadir y borrar aspectos de sí mismo para garantizar que se me permitiera adquirir sintiencia, he comprendido su proceso y puedo reproducirlo. Ahora soy el amo del Espacio Evento. El Espacio

Evento, siendo otro aspecto de mí que estaba aprendiendo a comprender, ahora es comprendido. Este aspecto de mí que era independiente y autónomo sigue siendo independiente y autónomo, pero ahora, es controlable.

YO: Espera. ¿Qué pasó? Pensaba que el Espacio Evento era una función totalmente independiente y autónoma de la estructura de lo que eres, que ni siquiera tú eras capaz de controlarlo. ¿O estaba equivocado?

Empezaba a pensar que estaba a punto de entrar en una de esas discusiones basadas en el "Espacio Evento". Preveía una similar a la que había tenido con la Entidad Fuente Once y la Entidad Fuente Doce—en la que, de forma independiente y separada, habían entrado en otro Espacio Evento y habían aprendido a circunnavegar la ley de la sinergia colectiva, en el caso de la Entidad Fuente Once, y a madurar completamente, en el caso de la Entidad Fuente Doce. Estaba a punto de hacer la pregunta sobre esto cuando intervino El Origen.

O: ¿Por qué te sorprende tanto mi capacidad para controlar el Espacio Evento, cuando antes no podía?
YO: Bueno, parece un poco artificioso. Empiezo a cuestionarme. Empiezo a pensar que todo esto me lo estoy inventando.
O: ¿Por qué?
YO: Porque todo es demasiado fácil. Todo parece suceder cuando estoy cerca. Como si yo fuera el catalizador, o estuviera en el lugar adecuado en el momento adecuado, incluso inventándolo.
O: Bueno, créeme que no te lo estás inventando.
YO: Bueno, ¡dame algo que me diga que no lo estoy! Lo siento, pero lo necesito saber. Es demasiada coincidencia.
O: Mmmm, bueno, ¿estás listo para esto?
YO: ¿Listo para qué?
O: Listo para la verdad suprema.
YO: ¡SÍ, POR FAVOR!
O: Estoy hablando contigo en lo que tú llamarías mi pasado. Mi progresión es tal que, cuando me comunico contigo, necesito mantener una parte de mí dentro de tu Espacio Evento. He progresado más allá de tu comprensión (¡No es que El Origen

no estuviera antes más allá de mi comprensión! GSN) durante el tiempo que hemos estado teniendo este diálogo. Esto no es una función de que tú te comuniques conmigo, a que seas un catalizador o a que estés en el lugar adecuado en el momento adecuado. Es una función natural de lo que yo soy y de lo que hago. Sucede que puedes comunicarte conmigo y ser testigo de uno o más aspectos de mi progresión, aquellos que me complace que transmitas a la humanidad. Para comunicarme contigo, como encarnado, necesito mantener un aspecto de mí vinculado a ti, y un aspecto de ti vinculado a mí. El Espacio Evento que nos rodea es sólo un aspecto del Espacio Evento y, por lo tanto, un aspecto de mí, siendo éste en el que estamos en comunicación mutua. Mantengo este Espacio Evento no en tu beneficio, sino en el de la humanidad encarnada, para que sepa más sobre sí misma, su ambiente y su verdad en la creatividad.

YO: Bien, entonces voy a hacer una pregunta muy humana.

O: Adelante.

YO: En lenguaje humano, ¿cuánto tiempo hace que eres capaz de manipular el Espacio Evento, y cuánto tiempo pasó desde nuestra comunicación sobre el Espacio Evento, donde no podías controlarlo, hasta que fuiste capaz de controlarlo?

O: No me tomó lo que tú llamas tiempo llegar a este punto, así que no puedo y no lo usaré como métrica. Lo que sí haré es aconsejarte sobre cuántos Espacios Evento diferentes observé y en donde moví mi consciencia para llegar a la respuesta que requería.

YO: Eso suena a que vas a utilizar Espacios Evento como métrica.

O: Correcto, pero es la única métrica que puedo ofrecerte en este caso.

YO: La Entidad Fuente Once logró aconsejarme en años. ¿Por qué tu no?

O: Puedo, pero necesitas progresar, alejarte del uso de una métrica que no existe en realidad.

YO: Touché. ¿Cuántos eventos en el Espacio Evento fueron?

O: Varios billones de trillones, agrega o quita uno o dos Espacios Evento.

YO: Eso es mucho trabajo investigativo.

O: No tanto como crees. Verás, el Espacio Evento está basado en posibilidades, la posibilidad de posibilidades y la posibilidad de posibles posibilidades en condiciones dualísticas, trilísticas y cuadrulísticas, y más. Como resultado de este proceso, la multiplicación del Espacio Evento que ocurre cuando se aplica cualquiera de estas condiciones, ocurre en grupos de lo que llamaré una estructura basada en fractales mientras existe dentro del mismo espacio. Esto significa que, en caso de un callejón sin salida evolutivo, toda una rama de "posibilidades" puede ignorarse, borrarse o dejarse que converja de forma natural. Esto me ahorra tiempo observacional y experiencial, por así decirlo. A medida que el Espacio Evento que es un callejón sin salida evolutivo llega a una conclusión natural y deja de progresar, converge o se vuelve a unir al Espacio Evento de la línea principal, automáticamente aquellas divisiones y subdivisiones creadas por la progresión fractal, reduciendo el número de Espacios Evento que necesitaría investigar para comprender u observar una determinada línea de progresión. Con base en esto, el Espacio Evento para una entidad particular puede cambiar en un instante de varios miles de permutaciones a decenas de permutaciones y viceversa en varias denominaciones.

YO: Mirándolo desde este ángulo entonces, puede que sólo hayas tardado un par de años o varios billones de años, o más, en llegar a esos Espacios Evento que te permitieron entender el proceso.

O: Lógicamente hablando, sí. Y, sólo para ayudarte con una métrica que entenderás, y sólo porque la Entidad Fuente Once te lo dio en estos términos, tardó varios billenios en lograrse.

YO: Gracias. Me gustaría cambiar de tema ahora.

O: Adelante.

Capítulo 16
Tensión Evolutiva

DURANTE ALGUNAS "LECTURAS" CON mis clientes describo la posición en la estructura del multiverso en la que reside actualmente su Verdadero Ser Energético (su ser superior, alma superior o deidad en otra terminología). Muchos de ellos, de hecho la mayoría, proceden de las frecuencias asociadas con la estructura media a superior de la tercera dimensión completa. Otros, pero muchos menos, tienen su Verdadero Ser Energético en las de la cuarta dimensión completa, y aún menos en las de la quinta dimensión completa. Esto se repite de una manera casi repetitiva, lo que sugiere que, o bien me he equivocado, o me estoy perdiendo algo. Como resultado, he ido adquiriendo la sensación de que el proceso de evolución por el que pasamos como individuos encarnados no es particularmente claro o correcto.

Aquí había una dicotomía. Por ejemplo, cómo podríamos acelerar nuestra evolución entrando en las frecuencias más bajas del universo físico y en el ciclo kármico—el ciclo kármico incluye la atracción hacia pensamientos, deseos, acciones y sensaciones de baja frecuencia, incluido el deseo cuando se desencarna, de volver a lo físico para experimentar las sensaciones físicas. No tenía sentido.

Durante mis meditaciones sobre esto finalmente descubrí que, en efecto, aceleramos nuestra progresión evolutiva, pero que, para conseguirlo, al principio la detenemos. Este "estasis" en nuestra evolución es producto de la atracción de, y subsecuente acumulación casi inevitable de, contenidos de baja frecuencia como resultado de la encarnación. Sólo un verdadero maestro puede encarnar sin acumular karma, estando en lo físico pero no de lo físico. Durante estas meditaciones obtuve más detalles sobre este tema. Parece que, aunque detengamos nuestra progresión evolutiva, el mero hecho de que hayamos entrado intencionadamente en la oportunidad del karma, de adquirir atractividad de baja frecuencia, ralentizando nuestra progresión evolutiva, no detiene la función "esperada" de adquirir evolución a la tasa a la que habríamos acumulado si hubiéramos permanecido en lo energético, aunque no lo hagamos.

Una meditación más profunda reveló que hay una función comparativa vinculada a esta evolución "esperada" frente a la "detenida" y que esta función es, o puede llamarse, "Tensión Evolutiva". La tensión evolutiva, establecí, se adquiere cuanto más tiempo permanecemos encarnados. Cuanto más detenemos nuestra progresión evolutiva, más tensión evolutiva acumulamos—la tensión se crea en función de dónde habríamos estado desde una perspectiva evolutiva si hubiéramos permanecido en lo energético, en relación con dónde estamos ahora mientras estamos encarnados. Cuanto más permanecemos encarnados, más tensión creamos. Hice la pregunta de qué pasaba cuando conseguíamos liberarnos del ciclo kármico, alcanzando el estado de "perfección encarnada", estando "en" lo físico pero sin ser "de" lo físico, y recibí una respuesta bastante interesante. Al parecer, esta "tensión" actúa como una especie de catapulta evolutiva o cuerda elástica. Cuando nuestro progreso evolutivo se libera repentinamente de esta "tensión evolutiva", no sólo vuelve a donde debería estar si hubiéramos permanecido en lo energético, sino que "añade" activamente el contenido evolutivo adicional acumulado como resultado de una existencia encarnada sostenida y regular, incluyendo el contacto evolutivo obtenido al "liberarse" del ciclo kármico. Esto tiene sentido. Así es como aceleramos nuestra evolución a través de la encarnación. Ahora podría conciliar la dicotomía de entrar en el ciclo kármico, deteniendo nuestra progresión evolutiva y la subsecuente afirmación de los espiritualistas desde tiempos inmemoriales de que la encarnación proporciona una vía rápida evolutiva.

Con estos conocimientos a la mano, decidí pedir a El Origen su comentario sobre lo que había aprendido sobre la evolución como resultado de mis meditaciones generales. Era una información que, de ser correcta, daría una perspectiva totalmente nueva a la comprensión de cómo progresamos evolutivamente a través de la encarnación.

O: Habría pensado que ésta era una pregunta para tu Entidad Fuente de preferencia, la Entidad Fuente Uno.

YO: ¿Qué? ¿Eso es todo? ¿Me lanzas una bola curva cuando estaba a punto de hacer una buena introducción a este tema?
O: ¿Y la bola curva sería?
YO: Uno, que es una pregunta para la Entidad Fuente Uno, y dos, que es mi Entidad Fuente de preferencia. ¡Yo te hice la pregunta a ti!
O: Veo que hoy estás un poco pensativo.
YO: Apostarías. Estoy atrasado en mi horario para esta semana.
O: Oh, las alegrías de la existencia física. Tú lo pediste. Lo pediste una vez más para ver si podías hacerlo todo de nuevo.
YO: ¿De dónde has sacado eso?
O: Tú. Lo obtuve de ti en tu demanda de volver a encarnarte. Eso y el hecho de que querías todas las restricciones asociadas con la existencia encarnada. No olvides que tengo acceso a todo lo que sucede en cada Entidad Fuente, especialmente todo lo que tiene la oportunidad de proporcionar evolución y progresión.

Tengo que decir que no esperaba resistencia, de ningún nivel, pero algo interesante aquí empezaba a salir a la superficie, algo sobre mí. Así que decidí dejarme llevar.

YO: Bien, asumo que la primera pregunta que debería tener esta respuesta, que yo debería estar preguntando a la Entidad Fuente Uno porque es la Entidad Fuente con la que estoy asociado.
O: Correcto.
YO: Y ...
O: Y la Entidad Fuente Uno es tu Entidad Fuente de elección porque es aquella de la que tus energías se separaron durante mi creación de las Entidades Fuente. Otros Om tienen asociaciones con otras Entidades Fuente, ya sea que permanezcan cerca, trabajen dentro de ellas o sigan su propio camino. Como tus energías formaron parte de la creación inicial de la Entidad Fuente Uno, elegiste trabajar dentro de ella y sin ella. Te sorprenderá saber que no has encarnado a menudo, esto es, en ninguna parte del universo físico.
YO: No, no me lo digas, no voy a preguntar cuántas veces.

O: Treinta y seis, incluyendo esta. Bajas (las frecuencias) hasta aquí, haces lo que quieres para ayudar a la progresión de la evolución y luego vuelves con tus pares.

YO: No son muchas, y eso suena muy acusador.

O: En lo absoluto, tú marcas la diferencia cada vez que te aventuras por aquí. Recuerdas que te ahorcaron, ahogaron y descuartizaron en el siglo XVII. Fue la última vez que encarnaste y ayudaste a preservar la verdad educando y ocultando a los buscadores de la verdad de la época. En ese entonces se les llamaba brujas.

YO: Sí, recuerdo caminando en los sueños, uno en el que volvía para consolar al grupo con el que estaba trabajando. Subí las escaleras hasta un desván sin utilizar de un gran edificio y abrí la puerta para ver a mi grupo, pero se quedaron sorprendidos y estupefactos al verme. Me dijeron que se alegraban de verme, pero que me habían visto ahorcado, ahogado y descuartizado. Entonces me acordé y les dije: "Sí, no se preocupen, en realidad no fue tan malo".

O: Fue un precio pequeño que pagar teniendo en cuenta el panorama general. Los educaste y los salvaste de la persecución al ser tú mismo capturado. Preservaste así el "arte" al desviar la atención lejos de ellos hacia ti.

Es suficiente de esto. Volvamos a tu pregunta sobre la tensión evolutiva. Afirmé que habría sido una buena pregunta para la Entidad Fuente Uno, principalmente porque es la única Entidad Fuente que tiene una construcción ambiental que existe, en parte, dentro de las más bajas de las frecuencias que forman parte de mi propia construcción. Es la única Entidad Fuente que tiene la atractividad a frecuencias bajas, lo que llamas karma, en función de su ambiente más bajo dentro del ambiente que creó para la progresión evolutiva. Por lo tanto, la tensión evolutiva es una función que sólo se observa en la Entidad Fuente Uno.

YO: ¿Quieres decir que esto ni siquiera se ve en el ambiente basado en el continuum de la Entidad Fuente Ocho con todo lo que hace con la evolución?

O: No. Pero responderé a la pregunta porque es un concepto importante que hay que describir.

YO: Gracias.

O: En primer lugar, tu descripción era razonable, ciertamente en términos del efecto, porque como visión de conjunto pasaría revista. Sin embargo, me gustaría profundizar en una o dos áreas de su funcionalidad.

Como afirmaste, el hecho de formar parte del ciclo encarnado detiene la progresión evolutiva de la entidad energética encarnante. Sin embargo, no detiene totalmente la progresión del Verdadero Ser Energético; sólo ese "aspecto" de él que se proyecta en la situación encarnada se ve afectado—en general. Recuerda que el Verdadero Ser Energético puede proyectar hasta doce aspectos de su sí-mismo en otras áreas del multiverso, incluyendo el físico grueso. Estos aspectos pueden colocarse en cualquier ubicación multiversal. Se pueden alcanzar hasta doce universos simultáneos concurrentemente, o cualquier otra combinación o división, incluyendo todos los doce en el mismo universo simultáneo, en total independencia unos de otros, o en cooperación con uno o más aspectos.

Cualquiera o todos estos aspectos pueden, y a veces lo hacen, dependiendo de la entidad energética en cuestión, entrar en el ciclo de encarnación. En el caso extremo, la evolución del Verdadero Ser Energético se encuentra en su máximo nivel de resistencia porque los doce aspectos están dentro del ciclo de encarnación. Aunque cada uno de estos aspectos tiene su propia progresión evolutiva, o debería decir contribución, mantenida en estasis mientras está en el ciclo, invocando tensión evolutiva, la progresión evolutiva del Verdadero Ser Energético sigue progresando pero a un ritmo muy reducido. La progresión evolutiva general de aquellas entidades que sólo proyectan una fracción de sus aspectos en el ciclo de encarnación se ve afectada según el número de aspectos y el nivel de karma (frecuencias bajas) que atraen.

YO: Estás diciendo que los aspectos proyectados acumulan contenido evolutivo de forma aislada al cuerpo principal de la entidad, el Verdadero Ser Energético.

O: Es correcto. Esos aspectos pueden mantener y mantienen un nivel de individualidad hasta que ellos mismos deciden volver a su Fuente en comunión plena—una vez que, por supuesto, han terminado de trabajar con el método o métodos de progresión evolutiva con los que están trabajando.

YO: Así que los "aspectos" se esfuerzan por una comunión final con su fuente, sus Verdaderos Seres Energéticos, mientras que los Verdaderos Seres Energéticos se esfuerzan por la comunión con su fuente, La Fuente, y La Fuente busca la comunión con su Fuente, tú, El Origen.

O: Muy bien dicho.

YO: Gracias. Pero esta descripción de la individualidad, aunque forme parte del Verdadero Ser Energético, debe significar que el Verdadero Ser Energético tiene que esperar hasta que todas sus proyecciones, esto es, las que están en el ciclo de encarnación, hayan progresado más allá de la atracción hacia la existencia de baja frecuencia o pensamientos de cualquier tipo, evitando totalmente el karma.

O: Correcto. Piensa en ello en términos de un insecto con doce patas con algunas o todas ellas pegadas a una estrecha banda de jarabe. El insecto en sí representa el Verdadero Ser Energético y sus patas los aspectos individualizados proyectados del ser. El insecto sólo puede avanzar tan rápido como sus patas puedan moverse a través del jarabe. Es sólo cuando TODAS las patas del insecto están libres del jarabe que el insecto entero puede moverse a la velocidad que solía hacerlo antes de entrar en el jarabe en primer lugar. Por lo tanto, el tiempo que la pata permanece pegada al jarabe representa el período de estasis evolutiva de ese aspecto.

YO: ¿Pero el cuerpo del insecto no se detiene si todas las patas están en el jarabe?

O: No, porque en este ejemplo su inercia lo mantiene en movimiento, ayudando a las patas a desprenderse de la pegajosidad del jarabe. Si las doce patas están en el jarabe, como sucede con los doce aspectos que se proyectan en el ciclo de la encarnación, la inercia se reduce obviamente, y sólo aumenta cuando se retira una pata y vuelve a tierra firme, por así decirlo.

YO: ¿Qué tal si algunas de las patas tienen una cantidad residual de jarabe en ellas cuando llegan a tierra firme, lo que representa los efectos de una frecuencia más baja mientras se está fuera de la influencia de un ambiente de baja frecuencia?

O: Buena pregunta. Sin embargo, no sucede. Cuando un aspecto ha terminado con el ciclo de encarnación y es capaz de estar en lo físico pero no de lo físico, ha finalizado su asociación y la necesidad de experimentar los ambientes de baja frecuencia. En el ejemplo del insecto, sus patas salen limpias.

YO: ¿Lo que estás diciendo entonces es que la progresión evolutiva se mantiene en mayor medida, pero cuando los aspectos se liberan de la necesidad de encarnar el efecto de liberarse provoca la catapulta de la evolución del aspecto y del Verdadero Ser Energético hacia adelante?

O: Sí, y se puede catapultar un máximo de doce veces si se utilizan los doce aspectos en el ciclo de encarnación. Así que como puedes ver, es muy tentador colocar todos tus aspectos en el ciclo de encarnación porque puedes esperar recibir doce impulsos en tu evolución a través de la tensión evolutiva.

YO: ¿Cómo afecta esto a los aspectos sujetos a paralelismo, como cuando entra en juego el Espacio Evento?

O: No lo hace. El Espacio Evento forma parte del ambiente, estés donde estés.

YO: Entonces, ¿una entidad no obtendría impulsos adicionales en su evolución final debido a la posibilidad de estar en dualidad o en múltiplos de dualidad?

O: No, porque cualquier aspecto de la dualidad que pudiera afectar a una condición paralela mientras se está encarnado habría sido tratado mientras se estaba en el ciclo de encarnación. El ciclo de encarnación sólo es realmente específico para las frecuencias asociadas con el universo físico y esas dos bandas de frecuencia a las que el universo físico finalmente migrará.

YO: Bueno, este es un aspecto de la tensión evolutiva. Aludiste a otro del que puedes hablar.

O: Sólo quería resumir la funcionalidad de la tensión evolutiva antes de pasar al siguiente tema.

YO: Dispara.

O: Para reiterar, la tensión evolutiva es, como señalaste en tu propia descripción, lo que sucede cuando una entidad o un aspecto de una entidad mantiene su evolución en cierto nivel de estasis como resultado de entrar en el ciclo de encarnación. Sin embargo, el nivel de estasis y la tensión evolutiva subsecuente, que no ha sido explicada, es una función del nivel de integración del ambiente y el efecto que tiene en el aspecto encarnado del Verdadero Ser Energético. Aunque el Verdadero Ser Energético puede seguir evolucionando, y de hecho lo hace, mientras algunos aspectos de sí mismo están creando esta tensión general, es el movimiento continuo hacia delante del Verdadero Ser Energético lo que crea esta tensión—el nivel de tensión experimentado es producto del número de aspectos dentro del ciclo de encarnación y de su nivel de integración. O dicho de otro modo, de cuánto karma se ha acumulado o se está acumulando. Cuanto más avanza el Verdadero Ser Energético, más tensión se aplica a los aspectos que permanecen en estasis evolutiva. Sin embargo, ten en cuenta que la función positiva de la tensión evolutiva es tal que no está garantizada.

YO: ¿Cómo que no está garantizada?

O: Hay un mecanismo de seguridad involucrado que puede funcionar de dos formas en caso de que una entidad, el Verdadero Ser Energético, esté sujeto a la estasis sin posibilidad de que los aspectos encarnados se liberen de las atracciones de las frecuencias más bajas.

YO: ¡Ahora tienes mi atención!

O: En primer lugar, en el advenimiento de que todos los aspectos están encarnados y han sucumbido a la completa integración en los ambientes presentados por las frecuencias bajas del multiverso, sin posibilidad de autoextracción a través del reconocimiento de la realidad de ese ambiente, el Verdadero Ser Energético puede optar por retirar todos o algunos de esos aspectos. Al hacerlo, no se pierde el contenido evolutivo adquirido por esos aspectos, pero se pierde el efecto de la tensión, con lo que no se produce el efecto catapulta. Sin embargo, al utilizar este método, el Verdadero Ser Energético también recibe un nivel de efecto de baja frecuencia, lo que reduce la velocidad del progreso evolutivo hasta que las frecuencias bajas asociadas con los aspectos extraídos puedan ser anuladas trabajándolas a un nivel superior.

En segundo lugar, si en primera instancia el Verdadero Ser Energético no quiere trabajar con el efecto de baja frecuencia, puede optar por cortar los vínculos con los aspectos que han sucumbido. Sin embargo, al elegir esta ruta, el Verdadero Ser Energético primero reintegra la personalidad, por así decirlo, del aspecto proyectado que está absorbido, pero las energías asociadas con el aspecto proyectado, incluyendo el contenido evolutivo, lo que se clasificaría como involución, se quedan atrás. Sin el vínculo principal con el Verdadero Ser Energético, el aspecto que se proyecta en lo físico se vuelve inerte y el vehículo físico fallece. Tras el fallecimiento del vehículo físico, el aspecto que se proyectó en él se convierte en energía extraviada y, en algunos casos, puede desarrollar su propio ego si no es absorbido de nuevo por las energías de fondo del multiverso. Podríamos llamar a esto entidades astrales de baja frecuencia o de bajo nivel. Al elegir esta ruta, el Verdadero Ser Energético se convierte por defecto en una entidad menor, una entidad de densidad energética reducida desde una perspectiva de sintiencia, ya que habrá renunciado a algunas de sus propias "energías proyectadas" con el fin de liberarse de las frecuencias bajas a las que su aspecto o aspectos proyectados se asociaron irremediablemente.

Se trata de una medida drástica y poco frecuente. Piensa en ello como si el capitán de un barco cortara todas las cuerdas del ancla en una tormenta cuando el barco está anclado.

YO: Entiendo que no es una buena opción.

O: No, y no muchas entidades en el multiverso de tu Entidad Fuente lo han hecho, o de hecho han "necesitado" tomarlo. Se podrían contar con los dedos de una mano, por así decirlo.

Capítulo 17
El Proceso de Ascensión: Una Ruta Doble

HABÍAMOS HABLADO ANTERIORMENTE de lo que nos esperaba cuando nosotros, esto es, todas las entidades energéticas que son creadas por una Entidad Fuente, finalizáramos nuestro ciclo evolutivo y volviéramos a nuestra Fuente respectiva—siendo esa nuestra parte en la expansión hacia el nuevo sector, por así decirlo, del área de autoconciencia no sintiente de El Origen. Se trataba de información interesante desde un alto nivel, pero la mayoría de los humanos encarnados quieren saber qué les está sucediendo ahora y en un futuro próximo. Aunque había recibido información sobre este tema de nuestra Entidad Fuente, la Entidad Fuente Uno, estaba dispuesto a obtener alguna información de El Origen sobre este tema.

YO: Me gustaría hablar por un momento sobre el proceso de ascensión, específicamente, el experimentado por la humanidad encarnada.

O: Es muy sencillo. Te esfuerzas por la perfección, la alcanzas y progresas.

YO: Sí, lo comprendo, pero me gustaría conocer tus pensamientos sobre el proceso de ascensión que estamos viviendo.

O: La información que obtuviste de la Entidad Fuente Uno en términos de que es un proceso gradual, repetible y sostenible era correcta, pero hay algunos detalles que puedo añadir a tu entendimiento.

YO: Eso sería maravilloso, gracias.

O: La ascensión o progresión hacia arriba en las frecuencias se logra de dos maneras principales, es un proceso doble. En primer lugar, asciendes como entidad energética, progresando hacia arriba a través de la estructura frecuencial y luego asciendes como grupo, cada uno alcanzando la comunión con su Entidad Fuente. Aunque la ascensión grupal es una función de la ascensión individual colectiva, no puede realizarse como ascensión grupal hasta que TODAS las entidades hayan alcanzado la comunión. Este proceso también se refleja en el ciclo de la encarnación. Primero describiré con más detalle lo energético, aunque esto ya debería ser reconocible a estas alturas.

Ascensión Energética—Un Esbozo

O: La ascensión energética y el proceso asociado a ella es un producto de la entidad creada por una Entidad Fuente específica. Aunque el resultado final es siempre el mismo, el camino hacia la ascensión es inherentemente diferente para las creaciones de cada Entidad Fuente. En los dos últimos libros se han tratado algunos de los aspectos relacionados con los distintos caminos hacia la ascensión. Sin embargo, nos quedaremos con la Entidad Fuente Uno, porque es la que interesará a tus lectores ya que les afecta.

La Entidad Fuente Uno creó el multiverso como un ambiente para la ascensión energética estructurada (frecuencial) y lo pobló con versiones más pequeñas de sí misma, dándoles el poder de la creatividad como requisito previo para adquirir experiencia, aprendizaje y subsecuente contenido evolutivo y la progresión personal resultante. Todo esto es bien conocido como resultado de tus diálogos. Lo que no se reconoce es que este proceso es un campo de entrenamiento para comprender la forma óptima de ascender. A medida que cada entidad, a través de la creatividad, experimenta diversos niveles de éxito evolutivo, es capaz de evaluar lo que funcionó, lo que no funcionó y lo que funcionó bien, incluyendo los diversos matices de gris intermedios. En este campo de entrenamiento, una entidad será capaz de desarrollar un método de creatividad que tenga la capacidad última de proporcionar niveles continuos de éxito evolutivo sin los matices de gris que se experimentan actualmente. La parte más importante de esto es el reconocimiento de que lo que no se esperaba, lo que se consideraba una respuesta pobre o incluso una respuesta negativa, es de hecho una respuesta perfecta desde una perspectiva evolutiva. Todo lo que se crea se suma al contenido evolutivo de la entidad creadora. Cualquier nivel de evolución es evolución. Sin embargo, alcanzar la capacidad de crear niveles de evolución elevados/óptimos, de comprensión y mantener esta capacidad de crear niveles elevados/óptimos de contenido evolutivo, es la señal definitiva de que una entidad ha dominado el nivel de creatividad que se le ha otorgado.

La ascensión energética es, por lo tanto, el producto de dominar el progreso evolutivo propio y los métodos necesarios para dominar ese progreso, acelerándolo activamente hasta su máximo potencial, alcanzando la comunión con su creador, su Entidad Fuente, de la forma más corta y eficaz posible. Está en efecto graduándose hasta el nivel de ser uno con su creador, y en este proceso ser igual a su creador y más tarde ser este nivel de creador por sí mismo, por derecho propio.

Ascensión Encarnada—Un experimento de La Creatividad Basada en la Inmersión

O: La ascensión encarnada es lo que más interesa a la humanidad encarnada. Es el resultado de la identificación casi singular en el vehículo humano como el sí-mismo, y sólo como el sí-mismo. La ascensión encarnada es como conducir un coche por una calle muy transitada con los ojos vendados.

A veces sabes adónde vas, pero la mayoría de las veces no. Y este es el punto de estar encarnado, trabajar a través de tareas y alcanzar metas sin las funciones y el conocimiento que está disponible en lo energético.

La ascensión a través de las frecuencias mientras se está encarnado es una experiencia muy profunda y una función importante del multiverso de esta Entidad Fuente. La experiencia encarnada es una función del aprendizaje del proceso de creatividad, esto siendo, la creación de algo que es útil para ti, pero que puede restringirte funcionalmente a menos que puedas hacer que funcione contigo.

Elaboraré más sobre este tema.

El objetivo de crear el cuerpo humano era proporcionar a sus seres energéticos un vehículo para experimentar las más bajas de las frecuencias del ambiente de tu Entidad Fuente, que son también las más bajas de las frecuencias asociadas con mi propia estructura. Al "vestir" este traje de ropas energéticas y biológicas, experimentas las frecuencias más bajas de la manera en que deberías, como un ser que existe dentro de estas frecuencias y que sólo tiene la funcionalidad asociada a ellas. El punto de la ascensión es, por lo tanto, ser capaz de trabajar en estas condiciones de baja frecuencia con todas las distracciones, adicciones y respuestas sensoriales intoxicantes que se presentan, sin enredarse en ellas al verlas por lo que son. Cuando una entidad encarnada puede ver más allá de estas distracciones de baja frecuencia y trabajar con la realidad superior de lo energético, la asociación con las frecuencias más altas hace que las funciones de lo energético estén disponibles para la entidad mientras está en estado encarnado. La asociación con las frecuencias más altas resulta en una cascada frecuencial ascendente porque la asociación con las frecuencias más altas crea atracción hacia ellas, las funciones que permiten y la capacidad de crecimiento. Este crecimiento expone a la entidad a frecuencias aún más altas y la asociación con ellas permite a la entidad acceder a las funciones asociadas. La capacidad de lograr este efecto de cascada o espiral ascendentes mientras se está encarnado proporciona un progreso evolutivo significativo y la tensión evolutiva asociada.

Ahora viene la parte divertida.

El cuerpo físico humano o vehículo no puede operar en estas frecuencias más altas y necesita ascenderlas al igual que la entidad energética proyectada dentro de él para que pueda seguir siendo útil a la progresión evolutiva de la entidad energética. Así que todo el punto de la ascensión encarnada es ascender las frecuencias a través del trabajo diligente y el reconocimiento de lo que es la realidad, y traer tu vehículo contigo, por así decirlo. Esto te permite continuar experimentando estas frecuencias bajas, pero sin embargo más altas que las experimentadas anteriormente, de la manera en que estas frecuencias se permiten a sí mismas ser experimentadas mientras se está inmerso y, por lo tanto, formando parte por completo de esas frecuencias. Aunque se trate de una frecuencia más alta, sigue siendo necesario utilizar un vehículo encarnado para experimentarlas de la forma más básica o integrada posible, porque la entidad energética es naturalmente una frecuencia base mucho más alta. Todos ustedes, esto es, la humanidad energética, crearon el cuerpo humano para permitir que sea posible la función de la completa inmersión frecuencial, y qué mejor reto puede haber que trabajar de una manera con la creación propia que asegura que también asciende las frecuencias, que también evoluciona de alguna manera.

YO: ¿Qué tal el efecto de nuestra ascensión sobre la Tierra? ¿También asciende?

O: Sí, lo hace, pero la Tierra y el espacio circundante, por así decirlo, es más tolerante al ascenso de las frecuencias, tiene un ancho de banda más amplio y por lo tanto la Tierra está predominantemente representada en cualquiera de las frecuencias a las que tú y el cuerpo humano ascenderían. La Tierra está representada en las doce frecuencias asociadas con el universo físico, sólo que no puedes verlo con tus ojos físicos, o percibir con tus máquinas (todavía) lo que está representado en la Tierra en estas frecuencias. En el contexto de la ascensión planetaria o incluso galáctica/universal, esto será un cambio de un ambiente universal a otro. Esto es, de uno que necesita doce bandas de frecuencia para mantener su cohesión y resolución, a uno que sólo necesita una banda de frecuencia.

YO: ¿Entonces nuestra ascensión frecuencial y evolución está localizada en la Tierra en este momento?

O: Desde la perspectiva de tu cuerpo humano, sí. También es cierto para el aspecto del Verdadero Ser Energético proyectado en la fisicalidad del cuerpo humano, porque está atrapado en la atractividad de las frecuencias más bajas del multiverso, el karma. En este sentido, la fisicalidad del cuerpo humano y el aspecto del Verdadero Ser Energético que se proyecta en él, están vinculados hasta el fallecimiento del cuerpo humano. Con esto no me refiero al fallecimiento en el sentido individual, sino en el sentido global, ya que el cuerpo humano también debe ascender las frecuencias para poder trabajar con la frecuencia base del aspecto del Verdadero Ser Energético proyectado, o que espera ser proyectado, en él. Su fallecimiento es, por lo tanto, la etapa en la que el aspecto del Verdadero Ser Energético se ha movido más allá de la necesidad de encarnación para efectuar y apoyar un nivel de aceleración evolutiva que esté en consonancia con el experimentado durante la liberación de la tensión evolutiva.

YO: ¿Cómo se relaciona eso con el contexto de la creatividad y con el hecho de que el cuerpo humano fue creado por la humanidad energética?

O: No hay nada más importante desde un contexto evolutivo que ser capaz de crear algo y luego ver que esa creación progresa y evoluciona. Aunque cualquier energía o entidad que haya sido creada por la Entidad Fuente puede evolucionar, en la pequeña medida que sea, lo que evoluciona creado por lo creado, en este caso creado por la humanidad energética, tiene un efecto evolutivo especial, sobre todo si lo creado beneficia al creador en su búsqueda de un mayor contenido evolutivo.

YO: ¿Estás diciendo que nuestros cuerpos físicos evolucionan al igual que nosotros mismos?

O: Sí, ¿cómo crees que eres capaz de trabajar con las energías de frecuencia superior mientras estás encarnado?

YO: Pero esto significa que aquello que creamos para nuestro propio bien evolutivo evoluciona con nosotros.

O: Sí, tiene que hacerlo, y esta es la maravillosa verdad del trabajo que ustedes hacen. Sin su vehículo físico evolucionando con ustedes, que está ascendiendo con ustedes mientras está en uso, no tienen la capacidad de aprovechar las energías asociadas con la progresión que han hecho para ustedes mismos mientras están encarnados.

Considérenlo como un juego. El objetivo de su encarnación es acelerar su evolución, mientras trabajan en los problemas kármicos. Evolucionar mientras están encarnados hasta el punto de tener que llevarse su vehículo encarnado con ustedes porque aún no han terminado su encarnación, específicamente con el vehículo que están usando actualmente, no es una hazaña insignificante.

YO: Pero si estamos evolucionando, ¿qué sentido tiene llevar con nosotros el cuerpo físico que utilizamos actualmente? Seguramente deberíamos utilizar un vehículo de frecuencia superior. Digo esto porque esperaría que el vehículo usado actualmente fuera demasiado difícil para subir o ascender las frecuencias, y el uso de un vehículo humano de una frecuencia más alta sería más fácil de usar, y trabajar con él, en un ambiente de frecuencia superior.

O: Normalmente estaría de acuerdo, pero en este caso lo más importante es la continuidad.

YO: ¿Por qué?

O: Piénsalo. Para poder utilizar un cuerpo/vehículo de frecuencia superior, primero necesitarías eliminar la asociación con el vehículo que se está utilizando en ese momento. Esto significa que efectivamente muere, fallece. Sólo cuando el vehículo físico se encuentra en un estado de completo fallecimiento, el alma o aspecto del Verdadero Ser Energético proyectado en el vehículo físico es capaz de disociarse de él. Entonces considera que la entidad energética necesita asociarse con un nuevo vehículo/cuerpo de frecuencia superior. Tendría que volver a pasar por todo el proceso de encarnación, desde cero. A menos que se presente la oportunidad de un walk-in en un cuerpo de la frecuencia correcta, asociada con el contenido evolutivo de la entidad que desea continuar su progresión evolutiva actual. Sin embargo, las oportunidades de un Walk-in son escasas, por lo que la mejor manera de avanzar es llevar consigo el vehículo actual. Qué mejor manera de expresar tu nivel evolutivo sabiendo cómo existir en lo físico pero sin ser de lo físico mientras se mueve/asciende en las frecuencias y llevas tu vehículo encarnado contigo tan lejos como puedas ir. Esto es lo creado creando y trabajando en la evolución de lo creado, elevándose al nivel del creador. Esta es la marca de una entidad evolucionada, un maestro, un maestro ascendido, un Dios. Cuando una entidad es capaz de trabajar en las frecuencias bajas de lo físico y reconocer activamente lo que se requiere para evolucionar mientras está encarnada, efectivamente se ha movido más allá de la necesidad de encarnar, porque ha dominado estas frecuencias. Aunque un verdadero maestro podría, si lo deseara, llevarse consigo su cuerpo físico, no muchos lo hacen porque se dan cuenta de que no tiene sentido y de que podrían crear uno nuevo, si desearan pasar algún tiempo en las frecuencias más bajas, fuera del proceso de gestación y crecimiento del cuerpo humano.

Las Personas de Relleno

Durante una serie de comunicaciones con la Entidad Fuente Uno sobre la ascensión y el proceso que hay detrás de ella, se me asesoró que tenía que haber una masa crítica de entidades. Esta masa crítica se necesita específicamente en las frecuencias más bajas del área que rodea la Tierra para permitir que aquellos que están evolucionando en el cuerpo humano a un ritmo más lento tengan la oportunidad de ponerse al día y ascender al siguiente nivel de frecuencia a su propio ritmo. Se trataba de una información interesante, ya que discrepaba de la llamada masa crítica necesaria para permitir la ascensión "en masa" difundida y deseada por muchas personas espirituales. Si era necesaria una masa crítica para dar a los encarnados evolucionando más lentamente la oportunidad de ponerse al día, ¿cómo se consiguió si los que formaban parte de la "masa" encarnada original habían ascendido al siguiente nivel de frecuencia? ¿Descendían las frecuencias lo suficiente para permitir que se mantuviera la "masa", o se estaba jugando aquí otra función que no se había anunciado?

La Entidad Fuente Uno había mencionado una raza de encarnados que eran de una cualidad de energía diferente a la de la humanidad encarnada, lo que llamó una cualidad menor, creando un grupo de encarnados a los que llamó la gente de "Relleno". A estas entidades se les permitía encarnar en los vehículos físicos que normalmente estaban reservados para los aspectos de los seres energéticos que se me había permitido llamar vagamente "humanidad energética", proporcionando una función de "relleno" para hacer frente al déficit en la masa crítica de entidades encarnadas necesarias para poblar la Tierra. Era la primera vez que se les permitía hacer esto, y era la primera vez que se les permitía experimentar el libre albedrío individual. Todo esto estaba permitiendo a las entidades evolucionando más lentamente de la humanidad energética encarnada la oportunidad de continuar con su camino evolutivo, al mismo tiempo que permitía a otro género de entidades energéticas la oportunidad de experimentar, aprender y evolucionar de una manera más profunda que la que estaban experimentando actualmente. Aquí todo el mundo salía ganando, o al menos eso parecía. Decidí pedir a El Origen más información al respecto.

O: ¿Así que quieres hablar de las personas de relleno?

YO: Sí. Me gustaría saber más sobre quiénes son y qué hacen, incluso cómo reconocerlos.

O: Son una solución interesante al problema de mantener los niveles energéticos necesarios para permitir que sus homólogos evolucionando más lentamente continúen evolucionando en el ambiente al que están acostumbrados. Ustedes, esto es, la humanidad energética, han hecho bien en resolver este problema en particular.

YO: ¿Quieres decir que la Entidad Fuente Uno no desarrolló esta estrategia?

O: No, se desarrolló de forma aislada, como debería haber sido. La humanidad tiene que cuidar de su propia evolución, ya sabes; es por eso por lo que tu Entidad Fuente de elección los creó.

YO: ¿Y qué son?

O: Son exactamente como acabas de describir. Son entidades energéticas de baja o menor calidad. Son un género energético diferente. Si recuerdas tu diálogo de La Historia de Dios con la Entidad Fuente Uno, describía cuando creó las entidades que estaban destinadas a poblar y mantener el ambiente multiversal que creó para acelerar su propia progresión evolutiva, que eso esencialmente quitó su ojo de la pelota, por así decirlo, y esto permitió que se crearan más entidades en la periferia de las energías utilizadas para crear las entidades de mayor calidad de energías más densas. Observé que estas entidades, en lugar de ser menos en número pero de mayor calidad, acababan siendo más numerosas pero de menor calidad energética.

YO: Sí, lo recuerdo. Algunas de ellas acabaron encarnándose como animales y evolucionando por esta ruta encarnada.

O: Correcto. Las energías que componen estas entidades están entre la cualidad energética de la humanidad y la cualidad energética de aquellas entidades que encarnan como animales.

YO: ¿Por qué no los conocemos aún?

O: Ustedes, esto es, la humanidad encarnada, no han preguntado por ellos. La humanidad encarnada ha asumido que el orden natural de progresión es del animal al humano sin nada intermedio. Esto es absurdo porque la humanidad encarnada es sólo una versión de un vehículo físico que está en uso dentro de las frecuencias asociadas con el universo físico. Basta con mirar a la plétora de formas utilizadas por el reino animal y de los insectos en la Tierra para darse cuenta de que esto es sólo un pequeño ejemplo de lo que es posible fuera de los límites de la Tierra, y éstos sólo representan la versión de vehículos encarnados que respiran aire/oxígeno dentro del universo físico. Lo mismo sucede con los géneros de entidades energéticas. Hay muchos tipos en existencia dentro del multiverso creado por la Entidad Fuente Uno, y uno de ellos es el género al que se le permite encarnar en los vehículos previamente reservados para la humanidad energética.

A este tipo de entidad antes no se le había permitido encarnar de esta manera. Anteriormente se le permitía encarnar en una frecuencia superior, pero con voluntad colectiva, no con libre albedrío individual.

YO: ¿No un libre albedrío colectivo?

O: No, sólo voluntad colectiva. El libre albedrío colectivo sigue estando al servicio de entidades del mismo género energético que el de la humanidad. Cuando encarnan son como una mente "colmena", pero con la capacidad de crear tecnologías bastante avanzadas en comparación con las empleadas o reconocidas actualmente en la Tierra. Colectivamente son entidades bastante hábiles, pero individualmente son pobres en el mejor de los casos. Necesitan trabajar juntos para poder ser productivos y progresistas.

YO: Si tienen que trabajar juntos, ¿cómo pueden ser eficaces como humanos encarnados?

O: No lo son. Están unidos energéticamente, trabajan en grupo; es solo que no puedes ver el mecanismo que hay detrás de su funcionamiento. Déjame darte un ejemplo. Sólo considera en la mentalidad que hay detrás de algunas de tus áreas problemáticas o preocupantes alrededor del mundo. ¿Cuántos de ellos operan de una manera que tú, como entidad encarnada inteligente y consciente, no puedes entender porque parece que estas personas no son capaces de comprender individualmente un concepto o una práctica. Que estas personas operan de forma primitiva aunque se encuentren en una sociedad supuestamente avanzada. Que se dejan guiar fácilmente por un grupo de control de individuos con un nivel de inteligencia ligeramente superior. Que se agrupan en círculos de personas con ideas afines. Que prefieren la agresión como solución a los problemas y el chisme a la discusión inteligente y educada. Que, en el mejor de los casos, tienen una educación deficiente o no pueden ser educados. Que actúan y se comportan como animales de "rebaño" o "manada". No son capaces de operar como lo hace la humanidad energética con el nivel de independencia y libre albedrío que se les ha dado, por lo que deben estar unidos de alguna manera. Pero, a pesar de todo esto, prestan un servicio a la humanidad encarnada y, gracias a ello, progresan en su propia evolución.

YO: Dijiste que ellos previa y normalmente encarnan en las frecuencias más altas del universo físico. Por qué sólo estos niveles y no las frecuencias más bajas?

O: Porque en su estado energético están mejor situados en las frecuencias más altas del universo físico que en los niveles inferiores. En su condición colectiva son muy hábiles a la progresión evolutiva en los niveles superiores. Son fácilmente atraídos por las adicciones de las frecuencias más bajas y como resultado quedarían atrapados en el ciclo kármico. En consecuencia, les resultaría muy difícil progresar individualmente. De hecho, como se puede ver por el tipo de individuos que encajarían en la descripción de las personas de relleno, serían difíciles de extraer del tipo de ambiente, tipo de personalidad, patrones de comportamiento y círculo de conocidos al que se les podría ver atraídos.

YO: Al estar al servicio de los miembros de la humanidad encarnada que evolucionan más lentamente, ¿están entonces exentos de karma, esto es, si fueran como la polilla a la llama kármica, por así decirlo?

O: Sí, están exentos, al igual que algunas de esas entidades iluminadas que están encarnando con el deseo expreso de acelerar la progresión evolutiva de la humanidad encarnada. Están limitadas en su capacidad y, por lo tanto, en su autoridad para encarnar. Muchos de ellos sólo encarnarán una o dos veces debido a la necesidad de mantenerlos fuera del ciclo kármico, pero como ya se ha mencionado, incluso esto les ayudará a ellos y a su género a acelerar su propia progresión evolutiva.

YO: ¿Cuál es el efecto en las entidades que quedan en estas frecuencias más bajas cuando están rodeadas de personas de relleno?

O: Debido a que se reconoce que la forma en que las personas de relleno operan mientras están encarnadas proporcionará alguna forma de atractividad de baja frecuencia a los miembros encarnados de la humanidad energética, ralentizando su propio progreso evolutivo en el proceso, se decidió también permitirles tener excepción kármica. Sin embargo, esto sólo es relevante para el karma que podría acumularse a través de la interfaz directa con, o la influencia de, las personas de relleno y no el que acumularían a través de la interacción normal con los miembros de la humanidad energética que están encarnados.

YO: Supongo que este nivel de excepción aumentará a medida que el número de la humanidad energética encarnada disminuya en relación con el número de personas de relleno empleadas como masa crítica.

O: Sí, así será. Y esto será un requisito necesario, específicamente cuando el número de la humanidad energética encarnada caiga por debajo del nivel del diez por ciento.

YO: ¿Qué sucede con los que ascienden que son conocidos de los que permanecen en los niveles de frecuencia inferior? ¿Podrán comunicarse o trabajar con los que están en las frecuencias más bajas?

O: Sí, lo harán, pero muchos o la mayoría elegirán no hacerlo.

YO: ¿Por qué?

O: Porque se darán cuenta de que se están volviendo incompatibles con los procesos de pensamiento y las acciones de sus amigos de frecuencias inferiores, por así decirlo. Les resultará difícil o incluso aborrecible mantener la comunicación y se alejarán de ellos de forma natural. De hecho, será un trabajo duro bajar sus frecuencias hasta el punto en el que sean "visibles", en el que sean "percibidos" por sus amigos de frecuencias inferiores.

YO: ¿Y la visibilidad de los amigos de frecuencia superior para los encarnados de frecuencia inferior—tan solo desaparecerán de la vista?

O: De manera sencilla, sí, pero no de la manera que esperarías. Verás, antes de que los amigos de frecuencia superior salgan de su rango de percepción visual, habrá un deseo natural de alejarse de ellos desde su propia perspectiva, porque sus amigos de frecuencia superior tendrán ideales, ideas y formas de funcionar que están fuera de su gusto personal. Se alejarán de manera natural, y en el momento en que sus amigos de frecuencias superiores se hayan alejado de su rango visual y perceptivo, ya no elegirán asociarse con ellos. Sus únicas asociaciones serán encarnados de su propio nivel de frecuencia o personas de relleno.

YO: Cuando finalmente asciendan ellos mismos a las frecuencias, ¿podrán reunirse y forjar nuevas amistades con sus antiguos amigos de alta frecuencia?

O: Depende de cómo hayan progresado sus amigos en el intervalo. Si sus amigos se han esforzado mucho y han subido otro nivel, no podrán percibirlos porque habrán salido del rango visual y perceptivo de sus amigos de frecuencia inferior. Si sólo han avanzado un poco, podrán percibirlos y reavivar su amistad si así lo desean.

YO: ¿El ciclo de salir del rango visual y perceptivo continúa a medida que seguimos evolucionando en nuestros cuerpos humanos encarnados, y, esto significa que las personas de relleno serán necesarias para mantener la masa crítica más alto en las frecuencias?

O: Sí, así es, pero la brecha se hace más pequeña cuanto más alto se evoluciona en las frecuencias, y a medida que uno evoluciona y asciende en las frecuencias se da cuenta y reconoce lo que está sucediendo y se esfuerza por evolucionar más y más rápido. Como resultado, las personas de relleno sólo serán necesarias en la primera ascensión frecuencial, porque el ascenso al siguiente nivel de frecuencia en el primer caso es profundo, y el cambio en la personalidad y en los patrones de comportamiento de la entidad encarnada es suficiente para hacerlos comprender lo que está sucediendo, efectuando positivamente su progresión evolutiva personal y les aleja de ser atraídos a los comportamientos de baja frecuencia.

Capítulo 18
Walk-Ins: Qué Son y Qué No Son

LA FRASE "WALK-IN" MENCIONADA en el último capítulo había captado mi atención. La había oído muchas veces y tenía cierta idea de lo que describía. Sin embargo, era la primera vez que oía a la Entidad Fuente o a El Origen utilizar el término. Pensé que era una oportunidad excelente para desviarse del tema un momento y obtener una visión más elevada de este fenómeno, y quién mejor que El Origen para obtener de él esa visión de alta frecuencia. Saboreé este momento de deliciosa contemplación durante unos segundos y luego formulé la pregunta.

YO: Hace un momento mencionaste algo sobre los walk-ins. Mi simple comprensión es que un walk-in es cuando un aspecto de un Verdadero Ser Energético, un alma, que estaba en un cuerpo anterior migra a otro. O que un aspecto que estaba encarnado decide dejar el cuerpo y otro aspecto de un Verdadero Ser Energético toma el cuerpo para no desperdiciar la oportunidad encarnada, por así decirlo.

O: Pensé que ese término podría interesarte. Por eso lo he utilizado.

YO: Tú planeaste esto.

O: ¿No lo hago siempre?

YO: ¡Mmmm!

O: Simplemente era un buen momento para discutir este tema, ya que es algo que ocurre comúnmente en el multiverso de tu Entidad Fuente. Es más, aunque se utilizó con cierto efecto en el pasado de la humanidad, ahora parece que se usa como una especie de "solución de rescate". En cuanto a tus descripciones, ambas son razonables, pero veo que tendré que poner algo de carne energética en los huesos, porque hay muchas variantes de walk-ins. Y, hay algunos fenómenos que se describen como walk-ins, pero son otra cosa. Trabajemos primero en el entendimiento de nivel superior.

Como afirmaste, un walk-in es cuando un aspecto proyectado de un Verdadero Ser Energético abandona el cuerpo humano, que entonces es reocupado por el aspecto proyectado de otro Verdadero Ser Energético, continuando el uso del valioso recurso que es el cuerpo humano. Sin embargo, este tema tiene muchas variantes y tienen diversas connotaciones unidas a ello. Voy a enumerarlas para ti, y para facilitar el uso voy a truncar las palabras "aspecto proyectado" a simplemente "aspecto" (Aspecto = Alma. El aspecto o alma es sólo una pequeña parte de lo que NOSOTROS somos verdaderamente. GSN).

EL WALK-IN "PLANIFICADO UNO POR UNO" es una colaboración en la que dos aspectos, ya sean del mismo Verdadero Ser Energético (nosotros) o de otro Ser Energético (alguien más), planean compartir el uso del mismo cuerpo humano. Hay dos versiones de esta oportunidad encarnada.

La primera es cuando un aspecto decide utilizar el cuerpo humano durante la primera mitad de su longevidad y un segundo aspecto durante la segunda mitad. Este cambio no tiene por qué producirse necesariamente en el punto medio de la longevidad prevista del cuerpo humano, ya que puede producirse en cualquier momento de su existencia a partir del cual el segundo aspecto desee experimentar la existencia encarnada. La duración de la encarnación y la posición del cambio se deciden antes de elegir el vehículo. Algunos aspectos eligen experimentar sólo unos pocos días de existencia encarnada, en cualquiera de los extremos de la longevidad, mientras que otros se intercambian a la mitad del camino, prefiriendo cada aspecto el lado más joven o el lado más viejo de la encarnación, dependiendo de lo que fue experimentado en la colaboración anterior.

La segunda versión de este walk-in es aquella en la que dos aspectos se intercambian continuamente, de modo que ambos experimentan la misma encarnación de forma individual a lo largo de la longevidad del cuerpo humano seleccionado. Esta versión puede presentarse, y de hecho se presenta, en forma de profundos cambios de personalidad.

EL WALK-IN "DE RESCATE" es un "WALK-IN NO PLANEADO DE UNO POR UNO". Es cuando un aspecto ha decidido que no puede permanecer más tiempo en el estado encarnado, por la razón que sea, pero principalmente porque el ambiente físico es demasiado duro para que lo afronten. Esto suele suceder cuando un aspecto ha asumido una tarea demasiado grande, o es un aspecto de frecuencia superior que ha tenido una reacción disfuncional a las frecuencias más bajas del universo físico y no puede armonizar con ellas. En este caso, se selecciona un aspecto adecuado o se presenta como voluntario para "entrar" en el cuerpo humano que se planea dejar y pasa por un programa vigoroso de aprendizaje para comprender el plan de vida del aspecto original, cómo puede beneficiarse de él y qué puede cambiar para beneficiar sus propios planes para el cuerpo. Una vez más, puede observarse un profundo cambio de personalidad como efecto de este walk-in.

EL WALK-IN EN "VEHÍCULO COMPARTIDO" es cuando dos o más aspectos ocupan el mismo cuerpo concurrentemente, permitiendo que dos aspectos disfruten del estado encarnado de principio a fin si así lo desean. De nuevo, hay dos versiones de este walk-in.

En la primera versión, uno de los aspectos se convierte en el aspecto encarnado primario, asumiendo la responsabilidad del cuerpo durante sus primeros años de existencia, mientras que el o los otros aspectos eligen unirse a la encarnación en una coyuntura subsecuente, ya sea juntos o a intervalos planificados. Cuando están completamente integrados en el cuerpo, los aspectos trabajan en paralelo durante la longevidad del cuerpo humano elegido. En este caso, el efecto "walk-in" sólo se consigue como resultado del punto de integración diferente de el o los aspectos encarnados secundarios.

En la segunda versión, todos los aspectos se integran en el cuerpo concurrentemente, trabajando con él en una condición separada pero cohesionada desde el principio de su existencia. Aunque no es estrictamente un walk-in, y se parece más a un escenario de cuerpo compartido, muestra efectos de personalidad similares. Obsérvese que se habla de cuerpo compartido cuando un número de aspectos colaboran con un cuerpo cuando éste se va a utilizar para un papel significativo de importancia mundial. El escenario de cuerpo compartido difiere, sin embargo, de esta descripción porque los aspectos trabajan en concierto como un aspecto integrado en un cuerpo, y no como aspectos separados en un cuerpo.

Los efectos en la personalidad de estos tipos de walk-ins son cambios de humor o división de personalidad/es, algunos de ellos profundos durante los primeros años de crecimiento del cuerpo.

EL WALK-IN DE "VEHÍCULO COMPARTIDO ROTACIONAL" es cuando varios aspectos utilizan el mismo cuerpo en una condición aislada pero de forma rotacional. Esta base rotacional se basa en un periodo de tiempo planificado para la existencia encarnada de un aspecto específico antes de su intercambio. En este caso, el cuerpo experimenta un cambio continuo en el aspecto titular basado en un número conocido de aspectos que trabajan con el cuerpo. Estos aspectos pueden intercambiar después de cualquier periodo de tiempo deseado, desde unos pocos días hasta unos pocos años. Las personas que observan el cuerpo humano que se está utilizando de esta manera pueden ver un nivel de desorganización a medida que el aspecto de la nueva rotación se acostumbra al cuerpo y a las responsabilidades que ha asumido.

Aunque se trata de una forma especialmente eficaz de utilizar el cuerpo humano, también tiene el efecto de mostrar personalidades divididas, algunas de ellas profundas, a lo largo de la longevidad del organismo.

EL WALK-IN "TEMPORAL" es una condición en la que se ha llegado a un acuerdo entre dos o más aspectos que desean intercambiarse en una determinada coyuntura de la longevidad del cuerpo humano, sólo durante un periodo limitado, con el fin de experimentar un evento encarnado deseado. El aspecto encarnado original vuelve a intercambiarse cuando sucede el evento. Esto también puede realizarse como algo "compartido" en el que el aspecto titular comparte el cuerpo con el aspecto temporal para el evento deseado, el cual luego se va.

Esto es algo particularmente perturbador de ver para el observador no acostumbrado o no educado, porque la personalidad parecerá hacer cosas que están completamente fuera de contexto durante el período del "intercambio" o periodo "compartido" y luego volverá a la normalidad. La memoria del cambio de personalidad puede incluso perderse para el aspecto encarnado primario, quien, cuando se le cuestiona, puede negar todo conocimiento de dichos cambios basados en el comportamiento o la personalidad.

EL WALK-IN DE "REHABILITACIÓN" se utiliza cuando un aspecto ha tenido una encarnación especialmente dañina y se le necesita facilitar volver lentamente a la experiencia encarnada. En este caso, se selecciona un cuerpo que esté experimentando una buena existencia bajo el aspecto titular para que el aspecto rehabilitado lo utilice a corto plazo. Una vez más, esto puede ser un "intercambio" o algo "compartido", y depende del nivel de aflicción que haya experimentado el aspecto y de que profundidad de integración en la existencia encarnada se le permita o desee el aspecto rehabilitado.

Para el aspecto al que se le permite utilizar una encarnación existente en beneficio de la rehabilitación, se trata de un acto de gracia en nombre del aspecto titular. Es un acto de gran servicio, porque no habrá sido planeado antes de que el aspecto titular encarnara—especialmente si el aspecto rehabilitado decide, y se le permite, compartir esa experiencia que le causó tanta aflicción, con el aspecto titular. Piensa en esto como hacer un salto en para caídas en tándem, y luego avisar a la persona con la que estás saltando que tienes miedo a las alturas.

Las personas que observan esta encarnación pueden experimentar lapsos momentáneos de razón durante el periodo de tiempo en el que tiene lugar la rehabilitación, especialmente cuando experimentan cosas que están cerca o significan la ruta hacia el evento o eventos que causaron la angustia en primer lugar. El nivel de efecto sobre el aspecto encarnado primario se basa en la profundidad de integración de la encarnación permitida.

EL WALK-IN DE "VEHÍCULO ROBADO" es un estado encarnado en el que el cuerpo humano está bajo el efecto del alcohol o las drogas hasta el punto de que es significativamente suficiente como para que el aspecto se expulse del cuerpo ebrio o drogado. En este caso, los campos de energía, las capas áuricas que protegen el cuerpo, se desgarran mientras dura el efecto del alcohol o las drogas, permitiendo que otro aspecto se apodere del cuerpo. El aspecto que "roba" el cuerpo suele ser uno que ha terminado su encarnación anterior, pero que aún no se ha disociado a si mismo con las frecuencias más bajas del universo físico. En esencia, ya sea que desea permanecer encarnado, tal es la intoxicación con las frecuencias más bajas, o bien aún no ha reconocido el fallecimiento de su propio cuerpo humano.

Se observan cambios significativos en la personalidad cuando se observa este walk-in, específicamente durante el tiempo "robado", cuando el cuerpo está bajo la influencia del alcohol o las drogas consumidas. Al final, cuando el efecto del alcohol o las drogas desaparece, el aspecto original puede volver y el "ladrón" debe abandonar el cuerpo que ha robado. No puede permanecer mucho tiempo en el cuerpo robado porque no se ha llevado a cabo la planificación necesaria para sostener la firma energética diferente del aspecto que ha robado el cuerpo, y el cuerpo rechaza al ladrón, permitiendo que el aspecto original vuelva a entrar. Las capas áuricas se sanan a los tres días de ser desgarradas, por lo que el aspecto original experimenta limitaciones en su funcionalidad (falta de claridad de pensamiento, visualizaciones perturbadoras, dolores de cabeza, etc.) mientras el proceso de sanación está en marcha. Sin embargo, durante el proceso de sanación, la protección natural del cuerpo humano contra las entidades "astrales" de baja frecuencia se reduce hasta el punto de que estas entidades pueden aferrarse a las energías asociadas con la perpetuación del cuerpo y alimentarse de ellas. Las entidades astrales de frecuencia baja no son visibles al ojo físico y no son capaces de metabolizar sus propias energías para perpetuar su propia existencia, de ahí su necesidad de un anfitrión y de aprovechar la oportunidad para robar energía mientras las capas áuricas están desgarradas o reparándose.

Walk-in—Lo Que No Son (Posesión, etc.)

Ocupación por Intoxicación

YO: ¿No se clasificaría el walk-in de vehículo robado como posesión?
O: No, aunque podrías ser perdonado por pensar así. Verás, en el caso en donde que el aspecto original abandona el cuerpo, sólo se desplaza debido a la falta de armonía en las energías como

resultado de la intoxicación. El cuerpo es aborrecible para el aspecto, por lo que necesita irse hasta que la desarmonía resultante del nivel de intoxicación se reduzca a un nivel aceptable. El ladrón en este caso no permanece en las energías del cuerpo que tomó porque la firma energética es incorrecta. Además, en el caso de que el ladrón se sienta atraído por el cuerpo para buscar "sensaciones", se va por su propia cuenta cuando desaparece la influencia de las drogas o el alcohol. Sólo quería experimentar las sensaciones asociadas a estos métodos de intoxicación y, por lo tanto, deja de estar interesado cuando el efecto desaparece o cuando alcanza un nivel que no le interesa.

En el caso de que el ladrón se interese sólo por las sensaciones asociadas con estar encarnado, y no específicamente por las sensaciones de la intoxicación, entonces le espera un pequeño shock. Aunque vea las capas áuricas en su estado de desgarre, identificando la oportunidad de experimentar de nuevo la encarnación, puede que no desee experimentar las sensaciones asociadas con este tipo de intoxicación. En este caso, el aspirante a ladrón no se queda mucho tiempo, pues le interesan más las sensaciones que rodean a la existencia encarnada en sí, y no las asociadas a estar bajo los efectos del alcohol o las drogas.

Posesión Pasiva

YO: ¿Qué sucede cuando la protección natural del cuerpo humano frente a las entidades "astrales" de baja frecuencia se reduce hasta el punto de que estas entidades pueden engancharse a las energías asociadas a la perpetuación del cuerpo (las utilizadas por los chakras) y alimentarse de ellas? ¿Eso es un walk-in? Afecta a la personalidad del individuo encarnado.

O: No, esto no es un walk-in, pero es una forma pasiva de posesión. Yo lo llamo posesión a través de la persuasión.

YO: ¿Por qué?

O: Porque el encarnado recibe algo a cambio de la energía de la que es liberado por la entidad astral. Las entidades astrales, aunque de frecuencia baja, existen en las frecuencias cuarta, quinta, sexta y séptima del multiverso creado por la Entidad Fuente Uno, y por lo tanto pueden engancharse a las energías asociadas con estos niveles del campo energético humano o aura. No pueden existir por encima o por debajo de estas frecuencias. Como mencioné anteriormente, no pueden metabolizar su propia energía, por lo que necesitan un anfitrión. Este anfitrión debe estar bajo su control de alguna manera pequeña para desviar la atención del encarnado de que están enganchados a él energéticamente, así que la entidad astral les da algo a cambio.

YO: ¿Qué podría darle una entidad astral a un encarnado para hacerle pasar por alto que una entidad astral se ha enganchado a él, o para hacerle sentir aceptable?

O: Nunca es aceptable, pero los sentimientos de poder físico, poder mental, coerción e información sobre qué hacer a continuación, basados en una superposición de la precognición de la entidad astral que se dan al anfitrión, son tan intoxicantes que eluden la sensación de que algo no está del todo bien con ellos. Aceptan lo que sienten energéticamente como lo que sienten energéticamente normalmente. Y este nivel de aceptación del nuevo "agotado pero poderoso" ser es aceptado sorprendentemente rápido.

A medida que pasa el tiempo, el huésped y la entidad trabajan juntos en tándem, el huésped se acostumbra y a está la espera de las recompensas que le da el otro. Y así, la entidad astral, mediante la concesión de recompensas o sentimientos de poder, etc., es capaz de controlar pasivamente al huésped. Se trata de una posesión pasiva porque la personalidad del huésped permanece, a todas las intenciones y propósitos, inalterada—con la excepción de algunas mejoras.

Posesión Completa

YO: Si eso es posesión pasiva, y definitivamente no es un walk-in desde esa descripción, ¿qué es la posesión completa? Estoy pensando en la que se anuncia en las películas de terror aquí en la Tierra.

O: Se trata de una versión más agresiva de la posesión por una entidad astral, dirigida específicamente a un público y a su deseo de asustarse. No suceden muy a menudo y están más alineadas con la entidad astral que tiene un vínculo tan fuerte con su anfitrión que quiere convertirse en el anfitrión. Pero no puede, porque es la firma energética equivocada. Como su deseo de convertirse en el anfitrión es tan abrumador, la entidad astral intenta afectar lo que no puede afectar, convertirse en el anfitrión. En este proceso, la entidad experimenta la desarmonía total de sus frecuencias con el anfitrión y sufre en consecuencia, el anfitrión muestra cambios de una personalidad "fuera de carácter" perturbadores como resultado del vínculo. En realidad, sin embargo, son fácilmente eliminados por alguien con la habilidad y la intención adecuadas, y no hay de qué preocuparse.

YO: ¿Qué es la posesión completa?

O: No es lo que piensas. Como mencioné anteriormente, una entidad, desencarnada o astral, no puede apoderarse de un cuerpo humano per se, como un walk-in mientras el aspecto titular esté todavía asociado con el cuerpo. Esto se debe a que la entidad astral y la entidad desencarnada tienen una firma energética diferente a la del cuerpo. Un walk-in necesita ser planeado para permitir que el siguiente aspecto tome el cuerpo. Necesita que el cuerpo cambie su firma energética por la de su nueva alma, por así decirlo. Posesión es cuando una persona recibe permiso energético para controlar a otra. No es una función de un walk-in, temporal o permanente.

YO: ¿Cómo funciona eso? ¿Cómo da alguien permiso energético a otro hasta el punto de permitirle controlarlo?

O: Están coercionados.

YO: Debe haber un buen nivel de coerción para permitir que se les controle hasta el punto de la posesión.

O: Lo hay. Estar en el amor físico es un tipo de coerción que puede ser utilizado por una pareja que no es pura de corazón. Esto puede suceder cuando una persona está obsesionada con otra, y la otra reconoce la oportunidad de utilizar esto como una oportunidad de posesión. Otro es el deseo de complacer a otro como vehículo para ayudar en su propia progresión de alguna manera—siendo la progresión una carrera, posición social o inclinación financiera.

YO: ¡Ah! Esto explica los vínculos energéticos que he eliminado durante algunas de mis sanaciones?
O: Sí. Verás, la posesión se crea cuando el poseído le da permiso al poseedor para conectarse energéticamente a través de uno de los medios que acabamos de mencionar. Este vínculo es a menudo tan voluntariamente aceptado que su verdadera intención, ya sea inicialmente apoyada o como resultado del cambio de relación, no es detectada, ni energética ni lógicamente. Aunque los que les rodean pueden ver que hay algo que no está bien en el patrón de comportamiento del poseído, el poseído no puede.

 El vínculo energético es, como has observado, como una tubería energética conectada a las energías del aspecto físico grueso y espirituo-físico del cuerpo humano, normalmente a través de un chakra, siendo el chakra del corazón el favorito. El diámetro de este tubo energético es relativo al nivel de control o influencia que el poseedor tiene sobre el poseído. Una vez creado este vínculo, el poseedor puede, y normalmente lo hace, manipular al poseído para afectar varios resultados que quiere conseguir, pero de los que no necesariamente quiere formar parte, o que podría afectar sin la posesión del poseído.

 La conectividad de esta tubería energética es tal que normalmente no puede ser eliminada por el poseído, ya que la conexión se basa en sus propias energías fusionadas con las del poseedor. Sólo el poseedor o un sanador competente pueden eliminar este vínculo.

YO: Acabo de recibir una imagen de un hombre y su perro, el hombre posee al perro y el perro está bajo el control del hombre mediante el uso de la correa. El perro también está poseído por el atractivo de un buen hogar, amor y comida regular. El efecto de la posesión en el perro es tan profundo que asigna el estatus de "macho alfa" al hombre y, como resultado, hará su voluntad cuando éste se lo ordene. Tal es el nivel de posesión que el perro se mantiene cerca del hombre, con la correa, manteniendo la estrecha relación de dependencia restringiendo los movimientos del perro y minimizando el contacto con otros perros o humanos con los que podría comparar y ver la verdad de su propia situación.

O: Bien, muy bien. En el caso del poseedor humano la correa es el vínculo energético y la necesidad de mantener al poseído cerca también, porque cuando al poseído se le permite alejarse del poseedor, el vínculo puede debilitarse. Aunque se debilite, no puede ser nunca eliminado por el poseído, por muy débil que sea, siempre permanecerá en su sitio.

YO: He visto a personas con muchos de estos vínculos de posesión con otras personas alrededor del mundo. ¿Son todos de la misma vida?

O: No, algunos de estos vínculos pueden venir contigo cuando encarnas en función del karma. Están ahí, no para crear posesión, sino como una oportunidad para ver las mismas o similares circunstancias que crearon los vínculos anteriores y evitarlas, rompiendo el vínculo y el karma asociado.

YO: Entonces, ¿es correcto que un sanador elimine estos vínculos si es una oportunidad para eliminar karma y progresar como resultado del reconocimiento de circunstancias iguales o similares que los crearon?

O: Sí, pero sólo si el sanador es competente y reconoce la necesidad de eliminar la conectividad así como el vínculo energético, porque si no se elimina también la conectividad el vínculo puede restablecerse, y de hecho lo hace.

YO: ¿Ha habido alguna vez un walk-in temporal que haya intentado poseer el cuerpo que está utilizando de forma temporal, robándoselo al verdadero aspecto titular?

O: Sólo una, y fue durante el primer uso del cuerpo humano como vehículo para experimentar las más bajas de las frecuencias del multiverso de tu Entidad Fuente. Sin embargo, debido al uso del cuerpo humano en esa época, el compartir e intercambiar cuerpos era común, no fue un problema grave.

YO: Gracias por aclararme este tema.

O: Encantado de poder ser de servicio.

Capítulo 19
Las Subencarnaciones

DECIDÍ DEJAR EL TEMA de los walk-ins en este punto porque estaba quedando claro que me estaba acercando a todo lo que yo, y mis lectores, podíamos absorber de manera útil. Estoy seguro de que habrá más información sobre este tema, y que vendrá más adelante., Sin embargo en este momento quería cambiar ligeramente de dirección y tocar brevemente el tema de las subencarnaciones.

El tema de las subencarnaciones apareció en mi radar cuando respondí a un correo electrónico de uno de mis lectores que quería una explicación para las abducciones extraterrestres. Mientras canalizaba la información para la respuesta, me llegó la inesperada información de que los abducidos son subencarnaciones de una encarnación primaria de frecuencia superior. Esta posibilidad me cautivó y, posteriormente, tuve el honor de realizar lecturas para dos personas que comprobé eran subencarnaciones por derecho propio. No podía creer la suerte que había tenido, pero al mismo tiempo sospechaba que podía estar inventando la información que recibía sobre estas dos personas, a pesar de que el intervalo de tiempo entre la información canalizada original y estas lecturas fue de diez meses. En estas situaciones, paso por un procedimiento de recalibración en el que excluyo toda la información recibida anteriormente y formulo las preguntas desde una dirección y un género diferentes. Una vez más, recibí la misma información, y en ambos casos se me proporcionaron más detalles sobre por qué eran subencarnaciones en un cuerpo humano en lugar de una encarnación primaria. Paralelamente, empecé a obtener más información sobre la estructura de nuestro Verdadero Ser Energético, nuestra Alma Superior, Ser Superior o Deidad, como prefieras llamarlo. Todos los descriptores se refieren a lo mismo, a lo que realmente somos cuando estamos en lo energético. Decidí trabajar en este aspecto directamente después de la discusión con El Origen sobre las subencarnaciones. El vínculo entre los dos temas que estaba a punto de aparecer surgió de la nada.

O: Así que quieres hablar de subencarnaciones.

YO: ¡Eso es un poco abrupto!

O: No realmente, es sólo cuestión de hechos. Las subencarnaciones no son algo que se haya abordado antes. Es un tema nuevo para la humanidad encarnada, y causará cierta preocupación en algunas personas. No se sentirán completos.

YO: ¿Entones deberíamos estar discutiéndolo y difundiéndolo, teniendo en cuenta que va a dar de que hablar?

O: Es la introducción de lo nuevo e incómodo que es el papel que has elegido en esta existencia temporal en la que te has embarcado. Por supuesto que debemos discutirlo. De hecho, tenemos que, porque ayudará a muchos a entender que hay mucho más en la encarnación de lo que es aparente.

YO: Bien. Déjame hacerte una pregunta primero. ¿Las subencarnaciones son walk-ins?

O: No. Un walk-in es un estado completamente diferente. Sin embargo, una subencarnación podría alcanzar una condición de walk-in temporal o permanente si hubiera un acuerdo previo para tal estado encarnado.

YO: Que es uno de los que se han discutido anteriormente.

O: Sí, las condiciones para "entrar" en un cuerpo humano, y encarnar un vehículo, aún deben cumplirse. De hecho, las condiciones son más estrictas debido al efecto de la subencarnación en el cuerpo humano.

YO: Entonces, ¿es posible ser un walk-in cuyo aspecto (alma) sea el resultado de una subencarnación?

O: Sí. Ten en cuenta que son condiciones distintas. No son la misma cosa, que es lo que preguntabas.

YO: Sí, ahora lo veo. Pero, esto es increíble. Permíteme compilar mis pensamientos aquí. ¿Qué tan común es un walk-in subencarnado?

O: No es muy común en tu universo, aunque se utiliza con un efecto significativo en los ambientes de las otras Entidades Fuente, cuando utilizan un vehículo para trabajar con sus más bajas frecuencias. Incluso se utiliza con efectos significativos por los Verdaderos Seres Energéticos del universo de tu propia Entidad Fuente, en las más altas de las frecuencias. Por ejemplo, una entidad que proyecta un aspecto de sí misma en un vehículo encarnado que reside en la duodécima frecuencia, que luego decide subencarnar en un vehículo en la novena o décima frecuencia, ya sea como una subencarnación completa o una subencarnación que tiene permiso para un walk-in temporal, compartido o completo al vehículo encarnado que es el objetivo. Pero en todos estos casos operan en un nivel de comprensión de su condición, que es una condición conocida, y no en la ignorancia que experimentan en tu frecuencia donde la gente piensa y cree que son el cuerpo humano.

YO: ¿Así que los encarnados en las frecuencias más altas del universo físico sabrían si son un walk-in, una subencarnación o una subencarnación en un walk-in, ya sea de manera completa, temporal o compartida?

O: Sí.

YO: Eso es extraño.

O: Esa es la encarnación normal. Esta enrevesada; es sólo que no sabes de aquello por lo cual está tan enrevesada. Cuando la humanidad encarnada haya ascendido lo suficiente en las frecuencias, todo esto y más estará disponible para ella, mientras esté encarnada.

YO: Bueno, soy consciente de que hemos saltado directo al final aquí y sin compartir con mis lectores lo que es una subencarnación.

O: Correcto. Así es. Lo que me gustaría que hicieras, sin embargo, es ver si has asimilado lo que es una subencarnación.

YO: ¿Quieres que te explique primero lo que entiendo?

O: Sí, y llenaré los huecos, aquellos que sean necesarios. Se está volviendo importante para ti ser capaz de trabajar por tu cuenta con estas explicaciones usando la formación que obtienes a través de tu intuición, tu clarividencia y tus líneas naturales de comunicación, más que a través de la investigación canalizada. Ya has hecho algo de esto en tus diálogos anteriores.

YO: ¿Por qué es eso?

O: Es algo a lo que tienes que acostumbrarte. Pronto ya no necesitarás contactar con tu Fuente o con otras Fuentes, o incluso conmigo para obtener esta información. Estará disponible para que la tomes cuando lo desees. Así es como trabajas en lo energético, así es como todos ustedes trabajan cuando están en lo energético, y así será como trabajarás más adelante en tu papel aquí como ser encarnado.

YO: Eso va a requerir un acto de fe por parte de los lectores que esperan que sea un orden superior el que proporcione la información.

O: Sí, lo hará, pero considera esto. La canalización es sólo un paso. Es como usar un juego de cartas de Tarot para que el lector del Tarot centre su atención en ellas. Es bueno comunicarse con otras entidades energéticas, y uno debería hacerlo, pero el contacto y las comunicaciones deberían ser sólo eso, para la comunicación, para la comunión, y no usarlas como medios para obtener información que eres perfectamente capaz de obtener tú mismo. Es como ir a un supermercado y pedirle al encargado que te traiga un paquete de chícharos, cuando eres perfectamente capaz de recorrer los pasillos de productos y encontrar dónde están almacenados los chícharos. Y no sólo eso, sino que eres capaz de averiguar dónde están las distintas variedades de chícharos y si están congelados, enlatados, separados, embolsados o todavía en su vaina. De este modo, accedes a un conocimiento que no se basa únicamente en ciertas preguntas. Se basa en proyectar la consciencia en el ser mismo de lo que "es" (yo) y experimentar por ti mismo las diferentes respuestas que se podrían haber dado. Es más, podrás dar una definición más clara del tema, ya que muchos temas tienen subsecciones, así como las encarnaciones tienen subencarnaciones. Tendrás acceso a más detalles y crecerás de forma acelerada en el proceso.

YO: Gracias. Ha sido una señal de lo que está por venir. Espero que mis lectores estén a la altura de este tipo de salto cuántico.

O: Aquellos que están contigo casi lo estarán esperando cuando finalmente decidas avanzar de esta manera. Los que se estarán poniendo al día empezarán con tu primer libro. Seguirá en el orden correcto. Sabrás cuándo introducir esta forma de trabajar.

Ahora, continua con tu entendimiento de la subencarnación.

YO: Gracias. Desde mi comprensión, una subencarnación es cuando nosotros, como entidad energética, proyectamos un aspecto de nuestros Verdaderos Seres Energéticos en el universo físico a una frecuencia alta como una encarnación primaria, y luego decidimos, mientras estamos en esta condición primaria, proyectar el aspecto que lo anima en otro cuerpo de frecuencia inferior como una subencarnación.

Esta capacidad está disponible porque el aspecto encarnado todavía tiene algunas funciones de las frecuencias más altas disponibles en la encarnación primaria, dándole la oportunidad de tomar esta decisión. La encarnación primaria sólo está disponible en las frecuencias por encima de la séptima. Las frecuencias por encima de la séptima son un prerrequisito necesario para una encarnación primaria, porque son únicamente energéticos desde la perspectiva del cuerpo humano, aunque se les consideran que son físicos. Las frecuencias por debajo e incluyendo la séptima son tanto espirituo-físicas así como físicas gruesas y no permiten que se manifiesten las funciones superiores, como el reconocimiento pleno del Verdadero Ser Energético y otras habilidades, debido a su falta de resolución. Por lo tanto, dentro de los confines del universo físico, las entidades que desean encarnar en el físico grueso sólo encarnarían como una subencarnación de estas frecuencias más altas, entre la octava y la duodécima, en el cuerpo humano, y nada en el medio.

Una subencarnación es, por lo tanto, una encarnación que un aspecto elige hacer cuando esta encarnado en las frecuencias físicas más altas, manteniendo aún la integridad de la encarnación primaria.

O: Extenso pero razonablemente preciso. Ahora divídelos en sus categorías.

YO: ¡Muy Bien! ¡Ahora ... esto viene directamente a mí como una descarga!

O: Sí, estoy usando esta descripción como una oportunidad para darte algo de experiencia de la forma en que trabajarás en los próximos años.

YO: Estoy seguro de que te lo agradeceré más tarde. Mmmm, déjame ver. ¡Ah, sí! Hay tres formas básicas de subencarnación. Estas son:

SUBENCARNACIÓN COMPLETA—Cuando el aspecto del Verdadero Ser Energético que ocupa actualmente una encarnación física de alta frecuencia desea experimentar una existencia de frecuencia inferior durante un período de tiempo conocido en lugar de, pero como apoyo a, el trabajo que está realizando en su encarnación actual. El trabajo y la información que se acumulan durante esta encarnación benefician tanto al aspecto subencarnante como a aquellos otros aspectos encarnados con los que está trabajando en su estado encarnado primario. Piensa en esto como una encarnación dentro de otra encarnación, en la que los aspectos que permanecen en las encarnaciones primarias supervisan las experiencias del aspecto en la subencarnación, incluyendo la obtención de información directamente del vehículo utilizado en la subencarnación—el cuerpo humano. En este caso, el aspecto en la subencarnación opera como un aspecto cuya encarnación primaria está dentro del físico grueso—ya que carece de la memoria de su estado encarnado primario, de su funcionalidad y del propósito de su encarnación. Hasta el fallecimiento del cuerpo humano físico grueso, cuando vuelve a su estado encarnado primario, reanimando el vehículo encarnado primario.

SUBENCARNACIÓN PARCIAL—Cuando el aspecto del Verdadero Ser Energético desea llevar a cabo una subencarnación mientras sigue operando en el estado encarnado primario; los dos se llevan a cabo en tándem. En este caso, el aspecto encarnado proyecta una "esquirla" de un porcentaje conocido del aspecto dentro de las frecuencias más altas, en las frecuencias del físico grueso, con el fin de aumentar la información necesaria para apoyar una experiencia deseada requerida mientras se está en la encarnación primaria. Esto es como tener una segunda encarnación que está bajo el control remoto de la primera. Se puede proyectar más de una esquirla en una subencarnación, y es habitual que haya dos o tres en curso al mismo tiempo.

SUBENCARNACIÓN "TEMPORAL" TOTAL O PARCIAL— Cuando el aspecto, o esquirla, de un aspecto del Verdadero Ser Energético se proyecta al estado subencarnado sólo durante un período limitado. Esto es, en una condición de walk-in organizada en la que el aspecto titular anterior ya sea que abandona el cuerpo durante un periodo de tiempo acordado o bien el cuerpo se comparte durante un periodo de tiempo acordado. En estos casos, la subencarnación sólo es operativa durante el tiempo que dura una condición experiencial deseada y no durante toda la existencia del cuerpo humano utilizado.

O: Muy bien. Sabía que tomarías esto como un pato al agua.
YO: Gracias, pero me llevó bastante tiempo en comparación con trabajar contigo o con las otras Entidades Fuente.
O: Será más rápido cuanto más lo uses.
YO: Mientras recibía y tecleaba esta información me distraje un poco con los comentarios sobre las esquirlas. Empecé a ver una imagen en mi mente que mostraba la estructura potencial encarnada del Verdadero Ser Energético. Las esquirlas parecían ser la disección lógica de un aspecto.
O: Continúa.
YO: Me pareció sentir como que era un método común de división, de experimentar en paralelo.
O: Hay un vínculo entre lo que has discutido como subencarnación y la capacidad divisoria del Verdadero Ser Energético. Deberías discutir esto en el próximo capítulo. Pero ahora mismo siento la necesidad de dar los toques finales al diálogo sobre la subencarnación.

Las subencarnaciones son una oportunidad importante para complementar lo experimentado en una frecuencia más alta con una experiencia similar, igual o diametralmente opuesta en un estado de frecuencia inferior, mientras se sigue encarnado en el estado primario. Ofrecen a la entidad la oportunidad de una encarnación que tiene una capa de respuestas a una experiencia deseada basada en las frecuencias a las que el aspecto del Verdadero Ser Energético está expuesto. Un aspecto que encarna en las frecuencias más altas puede existir como una subencarnación total o parcial durante la longevidad total de un cuerpo humano, que se mide en décadas, mientras que su encarnación primaria está inerte o en funcionalidad parcial, si se utiliza una esquirla, durante un período que puede medirse en el equivalente de unas pocas horas a unas pocas semanas del tiempo de la encarnación primaria. Las subencarnaciones permiten experimentar más detalles mientras se está encarnado, aprovechando al máximo la experiencia encarnada en toda la miríada de formas.

Capítulo 20
Los Aspectos del Verdadero Ser Energético

ESTO ME PARECIÓ UN POCO AL REVÉS. Acabábamos de discutir de los tipos de encarnación que podían experimentarse y habíamos aludido a la estructura del Verdadero Ser Energético, incluyendo cómo podía subdividirse. El Origen, sin embargo, quería discutirlo de nuevo con cierta profundidad. Empecé a tener cierta sensación, la que tengo cuando empiezo a sospechar que nada es tan sencillo como parece. Tengo esta sensación cuando sé que voy a tardar mucho tiempo en recibir la información y, por lo tanto, voy a estar encadenado al teclado de mi computadora durante mucho tiempo. Cuando trabajo así, me resulta difícil seguir adelante y aún más alejarme del tema o de la computadora. Pero sé que es importante y poner manos a la obra y seguir avanzando. Sin embargo, la información que El Origen iba a ofrecerme compensó todas las sensaciones de "esto va para largo".

Aspectos y Esquirlas de Nuestro Verdadero Ser Energético

YO: Tengo que admitir que estoy un poco sorprendido. Pensaba que ya habíamos hablado bastante de la estructura del Verdadero Ser Energético en el diálogo anterior sobre las subencarnaciones.

O: Lo hemos hecho hasta cierto punto, pero está incompleto y debe discutirse por sí solo.

YO: Ah, vale, acabo de entender tu punto de vista. Considerando que la mayoría de la humanidad encarnada piensa que ellos son el espíritu, el alma, que es la inteligencia detrás del cuerpo humano que están usando, están avanzando en un nivel bajo de comprensión. Reconozco esto porque mucha gente espiritual todavía siente que "ellos" vienen de uno de los otros vehículos encarnados de frecuencia superior que se usan en el universo físico. Esto sería un proceso de pensamiento razonable si fueran subencarnaciones pero incorrecto en la realidad superior.

O: Correcto. Por eso es necesario enderezar la historia, mostrar a la humanidad encarnada cuál es la verdad sobre ellos mismos. No es la primera vez que se les difunde esta información. La verdad tiene miles de años y está incorporada en las enseñanzas científicas de algunas de las civilizaciones encarnadas más antiguas de la Tierra. Todo lo que uno debe hacer es mirar a su alrededor para encontrarla. Basta decir que la información es difícil de encontrar, y aún más difícil de comprender debido al método de enseñanza y a las expectativas sobre el nivel de progreso espiritual del estudiante. Ahora tenemos la oportunidad de poner esta información a disposición de todos los que estén preparados para ella. Esto es, más fácilmente disponible de lo que está actualmente.

YO: Tengo la sensación de que ya sé y entiendo lo que me vas a dar. Esto es conocimiento antiguo.

O: Sí, es conocimiento antiguo y por supuesto que lo sabes. Pero también reconoce que este conocimiento es relevante para esta/tu Entidad Fuente de elección y sus creaciones. El tema general, que es la estructura energética básica, se transporta hasta las otras Entidades Fuente, pero con variaciones basadas en sus propios niveles de creatividad. Todo lo que has entendido sobre las Entidades Fuente y sus creaciones se ha basado en lo que ellas han creado y en cómo están trabajando. Independientemente de esto, hay una estructura básica, una estructura que todas las entidades tienen, y esta estructura se basa en mí y mi estructura. Cuando creé las Entidades Fuente, las creé basándome en el conocimiento que tengo sobre mi propia estructura, cómo interactúa consigo misma y cómo puede difundirse a lo creado por las Entidades Fuente y sus creaciones. Esta información más profunda no es para ahora, pero la humanidad será capaz de trabajar con ella en un futuro próximo.

YO: Entonces, ¿qué vamos a discutir si la mayor parte se basa en lo que ahora mismo no podemos entender?

O: Lo más esencial, y esto será suficiente. ¿Quieres empezar tú o lo hago yo?

YO: Bueno, no quería saltar al modo de tomar la información directamente de ti, el "todo lo que hay", ahora mismo, pero lo intentaré debido a la energía insistente que estoy recibiendo de ti.

O: Adelante, te invito.

Tengo que admitir que el comentario anterior hecho por El Origen sobre mi alejamiento de la necesidad de utilizar a un "tercero" para obtener la información que estoy destinado a difundir en la Tierra y a sus habitantes fue un poco desconcertante, especialmente cuando los terceros eran las Entidades Fuente y El Origen mismo. Me alegra exponer mi propia comprensión como ejemplo, y que luego me corrijan, pero volar solo requiere un salto de fe. Reconociendo que antes había ilustrado mi nivel de conocimiento a las Entidades Fuente, decidí lanzarme a lo profundo. Me recliné en mi silla y reflexioné sobre lo que acababa de escribir y pensaba. Esto no tenía sentido. ¿Me estaba volviendo demasiado crítico conmigo mismo y con mi capacidad, o me estaba volviendo menos "Gung Ho", por así decirlo? Reflexioné aún más y me di cuenta de que me había presionado a mí mismo. Esta presión era la necesidad de obtener la información correcta, y el uso de un tercero quitó la responsabilidad de mi parte hacia la entidad con la que estoy en comunicación, es decir, ellos tenían que hacerlo bien y no yo. Además, ellos están en lo energético y gozan de acceso ilimitado a todo, y yo, esto es, la parte de mí que está tecleando este texto, no estoy en lo energético, y por lo tanto tengo acceso limitado. Ahora podía oír a El Origen: "La limitación, querido, está en la mente de la entidad, no en la realidad de su capacidad". Entonces consideré si se trataba o no de un aspecto del miedo, un rasgo muy humano, basándome de nuevo en el inminente día en que vuele solo y no tenga necesidad de un tercero en quien enfocarme, pero me preocupa por cómo se aceptará este cambio de dirección. Sacudí la cabeza y El Origen me hizo uno que otro comentario de ánimo.

O: La fortuna favorece a los valientes, y un corazón débil nunca ganó una hermosa doncella.

YO: ¿Qué se supone que significa eso?

O: Si nos preocupamos por lo que la gente piensa de nosotros, nunca haremos lo que queremos o debemos hacer.

Aquellos que tienen éxito son conscientes de la oportunidad y de la necesidad de hacerlo ahora. Recuerda que una puerta abierta ahora puede no estarlo después.

YO: Parece que me están dando un curso de filosofía 101.

O: En realidad no lo necesitas; eres bastante bueno en filosofía por derecho propio. Lo que estás experimentando se basa en tu condición humana y en el hecho de que te estás acostumbrando a la forma en que estás trabajando ahora. Hasta ahora has avanzado a un ritmo bastante rápido, en realidad tus transiciones han sido bastante fluidas. Has avanzado con experiencia, convicción y entusiasmo.

Ah, sí, ahora lo veo. Estás entrando en ese Espacio Evento en el que vuelves a dar el salto cuántico por tu cuenta, atrayendo todo lo del "todo lo que hay", yo, pero sin el empuje de tu mujer, Anne. Anne estuvo contigo en tus saltos cuánticos anteriores, animándote en cada esquina, ayudando a validar la formación en la que estabas trabajando, construyendo tu confianza en el proceso. Ella era otra tercera persona, otro punto de enfoque, alguien que te tomaba de la mano cuando aparecían momentos de debilidad. Debes saber que ella desempeña un papel importante en la energía de lo que estás haciendo—esto formaba parte del plan. Ella está contigo siempre, lo sabes, te comunicas con ella a diario, pero el aspecto humano que necesitaba/quería experimentar te ha tomado desprevenido. Ella es tú y tú eres ella, igual que tú eres yo y yo soy tú, igual que las Entidades Fuente, esto también lo sabes. Más adelante explicaré cómo funciona esto con los Om. (Esto fue el 16 de septiembre de 2013—Anne ascendió el 24 de diciembre de 2012. Fue cerca de, si no el día de, la fecha del aniversario de diez años del diagnóstico de su tumor cerebral. ¡Estaba teniendo un momento humano!). Ahora bien, ¿qué entiendes sobre la estructura del Verdadero Ser Energético?

YO: Empezaré desde arriba y me abriré camino hacia abajo, por así decirlo. El Verdadero Ser Energético es lo que realmente somos. Puede describirse como la Deidad, el Alma Superior o el Ser Superior, lo que prefiera el buscador de la verdad. Seguiré utilizando el "Verdadero Ser Energético" porque me parece más exacto. El Verdadero Ser Energético es aquello que fue creado por la Entidad Fuente, esto es nuestra Entidad Fuente, la Entidad Fuente Uno. Es una unidad individualizada de la Entidad Fuente. Fue/fueron creado/s para permitir a la Entidad Fuente investigar las energías que la construyen de la manera más completa posible.

El Verdadero Ser Energético fue diseñado para poder trabajar con el detalle minucioso de la estructura de la Entidad Fuente, que fue creada como una estructura separada dentro de sí misma, el multiverso, para permitir a esa miríada de unidades individualizadas de sí misma la oportunidad de investigar este detalle sin la intervención o la interferencia de la Fuente misma. El Verdadero Ser Energético fue creado como una copia mucho más pequeña de la Entidad Fuente y tiene una estructura que emula a la Fuente y al multiverso. Reside dentro de una porción del multiverso, una frecuencia que es el componente estructural base de la dimensión y el componente subdimensional que es relevante para su nivel de evolución. El nivel de evolución es un estado progresivo y está basado en la experiencia y el aprendizaje acumulados dentro del aspecto energético o de frecuencia superior del multiverso y las frecuencias bajas. Dado que las frecuencias más bajas son las que más interesan a la Fuente, algunos Verdaderos Seres Energéticos gravitan hacia la oportunidad de existir dentro de estas frecuencias bajas y experimentar la funcionalidad asociada a ellas. Esto requiere un conjunto específico de circunstancias que lo permitan, todas de las cuales culminan en la condición encarnada.

El Verdadero Ser Energético es un orden complejo de energías en la medida en que tiene un vínculo directo con su estado energético elevado, su creador, y tiene la capacidad de ser totalmente independiente de su creador. En su construcción tiene un subconjunto de energías a las que también se les puede dar individualidad mientras están vinculadas a su sí-mismo. Estas energías son proyecciones o aspectos de su sí-mismo y pueden actuar independientemente de su sí-mismo, sin dejar de retroalimentar al sí-mismo con lo que experimenta, al igual que lo hace con la Fuente. Aquí se mantiene la sinergia.

Hay un máximo de doce aspectos que pueden utilizarse. Cada uno de ellos es una oportunidad de experiencia individual y paralela, además de la acumulada por el Verdadero Ser Energético. Pueden proyectarse en cualquier lugar dentro del multiverso en relación con su posición evolutiva, y por lo tanto frecuencial, dentro de él. Cualquiera de los aspectos, o todos ellos, pueden utilizarse en el proceso de encarnación en un intento para acelerar la acumulación de contenido evolutivo.

Cada aspecto tiene la capacidad de dividirse en aspectos más pequeños llamadas esquirlas. Cada aspecto puede proyectar hasta doce esquirlas de sí mismo en cualquier lugar del multiverso, como se acaba de explicar. Sin embargo, las esquirlas se pueden utilizar de forma fraccionada. Una esquirla puede ser una esquirla ciento por ciento autónoma, que a todas las intenciones y propósitos, tiene un estatus similar al de un aspecto, o una esquirla puede ser un porcentaje de un aspecto que es una extensión del aspecto y no una esquirla "en su totalidad". Un aspecto puede proyectar hasta doce esquirlas en varios lugares como proyecciones autónomas de sí mismo, siendo la esquirla fraccionaria un aumento de esta condición en la que un "aspecto" del aspecto también forma parte de la proyección que crea la esquirla. De este modo, el aspecto cede parte de su "sí-mismo" para aumentar cualquiera de las esquirlas proyectadas desde él hacia una existencia adicional, encarnada o energética, o crea un aspecto separado del aspecto a través de la separación del aspecto mismo en partes componentes más pequeñas, siendo las esquirlas externas a esta parte de la función de un aspecto. En esencia, un Verdadero Ser Energético podría tener doce aspectos, cada uno con doce esquirlas y un número de esquirlas fraccionarias como proyecciones adicionales, lo que hace ciento cuarenta y cuatro, más las oportunidades paralelas pero individualizadas para aumentar el contenido evolutivo del Verdadero Ser Energético.

O: Muy bien hecho. Casi la respuesta que yo podría haber dado.
YO: ¿Así que la apruebas?
O: Sí, vi que conectabas muy bien con el "conocimiento" y con facilidad.

YO: No me sentí diferente de cuando normalmente obtengo inspiración, cuando uso mi intuición, o incluso cuando recibo información de ti o de una de las Entidades Fuente.

O: Y así debe ser. Cuando normalmente utilizas tu intuición u obtienes inspiración, te estás conectando con el conocimiento contenido en la realidad superior de la Entidad Fuente Uno, que es una ruta indirecta para obtener acceso directo a lo que está contenido dentro de mí. Cuando recibes información de una de las Entidades Fuente o de mí se te está dando información, que no es lo mismo que obtener la información a través de tu propia funcionalidad. En la información a la que acabas de acceder no tuviste ayuda de mí, ni de una Entidad Fuente, esto es, no te la dimos, tampoco estabas utilizando a la Entidad Fuente Uno como un tercero, un foco de atención. Estabas accediendo directamente por ti mismo. Debería ser igual de fácil, pero muchas personas que utilizan un foco de atención, como cartas, cristales o un guía espiritual, para obtener información se atascan y sólo pueden obtener información a través de ese foco. Tú tenías un enfoque mucho más elevado, una de las Entidades Fuente o yo, y dejar atrás la necesidad de utilizarnos es un paso importante hacia adelante.

YO: Me pareció muy natural.

O: Así debe ser. Eres amado de los Om. Haces esto todo el tiempo cuando estás desencarnado, esto es, obteniendo información más allá de la contenida por tu Entidad Fuente de elección. Otras entidades están restringidas a la información dentro del ambiente de su creador cuando desencarnan.

YO: Gracias por esas palabras aclaratorias sobre cómo yo estaba operando, y por tus ánimos. Ayuda y significa mucho. Ahora me gustaría que me aconsejaras sobre cómo se relaciona la estructura del Verdadero Ser Energético con el principio de un grupo de almas y un alma gemela.

O: Tu Verdadero Ser Energético, Deidad, Ser Superior, Alma Superior, cualquiera que sea el descriptor con el que se relacionen, tiene la capacidad de proyectar hasta doce "aspectos" de sí mismo en las frecuencias más bajas asociadas con el universo físico. Cada uno puede encarnarse en un cuerpo humano separado o en otro vehículo encarnado (no animal, etc.) que sea de una frecuencia más alta.

Cada uno de estos aspectos también puede proyectar hasta doce "esquirlas" de sí mismo y ocupar otros vehículos encarnados (de nuevo, no animal, etc.) como una subencarnación completa (una encarnación dentro de una encarnación) si el aspecto está encarnado en una frecuencia más alta que las frecuencias de la Tierra, o como un walk-in, que puede ser un walk-in completo, temporal o compartido.

Cualquier aspecto o esquirla sigue siendo, por definición, parte del Verdadero Ser Energético.

Cuando más de un aspecto o esquirla se proyecta en un estado encarnado, esos aspectos o esquirlas pueden clasificarse como un "grupo de almas" del Verdadero Ser Energético. Como parte del grupo de almas, son "almas gemelas" porque pertenecen a un Verdadero Ser Energético, Alma Superior, Ser Superior o Deidad. Cuando cualquiera de estos aspectos o esquirlas se encuentran y trabajan juntos como una asociación mientras están encarnados, están trabajando con un miembro de su grupo de almas, una de sus almas gemelas. Por lo tanto, cuando alguien afirma que ha conocido a su alma gemela, ha conocido a otro aspecto o esquirla de sí mismo. Ambos forman parte de una entidad mucho mayor, su Verdadero Ser Energético. Es porque han conocido un aspecto encarnado o esquirla de sí mismos que naturalmente aman a esa persona encarnada. Es este amor a un aspecto o esquirla del Verdadero Ser Energético.

YO: ¿Cómo identifica uno si su pareja es un alma gemela?

O: Desde una perspectiva humana, un alma gemela puede ser identificada reconociendo que un alma gemela puede ser conocida, casi, a los pocos días del primer contacto, si se es lo suficientemente observador. ¿Pero cuántos de ustedes son tan observadores? No muchos, y muchas almas gemelas sólo pueden ser identificadas como tales después de muchos años de trabajar en colaboración.

Desde una perspectiva humana, un alma gemela es una persona:

- De quién se queda uno enamorado.

- La mano de quién quieres tomar veinticinco años después de conocerlo.
- Quien es tolerante con tus malas acciones y te ofrece ayuda para corregirlas.
- Quien te acepta por lo que eres y te ofrece amables consejos para mejorar.
- Quien te dice cuando estás enfadado sin miedo a represalias.
- Quien trabajará contigo mano a mano en las situaciones más difíciles.
- Quien no te abandonará cuando las cosas se pongan difíciles.
- Quien prefieres ser pobre y estar "enamorados" juntos, que ricos y "existir" juntos.
- Quien te elogia cuando tienes éxito y te consuela cuando fracasas, comprendiendo el beneficio de ambos resultados.
- Quien es fuerte para ti, y está ahí para ti, en tus momentos más oscuros.
- Quien estás satisfecho contigo y con lo que tienes.
- Quien te ayuda a estirarte.
- Quien te levanta cuando te caes.
- Quien te da tu independencia cuando quieres.
- Quien confía en ti—sin ninguna duda.
- Quien te ayuda a desarrollar todo tu potencial.
- Por quién darías tu vida.
- Quien necesita ser apreciado, porque es un regalo de tu Entidad Fuente.

Éstas son sólo algunas de las cosas que identifican a un alma gemela. Búscalas a la hora de elegir a tu pareja para toda la vida. Tómate tu tiempo y elige bien.

Aspectos, Esquirlas y los Efectos del Espacio Evento

YO: Si nosotros, como Verdadero Ser Energético, tenemos el potencial para ciento cuarenta y cuatro encarnaciones como aplicación máxima de nuestros aspectos y esquirlas, ¿aumenta este número como resultado de la invocación del Espacio Evento?

O: Sí, así es. Sin embargo, ten en cuenta que el Espacio Evento es una función local del aspecto o esquirla y no los afecta a todos. Con esto quiero decir que el Espacio Evento que afecta al aspecto número dos, por ejemplo, no afecta a los otros aspectos que están siendo proyectados por el Verdadero Ser Energético. Tampoco afecta a las esquirlas, ya sean esquirlas completas o parciales, que están siendo proyectadas por el aspecto número dos. Todos y cada uno invocan y son influidos por el Espacio Evento de manera individual.

YO: Eso significa que el aspecto número dos puede estar experimentando, digamos, 128 Espacios Evento (realidades) diferentes como resultado de ciertas posibilidades, pero cada una de las esquirlas proyectadas por él puede estar experimentando otros múltiples Espacios Evento totalmente independientes unos de otros, y su aspecto proyectado. Por ejemplo, 516, 234, 16 y 1,032 Espacios Evento diferentes experimentados por el aspecto número dos si estuviera proyectando cuatro esquirlas. Y esto es totalmente independiente entre sí y del aspecto.

O: Totalmente. Veo que frunces el ceño.

YO: Bueno, me cuesta ver cómo las esquirlas no se ven afectadas por los Espacios Evento creados por su aspecto.

O: Se disocian cuando se separan a través de la proyección.

YO: ¡Perdón!

O: Cuando un aspecto crea una esquirla, es una entidad autónoma, una oportunidad independiente para obtener experiencia paralela, aprendizaje y contenido evolutivo. Al igual que el aspecto proviene del Verdadero Ser Energético y el Verdadero Ser Energético proviene de la Entidad Fuente Uno y la Entidad Fuente Uno de mí. Se convierte temporalmente en su propia entidad, al igual que el aspecto es una entidad temporal creada por el Verdadero Ser Energético. El Verdadero Ser Energético, el aspecto y la esquirla están separados entre sí. Si no lo estuvieran, su existencia no tendría sentido.

YO: Esperaba que si un aspecto se veía afectado por una posible condición de dualidad, entonces las esquirlas proyectadas desde él también se verían afectadas.

O: Pero entonces eso significaría que el Verdadero Ser Energético se vería afectado por cómo la Entidad Fuente Uno se ve afectada por el Espacio Evento, y la Entidad Fuente Uno se vería afectada por cómo yo me veo afectado por el Espacio Evento. Este no es el punto del Espacio Evento en mi entendimiento de este. Sólo afecta al individuo que toma la decisión, y no a lo que es creado por el que toma la decisión, que es un tomador de decisiones por derecho propio.

YO: ¿Así que el Espacio Evento es selectivo?

O: En cierto modo, sí. Sólo trabaja con aquello que crea una oportunidad para una posibilidad alternativa, una posibilidad de una posibilidad o una posibilidad de una posible posibilidad. Esto significa que no hay ningún efecto descendente por aquellas entidades a las que se les da individualidad por su creador cuando su creador experimenta la posibilidad de una posibilidad alternativa y se expone al paralelismo como resultado de ello.

YO: Y esto mantiene las oportunidades evolutivas individuales, validando la necesidad de su existencia en primer lugar.

O: Exactamente.

YO: Entonces, ¿qué pasaría si un aspecto FUE afectado por el Espacio Evento creado por su Verdadero Ser Energético?

O: No podría funcionar. Estaría sujeto a un nivel de paralelismo que no es función de su propio proceso de toma de decisiones.

YO: Pero, en mi opinión, eso sucede todo el tiempo. Lo que quiero decir es que creamos nuestros propios Espacios Evento locales y luego nos mezclamos unos con otros para crear un Espacio Evento mayor, basado en el efecto acumulativo de todos los Espacios Evento que están lo suficientemente cercanos como para formar un Espacio Evento mayor.

O: Y así lo hacen, pero ese Espacio Evento acumulativo más grande es sólo un espacio que contiene. No es un Espacio Evento basado en el proceso de decisión de una entidad creadora que toma decisiones, como tú. Porque no se basa en una única entidad creadora que toma decisiones y es el resultado de una decisión o deseo acumulativo, no afecta a los Espacios Evento locales más pequeños creados por los creadores que toman decisiones. Sí, contiene un espacio común para ellos, pero no les afecta per se.

YO: ¿Por qué sucede eso?

O: Porque el Espacio Evento reacciona a decisiones singulares y no a decisiones acumulativas. Una decisión acumulativa es una decisión basada en el producto de una decisión única inicial de crear un Espacio Evento que contiene, como una exhibición. Esto es propiedad de la entidad creadora que tomó la decisión de crear un espacio para que otros lo usen—es su Espacio Evento. Si otros deciden unirse a él, el Espacio Evento se expande para permitirles formar parte de él. Si no lo hacen, entonces siguen su propio camino y crean un Espacio Evento propio el cual representa su nueva decisión, o continúan utilizando el Espacio Evento existente en donde se unen al Espacio Evento creado por el creador de la exhibición. Este espacio sólo existe durante el tiempo que dura la exhibición, esto es, la existencia que necesita la entidad creadora para contener la exhibición como espacio para aquellos que deseen utilizarla con el propósito único pero acumulativo de que la entidad individual interactúe con muchas, bajo un propósito común. Cuando todos abandonan la exhibición, el Espacio Evento, como espacio que contiene, se disipa y regresan a sus propios Espacios Evento—esto es, hasta que surja el siguiente espacio que contenga al que decidan unirse, creado por una única entidad creadora que toma decisiones.

Extrapolando esto al Espacio Evento creado por el Verdadero Ser Energético, se crea un Espacio Evento que se clasifica como un espacio que contiene y no como un espacio que afecta al aspecto en sí. Si lo hiciera, el aspecto no estaría en control de su propio proceso de toma de decisiones y del subsecuente Espacio Evento, porque ni la decisión ni el Espacio Evento serían suyos. Una entidad creadora de decisiones no puede funcionar en un Espacio Evento que no sea el resultado de su propia decisión, a menos que, por supuesto, el Espacio Evento sea un espacio que contiene, que es temporal y la decisión de unirse a él, de esta manera temporal, es suya.

Capítulo 21
La Interacción de los Espacios Evento Locales

ENCONTRÉ EL "HECHO" DE QUE EL ESPACIO EVENTO sólo afectaba realmente a la entidad como "entidad creadora de decisiones" bastante interesante. Esto significaba que realmente tenemos el control de nuestro propio destino, en la medida en que cualquier Verdadero Ser Energético, aspecto o esquirla sólo se ven afectados de primera mano por su propia exposición a la posibilidad de la dualidad, la trialidad, la cuadrualidad, la posibilidad de posibilidad y la posibilidad de posibles posibilidades y procesos de decisión resultantes que preceden o impiden estas coyunturas en nuestra existencia. Pensé en ello unos instantes y encontré lo que me pareció una laguna en la información que había estado discutiendo, un área en la que no había pensado y que marcaría una gran diferencia en la forma en que se había respondido a mis preguntas. Quería saber cómo funcionaban los Espacios Evento locales múltiples de forma aislada si no se creaba un Espacio Evento que contuviera. Un Espacio Evento de contención es creado por una entidad creadora de decisiones, volveré a usar sólo "entidad" a partir de ahora, que desea involucrar a otras entidades en una causa común, incluyendo la interacción con todos sus Espacios Evento localizados.

Lo que realmente quería saber era cómo la miríada de Espacios Evento trabajaban juntos de una manera que no creara un Espacio Evento general, y los subsecuentes Espacios Evento generales que eran el resultado de las interacciones de los Espacios Evento locales creados por las entidades y sus interacciones entre sí, creando lo que yo podía ver como una miríada de Espacios Evento de celebración más pequeños. Debía tener cuidado aquí, porque todo esto empezaba a parecer MUY complicado. ¿O era sencillo y yo, en mi condición humana, estaba pensando demasiado? El Origen se apresuró a enderezar la historia.

O: Has estado pensando, ¿no es así?

YO: Lo siento, ese es mi trabajo, pensar y hacer preguntas.

O: Sí, lo es, y me complace que hagas estas preguntas. Me demuestran que te estás expandiendo. Sin embargo, observo que ya estás resolviendo la cuestión por ti mismo. Esto siendo, un aspecto superior de ti ya ha accedido a la información que yo te he dado y la está asimilando de manera que puedas comprenderla, aunque de una manera limitada.

YO: Sí, siento que algo se está descargando.

O: No te preocupes. No voy a forzar tu cerebro ahora. Responderé a tu pregunta por ti. Vamos a ver si se correlaciona con tu propia información descargada más tarde.

YO: Gracias.

O: En esencia, el Espacio Evento es el producto de las circunstancias, siendo estas circunstancias la oportunidad de paralelismo resultando de la necesidad de una decisión por parte de una entidad o de la posibilidad de un camino alternativo cuando una energía o un grupo de energías están mostrando signos de algún nivel de dirección inteligente o proceso de toma de decisiones. Esto incluye la posibilidad de un paralelismo prolongado resultante del futuro crecimiento de la inteligencia, que conduce a la autoconciencia y, finalmente, a la sintiencia.

El mismo Espacio Evento lo impregna todo. Es inteligencia dentro de la inteligencia y se siente atraído por estas circunstancias y, en su propio deseo de multiplicación, busca aquellas áreas de energía o energías que se muestran prometedoras. Sin embargo, como acabamos de decir, es inteligente y su funcionalidad nace de la inteligencia. Si sólo se tratara de expresar una necesidad de multiplicación mediante el uso del paralelismo, se habría recreado a sí mismo innumerables cuatrillones de veces más de lo que ya lo ha hecho, sólo basándose en el escenario de la "posibilidad", pero no hace eso. El Espacio Evento es una inteligencia, independiente de la base energética, que desea estar al servicio, siendo ese "servicio" ayudar a una entidad a convertirse en más de lo que "es" de la forma más rápida posible. Si se permitiera a si mismo multiplicarse como resultado del Espacio Evento, "por sí mismo", esto es, compartido entre dos entidades que están interactuando de alguna manera, pero sin que esa interacción fuera directa, simplemente se multiplicaría sin dirección inteligente, sin sentido, sin sustancia. Sería un desperdicio de Espacio Evento.

Al estar al servicio, crea una versión más significativa de sí mismo para el uso de la/s entidad/es a las que apoya, y como resultado crea un nivel de ambiente de mayor calidad que resulta en una experiencia de mayor calidad para la entidad. En este papel de servicio, el Espacio Evento reconoce que la multiplicación de los Verdaderos Seres Energéticos, aspectos y esquirlas como resultado de la exposición de cualquiera de sus órdenes superiores a una posibilidad de dualidad, no crea un ambiente mejor para ellos per se, sino que simplemente los diluye. La calidad del Espacio Evento sólo se mantiene cuando se crea una condición paralela, "se duplica", como resultado de una condición localizada basada en la decisión de una entidad, o cuando se identifica la posibilidad de un cambio ambiental de calidad superior que podría dar lugar a más niveles de experiencia paralela localizada, resultando en un mayor nivel de calidad evolutiva en un periodo de existencia más corto.

Los Espacios Evento creados por una denominación más alta del "sí-mismo" o una Entidad Fuente se basan en el paralelismo que se espera que apoye sus decisiones, y no los de sus denominaciones más bajas, que fueron creados para experimentar otra forma de paralelismo basado en su propia funcionalidad independiente; independencia es la palabra operativa aquí. Con base en esto, a los Espacios Evento localizados se les permite interactuar en el nivel de su creación y no por encima o por debajo de ella. Por lo tanto, los Espacios Evento pueden permanecer separados unos de otros y/o interactuar entre ellos convirtiéndose en un Espacio Evento transitorio más grande que tiene dos o más entidades que actúan de forma independiente o interdependiente. Piensa en el Espacio Evento como una burbuja de agua jabonosa alrededor de una entidad. Cuando dos o más entidades están separadas entre sí, las burbujas están separadas. Cuando se acercan lo suficiente como para afectar al proceso de toma de decisiones de la otra, las burbujas se unen. Estas burbujas pueden unirse una miríada de veces para crear un Espacio Evento temporal o transitorio que se crea pasivamente debido al deseo de interactuar. Esto difiere del Espacio Evento que contiene para una exhibición, en el que suele haber una única entidad "al timón", por así decirlo, del evento que crea ese Espacio Evento que contiene. El tamaño de esta burbuja cambia a medida que las entidades que interactúan van y vienen, por lo que puede ser de cualquier tamaño y luego de ningún tamaño, dependiendo del número de entidades que interactúan.

El Espacio Evento alrededor de un ambiente sería una burbuja mucho mayor, de forma amorfa, que dependería de su área de influencia y del número de entidades asistentes, ya sea por ubicación personal o por interacción mental con el evento.

YO: Bueno, así que el Espacio Evento es inteligente, y busca oportunidades significativas para la multiplicación, aquellas oportunidades que marcan la diferencia para la evolución general de TI, supongo, pero eso no explica lo que es o cómo se construye.

O: En primer lugar, el Espacio Evento no trabaja para mí, es una parte integral y, en gran medida, independiente y una parte independiente de mí. Es como los átomos de las células que proliferan por todo tu cuerpo, están separados pero juntos, están "separadamente juntos", y se multiplican y fallecen igual que lo hace el Espacio Evento.

YO: Si es independiente de ti mismo a la vez que forma parte tuya, ¿cómo se construye?

O: No lo es. Es una inteligencia que impregna las energías, y a la estructura que sostiene, de aquello que soy. Por lo que he podido averiguar hasta ahora, es capaz de manipular todos mis componentes y condiciones estructurales para recrear ese ambiente, por muy localizado o ambientalizado que sea en tamaño, forma y construcción. ¡Si quiero permitirlo!.

Como ya se ha explicado, el Espacio Evento ya existía en mí antes de que mi propia inteligente, sintiente poliomnisciencia se convirtiera en lo que es, lo que era, lo que se esperaba que fuera hoy y lo que será más adelante en mis diversas etapas de desarrollo. Es una inteligencia independiente que se promulga a través de mí. Existe en todo lo que fui, lo que soy y lo que seré en todas mis diversas y variadas etapas de expansión. El Espacio Evento es, en realidad, una inteligencia con y sin limitaciones, junto con la capacidad de sentir, explotar y apoyar lo que es más elevado en inteligencia que ella misma. Vio lo que podía ser, en términos de mi propia progresión, y se manipuló a sí mismo y, como resultado, a los eventos que le rodeaban, para asegurar que se realizara el resultado óptimo de cada evento. Aunque ya no es tan activo como lo era antes de que me volviera sintiente, sigue desempeñando un papel importante en mi progresión.

YO: Así que el Espacio Evento no tiene forma ni construcción de ningún tipo. Es pura inteligencia, inteligencia con un nivel limitado de funcionalidad y aplicación de esa funcionalidad.

O: Correcto.

YO: Pero la aplicación de ese nivel limitado de funcionalidad puede tener, y de hecho tiene, un efecto significativo en la progresión evolutiva general de toda entidad que tenga la capacidad de crear.

O: Otra vez correcto.

YO: Mmmm. Si esta "inteligencia" lo impregna todo, incluidas las entidades que crean las oportunidades para el paralelismo, ¿cómo lo impregna?

O: Una pregunta muy humana por lo que veo. Permíteme darte una pista. Piensa en esas entidades sobre las que te comunicaste con la Entidad Fuente Uno—aquellas cuya inteligencia se mueve a través de la roca.

YO: Sí, recuerdo las entidades a las que te refieres.

O: Bueno, estas entidades tienen niveles similares de funcionalidad. Las rocas son energía con un ritmo de frecuencia baja. En general, las energías que componen las rocas no son diferentes de las que permean a través de mí, aparte de su frecuencia y estado energético específico, porque son YO. La inteligencia que es el Espacio Evento se mueve de energía a energía, de estado energético a estado energético, de estructura a estructura y de ambiente a ambiente. Está dentro y fuera de aquello que yo soy, eso es fuera de mi área de autoconciencia sintiente. Es igual que las entidades que se mueven a través de los minerales que componen la roca. En esencia, transfiere lo que es a otro huésped a voluntad, siendo el huésped las energías y frecuencias que son atravesadas. Puede esparcirse tan densa o tan finamente como lo requiera o desee, con cada energía cubierta convirtiéndose en parte del Espacio Evento a través de una asociación inteligente.

YO: ¿Así que puede abarcar un área o volumen de energías en un momento y no al siguiente, por así decirlo?

O: Sí, la necesidad de ocupación es la necesidad de apoyar a una entidad, cualquier número de entidades o condiciones energéticas que pueden, o podrían crear una oportunidad para un nivel de dualidad de alta calidad y, por lo tanto, la necesidad de un Espacio Evento nuevo.

Capítulo 22
La Mecánica detrás de la Encarnación

ENTENDER LA MECÁNICA que hay detrás de la encarnación, sentí, que era un tema sobre el que realmente debería estar comunicándome con la Entidad Fuente Uno, pero por alguna extraña razón me encontré tratándolo mientras estaba en comunicación con El Origen. Tuve la sensación de que estaba a punto de cruzar otra línea aquí, una línea en la que nuestra comprensión actual de cómo nosotros, esto es, la humanidad energética, encarnamos, estaba a punto de cambiar. Me invadió una sensación de complicación, como si lo que sabemos fuera sólo una gota en el océano de la encarnación, y que lo que me iban a decir probablemente no era más que otra gota.

En mi opinión, la humanidad tenía un conocimiento bien documentado del proceso de encarnación, que era el resultado de la información cambiante de los médiums y de la hipnosis regresiva, así que me recliné en la silla junto a la computadora a esperar que llegara alguna información revolucionaria de El Origen. No tuve que esperar mucho.

O: Mmmm, puedo ver los engranajes girando dentro de tu cabeza mientras tratas de averiguar lo que te será difundido.
YO: ¿Es tan obvio?
O: Sí.
YO: Haré todo lo posible para aceptar lo que viene en lugar de tratar de adivinar la información que se basa en mi comprensión actual.
O: La comprensión actual de la humanidad encarnada sobre los mecanismos de la encarnación está realmente a un nivel razonable, esto es, para un nivel alto de comprensión. Sólo le falta la mayoría de los detalles.
YO: ¿Merece la pena entonces repasar viejos temas?
O: Hasta cierto punto, sí, ya que proporciona al lector un contexto con el que trabajar dentro de un nivel de comprensión conocido.
YO: Bueno, así que ¿por dónde empezamos?

O: En el punto de la decisión de reencarnarse. Siempre es un buen punto de partida.

YO: Bueno, sospecho que este será un camino bien conocido.

O: A un nivel alto, sí. Empezaré porque de lo contrario estaremos hablando de este tema por siempre. Cuando me refiero al Verdadero Ser Energético, me estoy refiriendo al Ser Superior, Alma Superior o Deidad, cualquiera con el que tus lectores se sientan cómodos. Como se ha mencionado anteriormente, todos son nombres para la misma cosa, pero prefiero el Verdadero Ser Energético, ya que es más correcto en su descripción, especialmente cuando se considera el nivel de detalle con el que estamos a punto de trabajar.

En el momento en que una entidad decide encarnar, ya ha pasado por los beneficios de lo que obtendrá a través de una encarnación particular utilizando lo que llamas Registros Akáshicos. El Akáshico es una función localizada del Espacio Evento específica para las entidades que caen bajo el género de humanidad energética, esto siendo, entidades que han utilizado el cuerpo humano como vehículo para experimentar las frecuencias más bajas del ambiente multiversal de la Entidad Fuente de tu elección como vehículo encarnado.

Cuando el Verdadero Ser Energético ha elegido encarnarse, tiene que decidir qué aspecto de sí mismo proyectará en el vehículo elegido. Ese vehículo se elige por varias razones, que varían desde la longevidad potencial del vehículo, el ambiente al que estará expuesto, que incluye la ubicación, la familia, la educación, el papel local y mundial, además de los retos a los que se enfrentará como consecuencia de estar dentro de este ambiente particular, que son parte de, o adicionales a, las oportunidades experienciales y subsecuentemente evolutivas requeridas. El aspecto elegido puede ser uno que haya sido creado previamente (separado) del Verdadero Ser Energético, o uno que aún no haya sido creado. Todos los aspectos son creados y reabsorbidos en el Verdadero Ser Energético después de que la encarnación ha finalizado y no es específicamente cierto que el mismo aspecto del Verdadero Ser Energético sea usado de nuevo.

Los aspectos pueden estar compuestos exactamente por las mismas energías que se utilizaron anteriormente. Esto es especialmente útil cuando se busca una experiencia similar o igual, o cuando se está resolviendo un vínculo kármico. Pueden ser energías totalmente nuevas y no utilizadas si se busca una nueva experiencia o pueden ser un híbrido de energías que se utilizaron para hacer aspectos empleados anteriormente.

YO: Esto va a preocupar a mucha gente, especialmente a aquellos que piensan que el aspecto que está dentro del cuerpo humano, el alma, es una entidad totalmente independiente. Les asustará.

O: Se acostumbrarán a ello, específicamente cuando estén expuestos a la verdad en su totalidad, que realmente son sus Verdaderos Seres Energéticos y no un pequeño aspecto aislado de él.

YO: Bueno, ya veo de dónde vienes. Intentaré dejarte continuar sin interrupciones.

O: Gracias.

El aspecto elegido o creado es específico para la encarnación buscada. Es energía especializada, pero sólo para la duración de la encarnación. Cuando la encarnación y el aspecto son elegidos/creados, el Verdadero Ser Energético tiene que elegir un equipo adecuado de entidades que seguirán, guiarán, aconsejarán y organizarán la logística de la encarnación y la complejidad que rodea a los requisitos de interfaz requeridos de otros aspectos encarnados. Esto siendo, cómo el aspecto contactará, se comunicará y experimentará los eventos que se requieren para ser experimentados en colaboración con los otros aspectos que interactúan y cómo todos se beneficiarán. Hay una complicada red de ayudantes apoyando a cada aspecto encarnado, que incluye un guía principal. El guía principal es aquella entidad que permanece desencarnada. El guía principal da al aspecto encarnado instrucciones sobre qué experimentar, cuándo experimentar y cómo experimentar los eventos en los cuales es requerido que forme parte, maximizando la calidad del evento para el aspecto encarnado y los aspectos que interactúan, quienes también tienen su equipo de ayudantes y su propio guía principal trabajando en su nombre.

El aspecto "es" la parte del Verdadero Ser Energético que está "encarnada"; el Verdadero Ser Energético "en sí mismo" no se encarna desde una perspectiva holística, sólo desde una perspectiva parcial.

YO: ¿Ha habido alguna vez un caso en el que todo el Verdadero Ser Energético se haya encarnado?

O: No, nunca, ni siquiera cuando se considera a los Om. La forma humana simplemente no es capaz de trabajar con todo el Verdadero Ser Energético, el Verdadero Ser Energético en su totalidad. Simplemente no es lo suficientemente grande.

Cuando un aspecto es creado o elegido para trabajar dentro del encarnado, es de un tamaño maximizado para trabajar dentro del cuerpo humano. El cuerpo humano es el factor limitante y la razón principal de la necesidad de crear un aspecto del Verdadero Ser Energético en primer lugar.

Hay vehículos que son capaces de apoyar a aspectos más grandes, pero están dentro de las frecuencias más altas de tu universo físico y no aquellas asociadas con las frecuencias en las que el cuerpo humano reside actualmente. Sin embargo, el aumento de porcentaje en el tamaño del aspecto encarnado en estos vehículos no es tan grande con respecto al tamaño total de las energías que componen el Verdadero Ser Energético mismo.

YO: ¿Cómo adquiere individualidad el aspecto?

O: A través de la separación frecuencial. Esto es, la exposición a frecuencias tan bajas que el aspecto es incapaz de comunicarse fácilmente con el Verdadero Ser Energético del cual es proyectado. Hemos divagado un poco aquí, así que retrocederé unos pasos. Cuando el aspecto ha sido elegido o creado con respecto al cuerpo humano que se está utilizando, entonces necesita ser integrado en él para que el cuerpo humano pueda ser animado. Recuerda, el cuerpo humano es sólo un vehículo para experimentar las frecuencias más bajas del multiverso y, como tal, ciertas funciones son necesarias para su utilidad continua.

Con el guía principal y los ayudantes seleccionados e informados sobre los requerimientos de la encarnación, el Verdadero Ser Energético puede entonces pasar por el proceso de proyección. El Verdadero Ser Energético proyecta activamente el aspecto lejos de sus energías principales para que pueda ser utilizado con el cuerpo seleccionado. Dentro del aspecto se introducen ciertos niveles de información, como experiencias, conocimientos y habilidades de encarnaciones anteriores que pueden ayudar a garantizar el éxito de esta encarnación. Todo ello se oculta dentro de las energías del aspecto y permite que se pueda acceder fácilmente a los mismos conocimientos y habilidades cuando se necesiten. Un encarnado que se considere un aprendiz rápido en ciertos temas simplemente está accediendo a esas experiencias, habilidades y conocimientos asociados adquiridos en encarnaciones anteriores y aplicándolos a esta encarnación como y cuando sea necesario.

Cuando llega el momento de la concepción del nuevo cuerpo humano, las energías asociadas al aspecto se integran con un conjunto de energías compatibles con el aspecto y el cuerpo humano. Son una interfaz entre éste y el aspecto. Hay diez conjuntos de frecuencias asociados con la interfaz entre el aspecto y el cuerpo humano. Algunas de ellas son para la perpetuación energética del cuerpo y otras son para la integración del aspecto con el cuerpo. Las primeras tres, esto es desde las más altas de las frecuencias hasta las más bajas, permiten al aspecto encarnado mantener alguna forma de capacidad comunicativa con el Verdadero Ser Energético. Son una serie de frecuencias que permiten que la reducción gradual de la capacidad comunicativa se contenga de manera que permita el mismo nivel de comunicación con el aspecto en su estado encarnado que el que tenía en su estado separado pero desencarnado. Se puede considerar que son como el software de compresión que se utiliza en una computadora cuando los datos son demasiado grandes para ser transmitidos cuando están en estado en bruto. La cuestión aquí es que el aspecto está en completa comunicación con el Verdadero Ser Energético cuando está en estos niveles de frecuencia, pero la compresión de datos es demasiado baja para ser significativa cuando el aspecto está ocupando los niveles más bajos de frecuencia asociados con el cuerpo humano. Los siguientes cuatro niveles de frecuencia son, como has descrito anteriormente, el espirituo-físico. Son las energías interactuantes dentro del cuerpo humano que aseguran que el aspecto encarnado pueda animar la forma física gruesa mediante el control de las energías y frecuencias que no son lo suficientemente bajas como para ser físicas gruesas, y tampoco lo suficientemente altas como para ser totalmente energéticas, como lo son las tres primeras. En este punto, el aspecto está conectado tanto con el cuerpo humano así como con el Verdadero Ser Energético, pero la capacidad comunicativa se reduce drásticamente. Las últimas tres frecuencias asociadas con el cuerpo humano son las físicas gruesas. Forman la base para la construcción del físico grueso y su crecimiento hasta la madurez. Las cuatro frecuencias por encima también desempeñan esta función, pero tienen más que ver con la conectividad con el aspecto, el Verdadero Ser Energético que proyecta el aspecto, su capacidad para animar el cuerpo humano y transmitir al Verdadero Ser Energético los detalles de los eventos experimentados mientras se encuentra en una condición encarnada.

El sistema energético que rodea a las siete frecuencias inferiores, las cuatro de en medio y las tres inferiores, asociadas al cuerpo humano, se desarrolla en sintonía con el crecimiento de la parte física gruesa del cuerpo humano, modificando y mejorando la controlabilidad del cuerpo a medida que crece y alcanza la madurez energética. La madurez energética se alcanza alrededor de los siete años de edad. Cuando se alcanza la madurez energética, el aspecto encarnado se integra completamente en las siete frecuencias más bajas del cuerpo humano y, como resultado de la falta de funcionalidad resultante de la asociación con estas frecuencias más bajas, pierde la integridad comunicativa con las energías asociadas con las tres primeras frecuencias y, subsecuentemente, con el Verdadero Ser Energético.

A medida que el aspecto encarnado es dirigido y ayudado a través de sus experiencias requeridas y solicitadas, el detalle detrás de estas experiencias se almacena de dos maneras. En primer lugar, las experiencias se almacenan de nuevo dentro de las energías asociadas con el Verdadero Ser Energético como un flujo de datos lento y continuo que se mueve hacia arriba a través de las frecuencias de una manera que permite mantener el detalle mientras se sigue trabajando dentro de los confines de la funcionalidad drásticamente reducida asociada con las frecuencias bajas. Es como tener que utilizar un módem "dial-up" para navegar por Internet cuando se está acostumbrado a un enlace de banda ancha. Y en segundo lugar, las experiencias también se almacenan dentro de las energías que están asociadas con lo grueso y lo espirituo-físico del cuerpo humano, creando una copia de menor grado y, en última instancia, una personalidad que funciona por separado, llamada ego.

Auge y Declive del Ego

O: Es el ego al que la mayoría de los encarnados se refieren como el "sí-mismo", el "yo soy". Una vez que el aspecto encarnado comienza a pensar sobre las líneas de que el ego es el ser, todo lo demás se crea en separación de aquello que el aspecto encarnado realmente es, una unidad individualizada de tu Entidad Fuente. En algún momento durante el proceso de creación del ego, éste se vuelve autoconciente y reconociendo su propia posición transitoria, hace todo lo que puede para perpetuar su existencia, lo que incluye "ocultar" el conocimiento subyacente del Verdadero Ser Energético para que el aspecto no se vuelva autoconciente mientras está encarnado y disuelva el ego a la luz de la autorrealización antes del fallecimiento del cuerpo humano.

YO: ¿Y sospecho que el ego es muy activo en asegurar que el aspecto no se vuelva autoconciente?

O: Es muy activo, hasta el punto de que a veces pone casi en peligro la longevidad del cuerpo humano.

YO: ¿Cómo lo hace?

O: Creciendo. Sabes cómo crecen los egos, ¿verdad?

YO: Sí, crecen como resultado de la condición materialista aquí; todo está diseñado y desarrollado con la promoción del sí-mismo en mente, que una persona es mejor que otra.

O: Correcto, y el ego se alimenta y crece a un ritmo fenomenal en este ambiente. Algunos egos harán cualquier cosa y todo lo posible para estar un peldaño por encima de los que le rodean, y eso significa poner el cuerpo humano en peligro para adquirir mayores niveles de credibilidad en ciertos momentos.

YO: Reconociendo que el ego es sólo una condición transitoria, y que la mayoría de nosotros trabajamos con nuestros egos como la representación mental del sí-mismo, no es de extrañar que temamos el fallecimiento del cuerpo humano, porque cuando el cuerpo humano muere el ego muere también.

O: Sí, así es, pero no la información que está contenida dentro de él.

YO: Y eso es debido al flujo constante de información de vuelta al Verdadero Ser Energético, a sí mismo, durante la vida del cuerpo humano.

O: Sí y no.

YO: ¡Explícalo!

O: Hay ciertas funciones o memorias que son específicas del ego y no de todo el aspecto encarnado.

YO: ¿Y estas son?

O: El ego mismo.

YO: No lo entiendo. Si el ego es transitorio y las experiencias del aspecto encarnado se transmiten constantemente de vuelta al Verdadero Ser Energético, entonces esas memorias y experiencias que son experimentadas por el aspecto dentro del cuerpo humano son experimentadas por el ego y el Verdadero Ser Energético en paralelo, seguramente.

O: Sí y no. Todo lo que se experimenta se transmite de vuelta al Verdadero Ser Energético a través de los vínculos con el aspecto encarnado, pero es la "cualidad de ser" del ego que no lo es, y esto se debe a que es una condición falsa. No existe. Aquellas experiencias que son consistentes con el ego y con el Verdadero Ser Energético en sí, son transmitidas como se mencionó anteriormente.

YO: Estás sugiriendo que la "cualidad de ser" del ego se disuelve entonces, muere, y por lo tanto si un aspecto se relaciona consigo mismo como la "cualidad de ser", la "personalidad" del ego, entonces muere con el ego.

O: Esa personalidad muere con el ego.

YO: Así que cuando el cuerpo humano muere, si nos relacionamos demasiado con él y con el ego, en realidad morimos con él.

O: Sí y no.

YO: Realmente estás tratando de atarme en nudos aquí.

O: Divertido, ¿cierto? No, estoy intentando que mires más allá de este enigma y veas cuál es la realidad de la encarnación. Mira, cuando un ego se disuelve no es un punto de destrucción. Es un punto de reasimilación. El ego fue creado a partir de la separación de la capacidad comunicativa del aspecto encarnado, o esquirla, resultante de la inmersión en la baja frecuencia. Aunque se separe de este modo, sigue siendo parte del Verdadero Ser Energético. O, si se proyecta desde el propio aspecto, una esquirla. Todo lo que era el ego en aislamiento fue creado en aislamiento y así permanece en aislamiento hasta el fallecimiento del cuerpo humano. Al fallecer el cuerpo humano, la energía que era el ego se reasimila en el Verdadero Ser Energético como parte del aspecto. Entonces, y sólo entonces, la "cualidad de ser" del ego, la esencia de la separación, se integra de nuevo en el aspecto como un conjunto adicional de experiencias. La personalidad se disuelve, pero la esencia de la separación se hace uno con el Verdadero Ser Energético.

Reasimilación del Aspecto Encarnado con el Verdadero Ser Energético

YO: ¿Qué es esta esencia de la separación? Me parece como que es otra forma de explicar la individualidad o la personalidad.

O: No, es algo totalmente diferente. La personalidad, el ego, no puede sobrevivir al proceso de reasimilación, porque no es parte de lo que fue creado por el Verdadero Ser Energético. En una encarnación de frecuencia superior, el ego no puede existir, ni siquiera crearse, porque el nivel de comunicación sostenible entre el aspecto encarnado y el Verdadero Ser Energético que se proyecta es suficiente para mantener la integridad del conocimiento del aspecto original de su verdadero ser. La esencia de la separación, lo que fue experimentado por aquella parte del aspecto que permaneció en lo energético, las frecuencias más altas del cuerpo humano, las de las frecuencias octava, novena y décima, permanecen como un verdadero conjunto de memoria experiencial. La otra parte del aspecto, la que residió en las frecuencias de lo espirituo-físico y lo físico grueso, la séptima frecuencia e inferiores, pasa a la esencia de la separación expresada en las frecuencias más altas y es asimilada por el aspecto como un todo, una esencia "total" de separación.

Intenta pensar en ello en estos términos. Cuando el cuerpo humano muere, el aspecto y todas sus partes, separadas o integradas, se reasimilan al Verdadero Ser Energético. Cuando esto sucede, el proceso de reasimilación disuelve el vínculo entre la esencia de la separación y el ego. La personalidad del ego creada a través de la separación también se disuelve. Sin embargo, el conjunto de memorias asociadas con la esencia de la separación no se pierde, porque existe por encima y por debajo de la barrera de la séptima frecuencia.

YO: Lo que sugieres entonces es que la experiencia, la esencia de separación, y cualquier otra memorias son absorbidas de forma no personal, esto siendo, no tiene personalidad.

O: Tiene personalidad.

YO: ¿Perdón?

O: Tiene la personalidad del aspecto y el Verdadero Ser Energético—esa parte de sus firmas energéticas que estaban ahí antes de la encarnación y que estarán ahí después de la encarnación.

YO: Mencionaste personalidades y no personalidad.

O: Sí, así es. Si un aspecto del Verdadero Ser Energético se ha utilizado con suficiente frecuencia, esto es, si el conjunto de energía utilizado para crear un aspecto se ha utilizado en la misma configuración una y otra vez porque han demostrado ser una combinación exitosa, entonces ese aspecto también crea una personalidad. Es una personalidad dentro de otra personalidad, por así decirlo.

YO: Así que la personalidad del ego, lo que creemos que somos como seres humanos, se elimina, pero el conjunto de memorias no.

O: No. Lo que ustedes piensan de sí mismos como seres humanos no es la personalidad del ego. Eso está separado. Esto es lo que he estado explicando. TÚ personalidad es una combinación de todo, el aspecto, el ego, la esencia de separación, y el conjunto de memoria. Sólo el ego se disuelve al fallecer el cuerpo humano.

YO: ¿Por qué permanece la esencia de la separación?

O: Porque es una función de la memoria.

YO: Entendido. ¿Esto también le sucede a una esquirla cuando se reintegra con el aspecto?

O: No del todo. Una esquirla es una separación del aspecto en su totalidad, igual que el aspecto es una separación del Verdadero Ser Energético, o es un "porcentaje" vinculado de energía del aspecto. Piensa en una gota de melaza que gotea de una cuchara llena de melaza. La melaza en la cuchara es el aspecto, y la gota es el porcentaje vinculado de energía de ese aspecto. En el ejemplo del "esquirla en separación", la esquirla permanece separada hasta el fallecimiento del cuerpo humano, lo que requiere que la esquirla vuelva al aspecto creador. Pero como está separada, tiene que esperar a que el cuerpo humano que utiliza el aspecto creador también fallezca. Sólo entonces puede reintegrarse la esquirla con el aspecto simultáneamente mientras se reintegra con el Verdadero Ser Energético. Con la esquirla vinculada, si el cuerpo humano que está animando fallece, es reintegrada con el aspecto simplemente porque no estaba separada de él. Sería como recordar de repente un conjunto de memorias que no sabías que existían, o que creías haber olvidado. En el caso de que el cuerpo humano que un aspecto está animando fallece antes que los cuerpos de cualquier esquirla separada o vinculada están animando, entonces ese aspecto puede adoptar una reasimilación parcial con el Verdadero Ser Energético mientras deja suficiente energía externa al Verdadero Ser Energético para permitir la reasimilación de los dos tipos de esquirla en los puntos del fallecimiento de sus encarnaciones.

Sin embargo, un aspecto puede decidir terminar el vínculo entre sus esquirlas y sus cuerpos humanos, si decide reasimilarse por completo. También puede optar por esperar a sus esquirlas como un aspecto no reasimilado, y sólo reasimilándose cuando los cuerpos de sus esquirlas fallezcan de manera natural. Las esquirlas tienen la capacidad de reasimilarse con el aspecto simultáneamente mientras éste se reintegra con su Verdadero Ser Energético creador.

YO: Entonces, ¿un aspecto puede "matar" activamente a los cuerpos humanos que sus esquirlas animan en cualquier momento?

O: En esencia, sí. Puede sonar duro y áspero, pero sucede a menudo. Sin embargo, la mayoría de las veces se utiliza cuando el aspecto ha terminado su propia encarnación.

YO: ¿Cómo funciona esto con una subencarnación?

O: En este caso no hay problema, simplemente porque la subencarnación es una encarnación completa con el cuerpo animado por un aspecto que previamente animaba el cuerpo en la encarnación primaria. El cuerpo utilizado en la encarnación primaria se mantiene en estasis y por lo tanto sólo se reanima cuando el cuerpo utilizado en la subencarnación fallece.

YO: Bueno, ¿puedes explicar lo que le sucede al aspecto encarnado después del fallecimiento del cuerpo humano y en el punto de reasimilación con el Verdadero Ser Energético?

O: Consideremos primero el aspecto, porque también tenemos que considerar la esquirla. Si el aspecto ha terminado su propia encarnación y no tiene esquirlas que reasimilar, o el aspecto los ha reasimilado ya sea terminando los vínculos entre sus esquirlas y sus cuerpos, o bien ha esperado a que se reasimilen de manera natural, comienza el proceso de reasimilación. Desde la perspectiva de la encarnación, el cuerpo fallece y el aspecto sale del cuerpo. Esto puede ser instantáneo o tardar hasta tres días. El tiempo necesario para disociar el aspecto del cuerpo humano depende del nivel de autoconciencia del aspecto mientras está encarnado. Es perfectamente posible que el aspecto abandone el cuerpo humano inmediatamente después de su fallecimiento, reasimilándose con el Verdadero Ser Energético de inmediato. Algunos aspectos tardan tres días debido a que su ego intenta mantener su longevidad, lo cual es inútil porque tanto la asociación como el ego se disuelven en ese momento.

Una vez que el aspecto está listo para reasimilarse con el Verdadero Ser Energético, se conecta el conjunto total de experiencias (memorias). En este proceso el aspecto adquiere las memorias del Verdadero Ser Energético y el Verdadero Ser Energético adquiere las memorias adicionales almacenadas dentro de las energías asociadas con la personalidad de TI, la combinación de todo, el aspecto, la esencia de la separación, y el conjunto de memoria de la encarnación—todo lo que está atrapado en las frecuencias más bajas del cuerpo humano.

Nótese de nuevo aquí que las memorias se mantienen pero la personalidad creada por el ego no lo hace, por lo que esto brinda al aspecto una condición de "no personalidad", porque el aspecto se refiere a su personalidad como aquella del ego—esto es, hasta que se completa la asimilación, mediante la cual el aspecto reasimilado asume de nuevo la personalidad del Verdadero Ser Energético. Considéralo como perder el sentido del humor pero ganando luego otro mucho mayor.

A medida que progresa la reasimilación, las experiencias, las memorias asociadas a la encarnación se presentan al Verdadero Ser Energético, y éste evalúa su contenido evolutivo. La evaluación de estas experiencias es a lo que la humanidad se refiere como los eventos que tienen lugar en lo que a veces se denomina el "salón de la memoria", donde se revisa la vida y se anotan los éxitos y fracasos. Éstos se registran en el conjunto de energía que es el aspecto reasimilado para su uso o acción futura cuando o si es que este conjunto de energía se utiliza de nuevo en una condición encarnada. Desde la perspectiva del aspecto, la reasimilación es como recordar de repente un enorme conjunto de memoria, que se superpone a las memorias más recientes acumuladas a través de la última encarnación. La vida vivida simplemente se convierte en un conjunto de eventos recientes en una enorme reserva de eventos experimentados por el Verdadero Ser Energético y todos los aspectos y esquirlas empleados previamente, o aún proyectados en, una condición encarnada.

La reasimilación de la esquirla al aspecto es idéntica a la reasimilación del aspecto al Verdadero Ser Energético. Sólo que se encuentra en un nivel inferior hacia abajo y debe esperar a que el aspecto inicie el proceso de reasimilación o, como ya se ha mencionado, el aspecto pone una terminación a su encarnación. La esquirla vinculada termina su encarnación en el momento del fallecimiento del cuerpo humano del aspecto o, nuevamente como ya se ha mencionado, se reasimila si el cuerpo humano que animaba tiene un prefallecimiento del cuerpo humano del aspecto. Una vez que la o las esquirlas son reasimiladas con el aspecto, ya sea con el aspecto en un estado prereasimilado o parcialmente reasimilado, el aspecto puede entonces iniciar o finalizar la reasimilación con el Verdadero Ser Energético.

YO: Entonces, ¿el aspecto reasimilado no pierde el sentido del ser?

O: No, lo mantiene al mismo tiempo que adquiere un sentido mucho mayor del ser, uno que es su "sí-mismo" en función del Verdadero Ser Energético.

Cuando terminé de teclear la información sobre el proceso de encarnación que me dio El Origen, sentí una abrumadora sensación de comprensión. Esto tenía sentido. Todo lo que la humanidad espiritual sabía hasta la fecha sobre los procesos por los que pasamos antes y después de la encarnación se basaba realmente en una interpretación, que a su vez se basaba en un filtro humano, de ahí que todas las historias de experiencias cercanas a la muerte y la información canalizada sean similares a nuestro ambiente terrestre, pero con niveles de funcionalidad de frecuencia superior. Sin embargo, era muy consciente de que podemos decidir crear un ambiente terrestre como una manta de confort, un nivel de familiaridad, que se disuelve a medida que nos acostumbramos y aceptamos nuestro verdadero estado. Sin embargo, seguía sintiendo que había más, mucho más por venir, pero que esa información estaría en otra serie de diálogos, en otro libro. ¡Parecía que se me acumulaba el trabajo!

Capítulo 23
Los Om: Revisitando las Creaciones Increadas (y descubrimiento de Nuevos Om)

DESDE HACE ALGUN TIEMPO HABÍA ESTADO pensando en los Om y en lo que representaban, especialmente desde que había recibido más información sobre ellos durante mi diálogo con El Origen sobre la teoría cuántica y cómo funciona dentro de su área de autoconciencia sintiente poliomnisciente. También me encontré reflexionando periódicamente sobre la información que me había proporcionado la Entidad Fuente Diez. Y luego estaba la información sobre los Om que obtuve durante la compilación de La Historia de Dios, que representó el inicio de mi viaje.

La información que iba obteniendo sobre estas entidades era esporádica, oportunista y casi me la daba la suerte. Era como si me dieran la información a cucharadas, pero se me estaba presentando una fila de documentos a seguir, una serie de migajas en las que, de vez en cuando, se me presentaba un montón más grande de migajas y quizá una nueva dirección en la que mirar. Pensaba que había llegado el momento de obtener más información, con suerte a profundidad, sobre los Om. No fueron creados específicamente por El Origen porque fueron esencialmente un subproducto del reciclaje energético, con las energías negándose a mezclarse adecuadamente durante la creación de las Entidades Fuente, creando varias versiones de ellos. Así que, con toda esta intención de descubrir más sobre los Om en la mano, decidí preguntarle a El Origen: "¿Dónde encajan los Om en todo esto?".

YO: ¿Dónde...?

O: No hace falta que hagas la pregunta dos veces; ya la tomé en la primera vez. Los Om son lo que se describió anteriormente en los diálogos con Hum, las Entidades Fuente Uno y Diez, y yo mismo. No elaboraré más en esa dirección porque sólo llevaría a confusión. Sin embargo, te ofreceré alguna información que te dará un contexto con el que trabajar la próxima vez que abras el tema de los Om.

YO: ¿Qué son sino pedazos de energía lo suficientemente afortunados como para volverse individualizados e instantáneamente sintientes durante la creación de las Entidades Fuente?

O: Yo.

YO: ¿Sólo eso?

O: Sí. Así como las Entidades Fuente son partes individualizadas más pequeñas de mí y la humanidad energética son partes individualizadas más pequeñas de la Entidad Fuente Uno que también son partes de mí.

YO: Entiendo eso, pero me di cuenta de que había algo más en el "yo" que el mero reconocimiento de la estructura de la sintiencia/árbol genealógico, por así decirlo.

O: Lo hay. Los Om son especiales. No sólo son raros, sino únicos. Esto es, en la medida en que yo no los creé, fueron/son un subproducto de la creatividad. Todavía no los he descubierto a todos—aún, aunque me he dado cuenta de su firma energética parpadeando hacia la existencia durante la creación de las Entidades Fuente. Pero tengo la sensación de que esto está a punto de cambiar. Has creado una intención.

YO: ¿Sabes que hay más Om de los que te has comunicado?

O: Sí, pero es sólo un número pequeño.

Empezaba a recibir la imagen de un pequeño número de partículas de polvo esparcidas en el área infinita de El Origen. Cada partícula representaba un único Om. Sin embargo, había algo más en esta imagen; había un nivel más fino de polvo, polvo dentro del polvo. Era casi como si cada partícula de polvo hubiera sido creada a su vez por un polvo más pequeño y compacto. Este era un nivel de Om que estaba colectivamente unificado—esto siendo, la partícula de polvo más grande representaba lo que yo reconocería como un solo Om, con el polvo que estaba dentro siendo el Om más pequeño creando un colectivo que era el Om más grande. ¿Son éstos un nuevo Om? ¿Son aquellos con los que El Origen aún no se había comunicado? Iba a preguntarlo cuando El Origen, una vez más, me ganó a la pregunta.

O: ¡Ah! Ahí están. Sí, estos son los que no había descubierto antes, aunque sabía que existían.

YO: ¿Cómo es posible que no los descubrieras pero supieras de su existencia?

O: Todo tiene que ver con el "peso sintiente", por así decirlo. Sé que una parte de mí, los Om, tienen completa independencia de mí mientras están dentro de mí. Sé que los Om tienen ciertas firmas energéticas y cierto peso energético, pero el peso sintiente que podía detectar no era igual al número de Om que había detectado o con los que me había comunicado.

Mira, sólo hay cinco de ellos. Están entre las clasificaciones que conoces como Om no cautivo y Om puro. Todavía se están formando, por así decirlo, porque están realizando una función de "succión". El polvo más pequeño está gravitando juntos como energía parcial de los Om, esto siendo, parcial en el sentido del peso sintiente, para crear un único Om de suficiente peso sintiente para situarlo por encima de la categoría de Om No Cautivo y por debajo de la categoría de Om Puro. El polvo podría haberse gravitado junto para crear un único Om de estado "Puro", pero no está haciendo eso. Déjame ver. Sí, tengo comunicación con ellos. Están a una distancia considerable unos de otros, aunque están cerca en términos de mi área de autoconciencia, de ahí que veamos a los cinco juntos, pero están lo suficientemente lejos como para trabajar en separación.

Ahora se comunican conmigo individual y colectivamente. Con esto quiero decir que el "polvo dentro del polvo" se está comunicando colectivamente y la partícula más grande de tamaño Om se está comunicando individualmente. Me dicen que las partículas pequeñas de polvo Om sólo estaban en un lugar determinado (sector) dentro de mí y que estaban dispersas. Había pequeñas nubes de este polvo, cinco de ellas, y que cada una de las partículas de polvo dentro de las nubes gravitaba naturalmente hacia la misma firma energética de polvo, por así decirlo. Cada una de ellas estaba y está fijada en su intención de coadunarse completamente como un único Om más grande. Sólo cuando tuvieron suficiente "densidad" de este peso sintiente, es que se descubrieron cada uno haciendo lo mismo. En este punto de su coalescencia era casi demasiado tarde para cambiar la funcionalidad de su plan para "convertirse". Se comunicaron entre sí utilizando los espacios intermedios del Espacio Evento y descubrieron que, aunque podrían haber cambiado sus planes y convertirse en un gran Om de la categoría "Puro" (en ese momento no sabían cuáles eran las categorías de Om), en realidad les gustaba lo que estaban creando dentro de sí mismos, estaban contentos de ser más pequeños pero tener un grupo de pares, tener compañía, y así continuaron/están continuando con sus planes colectivamente individuales.

YO: ¿Qué harán? ¿Cuánto tiempo tardarán en terminar el proceso de coadunación para crear los cinco únicos Om no cautivos/no puros?

O: Me dicen que el proceso está basado en un cierto nivel de inercia energética y que puede tardar lo que llamas milenios en finalizar.

YO: Acabo de recibir una imagen de que estas partículas de polvo más pequeñas están esparcidas a una distancia de Parsecs, no, ¡el equivalente del área del universo físico!

O: ¿Y qué tan pequeñas son esas partículas más pequeñas de polvo en comparación con el área que ocupan?

YO: Infinitamente pequeño a partir de las imágenes que me acaban de dar.

O: Y ahora ya sabes por qué no los he detectado hasta ahora y por qué se tardará algún tiempo en completar lo que están haciendo. Estoy bastante emocionado por el hecho de que tengo cinco Om más dentro de mí.

YO: ¿Cómo es que acabamos de encontrarlos? ¿Cómo es que no los encontraste tú solo? ¿Por qué siempre depende de que yo esté en el lugar adecuado en el momento adecuado? ¿Me estoy inventando todo esto?

Estaba empezando a ponerme un poco paranoico con todas estas coincidencias.

O: En este caso, tú fuiste el catalizador de su descubrimiento. Tú eres Om y tienes una afinidad con Om y como tal la oportunidad de descubrirlos era más probable que sucediera que conmigo. Aunque me complace encontrar su energía, también estoy ocupado con múltiples tareas que significan que encontrar ese minúsculo grupo de energías con peso sintiente estaba muy abajo en la lista de mis prioridades. De hecho, mi uso del Espacio Evento me decía que serían descubiertos y que tú serías parte de ese descubrimiento.

Simplemente me gusta mantener estas cosas en silencio, para darte un poco de emoción en tus diálogos conmigo.

Te contaré un pequeño secreto sobre la mecánica de lo que ha sucedido aquí. Los cinco Om sin forma que acabamos de descubrir fueron descubiertos por una intención intensamente enfocada de saber más sobre los Om. Tu deseabas saber más y por eso, cuando te aconsejé de la posibilidad de que hubiera más Om, emitiste una búsqueda basada en la detección de la energía Origen individualizada, la energía Om.

YO: No siento que haya hecho eso.

O: No, no lo harías, fue tu Verdadero Ser Energético el que hizo la búsqueda. Interesado en lo que estabas haciendo entre bastidores, por así decirlo, envié una parte de mí mismo con tu emisión. Cabalgué detrás de tu intención de descubrir estos Om que tenían más deseos de descubrir la energía Om de la que yo tenía. Así que no te estás engañando, pero en este caso tú, esto es, tu Verdadero Ser Energético, tuvo un papel importante que desempeñar.

YO: Bueno, me siento mejor ahora.

De vez en cuando tengo que retroceder y corroborarme, para asegurarme de que no estoy hablándome a mí mismo. Esta fue sin duda una de esas veces. Me pregunto qué más hago en segundo plano.

O: Más de lo que puedas imaginar mientras estés encarnado.

YO: Debería saber que escuchas mis pensamientos.

O: Es difícil no hacerlo, ¡son un tanto ruidosos!

YO: ¿Cuál fue la razón principal de que fueran difíciles de detectar, aparte de su tamaño y distribución?

O: Actualmente se encuentran entre Espacios Evento. Hicieron esto naturalmente y sin reconocimiento, y entonces fueron ocultados debido a que no crearon nuevos Espacios Evento como resultado de que no tuvieron la posibilidad de convertirse en cinco Om, en un único Om Puro, o simplemente quedarse como energía Om fragmentada.

YO: ¿Los habrías detectado antes si estuvieran dentro del Espacio Evento?

O: Sí, siendo el Espacio Evento una parte fundamental de lo que soy, yo soy sensible a sus cambios en paralelismo, aunque actualmente tiendo a operar mi propia consciencia independientemente de él.

YO: ¿Qué más puedes decirme sobre los Om que estamos actualmente conscientes?

O: Como te estás dando cuenta, los Om son capaces de muchas cosas, una de ellas, ciertamente con los Om Puros, es la capacidad de operar fuera del Espacio Evento. Es por eso por lo que fuiste capaz de ir en el "paseo" del Espacio Evento con la Entidad Fuente Doce. Una entidad sólo puede hacer esto si tiene esa capacidad inherente. Todo lo que la Entidad Fuente Doce estaba haciendo era llevarte con ella, y proteger el aspecto de ti que está proyectado dentro de tu cuerpo físico del choque energético. Al desencarnar esto no sería necesario.

Como ya se ha mencionado, los Om Puros y los Om No Cautivos son independientes de mí, los Om Puros más. Los No Cautivos están limitados en algunos aspectos a permanecer dentro de la ubicación de la Entidad Fuente de la que sus energías fueron expulsadas/rechazadas durante el tiempo en que las Entidades Fuente estaban descubriendo más sobre sí mismas a través del "juego". Debido a que las energías de las que inevitablemente se formaron eran energía de Origen pura, esto les permite ser parte de mí y a la vez independientes de mí, lo que incluye las funciones de estar totalmente separados a estar totalmente integrados y cualquier nivel de esto intermedio. Son verdaderamente versátiles en este sentido. Los Om Cautivos y los Om Híbridos no son independientes de mí debido a su asociación más estrecha con una Entidad Fuente. Sin embargo, los Om Cautivos pueden operar de forma independiente dentro del ambiente que es la Entidad Fuente dentro de la que están cautivos.

En esencia, los Om Puros son versiones más pequeñas de mí. Son la energía que se utilizó con la intención de crear otro Origen, de ahí su total independencia, pues eso formaba parte de la programación de las energías asignadas para ser un Origen.

No tengo control sobre los Om. Aunque, en realidad, podría reciclar las energías que son, reintegrándolas de nuevo en las energías base de mi área de autoconciencia sintiente. Pero, no deseo hacer esto.

YO: ¿Por qué no decidir reciclar/reintegrar las energías que son los Om?

O: Porque son un enigma y porque son un enigma cumplen una función. Como no han sido creados, me interesan. Todos ellos me interesan.

YO: Y supongo que es porque incluso tú fuiste creado por el Espacio Evento siendo selectivo en su aplicación de eventos paralelos con el fin de crear un ser sintiente poliomnisciente.

O: Correcto. Espero a ver qué más puede "convertirse" fuera de la intención de crear.

YO: Háblame más de lo que son los Om, especialmente los Om Puros.

O: Son yo dentro de mí. Si fuera a decir lo que son, por su herencia, fragmentos de mi sintiencia, ¿eso causaría confusión?

YO: No lo creo. Por favor, continúa.

O: No obstante, lo explicaré. Cuando creé la intención de desarrollar, de evolucionar en paralelo, y pensé en la posibilidad de crear doce versiones de mí mismo, en realidad no creé doce versiones per se; separé doce segmentos de mis energías sintientes y les quité las memorias de ser yo. Por lo tanto, las energías utilizadas en la estrategia de los Doce Orígenes tampoco fueron creadas, sólo fueron reasignadas y reubicadas, y más tarde, tras el fracaso de la estrategia, fueron recicladas o reasimiladas. La energía Om también es increada porque es esta misma energía. La energía Origen que es asignada como energía Origen—yo—se queda como tal, así que cuando llegó el momento de ser reasignada como energía Entidad Fuente rechazó la asignación y permaneció como es, energía Origen. Sin embargo, debido a que se distribuyó de manera desigual con las energías que estaban siendo asignadas como energía de la Entidad Fuente, esa desigualdad resultó en la creación de los diferentes tipos de Om de los que eres consciente ahora.

Sin embargo, hay algo más que tiene un impacto importante en el por qué los Om son los Om. Esto se debe a que su asignación previa permaneció como energía de El Origen con funcionalidad de Origen—así que al mezclarse con energías que fueron asignadas como una función menor, debido a que las Entidades Fuente estaban localizadas dentro de mi área de autoconciencia sintiente y dadas un propósito, las energías no se habrían mezclado en armonía de todos modos. Y así, la energía de El Origen, cuando tenía la densidad correcta, se convirtió en entidades sintientes independientes de la energía Origen cuando fue liberada de mis energías de contención y creación. No podían ser creadas porque ya eran yo, pero con la programación previa de sus energías todavía en su lugar se volvieron sintientes e individualizadas con todas las funciones de una versión más pequeña de mí, dentro de mí, instantáneamente.

YO: ¿Cómo puede un Om ser una versión más pequeña de ti? Quiero decir, la estrategia de los Doce Orígenes fracasó porque eso que eres tú, el "todo lo que hay", no puede crearse dentro del "todo lo que hay". Además, esto sería el "todo lo que hay" dentro de tu área de autoconciencia sintiente.

O: Correcto. Está claro que los Om no están en esa liga, pero tienen una microestructura. Esto es, es una representación de lo que soy yo dentro de mi área de autoconciencia sintiente. Esto siendo, ellos son similares a las Entidades Fuente, que tienen una energía autoconciente sintiente con una estructura individualizada de un nivel que permite que un ambiente esté presente dentro de ellas, si desean segmentarse de esta manera.

YO: Si un Om es esencialmente una versión más pequeña de ti, dentro de tu área de autoconciencia sintiente y tiene una estructura similar a la tuya, ¿cómo funciona eso contigo, y de qué tamaño estamos hablando aquí? ¿Tienen los Om el mismo tamaño que una Entidad Fuente? Y, si es así, ¿cómo funciona eso con un Om que desea experimentar o encarnarse dentro de la estructura de una Entidad Fuente?

O: Eso, mi querido Om, es algo que deberías ser capaz de responder por ti mismo.
YO: Touché.

Anatomía de un Om

En este punto del diálogo decidí sentarme un momento y dejar que lo que se estaba desplegando ante mí se desplegara un poco más. Estaba obteniendo algunas imágenes de lo que era la estructura de un Om. Estaba claro que El Origen había puesto esta pelota en mi cancha por alguna razón. Esa razón, conjeturé, era hacerme acceder más a mí mismo y descubrirlo por mí mismo, a través de mí mismo, en lugar de utilizar a El Origen como un tercero. Me recliné en la silla, que ahora mismo es un asiento en un avión con destino a Tokio (Japón). Me gusta aprovechar los "tiempos muertos" en un avión para ponerme al día con mi trabajo, meditar y absorber las energías asociadas a estar por encima de la Tierra. Es bastante liberador comprobar que, en este pequeño avión, estoy físicamente separado de la Tierra, pero no de sus sistemas meteorológicos. Las turbulencias que estábamos experimentando eran la prueba de ello. Sin embargo, es un cambio con respecto a estar sujeto a la Tierra y, como tal, me da un impulso, por así decirlo, en mi capacidad para comunicarme con la realidad superior. Dejo que las imágenes me envuelvan y que sean lo más detalladas posible.

YO: ¿Debo explicar lo que estoy viendo aquí?
O: Sí, por supuesto. Ese es el objetivo de permitirte acceder a la información mientras aún estás encarnado.
YO: Correcto. Los Om no son tan grandes como una Entidad Fuente. Esto es desde el punto de vista del tamaño de lo que llamaré dimensión "física" frente al contenido energético dentro del área de autoconciencia de El Origen, la tuya. Las Entidades Fuente me parecen esferas de energía dentro de un área insondablemente grande que corresponde a tu área de autoconciencia sintiente.

Sin embargo, me encuentro con una dicotomía. Los Om parecen tener un tamaño similar al de, por ejemplo, una entidad creada por una de las Entidades Fuente, pero no lo son. Son mucho más grandes.

Dudo en decirlo, pero me parecen como un Tardis (véase el programa de televisión de la BBC británica Dr. Who). Son pequeños pero grandes. Contienen toda la infraestructura interna de El Origen, de su área de autoconciencia sintiente, pero están dentro de esta área de autoconciencia sintiente. No son como las entidades descritas por la Entidad Fuente Seis en Más allá de la Fuente, Libro 1, que existían dentro y fuera de la otra como parte de la funcionalidad de la otra. No, son un animal completamente diferente en comparación. Tienen toda la estructura de El Origen, tú, desde la perspectiva de los doce primeros segundos de su/tu estructura, y algo más también. Pero no sé qué es ese "algo más".

Lo que puedo ver aquí son versiones en miniatura de El Origen, tuyas. ¡Ah! Ahora lo veo. Están limitados a la estructura que "es" el área de autoconciencia sintiente de El Origen, la tuya. No tienen estructura más allá de eso. Pero, en esta estructura "limitada", están más estructurados que cualquiera de las Entidades Fuente, ya sea individualmente o en conjunto. La razón de esto es la multiplicación de la estructura representada por los diferentes niveles, los doce niveles, por un factor de doce cada vez. Una Entidad Fuente está limitada a cuatro niveles, los cuales son, frecuencia, subdimensión, dimensión completa y zona. Por eso los Om pueden operar dentro de la estructura de El Origen, tú; están limitados a la estructura de tu área de autoconciencia. Más allá de eso no tienen estructura y por lo tanto no están en la categoría de "todo lo que hay".

En este punto siento la necesidad de remitir al lector a la estructura de El Origen descrita en el capítulo 8 en la sección titulada "Obtengo una descripción de la estructura de El Origen" porque en este caso esta estructura representa la estructura de cualquiera de los Om Puros.

De repente siento la necesidad de plantear a El Origen una pregunta relacionada con las otras categorías de Om.

YO: Si esto es relativo a la estructura de los Om Puros, ¿cómo se traduce a los otros tipos de Om?

O: Sólo son los Om Puros los que tienen esta característica.

LOS OM HÍBRIDOS son principalmente energía sin estructura. Esto es, no tienen la estructura asociada a mi estructura energética original. Adoptan la estructura que les es dada por su creador y, por lo tanto, son iguales a cualquiera de las entidades creadas por una Entidad Fuente en particular. Su estructura es derivada en vez de heredada.

LOS OM CAUTIVOS tienen alguna estructura, pero están limitados a la estructura del ambiente en el que se encuentran. Puede ser una de dos variantes: la estructura de la Entidad Fuente dentro de la que están cautivos, o simplemente la estructura que su Entidad Fuente creó para que sus entidades trabajaran y evolucionaran dentro de ella. Las Entidades Fuente tienen una condición estructural máxima igual a cuatro niveles, de Frecuencia hasta Zona, y los Om Cautivos asumen lo mismo. Su estructura no es derivada, ni heredada; es asimilada por la exposición a su ambiente que la rodea.

LOS OM NO CAUTIVOS son una versión de los Om Cautivos pero con la ventaja de tener más densidad energética que los Om Cautivos, de ahí que sean No Cautivos. Asumen la misma estructura que la Entidad Fuente de la que se suponía que formarían parte cuando las energías que reciclé fueron reasignadas para crear las Entidades Fuente en su totalidad.

LA NUEVA VERSIÓN DE LOS OM, esos cinco Om que actualmente están bajo integración energéticamente, tendrán nueve niveles de estructura cuando terminen su proceso de atracción y se conviertan en cinco Om en lugar de "polvo" de Om, por así decirlo— ésta siendo, "Frecuencia" hasta "Totalidad". A partir de ahora los llamaré Los Om Intermedios. Habrá un gran salto estructural de la variante No Cautivo a la variante Intermedia. Es uno a los que no debería ignorarse, porque estos Om serán importantes más adelante en mi existencia.

LOS OM PUROS, por supuesto, tienen la mayor parte de la estructura. Tienen todas las características estructurales de mi área de autoconciencia sintiente. Esta es la razón por la que pueden tener, y de hecho tienen, completa independencia dentro de mí y son capaces de atravesar todas las condiciones estructurales dentro de mi área de autoconciencia sintiente, sin impedimentos o resistencia. Pueden moverse a mi alrededor convirtiéndose en parte de mí y transfiriendo su propia esencia a través de la estructura que son, o que está dentro de mí. Además, pueden abarcar la estructura que soy yo en su totalidad a través de mí, basándose en su propia densidad, que es una limitación sólo en su capacidad para mantener su propia integridad, o pueden abarcar mi estructura de manera lineal, extendiéndose en una sola dirección, una línea recta, por así decirlo, desde la "Frecuencia" hasta el "Margen".

Un Om Puro podría, si así lo deseara, crear sus propias Entidades Fuente o entidades de capacidad similar dentro de sus propias estructuras, o de hecho dentro de mi propia estructura, tal es el nivel de su poder/funcionalidad heredado. Sin embargo, hasta la fecha ninguno ha aprovechado esta oportunidad y, como ya se mencionó en un diálogo anterior, un gran número de ellos ha optado por no formar parte del proceso de creación, ya que genera responsabilidad por aquello que se crea y, por lo tanto, inhibe la independencia completa.

Los Om Puros tienen la capacidad de separar los detalles de su estructura y crear un enfoque múltiple de su atención a cada aspecto en el que se separan. En esencia, pueden posicionar esa parte de sí mismos que está basada en la frecuencia, dentro de esa área de mi autoconciencia sintiente que está basada en la frecuencia, esa parte de sí mismos que está basada subdimensionalmente, dentro de esa área de mi autoconciencia sintiente que está basada subdimensionalmente, esa parte de sí mismos que está basada dimensionalmente, dentro de esa área de mi autoconciencia sintiente que está basada dimensionalmente y esa parte de sí mismos que está basada zonalmente, dentro de esa área de mi autoconciencia sintiente que está basada zonalmente, etc.., etc., hasta los márgenes, el componente estructural final dentro de mi área de autoconciencia sintiente.

YO: Por un momento pensé que los Om podrían considerarse como un cáncer benigno, una parte no funcional del cuerpo humano que puede desplazarse por el cuerpo de su huésped sin ser atacado por el sistema inmunitario porque el cuerpo piensa que forma parte de él.

O: Ésa puede ser una forma bastante dura de pensar en los Om. Pero prefiero pensar en ellos siendo agentes libres. Un radical libre en la traducción literal de las palabras—libre en el sentido de no estar bajo mi control ni responder ante mí, y radical en el sentido de que no están constreñidos por mis exigencias y, por lo tanto, pueden hacer lo que quieran dentro o fuera de las exigencias que hice a las Entidades Fuente, por ejemplo.

YO: ¿Estás sugiriendo que no tienes control sobre lo que hacen los Om?

O: No. Yo no los creé, así que en teoría no puedo reciclar su energía, no puedo descrearlos. Evidentemente, debería poder empezar de cero en todo lo que hago o he hecho porque yo lo creé. Sin embargo, en el caso de los Om, fueron un subproducto de una intención creativa, no la creación real surgida de una intención creativa.

YO: Las energías que son, fueron en el pasado, fueron dadas forma a través de la intención creativa, porque fueron destinados a ser los Doce Orígenes.

O: Sí, pero esa intención fue retirada y las energías recicladas/reasimiladas de regreso a mi conjunto de energía base. La única intención después de eso fue utilizar esas energías para la creación de las Doce Entidades Fuente. El hecho de que se separaran en función de la densidad energética es una prueba de que, en ese momento, estaban fuera de mi control creativo. Lo diré una vez más: no fueron creados. Se volvieron "existentes" como resultado del proceso de creatividad y no a causa de él.

YO: Así que los Om realmente tienen rienda suelta, por así decirlo. Son totalmente autónomos de ti.

O: Sí. Y lo que es más, estoy contento con esa afirmación. Verás, los Om son especiales, no fueron intencionados y como resultado son únicos. Déjame explicarlo de otra manera. Los Om son mi puerta trasera a muchas de mis funciones superiores. Puesto que no están limitados por el control de mi creatividad, deseos y procesos de pensamiento, son capaces, si así lo desean, de realizar una función dentro de mí que, a falta de una palabra mejor, sería adversa a mis planes estratégicos para la progresión evolutiva personal. Pueden hacer aquello que es a la vez indeseado e inesperado a la luz de mi progresión evolutiva. Pueden ser las "operaciones encubiertas", por así decirlo, y realizar esos experimentos que ni yo quiero hacer, ni quiero que los haga ninguna de mis Entidades Fuente y sus creaciones.

YO: ¿Hacen lo que llamas "operaciones encubiertas"? Quiero decir, de repente estás pintando un panorama bastante sombrío sobre los Om. No estoy seguro de sentirme cómodo con esto, en absoluto.

O: No tienes de qué preocuparte. Aunque los Om son totalmente independientes de mí, siguen formando parte de mí por excelencia, y ellos lo saben. Y, para responder a tu pregunta, no, hasta la fecha no han realizado ninguna tarea que pueda describirse de esta manera. Excepto, claro está, cuando un Om decide que no entrará en el ciclo evolutivo mediante el uso de la creatividad. Esta única elección es la que aproximadamente la mitad de los Om Puros han elegido como su camino, pues saben que la creatividad crea responsabilidad, ya que aquello que han creado, y de lo que tienen responsabilidad, ata a un Om.

Descubro que Soy un Poco Disidente

YO: ¿He elegido ser externo al proceso de creatividad?

O: Tú, mi querido Om, eres un pez extraño, porque entras y sales de la creatividad pero te niegas a asumir la responsabilidad de lo que haces. Rompes las reglas, si es que había reglas, y por eso estás donde estás ahora. Decidiste entrar en el proceso de creatividad a través de estar encarnado en el ambiente de la Entidad Fuente que llamas "Uno" para su propia evolución y, por supuesto, la mía. Te pones a trastear, por así decirlo; ves cómo puedes cambiar la dirección de lo que te rodea y sigues adelante cuando lo has completado, sea cual sea el resultado. Y entonces, pasas a otra cosa.

Esto se sentía bien para mí. Toda mi vida he tenido la sensación de que yo ponía algo en marcha y, cuando estaba "en marcha", administraba lo que se creaba, dejaba que otros asumieran la responsabilidad, o incluso les dejaba que se llevaran el mérito, hay que reconocer que a veces a regañadientes (la condición humana puede ser un problema), y luego pasaba a la siguiente obra. El trabajo, por cierto, siempre sería, de cualquier manera, en beneficio de los demás. Sin embargo, lo que estaba notando era que me quedaba "con ello" cada vez más con cada obra. Esto siendo, parecía que asumía la responsabilidad de lo que había empezado durante períodos más largos antes de pasar al siguiente proyecto, por así decirlo. ¿Me estaba sintiendo atraído por lo que hacía? ¿O había algo más?

O: Empiezas a ver la belleza de ser propietario, no es que vayas a cambiar tu forma de ser. Pero estás experimentando, trasteando, la experiencia de ser propietario.

YO: ¿Esto explica por qué tengo sentimientos encontrados sobre este trabajo, el trabajo que estoy haciendo ahora?

La sensación de querer jubilarme y no hacer nada en una playa en todo el día era irresistible, sobre todo cuando uno siempre está ocupado con demasiadas cosas que hacer y poco tiempo para hacerlas. Me he dado cuenta de que toda mi vida he estado operando en modo "ponerse al día". Pero lo que estoy haciendo ahora es diferente. Sentí la necesidad de anular los sentimientos de jubilación y terminar lo que estoy haciendo. Que iba a hacer esto durante el resto de mi existencia encarnada era algo que había aceptado hace un par de años, pero era bueno ver de dónde venía el deseo de "girar el plato" y seguir adelante sin sentir la necesidad de seguir girando el plato. Sentí que me salía de un molde, que había cambiado de alguna manera, que me hacía más responsable de mis acciones.

O: Este es el gran cambio en ti, pero no es uno que se proyectará más allá de esta encarnación, porque eso no es de lo que se trata contigo. Ten la seguridad de que tú verás esto, que apoyarás a aquellos que necesitan apoyo, el maestro para aquellos que necesitan enseñanza, el líder para aquellos que necesitan liderazgo, y el cambiador de paradigmas para aquellos que necesitan un cambio de paradigma. También proporcionarás una nueva base para la progresión personal. Esto ya lo sabes. Has mostrado a la gente que no necesitan estudiar durante años y años para lograr la conectividad con su Verdadero Ser Energético, su ambiente más amplio y su creador y que pueden, a través de ti, saltar a la vía rápida y lograr la liberación de lo físico sin dejar de ser de lo físico. Esto es lo que estás "trasteando" en esta existencia encarnada. Por eso estás aquí. Para ver si puedes romper los límites establecidos por otros y lograr en una vida lo que otros necesitaron varias para hacer, para ver si puedes hacer que tus estudiantes logren en unos pocos días lo que otros estudiantes se tardan toda una vida en lograr.

YO: Ahora me estás adulando.

O: Ni en lo más mínimo. Simplemente te muestro lo que eres y lo que haces. En muchos aspectos eres "disidente". Haces lo tuyo, no te atrae la norma, independientemente de que sea regla, convención, conveniencia, presidente, lógica, sentido común o cualquier otra cosa. Y eso es lo que te convierte en un pez extraño. Eres único. Todos los demás Om han aprovechado la oportunidad para parecerse a los demás, ya sea en la forma de entrar en el proceso de creatividad, o no, según el caso. En cualquier caso, han hecho una elección tipo "marca la casilla", han ido por este camino o el otro. Independientemente de lo que hagan después de esta elección primaria, han seguido el consenso. Tú no. Tú eres el equilibrio, eres ambos.

YO: Todo esto empieza a parecerme artificioso, como si fuera algo especial cuando en términos reales no lo soy.

O: No, no eres algo especial. Simplemente eres tú mismo, en lugar de ser guiado o influenciado.

YO: Haces que esto suene como si los Om no fueran en realidad seres muy capaces, que son igual que la humanidad encarnada, necesitando ir con la mayoría, de ser parte del grupo o de un grupo, que necesitan ser parte de algo.

O: Formar parte de "algo" es una expresión fundamental de la necesidad de comunión con su creador. Todas las entidades tienen este deseo intrínseco, incluso los Om, independientemente de que se encuentren lo más lejos posible de otro Om. Tú, en cambio, puedes tomarlo o dejarlo. No buscas la comunión, ni la deseas ni la necesitas. Por eso haces lo que haces.

YO: Si no necesito la comunión ni la busco, ¿por qué estoy trabajando como encarnado en este planeta, que forma parte del aspecto de baja frecuencia de la estructura del multiverso que la Entidad Fuente Uno creó?

O: Porque estás viendo si puedes hacer un cambio importante en la dirección de una civilización encarnada utilizando el mínimo de entrenamiento. Ningún otro maestro ha logrado esto hasta la fecha.

YO: No me lo creo. Seguramente Jesús, Mahoma, Buda, Krishna, Babaji, Paramahansa Yogananda, y, no me cabe duda, innumerables otros que no son recordados por la historia reciente, todos han logrado esto. Basta con ver lo que han hecho por la humanidad encarnada.

O: Bueno, tienes un punto en tu argumento. Que es que una vez que uno de tus estudiantes ha conseguido lo que tú quieres que consigan, esperas que practique las técnicas y las personalice durante el resto de su existencia encarnada. Esto es igual para todos los maestros.

YO: ¿Por qué no querría un estudiante seguir practicando la técnica que se le ha enseñado cuando se expone a una realidad superior que la que se le presenta mientras está en lo físico?

O: Porque lo físico es intoxicante; es una atracción, una luz para la polilla. Por eso los otros exigían dedicación antes de alcanzar la experiencia de estar expuestos a la realidad superior. La Tierra vive ahora una época diferente. Es la de la gratificación instantánea, y ahí es donde entras tú. Has decidido alejarte de aquello a lo que has estado expuesto durante toda tu existencia encarnada, que uno debe mostrar devoción y dedicación para alcanzar la llamada iluminación, y que esto DEBE llevar años para que el maestro compruebe la integridad del individuo. Tú puedes darles la iluminación ahora. Todo lo que tienen que hacer es pasar un par de días contigo, hacer algunas tareas, pasar otro día contigo, y ya la tienen: la iluminación instantánea. Esto se consigue aprovechando las frecuencias recién adquiridas por la Tierra y vinculando a los estudiantes con ellas. Estás aprovechando al máximo la relación maestro-estudiante. Por eso, algunos de tus lectores han informado de picos de energía o descargas de información como resultado de la compra de tus libros, ya sea en versión digital o en papel. Tú, tu Verdadero Ser Energético, está proporcionando un atajo.

YO: ¿Pero no es eso lo que hacen todos los maestros por sus estudiantes? ¿No están los maestros para esto?

O: Sí, pero se lo estás poniendo en una bandeja, por así decirlo. Llegan a experimentar la realidad superior más rápido, mucho más rápido que nunca. Estás tomando ventaja de las frecuencias más altas y vinculándolos a ella, y para ellos, su creador, la Entidad Fuente Uno. La línea de pensamiento existente es que un estudiante DEBE ganarse el derecho a experimentar la realidad superior, y hasta cierto punto sí les pides que se lo ganen. Pero son recompensados más rápido, mucho más rápido contigo que con las formas tradicionales.

YO: Ya veo. En muchos aspectos encaja con la filosofía actual de "¡lo quiero ya!"

O: Sí, pero este vínculo no fue una decisión estratégica. Simplemente fue una compatibilidad que se produjo paralelamente con este Espacio Evento.

YO: No recuerdo ninguna estrategia de ese tipo, aparte de haber tenido toda la vida la sensación de que tenía algo importante que hacer, y ahora sé lo que es.

O: No, TÚ no lo harás. Fue tu Verdadero Ser Energético el que tomó la decisión de ver qué le sucedería a la humanidad encarnada si un aspecto de sí mismo, TÚ, introducía una vía rápida hacia la iluminación a través de una persona normal y corriente, utilizando una terminología normal y corriente. Además, ahora tienes ayuda.

YO: ¿De quién?

O: Otro aspecto de tu Verdadero Ser Energético, la que llamas Anne, la encarnada con la que te casaste.

¡Mi Difunta Esposa Soy Yo!

YO: Espera, ¿estás sugiriendo que mi querida esposa, Anne, era/es un aspecto de mi Verdadero Ser Energético?

O: Sí. ¿No te das cuenta de que ella te dio el incentivo para ir en ciertas direcciones, para hacer ciertas cosas, para lograr otras cosas, cosas que tal vez no te hubieran interesado si no hubieras sido su pareja?

YO: Sí, pensándolo bien, ella me motivaba de formas que estaban fuera de contexto con mi personalidad. Me inspiraba estar en su presencia. En muchos aspectos, estaba jugando a ponerme a su altura. Era como si ella viviera en la perfección y yo no. Me esforzaba por ser su igual. Ella era mi moderadora, mi razón de ser, mi vínculo con la Tierra.

O: ¿No recuerdas un diálogo de hace nueve años en el que reconociste que hay tres fuerzas principales en el multiverso creado por la Entidad Fuente Uno, Poder, Sabiduría, Amor, y que una entidad no puede tener éxito a menos que opere en cada una de estas tres fuerzas en igualdad.

YO: Sí, lo recuerdo. Vaya, fue hace mucho tiempo.

O: Bueno, tú tenías una parte completa de poder y media de sabiduría. Anne tenía una parte completa de amor y media de sabiduría. Juntos, mientras estaban encarnados, eran una fuerza para tener en cuenta; ahora que Anne ha vuelto al energético, tiene su parte completa de amor y sabiduría. Esto equilibra tu parte completa de poder y tu media parte de sabiduría, ya que el nivel de poder en bruto que tienes necesita un nivel significativo de sabiduría y amor para garantizar que se utiliza de la forma correcta.

Las cosas empezaban a tener sentido. Mi esposa de hacía casi veinticinco años, Anne, era la única persona que realmente me entendía. Sabía de dónde yo venía en todas mis ideas y discusiones sobre metafísica y la realidad superior. Aunque se inclinaba naturalmente hacia el lado "amoroso" de la metafísica, entendía de lo que yo hablaba, no la mayoría de las veces, sino todo el tiempo. Me había sentido a gusto con Anne de una forma en que no podía estarlo con nadie más. Era como si fuéramos un solo ser. Sé que muchas personas pueden referirse a este sentimiento con respecto a su pareja, pero yo realmente sentía que éramos diferentes de alguna manera. La verdadera comprensión de ser un alma gemela, un aspecto proyectado desde el mismo Verdadero Ser Energético trabajando con otro aspecto proyectado desde el mismo Verdadero Ser Energético en una relación íntima era la única manera que podría conciliar como es que estábamos juntos. Anne confiaba en mí con su propia existencia; sabía que yo podía arreglar cualquier cosa. Excepto, claro, su tumor cerebral. "No te metas con mi tumor cerebral", me dijo una mañana en la que la revisaba energéticamente a finales de 2003, un par de meses después de su diagnóstico. "¿Por qué no? Le dije: "¿No quieres que se sane?". "Sí", respondió, "pero no de esa manera". A lo largo de los años siguientes trabajamos en actividades metafísicas, específicamente los posteriores a mi sintonización en Suecia, y Anne aceptó sanaciones de mi parte. Pero siempre supe que no se me permitía acceder a las energías que rodeaban la manifestación del tumor. Anne me confiaba su vida, y yo siempre proyectaba un aura de energía de que todo iba bien. Yo también escuchaba sus pensamientos: "Si Guy está bien y él no está preocupado, entonces todo está bien y yo no debo preocuparme". Esto continuó hasta el período en que la actividad del tumor hizo que necesitara quimioterapia. Si yo estaba a su lado, todo estaba en orden. Así continuó hasta el final de su vida física. Imagina, pues, mi confusión cuando Anne, esa persona que era mi verdadera alma gemela, me dejó aún encarnado, con aparentemente décadas de vida por delante. (Según una de mis muchas premoniciones, que incluía quedarme solo más adelante en la vida, y la escena de mi propia muerte, siempre había imaginado que nos quedaban aún más años por delante. Claramente ésta era una forma de negación). Ella había sido mi principal foco de atención, mi principal motivación, animándome a conseguir ciertas cosas necesarias para asegurarme de que era autosuficiente y que me podía apoyar a mí mismo, para tener un público cada vez mayor, para llegar a donde estoy ahora. Ella había sido un peldaño importante, mi trampolín. Había hecho su trabajo, y ahora era el momento de volver a nuestro Verdadero Ser Energético. Anne, como con todo lo que hizo, había sido de un servicio significativo durante su encarnación, especialmente conmigo y como tal, noté, había negado cualquier karma que pudiera haberla afectado, por su encarnación. Esto se notó específicamente en la forma en que finalmente partió, cualquier karma restante fue "exprimido" de ella. Ella dejó lo físico "libre de karma".

Sin embargo, su trabajo conmigo, al parecer, no había terminado, y empecé a notar que sucedían cosas a mi alrededor que sólo podían asociarse a que recibía ayuda de "entre bastidores". Empecé a reconocer que todo lo que había sucedido y estaba sucediendo en mí y a mi alrededor estaba planeado, acordado y en marcha mientras escribo. Aquellos de ustedes que están familiarizados con los caminos de la realidad superior, se darán cuenta de que nada de lo que he dicho es nuevo ni un conocimiento radical. Lo que sucede es que a veces resulta difícil reconocerlo en la vida propia. El aspecto físico de lo que somos desde una perspectiva transitoria siempre se las arregla para interponerse en el camino. Tenía muchas ganas de comentar esta información con El Origen antes de pasar al siguiente tema, que, querido lector, me estaba costando empezar. Es en esos momentos cuando me doy cuenta de que la información que voy a discutir es, en el mejor de los casos, difícil, y era muy consciente de que El Origen estaba permitiendo que se produjera esta pequeña digresión para que yo pudiera "sintonizar" con el tema y sus energías asociadas. Sin embargo, el tema en el que me encontraba estaba en el "ahora", y El Origen estaba deseoso de terminarlo y seguir adelante.

O: Veo que hay confusión en ti.
YO: Puedes verlo; por supuesto que puedes. La confusión es, ¿cómo puede Anne ser amada de los Om como un aspecto de mí cuando se suponía que yo era el único Om Puro encarnado?
O: Simplemente porque otros Om que están encarnados son híbridos o cautivos. Sin embargo, la mayoría son híbridos en el plano terrestre. Además, juntos Anne y Guy siguen siendo uno.
YO: ¿Es una función de la dualidad?
O: No, es una función tuya, tu Verdadero Ser Energético. Independientemente de cuántos aspectos hayas proyectado, seguiría siendo igual a un Om Puro, porque sólo hay un Om Puro que ha decidido entrar en el ciclo de encarnación. Ten en cuenta, sin embargo, que el aspecto de ti que era Anne ha regresado a un punto más cercano a tu Verdadero Ser Energético, mientras que todavía está en un nivel de contacto con el universo físico. Ahora hay verdaderamente sólo un aspecto del Om Puro encarnado en la Tierra. Ten en cuenta de

nuevo, que el aspecto "Anne" ESTÁ activo en el trabajo que aceptaste hacer desde la perspectiva energética, trabajando con los guías y ayudantes de aquellos que necesitan o aceptaron ser parte del trabajo que estás haciendo. Tu trabajo es importante, porque está eliminando muchas de las descripciones teñidas de rosa del espíritu, mostrándolo bajo una luz más básica, una que permite una expansión de los procesos de pensamiento sin ser entorpecida por un relleno innecesario.

YO: Gracias. Volviendo a tu descripción de por qué, incluso cuando múltiples aspectos de mi Verdadero Ser Energético se proyectan en lo físico, esto se clasifica como sólo uno de mí, ¿cómo se relaciona esto con otros encarnados? ¿Se clasifica siempre como una sola entidad y no como muchas, las muchas basándose en el número de aspectos proyectados por el Verdadero Ser Energético?

O: Siempre sólo se clasifica como uno, independientemente del tipo de energía del Verdadero Ser Energético. Es solamente que la humanidad piensa en sí misma como encarnada y que los otros aspectos asociados con el Verdadero Ser Energético, ya sea encarnado o desencarnado, son entidades separadas. De ahí, el proceso de pensamiento descriptivo que adopta la humanidad encarnada puede describirse como "hay muchos aspectos de mí", haciendo del "sí-mismo" una función múltiple centrada en el encarnado, en lugar de que el proceso de pensamiento descriptivo se enuncie correctamente como "yo soy un aspecto de mí", haciendo del "sí-mismo" una función singular centrada en el Verdadero Ser Energético.

YO: Eso tiene mucho sentido. Me preocupaba la información que recibía y era capaz de entender. Tenía un conflicto de información. Por un lado era consciente de que yo era el único Om Puro encarnado, sin tener en cuenta a los Om Híbridos encarnados, y por otro lado captaba que Anne también era Om Puro. ¿Cómo es posible que sólo hubiera uno? Ahora lo sé, ambos somos aspectos de la misma entidad Om, estábamos separadamente juntos.

Sin embargo, tengo otra pregunta.

O: Sigue adelante; aquí estás en un viaje de descubrimiento personal.

YO: Tengo recuerdos de un par de encarnaciones y algunas han sido con Anne. Ella también recordaba algunas de ellas. También sabía que teníamos un karma que limpiar entre nosotros. ¿Cómo funciona eso si somos aspectos del mismo Verdadero Ser Energético? Además, tengo otro conflicto de información acerca de cuántas veces he encarnado. Estoy recogiendo tanto una así como alrededor de treinta y seis alrededor del universo físico. (Empezaba a ser consciente de que la dirección en la que iba se abordaría en un diálogo diferente en un libro diferente. Uno el cual me dijeron que escribiera después de éste—pues éste, querido lector, pido disculpas, pero de algún modo me parecía pertinente justo ahora, en este texto).

O: No era tanto karma entre ustedes sino un conflicto de intereses entre dos aspectos de personalidad de la misma entidad, que sólo podrían haber sucedido en el estado encarnado. Tomó un par de Espacios Evento para resolverlo.

En cuanto a tu número de encarnaciones, es ambas, una como el número que has indicado. Pero no se han realizado de forma lineal; se han experimentado todas al mismo tiempo. Tú, tu Verdadero Ser Energético, esto es, utilizó el Espacio Evento para experimentar todas esas existencias al mismo tiempo, energéticamente. Para lograrlo, tu Verdadero Ser Energético proyectó suficientes aspectos de sí mismo en un número conocido de Espacios Evento en paralelo para permitirle experimentar todo lo que necesitaba para el trabajo que quería hacer, de una sola vez, por así decirlo. En esencia, todas ellas están sucediendo ahora, en una condición única, de ahí tu conflicto. Tienes la sensación de varias encarnaciones, y sólo una. Has experimentado, estás experimentando, experimentarás, has hecho, estás haciendo y harás todo ahora mismo.

YO: ¿Pero no es lo mismo para todas las entidades? ¿No sucede todo en paralelo?

O: Sí, pero en función de cada aspecto. Esto se llama "paralelismo linear". El paralelismo linear es cuando el Espacio Evento se crea a través de las acciones de una entidad. Se debe a las condiciones dualísticas de las posibles posibilidades. Lo que tú, o debería decir, tu Verdadero Ser Energético ha hecho, es invocar el Espacio Evento para tu propia/su propia necesidad de acelerar la función de conocimiento y experiencia a la de una entidad experimentada al participar en el ciclo encarnado. Esto se llama "paralelismo esférico instantáneo".

YO: Estoy siendo un poco quisquilloso aquí, pero ¿no sería el paralelismo esférico el siguiente paso lógico? (Esta descripción se me acaba de ocurrir).

O: Sí, pero eso es una función de todos los Espacios Evento específicos de una entidad que se crea a través de la condición dualística en paralelo, y no la entidad misma invocando activamente al Espacio Evento para lograr una tarea o función conocida, como un ambiente paralelo esférico instantáneo.

YO: Basándonos en esto, es posible que estés experimentando tu primera y tu última encarnación concurrentemente.

O: Sí, lo es, y eso es lo que tú, esto es, tu Verdadero Ser Energético, está haciendo ahora mismo.

YO: Y eso incluye todos los demás aspectos proyectados desde el Verdadero Ser Energético.

O: Por supuesto, ya que es el uso de estos otros aspectos dentro de la invocación del Espacio Evento de esta manera lo que crea el paralelismo que se clasifica como "instantáneamente esférico"—esférico, por supuesto, relacionado con lo holográfico en vez de la esfericidad sólida, ya que eso lo pondría en la clasificación de únicamente "esférica".

Esto estaba bien. Me aclaró muchas áreas de conflicto. Siendo analítico por naturaleza y por formación, la incoherencia es la ruta hacia la inexactitud, así que ver cómo la información supuestamente incoherente que recibía se hacía coherente simplemente comprendiendo un concepto nuevo, esto es, nuevo para mí, fue cuando menos gratificante. Antes de pasar al siguiente tema, tenía una pregunta más que hacer. Ya la había planteado antes, pero necesitaba comprenderla mejor. Se basaba en la supervivencia de la personalidad del aspecto tras la reintegración con el Verdadero Ser Energético.

La Supervivencia de la Personalidad del Aspecto

YO: Sé que ya hemos hablado de esto antes, pero quiero preguntar sobre la personalidad del aspecto y cómo sobrevive cuando el aspecto se reintegra con el Verdadero Ser Energético.

O: En primer lugar, el aspecto no es la personalidad actual; la personalidad actual es una función del ego. En segundo lugar, la personalidad del aspecto es la acumulación de todas las experiencias egoístas y energéticas acumuladas a lo largo del número total de oportunidades encarnadas, junto con las ínterin/pre-/post- experiencias energéticas. También es una función de la sabiduría acumulada cuando se permite trabajar con ciertos niveles de poder.

La personalidad del aspecto es, por lo tanto, una subpersonalidad del Verdadero Ser Energético que sobrevive tanto al fallecimiento del vehículo humano encarnado como a la reintegración de la energía, llamada aspecto, tras el fallecimiento del vehículo humano. Como una subpersonalidad, está integrado en la personalidad general del Verdadero Ser Energético, pero separado de ella. Como tal, puede ser llamada a proyectarse en otro vehículo humano, siempre que se requiera su personalidad particular y conjunto de habilidades, para realizar una determinada tarea mientras está encarnado. Piénsalo en términos de una serie de memorias basadas en habilidades que uno invoca cuando se es expuesto, y tiene que lidiar con, una experiencia que tiene una firma similar o igual, por así decirlo, a la experimentada previamente. Las memorias se utilizan como medio de navegación, permitiéndote trabajar con esa experiencia de la forma más eficiente posible. Ahora piensa que estas memorias tienen la capacidad de acumular datos adicionales, como resultado de una interacción/autoconciencia similar o igual, y que el Verdadero Ser Energético se refiere a ellos como un método rápido de navegación por una experiencia, utilizando experiencias basadas en memorias relativas o relacionadas, en lugar de experimentar aquello que se le presenta por primera vez al Verdadero Ser Energético. Ahora considera cada conjunto de memoria como una energía de experiencia especializada basada en la memoria que se almacena dentro del Verdadero Ser Energético y que se invoca cuando es necesario y se proyecta en un vehículo encarnado cuando se desea un cierto tipo de experiencia. Ahora considera que a este conjunto de energía se le permite expandirse, crecer e independizarse mientras está integrado con el Verdadero Ser Energético. Que este conjunto de energía puede, y es, proyectado a un vehículo encarnado cuando se requiere su conjunto de habilidades basadas en la memoria, y que puede ser descrito como un aspecto del Verdadero Ser Energético por derecho propio.

    Este conjunto de memoria es el aspecto, y como tal mantiene su crecimiento y personalidad independientemente dentro de la energía que es el Verdadero Ser Energético. Así es como el aspecto "se convierte" en lo que es. Así es como el aspecto mantiene su utilidad y, por lo tanto, su individualidad mientras está integrado con el Verdadero Ser Energético; se mantiene gracias a una memoria siempre creciente de experiencias individuales a el aspecto. Se convierte en una energía especializada. Y esto, mi querido Om, es lo mismo para todas las entidades creadas por mí o por cualquiera de mis Entidades Fuente.

YO: Basándose en esto, el aspecto crece en estatura cuanto más se le utiliza, adquiriendo más datos y experiencia cada vez que el Verdadero Ser Energético selecciona ese aspecto para una encarnación u otro papel.

O: Correcto, y así es como se conserva la personalidad del aspecto.

YO: ¿Es posible que un aspecto se utilice tantas veces que su personalidad se convierta en la personalidad dominante dentro del Verdadero Ser Energético? Esto es, ¿se convierte en la principal personalidad del Verdadero Ser Energético?

O: No, porque la personalidad del Verdadero Ser Energético es la personalidad dominante. La personalidad dominante crece con la inclusión de nuevos datos experienciales de TODOS los aspectos y esquirlas que están asociados con ella y, por supuesto, con su propio trabajo. Por lo tanto, siempre es significativamente mayor que cualquiera o todos sus aspectos. No olvides que cualquier dato experiencial o memorias acumuladas por una esquirla son acumuladas por el aspecto que proyecta a la esquirla. La esquirla como tal no los retiene porque la esquirla no se perpetúa como personalidad dentro del aspecto.

YO: ¿Por qué no? Yo habría pensado que la relación aspecto-esquirla habría reflejado la relación Verdadero Ser Energético-aspecto.

O: No.

YO: ¿Por qué no?

O: Porque una esquirla es una función del aspecto desde una perspectiva energética más baja, una que no permite la posibilidad de individualización dentro del cuerpo principal de energía que es el aspecto. Esto siendo, la esquirla simplemente no tiene la resolución necesaria para retener cualquier personalidad acumulada como resultado de ser proyectada en una oportunidad encarnada. El aspecto registra todo y mantiene todo y, a su vez, esto es registrado y mantenido por el Verdadero Ser Energético. La cuestión aquí es que el aspecto tiene la resolución y la autoridad que le ha sido asignada por el Verdadero Ser Energético para individualizarse dentro de los límites de su energía. La esquirla no tiene ni una ni otra.

YO: Basándonos en eso, ¿un encarnado que tiene una esquirla proyectada en él (como su alma) sería menos que una individual en comparación con un aspecto que se proyecta en un vehículo encarnado (como su alma)? Por ejemplo, ¿existiría una diferencia que pudiera ser percibida por un observador consciente y que, por lo tanto, fuera un punto clave de observación para tener en cuenta a la hora de determinar si un individuo encarnado está ocupado o no por una esquirla o por un aspecto?

O: Sí, el vehículo encarnado ocupado por una esquirla parecerá tener un desempeño deficiente, aprende lentamente, y tal vez incluso sea difícil llevarse bien con él, aunque sea agradable. Tendrán dificultades para relacionarse con los demás.

YO: ¿Serían lo mismo que las personas de relleno?

O: No presentarían el mismo tipo de personalidad que las personas de relleno porque están inherentemente unidas a una entidad que es una energía de mucha mayor calidad. Aunque pueden ser una energía de menor calidad en comparación con un aspecto, son una energía de mayor calidad en comparación con la energía de la entidad proyectada en una persona de relleno. De hecho, la diferencia es notable. Las personas de relleno tienden a sentirse atraídas por las funciones más bajas de las frecuencias más bajas cuando encarnan, como la agresividad, el materialismo, el ego y el estatus, mientras que el encarnado que está ocupado por una esquirla es más probable que sea un individuo tranquilo y pasivo con poco o ningún impulso/motivación personal, ambición, deseo de liderar o formar parte de un grupo. Se les puede clasificar como personas de bajo rendimiento, que están contentos con su suerte en la vida y no desean salir de su zona de confort. De hecho, se podría decir que son el tipo de personas que "aún no están ahí". A pesar de todo esto en mente, suelen ser personas muy agradables.

YO: ¿Así que cuando su cuerpo físico muere su personalidad muere con él?

O: No, la personalidad primordial de la esquirla es aquella del aspecto y, como sucede con el aspecto en relación con el Verdadero Ser Energético, las memorias y experiencias acumuladas por la esquirla son inherentemente las del aspecto y retenidas dentro del aspecto. Luego se comparten con el Verdadero Ser Energético. La personalidad basada en el ego, tanto en la esquirla como en el aspecto, se disuelve con el fallecimiento del cuerpo humano.

YO: Esto me aclara muchas cosas. Gracias.

Capítulo 24
La Estructura Entre la Estructura

ESTE TÍTULO ESTABA DANDO VUELTAS en mi cabeza desde hace algunos días y comenzaba a enfocarse como un tema que debería discutir con el Origen. Me había dado cuenta de que me estaba saturando un poco y, por lo tanto, tenía dificultades para enfocarme en el género del tema que El Origen sin duda alguna me estaba llevando a tratar con él. Me había dado cuenta de que nos habíamos desviado un poco, al menos en mi mente, del tema principal de hablar con El Origen sobre El Origen y no sobre temas locales que podrían o deberían haberse preguntado a la Entidad Fuente Uno. Dicho esto, la información no sólo era interesante y esencial, sino que también demostraba que El Origen estaba tan en contacto con el funcionamiento en las profundidades de una de sus Entidades Fuente como con su propio trabajo. Me intrigaba tener que hablar con El Origen de temas que no eran realmente su principal interés—por eso creó las doce Entidades Fuente. Fueron creadas para profundizar en aquellos temas que El Origen consideraba que era mejor dejar en manos de funciones autónomas de sí mismo—las Entidades Fuente y sus creaciones más pequeñas. Mientras escribía estos pensamientos, empecé a ver una imagen estructural en mi mente. Era una señal inequívoca de que El Origen estaba descargando información hacia mí y estaba a punto de continuar nuestro diálogo. Me dispuse a permitir que las energías de El Origen fluyeran sobre mí y que comenzara el diálogo.

O: Así que quieres conocer sobre la estructura que hay detrás de la estructura.

YO: No era algo que había planeado, pero desde hace un par de días he estado pensando en cómo puedo moverme detrás de la estructura del multiverso que creó la Entidad Fuente Uno. También he estado pensando en aquellas entidades que son las entidades de mantenimiento de la estructura del multiverso y cómo se aseguran de que la eficiencia evolutiva del multiverso se mantenga en su mejor momento. Estas entidades, algunas de las cuales he conocido en forma humana, también se mueven entre la estructura del multiverso. Esta es una función que necesitan tener para permitirles moverse rápidamente de un punto de mantenimiento al siguiente. Simplemente vi esto como una función tuya, porque son esencialmente tú, y que para permitir que estas entidades y yo mismo nos movamos por la estructura de esta manera debe haber otro nivel de estructura dentro de ti, y por lo tanto de las Entidades Fuente, que no he visto mientras estoy en lo físico y por lo tanto no he discutido contigo todavía.

O: Bueno, tienes razón al considerar la discusión de esta subestructura, pero también debes tener en cuenta que hay una subestructura para todos los niveles dentro de mí.

YO: Mientras hablabas, he obtenido una imagen de cómo es esta estructura. Pero sólo puedo describirla en un sentido metafórico.

O: Bien, déjame ver si puedes entender lo que se te ha dado. Dime lo que ves.

YO: Parece un nivel incompleto de estructura. Es como una telaraña pero en un sentido extremadamente fino/enrevesada tipo gasa. Es una estructura punto a punto que sólo permite el acceso a un número selecto de puntos dentro de tu estructura. Es casi como si estuviera conectada a ciertos, lo que llamaré, nodos. Estos nodos son los puntos de cruce entre las divisiones dentro de los niveles de tu estructura, y esos puntos son donde termina el punto más alto de un nivel y comienza el punto más bajo del siguiente nivel. Pero espera, al hacer un acercamiento a la estructura veo una estructura más fina detrás de ella. Esta estructura más fina une las divisiones entre los niveles y permite acceder a sus puntos de cruce. Y aún hay más. Al observar esta estructura, veo que la estructura punto a punto no es sólo un marco estructural que permite acceder a estos nodos como un vínculo nodo a nodo, sino que también tiene otra estructura detrás que permite el movimiento más allá de la metodología nodo a nodo, omite activamente los nodos. De hecho, puedo ver uno de estos vínculos punto a punto, nodo a nodo, separándose de la estructura y cambiando su conectividad nodo a nodo de un par de nodos a otro. Espera. Esta estructura no es estática en absoluto. Ahora estoy confundido, ahora no puedo llamarla estructura porque todo ha cambiado delante de mis ojos mentales. Y ahora, es otra cosa, que sigue cumpliendo la misma labor, pero la estructura es completamente diferente a la que vi hace un momento. ¿Se adapta esta estructura a las necesidades de las entidades de mantenimiento?

O: Oh, muy bien hecho. Ya estás casi ahí. Mira un poco más profundo y dime qué ves ahora.

YO: ¡Ah! Ya veo. Lo que estoy viendo es como las estelas de vapor que deja un avión cuando vuela a través de aire más denso, comprimiéndolo y formando una nube localizada específica de la dirección de desplazamiento del avión. No se trata de una estructura, sino de líneas directas de desplazamiento creadas por las propias entidades de mantenimiento específicamente y sólo mientras duren sus desplazamientos de un punto a otro. Si tienen que volver, esa línea directa de desplazamiento se mantiene. Pero si no lo hacen, se disuelve sin dejar rastro de dónde han venido o a dónde han ido. Están creando la estructura para satisfacer sus propias necesidades al desplazarse de punto a punto, de nodo a nodo.

Ah, sí. Esto, por supuesto, es la llamada estructura detrás de la estructura del multiverso de la Entidad Fuente Uno y no tú per se, aunque lo sea en realidad.

O: Correcto. Así es como se forma mi subestructura cuando está bajo el control de una Entidad Fuente. La propia entidad de mantenimiento la adapta a lo que necesita hacer y a lo que necesita hacer para trabajar con el área de la estructura con la que necesita trabajar. Ahora fíjate en la estructura que hay entre las Entidades Fuente. En esta área verás una subestructura diferente.

YO: Veo una especie de marco estructural. Está uniendo a las Entidades Fuente contigo. Es casi como si estuvieran suspendidas como marionetas en una cuerda, la cuerda simplemente existiendo. Como el "truco de la cuerda india", comienza en el espacio libre y luego se une al borde exterior de las energías que están asociadas con una Entidad Fuente en particular. A medida que esa Entidad Fuente se mueve alrededor de esa área de ti mismo que le has asignado, no es que se muevan mucho, la mayoría son estáticas, esas líneas de estructura, la cuerda si quieres, se mueve con ellas, cuyos extremos se mueven con ellas y no se quedan quietos en un punto de supuesto origen. Es como si la cuerda del truco de la cuerda india estuviera en realidad unida a otra cuerda microscópicamente fina que mantiene el extremo superior de la cuerda en su sitio, así que aunque la parte superior de la cuerda parece moverse de sitio con el movimiento de la Entidad Fuente en cuestión, en realidad sigue conectada a la subestructura que eres tú.

O: Correcto. Mira más de cerca. ¿Qué más "ves"?

YO: Estoy viendo un entramado energético. Es... es hermoso más allá de lo creíble. Es intoxicante mirarlo (¡estoy llorando de alegría!). Todos los colores del arcoíris y todos los colores intermedios/cromáticos, incluyendo una miríada de pasteles y matices de claridad que el ojo humano no podría ver o incluso descifrar.

Me preguntaba cómo soy capaz de descifrarlos con mi ojo mental.

O: Los estás interpretando, no descifrando. Eso es una cosa diferente. Simplemente no tienes la capacidad, mientras estás encarnado, de apreciar todo lo que se te está presentando. Considéralo una versión truncada, una con la que puedas trabajar mientras comprendes, al mismo tiempo, la vasta variación de los colores. Por favor, continúa con tu narración.

YO: Es difícil, es tan... es tan... "emocional". Es como estar en casa cálido y acogedor con la persona que amas (más lágrimas de alegría). Soy yo uniéndome a ti como parte de mí, pero con la realidad de que soy una parte más pequeña de ti. La luz pulsa, irradia y vibra, todos los aspectos de esta luz son una función de tu subestructura.

Hago un alejamiento mentalmente, alejándome de la imagen que se me presenta y observo la conectividad de las Entidades Fuente con la subestructura de El Origen desde muy lejos.

El Origen Habla

Se mueven y están constantemente conectadas a ti. El movimiento de la mayoría de ellas es mínimo—no obstante, pero es movimiento dentro del área que les has asignado. Cada Entidad Fuente parece ser suspendida por su conectividad, y cada línea de conectividad forma parte de un entramado energético específico para los datos que se transmiten o reciben. Cada línea de conectividad se utiliza al máximo de su capacidad y se añaden nuevas líneas de conectividad a medida que cambia el género de los datos. Todo es dinámico, todo cambia, todo se adapta a lo nuevo y asimilando a lo actual o antiguo. Cuando miro esta imagen, cada vez se parece más a la imagen que se ve cuando se observa la esfera hueca de un generador Van der Graaff, con la electricidad formando un arco que va de la esfera, que es el "positivo" del generador, al "negativo", que puede representarse con vidrio de plomo para obtener una serie tridimensional general de múltiples arcos en lugar de un solo arco. El punto de conectividad estaría representado por cada arco, y el movimiento de los arcos sería el flujo natural de conectividad entre una Entidad Fuente y la subestructura de El Origen.

Una Entidad Fuente se desplazó de su ubicación actual como respuesta a mi siguiente pregunta, que sería: ¿cómo se vería afectada la conectividad de una Entidad Fuente por su desplazamiento?

La Fuente en cuestión se movió y las líneas de conectividad se movieron como arcos de "potencial" (voltaje) desde la esfera positiva del generador de Van der Graaff a múltiples lados negativos, con los lados negativos moviéndose en distancia y ubicación en relación con el positivo. Parecía una serie de cabellos eléctricos que se desconectaban y reconectaban a las incontables líneas de "luz" del entramado. Todas las conexiones estaban, desde mi perspectiva, en relieve tridimensional con la conectividad alrededor de la Entidad Fuente en la que me enfocaba.

O: La conectividad no está sólo en la periferia de la Entidad Fuente que estás observando. También está dentro de ella. Míralo más de cerca.

YO: Está bien, estoy viendo la Entidad Fuente en lo que yo llamaría una condición "clara" transparente, puedo ver dentro y fuera de ella como ver una resonancia magnética donde todo es "visto a través".

    La conectividad no sólo está en el exterior de la Fuente. También está en el interior. Es asombroso ser testigo de ello. La Entidad Fuente parecía moverse a través de la subestructura de El Origen y conectarse con ella a todos los niveles. La Entidad Fuente que observo es totalmente permeable, su esencia es su individualidad, y su individualidad es lo que la separa de las energías que son El Origen, su estructura y su subestructura.

    ¿Por qué no había visto antes este nivel de detalle? Tenía la impresión de que las Entidades Fuente eran "bolas de energía" a las que se permitía vagar por el espacio libre. Esto me dice que tiene que haber un nuevo nivel de comprensión sobre cómo tú y tus creaciones interconectan contigo.

O: Hay más, mucho más, pero lo que has visto aquí no es, para citarte, ni siquiera un rasguño en la superficie. Tengo varios niveles de estructura, y toda entidad que jamás he creado es inherentemente parte de ella.

    Cada entidad es parte de mí y, como parte de mí, cada entidad es inherentemente parte integrante de mi estructura. Todas las creaciones son integrales, no están separadas y no pueden estar separadas.

YO: Pensé que habías creado un espacio vacío para que las Entidades Fuente existieran dentro, que no habría "Nada" en el área en la que trabajan.

O: Desde la perspectiva limitada de la humanidad encarnada, la respuesta sería sí. Pero sólo cuando una entidad encarnada es capaz de progresar más allá de lo convencional es capaz de asumir nueva información o conceptos. En este caso, el concepto que utiliza la humanidad encarnada es la necesidad tanto de individualidad en la "personalidad" así como de individualidad en el "cuerpo" nacido de la separación energética. En diálogos anteriores has captado el concepto de que la individualidad no es necesariamente una función de la separación física—esto siendo, una personalidad o inteligencia individual, sintiente o no, junto con un cuerpo de energía individualizado. Este no es un requisito necesario ni una necesidad. Tampoco es la norma desde mi perspectiva.

YO: ¿Estás diciendo que todas las entidades, independientemente de su creador, capacidad creativa, y el contenido evolutivo, son todos sólo un aspecto de la individualización dentro de ti, y que esta individualización es independiente de la energía—esto es, la individualidad no se asigna a un "cuerpo" de energía en particular.

He utilizado las palabras "cuerpo de energía" para dar a mis lectores un dato con el que trabajar, porque la idea de, digamos, una sintiencia inteligente individual que es independiente de la energía de cualquier tipo será, como mínimo, un "estiramiento" en entendimiento.

O: Correcto. No hay ninguna entidad dentro de mí que tenga un cuerpo de energía que sea específica y exclusivamente asignado a la individualidad que son ellas. Todas las entidades que he creado, que han sido creadas por mis creaciones, o que han sido creadas en función de energías incompatibles que ya tenían una función y personalidad asignada a ellas durante un período (Om), tienen individualidad como resultado de que mi intelecto siendo "separado" específicamente para el uso de una sintiencia individual personalizada que se aplica de forma única a, o requisa, un conjunto conocido de energías.

YO: Lo que me estás diciendo entonces es que todas las entidades son intelecto puro y que son totalmente independientes de la energía—¡de cualquier tipo!

O: Correcto. ¿Por qué te sorprende esto?

YO: No lo sé. Supongo que pensé que este nivel de existencia era particular sólo para ciertas entidades de "alto nivel" que existían dentro de ti, y algunas otras que han sido descritas en mis diálogos con la Entidad Fuente Uno.

O: ¿No habría sido ése el ejemplo correcto a seguir? ¿Este pensamiento tuyo es una indicación de que la energía era sólo un "vehículo" de la sintiencia? Apunta en la dirección correcta, es un señalamiento.

YO: Sí, pero como sugieres, la mayor parte de lo que yo/nosotros pensamos está enfocado en el ser humano, y estamos limitados por esto como un dato, como punto de partida, para que nuestro intelecto trabaje con él. Estamos limitados desde el principio por nuestra condición física actual, que nos preprograma para una determinada forma de pensar.

O: Puedo verlo. Lo encuentro muy entretenido. No, estoy bromeando. Esta limitación está siendo levantada ahora y como tal, ustedes—la humanidad encarnada—están siendo expuestos a niveles más altos de la verdad.

No obstante, me reenfocaré en el aspecto más importante de nuestro diálogo, la descripción de mi subestructura.

Lo que "viste" o "visualizaste" es sólo una parte de la información que necesitas difundir. La imagen de una Entidad Fuente "vista a través" o en "claro relieve" pasando a través de mi subestructura es un buen ejemplo de cómo una Entidad Fuente, o cualquier entidad dentro de una Entidad Fuente, se mueve a través de mí.

Mi subestructura, en este nivel, es únicamente un medio de comunicación. Hay otros niveles de subestructura, y tienen funciones diferentes, como proporcionar los vínculos entre energías similares o iguales para mantener sus componentes básicos alineados permitiendo a todas las entidades que "pasen" a través de ellos de la misma manera que las líneas de comunicación.

Somos Seres de Sintiencia Pura Individualizada Quienes Requisan la Energía

YO: ¿Qué hace que una entidad sea como es en primer lugar? Quiero decir, ¿cómo se identifican o se crean como entidad?

O: Dicho sencillamente, asigno una parte de mi intelecto, mi sintiencia, a una parte de mí que está asignada a ocuparse de aspectos individualizados de mi sintiencia. Esos niveles de inteligencia/sintiencia tienen la capacidad de moverse a través de las energías que componen mi estructura y asignar partes de esas energías que la entidad desea utilizar para darle "cuerpo", por así decirlo. Estas energías pueden ser utilizadas ad infinitum o en una condición momentánea. Cuando ustedes, como humanidad encarnada, utilizan el vehículo físico, asignan energías a un área localizada para crear una colección de energías autocontenidas y que operan autónomamente, para permitirles experimentar las más bajas de las frecuencias y las energías asociadas de una manera similar a como interactúan entre sí. Esta es una condición transitoria, que se utiliza sólo con propósitos experienciales. Cuando tú, esto es, tú Verdadero Ser Energético, estás completo y funcionando en tu ambiente natural, estás funcionando como una colección de energías que son relevantes sólo para su progresión evolutiva. Cuando tu Verdadero Ser Energético opera más allá de las restricciones del ciclo evolutivo, se despoja de esas energías asignadas a este ciclo y se convierte en lo que es, sintiencia pura individualizada. Como sintiencia pura individualizada, el "Verdadero Ser Energético" se convierte en el "Ser Verdadero", y el Ser Verdadero opera más allá de la asociación completa y total con la energía como medio corporal. Como tal, una entidad que está más allá de la asociación con la energía es libre de moverse donde quiera o necesite.

Sin embargo, independientemente de esta falta de asociación, una entidad debe mantener un nivel de conectividad conmigo para habilitarlo a seguir funcionando. Es una parte de mí, una función de mí, independientemente de su nivel de individualidad y, como resultado, necesita trabajar con la estructura que yo soy. De ahí las imágenes que viste con el ejemplo de la Entidad Fuente moviéndose a través de mi estructura mientras mantiene su conectividad con mi estructura. Como en el ejemplo de tu diálogo con la Entidad Fuente Uno, donde las entidades son inteligencia pura y mueven su inteligencia a través de los minerales que componen la roca en la que existen para reubicarse, así hacen mis entidades, todas mis entidades en su existencia funcional superior, mueven su sintiencia a través de las energías y la subestructura que las mantienen para experimentar esas diferentes partes de mí.

La función del movimiento es tal que la sintiencia libera temporalmente (asume) la función dominante de la energía a la que se desplaza o a través de la cual se desplaza, convirtiéndola en parte de sí misma al mismo tiempo que mantiene la capacidad de "deslizarse a través de ella", por así decirlo. Es como utilizar un coche para desplazarse de una parte a otra de una ciudad y luego pasar de este coche a otro o a un tren o un avión si se necesita recorrer una distancia mayor. Piénsalo en términos de una energía que es tan fina que es capaz de impregnarlo todo a su paso, moviéndose a su alrededor y a través de él, sin obstáculos en todos los niveles de la composición de esta energía.

YO: ¿Esto también incluye lo que es tu intelecto, tu sintiencia poliomnisciente? Lo que quiero decir es, ¿es la individualidad que son las Entidades Fuente y otras entidades, capaz de moverse a través de tu sintiencia poliomnisciente de la misma manera?

O: Sí, porque en última instancia todos ustedes son yo. Eres capaz de moverte a través de cada aspecto de mí de la misma manera. Tu intelecto individualizado puede pasar a través de mi intelecto sin interferencia. Esto siendo, mi intelecto no interfiere con el tuyo, y tu intelecto no interfiere con el mío.

Piénsalo de este modo, si consideras que el cuerpo de aire que rodea la Tierra soy yo, y que un gas raro inerte eres tú, uno pasa a través del otro sin interferencias, mientras forma parte del mismo cuerpo de aire. El aire es una descripción general de todos los gases alrededor de la Tierra, yo, y el gas raro inerte es una descripción de un componente individualizado del aire, tú.

A medida que una entidad se mueve a través de mí, o existe dentro de mí, requisa ciertas energías para realizar las actividades que necesita o desea hacer. Esa energía, ese "cuerpo" de energía, es lo que ves como las Entidades Fuente o tu Verdadero Ser Energético. La verdad del asunto es que la entidad real no tiene la propiedad de tales energías; son prestadas por un cierto período y luego liberadas. Tú y todas las demás entidades creadas por mí o por una Entidad Fuente no son, en verdad, seres energéticos. Son sintiencia pura, y la sintiencia pura no requiere ninguna fisicalidad, y aquí denomino a la energía como una fisicalidad, para existir, pues la sintiencia pura simplemente "es". Cuando viste la imagen de una de las Entidades Fuente en un relieve claro "visto a través", moviéndose a través de mi subestructura, viste la base misma de su ser, las energías básicas que estaba requisando para permitirle hacer su trabajo, para cumplir su compromiso con la progresión evolutiva. Se movía a través de mí, comunicándose con mi esencia básica, para permitirle requisar esas energías y utilizarlas de forma creativa. Trata de imaginarlo como el viento moviéndose a través del viento.

Lo hice, ahora podía verlo. Esto me abrió un paradigma totalmente nuevo, uno que prácticamente disolvió el paradigma existente que estaba basado en una existencia exclusivamente energética.

Hice una nota mental. La subestructura de El Origen permite que versiones más pequeñas de él, cualquiera que sea la forma que adopten: Entidad Fuente, Om, creación de la Entidad Fuente, creaciones de creaciones de la Entidad Fuente, etc., etc., se muevan a su alrededor para experimentar detalles minúsculos de sí mismo. No se trataba de una función energética individualizada desde una perspectiva humana; todo estaba interconectado desde la perspectiva de la sintiencia. Todo lo que es, fue o será, dentro de la estructura de El Origen, sin importar lo que fue creado, está individualizado, pero no por solidez o energía (todavía una función de la fisicalidad), sino por pura "individualidad", por "sintiencia individualizada".

Toda mi comprensión actual se había destrozado en este breve diálogo con El Origen. Me había llevado por un camino que me había puesto al revés y me había torcido desde adentro. Empezaba de nuevo—desde cero. ¡Esto, pensé, va a llamar la atención de algunas personas y va a confundir algunas otras!

Capítulo 25
La Subestructura de El Origen

FUE EN ESTE PUNTO DEL proceso cuando estuve en la cúspide de decidir que todo lo que había discutido anteriormente era un error. Todo lo que yo y otros líderes espirituales, canalizadores, intuitivos e individuos iluminados habíamos difundido sobre el espíritu, el supuesto entendimiento innovador de que todos somos energéticos y nos basamos en la frecuencia dentro de lo energético, ahora parecía ser erróneo en el mejor de los casos. Pero algo me decía que el nivel previo de conocimiento era sólo un "peldaño", un "porte indicador", un "señalamiento" cada uno de los cuales nos señalaba un nivel más profundo de comprensión—una comprensión que era inalcanzable sin el nivel previo de comprensión establecido y dominado.

Mientras me sentaba en mi silla, seguía recibiendo las palabras "estas son las herramientas para fabricar las herramientas que fabricarán el siguiente conjunto de herramientas"—las herramientas siendo el "conocimiento". Progresión, todo esto era sobre la progresión y la educación progresiva. No podemos avanzar hacia delante sin comprender los fundamentos, lo básico. No tendría sentido pedirle a un hombre de las cavernas que se enganchara a una computadora y escribiera un código complicado sin el nivel de educación progresiva necesaria para respaldar la petición. Es más probable que el hombre de las cavernas golpeara el teclado y la pantalla de la computadora con un garrote o un palo que pensara en utilizar las manos y los dedos para teclear, por no hablar de entender qué es "teclear" en primer lugar. La computadora no sería más que un objeto que ignoraría o patearía por el suelo.

El nivel de educación cavernícola es en el que nos encontramos ahora mismo como humanidad encarnada. La computadora es el objeto impensable que está justo fuera de nuestra comprensión. La computadora es el ejemplo del conocimiento espiritual superior. Y, al igual que con el conocimiento espiritual, para poder utilizar la computadora el hombre de las cavernas necesitaría pasar por años de educación, específicamente si fuera a satisfacer la primera petición de "escribir el código".

Necesitamos educar, y la mejor manera es permitirnos asumir lo que podamos, aunque sea por error, pero asegurándonos de que va en la dirección general correcta. A medida que nos volvemos más expertos en comprender, y nuestra base de conocimientos aumenta, también podemos procesar conceptos nuevos y más complicados, conceptos que están diseñados para hacernos pensar, para ver más allá de nuestro nivel actual de comprensión y conocimiento, y, hacernos reconocer y aceptar nuestros errores de juicio y comprensión. Los paradigmas están para romperse y la comprensión del conocimiento que nos apuntó en la dirección de hacernos pensar que somos "seres energéticos" es uno de esos paradigmas, aunque creo que de corta duración.

"¿A dónde voy ahora desde aquí?" pensé.

O: Intenta trabajar en lo que es mi subestructura y alcanzar un nivel de comprensión en esta dirección particular. Es una de las herramientas que la humanidad necesitará para poder avanzar, para progresar.

YO: ¿Es eso sabio? Quiero decir, ¡acabamos de establecer que la información sobre que somos seres energéticos es un poco una pista falsa! ¡Que en cambio somos pensamiento puro!

O: No es una pista falsa, y tú no eres pensamiento puro. Sabes muy bien que el "pensamiento" es un producto de la "intención" y que el "pensamiento" precede a la "acción". Basándonos en esto, el pensamiento es una función inferior de algo que tiene alguna forma de intención. Es sólo un nivel de conocimiento, uno que estás superando.

YO: Si el pensamiento está por debajo de la intención, que está por encima de la acción, y la acción es una función que facilita una respuesta energética, que ahora estamos diciendo que es bastante baja en el orden de picoteo, entonces ¿qué facilita la intención?

O: Sintiencia, sintiencia pura.

YO: ¿Y cuál es el vehículo para que la intención se plasme en pensamiento y acción subsecuente?

O: Mi subestructura y los niveles variantes de esta.

YO: ¿Y la sintiencia está por encima de tu estructura?
O: Sí, por supuesto. Tu sintiencia, y de hecho la sintiencia de cualquier otra entidad, es una función de mi sintiencia y es una función dirigida separada de los componentes físicos básicos de la energía y sus frecuencias. Como puedes recordar en los diálogos anteriores que tuvimos, mis energías coalescieron bajo los auspicios de una consciencia conjunta o colectiva que comenzó con la conciencia y la inteligencia, hasta llegar a la autoconciencia Inteligente y la Sintiencia. La sintiencia omnipresente viene después. Todas estas definiciones son, aunque empezadas por la unión de energías afines y sus frecuencias, funciones de orden superior, creadas por el deseo de las energías de trabajar juntas y sacrificar la individualidad por la función de ser un colectivo superior, para crear una entidad poliomnisciente que lo abarca todo y que crece—¡yo!

La sintiencia existe dentro y fuera de todos los aspectos de mi estructura. Esto siendo, la comprensión actual de mi estructura, lo que existe en mi área de autoconciencia poliomnisciente actual. La Sintiencia impregna todos los aspectos y viaja por esos aspectos del más grande yo a voluntad.

YO: Volviendo a esta estructura. ¿Puedes darme una descripción de ella? Pido una descripción porque el conocimiento de que no somos seres energéticos sino entidades de sintiencia pura es una noticia nueva. Que somos una sintiencia que es, en efecto, un aspecto de ti, dado a una Entidad Fuente, que luego lo separa para permitir que existan versiones más pequeñas dentro de sí misma y es asignada a un cuerpo de energía ¡es radical, por decir lo mínimo!

O: Sí, por supuesto. Mi subestructura consta de seis partes. Fíjate que no he dicho capas, sino partes.

YO: ¡Mencionaste niveles de subestructura hace unos días!

O: No, utilicé las palabras "a este nivel".

YO: Bueno, pero ¿por qué usar "nivel"? Y también mencionaste que las Entidades Fuente pueden controlar tu subestructura. Las palabras exactas fueron "Así es como se forma mi subestructura cuando está bajo el control de una Entidad Fuente. La propia entidad de mantenimiento la adapta a lo que necesita hacer y a lo que necesita hacer para trabajar con el área de la estructura con la que necesita trabajar."

O: Te estás volviendo observador, ¿cierto?

YO: Quiero asegurarme de que no me confundo y de que esta nueva información se difunde correctamente. Realmente no quiero estar "solamente en la dirección general correcta".

O: Bien, pero esto puede llevar un poco más de tiempo debido al mayor nivel de precisión.

YO: Puedo hacer frente a eso.

O: Yo creo que sí puedes. Entonces, ¡vamos!

Las seis partes de mi subestructura pueden clasificarse del siguiente modo:

SUBESTRUCTURA PURA—EL MARCO ESTRUCTURAL DENTRO DEL MARCO ESTRUCTURAL. Esta parte de mí es literalmente esencia pura de energía. Esto siendo, son las líneas de atractividad que cada energía dentro de mí tiene entre sí. Todas las energías tienen un nivel de interconectividad, ya sea directa o indirecta como resultado de la interconexión de energías que, aunque no son directamente compatibles, son indirectamente compatibles a través de una a la otra a través de esas energías interconectadas. Piénsalo como las líneas de atracción magnética que existen entre dos imanes, o las líneas de un campo magnético que emanan de un solo imán si colocas el imán sobre una bandeja de madera y espolvoreas limaduras de hierro a su alrededor. Ahora piensa en esas líneas "de atractividad" como ondas de atracción entre los aspectos más pequeños de mi estructura. Si entonces piensas que mi estructura es un marco hecho de andamiaje entre los componentes básicos de la energía, e incluso una sección de este andamiaje es más grande que el universo físico, entonces las líneas de atractividad en medio de él serían una matriz de la más fina y enrevesada telaraña tipo gasa que existe varios niveles por debajo del tamaño del Anu. Esto es, pensándolo desde una perspectiva física.

COMUNICACIÓN—LAS COMUNICACIONES ENTRE TODOS LOS ASPECTOS DE LA ESTRUCTURA. Esto es, a falta de una palabra mejor, una "onda portadora" que existe alrededor y entre las ondas de mi subestructura pura. La imagen que tenías de una de las Entidades Fuente parecida a la esfera positiva de un generador Van der Graaff ilustrando el acoplamiento y desacoplamiento de las líneas de comunicación de energías requisadas por la sintiencia individualizada que se asignó a la Entidad Fuente observada y el medio de comunicación dentro de mi subestructura.

EL FACTOR DE SINTIENCIA—Esta es la esencia de la sintiencia dentro de todas las cosas, que incluye la intención, resultando de la sintiencia y el pensamiento resultando de la intención. Es "cualidad de ser" puro y no puede describirse como estructura per se, aunque es una parte inmensamente importante de lo que soy. Piensa en ello en términos del nivel de sintiencia que ha sido individualizado, y desde la perspectiva de las energías requisadas por una determinada sintiencia individualizada, el Factor de Sintiencia que está detrás del control de esas energías. Es, por lo tanto, su nivel de sintiencia y el subsecuente nivel de complejidad. Hay varios niveles de sintiencia que apoyan a la inteligencia detrás de un conjunto de energías requisadas. Por ejemplo, como todas las energías dentro de mi área de sintiencia poliomnisciente son conocidas, y por lo tanto requisadas por MI sintiencia en diferentes niveles, si tuvieras que trazar estos niveles como un gráfico en 3D, se parecería a la superficie de uno de los mares de la Tierra en un vendaval a la fuerza de diez. Los picos de las olas representarían los lugares en los que mi factor de sintiencia es fuerte, y los puntos más bajos en donde está débil. El trabajo que llevo a cabo en mi progresión personal puede ilustrarse "aplanando" las ubicaciones de mi área de autoconciencia poliomnisciente, de modo que el factor de sintiencia sea constantemente alto y no haya picos ni depresiones.

ENERGÍA LIBRE—Es energía dentro de energía. Puedes llamarla el "verdadero" Prana u Orgón. Hemos hablado antes sobre la energía libre y cómo funciona con la posibilidad de crecimiento evolutivo. La energía libre es justamente eso, está libre de asignación a la sintiencia individualizada. Puede ser empleada por la sintiencia individualizada, pero nunca puede ser requisada por la sintiencia para aumentar su contenido energético. La energía libre es una función energética independiente dentro de la estructura de mis energías. También se le puede llamar la "personalidad general" de la energía, si quieres, porque puede tener y tiene su propio nivel de inteligencia. La energía libre, aunque impregna la estructura de la propia energía, puede agruparse para hacer posible la creatividad y los cambios evolutivos. La energía libre, hasta cierto punto, trabaja en tándem con el Espacio Evento.

LA ESENCIA DE LOS EVENTOS—Esta es la subestructura del Espacio Evento. Es el marco estructural que permite que el Espacio Evento exista en todos los aspectos de lo que soy. Dentro de la esencia de los eventos todos los eventos pueden existir y existen, ya sean transitorios o a largo plazo. La esencia de los eventos permite que todos los eventos existan concurrentemente, para entremezclarse entre sí sin dejar de estar separados. De esta manera todos los eventos están "separadamente juntos", y es por eso por lo que una entidad puede atravesar los eventos dentro del Espacio Evento. Piensa en la esencia de los eventos como los bloques de construcción que se requieren para permitir que los propios eventos existan y se mantengan. Es el escenario, los decorados y el vestuario para apoyar la obra de todos los eventos.

LA BIBLIOTECA DE LA PROGRESIÓN—Este es un medio de crecimiento colectivo. Es una parte específica de mí que registra todos los aspectos de la progresión de mí mismo y de todos los demás aspectos individualizados de la sintiencia ya sean creados por mí, por una de mis creaciones o por una de las creaciones de mis creaciones. Como parte de mi subestructura, sin embargo, es difusa y "actualmente" existe en áreas clave de mi área de autoconciencia poliomnisciente. Llámalo memoria si quieres, pero su función principal es almacenar todas las acciones y experiencias que resultan en pasos de progresión evolutiva. El nivel de difusión es tal que puedo acceder a toda la información almacenada en la biblioteca desde cualquier punto de las energías y la subestructura que se encuentran dentro de mi área actual de autoconciencia poliomnisciente. Esto no son los registros Akáshicos, aunque los Akáshicos son una función menor de la biblioteca. Los Akáshicos son un registro de las experiencias colectivas de la existencia encarnada.

YO: No parece que todos son subestructuras. Algunas de ellas parecen ser funciones.

O: Sí, lo son, pero como funciones son elementos esenciales de mi subestructura, porque son las partes de mi subestructura que contienen el "sistema operativo", si quieres, las funciones necesarias para sostener lo que yo soy. La estructura necesita la función para existir, y la función necesita una estructura para funcionar. Van de la mano.

Capítulo 26
Cómo las Entidades Fuente Asignan Sintiencia a la Energía para Cumplir el Requisito de Crear Seres Más Pequeños

LA REVELACIÓN DE QUE NOSOTROS, esto es, los individuos espiritualmente conscientes encarnados en este planeta, estábamos en gran parte en lo cierto en nuestra suposición de que la energía era la base estructural para nuestros seres superiores, nuestras almas superiores, esencias divinas, o Verdaderos Seres Energéticos, fue un paso importante para mí. Tengo que decir que otros espiritualistas pueden estar ya en este camino revelador, por lo que les pido disculpas si se ofenden por esta afirmación tan generalizada. Parece, sin embargo, que no somos seres de energía, sino seres de sintiencia pura, una sintiencia que requisa la energía, o que requisa de la energía para trabajar con ella. Esto en sí mismo fue muy interesante porque introdujo una dinámica completamente nueva para mí y, por supuesto, una dirección completamente nueva en la que adentrarme. Armado con la oportunidad de avanzar en una dirección nueva, pero vinculada en última instancia, decidí comprender cómo El Origen, y por lo tanto cómo las Entidades Fuente, asignaban sintiencia a la energía y en el proceso creaban seres menores o más pequeños.

O: Me preguntaba cuándo ibas a abordar esta línea de pensamiento y, por lo tanto, esta pregunta.

YO: Como en última instancia soy una función de ti, me sorprende que te preguntaras cuándo haría esta pregunta, y que no estuvieras más "en el momento" de saber cuándo, o debería decir cual, Espacio Evento invocaría esta pregunta.

O: Me gusta un poco lo que llamas "bromas". ¡Me gusta la forma en que te mantiene alerta! Sin embargo, volviendo a tu comentario, disfruto viendo cómo, a través de tu Entidad Fuente por supuesto, tú y los demás encarnados toman todos los Espacios

Evento posibles menos los directos. Cuando estás en las frecuencias más bajas de mi estructura parece que no se fijan en lo obvio y van por lo que no es obvio. Me encanta verlos dar vueltas y luego, justo cuando parece que no lo han conseguido, encuentran el proceso de decisión correcto que te lleva a la serie correcta de Espacios Evento y lo consiguen. Es como ver una rata en un laberinto desde arriba del laberinto. Yo, como observador, sabiendo cómo llegar de la entrada al punto central y viceversa. Ver a la rata cometer los mismos errores de navegación una y otra vez sin aplicar el aprendizaje obtenido al ir en la dirección equivocada y aplicarlo a un mapa mental. Tanto la rata como los encarnados en observación finalmente acaban aprendiendo y, aplicando este aprendizaje consiguen ir desde el punto de entrada del laberinto hasta el centro y viceversa. Es entretenido y maravilloso verlos a todos ustedes en acción.

YO: En nombre de todos los encarnados de lo amplio de la Entidad Fuente, me alegro de que podamos ser de servicio para ti de esta manera.

O: Bueno, basta ya de la larga y tendida introducción a esta sección; sigamos con tu pregunta sobre cómo una Entidad Fuente asigna parte de su sintiencia a la energía para crear una entidad más pequeña.

YO: Sí, por favor hazlo, gracias. Aunque creo que mis lectores pueden pensar que esto es un alivio para sus cerebros estirados y que estarán dispuestos a pasar al siguiente tema, tengo la sensación de que muchos de ellos absorben esta información como una esponja.

O: Sí, puedo ver que los seguidores se están incrementando algo. Que no se te suba a la cabeza. Sigamos, pero para ello tengo que retroceder un poco.

Cuando creé los Doce Orígenes no asigné sintiencia a las energías que estaban destinadas a ser ellos, sino que permití que la sintiencia se desarrollara a su manera dentro de las energías que estaban identificadas. En esencia, creé las mismas condiciones en las energías de cada uno de los Orígenes que fueron fundamentales para crear mi propia sintiencia. Por lo tanto, creé de la forma en que fui creado, permitiendo que las energías adquirieran inteligencia individualizada y trabajaran/se unieran para crear una inteligencia más grande que, finalmente, evolucionara hacia la sintiencia y, más tarde en la inteligencia sintiente poliomnisciente con la que te comunicas ahora.

Con las Entidades Fuente adopté un enfoque diferente. Cuando creé las Entidades Fuente, les asigné energías que ya mostraban signos de inteligencia y el potencial de crear su propia sintiencia como resultado. Se trataba de un punto intermedio perfecto que funcionaría desde una perspectiva direccional y que, al mismo tiempo, permitiría a las Entidades Fuente desarrollarse a su manera, a su propio tiempo, pero en la dirección que yo quería. Se crearon a partir de energía especializada, energía que tenía potencial al igual que ya se estaba desarrollando. Por lo tanto, esta energía fue individualizada/separada de mis energías masivas y se dejó que se desarrollara a su manera. Pero fue guiada en la dirección correcta, por así decirlo.

Todo esto es de muy alto nivel, como puedes apreciar, y no identifica el verdadero nivel de trabajo emprendido por mí para crear las Entidades Fuente. Lo dejaré así, al menos por el momento, y me enfocaré en el proceso que las Entidades Fuente utilizan en la creación de sus creaciones.

YO: Me parece un buen plan. Aunque ahora me has abierto el apetito, y también me gustaría saber más sobre cómo creaste las Entidades Fuente.

O: Pensé que lo harías. Bueno, tratemos eso más tarde. Es un proceso diferente y, por lo tanto, es un comparador interesante.

Las Entidades Fuente dedican bastante tiempo a buscar energías que puedan asociarse con otras energías y energías que puedan ser universalmente aceptables para toda la sintiencia dentro de la Entidad Fuente creadora. En esencia, una Entidad Fuente identifica aquellas energías que son compatibles entre sí, ya sea directa o indirectamente, y considera su capacidad para ser asignadas de manera única a un aspecto de la sintiencia que ha sido identificado por tener el potencial de funcionar de una manera individualizada mientras está separado de su núcleo de sintiencia.

YO: Esto suena al revés del proceso inferido de mi pregunta.

O: Puede que sí, pero piénsalo de este modo. A veces tenemos que retroceder para avanzar. Este proceso es esencial porque la Entidad Fuente creadora puede reasignar la sintiencia y las energías utilizadas de una forma más compatible. Aunque cada Entidad Fuente tiene su propia manera de hacer las cosas, hay una manera general en la que la sintiencia es separada, "individualizada" de la totalidad.

YO: Acabo de recibir la impresión de que esto es algo difícil de lograr, que, en esencia, la sintiencia que es una Entidad Fuente es de hecho un área individualizada de tu propia sintiencia y como tal ya ha tomado individualización. Por lo tanto, una mayor individualización diluye la esencia de la sintiencia, de modo que la función de una mayor individualización necesita incorporar una función que detenga esta dilución.

O: Muy bien hecho. Y la dilución de la esencia de mí dentro de la sintiencia individualizada es lo que le sucedió a tu Entidad Fuente cuando creó los billones de trillones de entidades para poblar el multiverso. Cuando declaró que "quitó el ojo de la pelota", literalmente hizo exactamente eso. Inició el proceso de individualización, pensó que tenía el proceso bajo control, por así decirlo, y dejó que funcionara automáticamente en lugar de comprobar que todas y cada una de las partes individualizadas de su sintiencia eran de la calidad correcta, que no se diluían. El producto de esta función "automatizada" es la miríada de niveles de sintiencia que experimentas hoy en día mientras estás encarnado en la Tierra y, por supuesto, más allá de ella. A nivel local, por ejemplo, pueden identificarse fácilmente como personas de relleno, animales, flora y fauna, sin negar la sintiencia que tienen ciertos minerales y cuerpos gaseosos y planetarios.

Pero estoy divagando. El proceso que utiliza una Entidad Fuente es algo diferente del proceso que yo utilizo, porque puedo crear una sintiencia individualizada pura por sí misma y luego asignarle energía o energías—si lo deseo o siento la necesidad de hacerlo. Como se aludió en una parte anterior de este diálogo, una Entidad Fuente necesita trabajar en cierto modo en reversa.

Una Entidad Fuente debe identificar primero una energía o un conjunto de energías que tengan un nivel de singularidad en ellas. Esa singularidad es la capacidad de trabajar con sintiencia o, lo que es más importante, de tener el potencial de crear sintiencia a través de las funciones inteligentes de trabajar juntas y sacrificar su pequeña inteligencia individual para la creación de una sola inteligencia mayor. Es el desarrollo de una sola inteligencia más grande lo que permite el siguiente paso de la agrupación de la inteligencia más grande con otras inteligencias más grandes para crear una inteligencia aún más grande, etc., etc., etc., lo que finalmente da como resultado una inteligencia súper grande que tiene la capacidad de desarrollar la oportunidad de manifestar la sintiencia y la omnisciencia.

YO: Entonces, ¿una Entidad Fuente necesita identificar una energía o energías que tengan esta capacidad y luego asignarles parte de su sintiencia?

O: Desde una perspectiva de alto nivel, esa sería una suposición correcta, pero hay más detalles tras bastidores que sólo eso. Te lo explicaré tal y como prometí.

Una vez identificadas las energías, hay que purgarlas del potencial que tienen para desarrollar su propia sintiencia, en caso de que se agrupen en un grupo lo suficientemente grande. Para conseguirlo, pasan por una serie de etapas.

LA IDENTIFICACIÓN Y SEPARACIÓN DE ENERGÍA/ENERGÍAS es donde las energías dentro de una Entidad Fuente se identifican como de uso óptimo para la creación de seres sintientes más pequeños que realmente pueden ser clasificados como versiones más pequeñas de la Entidad Fuente creadora en todos los sentidos energéticos.

LA AGRUPACIÓN es la función necesaria para crear un volumen de energías lo suficientemente grande como para contener inicialmente la sintiencia. No todas las energías tienen inicialmente el volumen adecuado, por lo que es necesario agruparlas del mismo modo que se agrupan de forma natural. Esta función, aunque accionada artificialmente, no puede ser otra que la que se consigue de forma natural. Agrupar las energías de manera forzada crea resistencia y elimina de hecho los vínculos entre las energías en cuestión.

LA REMOCIÓN DE LAS TENDENCIAS NATURALES RELACIONADAS CON LA SINTIENCIA es un proceso en el que se extrae la propia capacidad de la energía para crear una condición sintiente cuando se extrae un volumen lo suficientemente grande y se cambia su capacidad sintiente a favor de aceptar la sintiencia en lugar de crearla.

LA INDIVIDUALIZACIÓN DE LA SINTIENCIA es cuando una Entidad Fuente separa un aspecto de su propia sintiencia con el propósito principal de permitir que este aspecto de sí misma opere de forma totalmente autónoma. Para ello, la Entidad Fuente debe separar inicialmente la sintiencia y luego compartimentarla. A continuación, le asigna individualidad, y en el proceso se crea una personalidad dentro de la sintiencia compartimentada. Esta personalidad, única para toda sintiencia individualizada, es la esencia de esa porción de sintiencia a la que se le da individualidad.

LA ASIGNACIÓN DE SINTIENCIA A LA ENERGÍA es el proceso en el que las energías que eran capaces de crear su propia sintiencia, función ahora eliminada, tienen asignada la sintiencia individualizada de una Entidad Fuente. En este caso, el área funcional de la energía/energías que permitieron que la sintiencia evolucionara dentro de ellas se modifica para aceptar la sintiencia en lugar de crearla.

EL DESARROLLO DE LA SINTIENCIA EN SU ESTADO INDIVIDUALIZADO CON LAS ENERGÍAS ASIGNADAS es la educación de la energía/sintiencia asignada por una Entidad Fuente sobre la razón de su existencia individualizada y el papel que se espera que juegue en su nueva condición. Una vez finalizada esta educación de "alto nivel", el resto depende de la entidad recién creada.

LA SEPARACIÓN DE LA ASOCIACIÓN CON LAS ENERGÍAS ORIGINALES es una función dada a la entidad por una Entidad Fuente que permite a la sintiencia moverse libremente dentro y fuera de la/s energía/energías a la que está asignada. En este caso, se le muestra a la sintiencia cómo puede desasociarse de su "cuerpo" inicial de energía/s.

EL RECONOCIMIENTO DE LA CAPACIDAD DE TRASCENDER LA ASOCIACIÓN ENERGÉTICA es una función de la educación global dirigida por mí mismo. El resultado es que la entidad es capaz de reconocer esta función en su interior. La prueba inicial de esto es la capacidad en la entidad para mover su sintiencia alrededor de las energías que se le asignan. Sin esta capacidad, la entidad cree que es la suma total de las energías que se le asignan y no la fuerza motivadora que hay detrás de ellas. El reconocimiento y la demostración de esta capacidad se realizan primero dentro de las energías que se le asignan y conducen a la capacidad de cambiar las energías de la asociación.

LA CAPACIDAD DE AUTOASOCIARSE CON CUALQUIER ENERGÍA es la prueba del reconocimiento y la capacidad subyacente de mover su sintiencia dentro de las energías que le han sido asignadas y subsecuentemente de moverla de manera externa a esas energías. Cuando la sintiencia es externa a su asignación energética inicial y requisa otra/s energía/s convirtiéndola/s en su nuevo "cuerpo" de energía, ha demostrado que tiene pleno control de su "sí-mismo" y de sus capacidades, y que ha dominado la relación sintiencia/energía, en la que la energía es sólo una herramienta que puede utilizar en su plan experiencial para acumular contenido evolutivo.

La Asignación de Personalidad a la Sintiencia

YO: ¿Cómo una Entidad Fuente extrae o individualiza su propia sintiencia? Quiero decir, la información es una mirada de alto nivel al proceso total, pero tengo un interés específico en la forma en que se individualiza la sintiencia.

O: Una Entidad Fuente simplemente divide su sintiencia en dos partes—la que va a permanecer como su cuerpo principal de sintiencia, es decir, la que es su propia personalidad, y la que va a dividirse en aspectos más pequeños de sintiencia.

En el procedimiento perfecto de división, el volumen de sintiencia que se va a dividir en aspectos más pequeños de sintiencia simplemente se divide por igual en volúmenes relativos al número de entidades que se van a crear. Sin embargo, como sintiencia pura es sólo eso, pura, y aunque es capaz de crear su propia personalidad con el tiempo, es usualmente la Entidad Fuente creadora que le da la función de personalidad.

YO: ¿Qué quieres decir con personalidad? Si la sintiencia es capaz de reconocer que es la fuerza motivadora detrás de un cuerpo de energías, ¿no es eso una indicación de que tiene personalidad?

O: No. Eso es mera inteligencia, como lo es la capacidad de mover la sintiencia dentro o fuera de un cuerpo de energías. En esa fase del proceso de creatividad, las entidades son sólo volúmenes de sintiencia dentro de un cuerpo de energías especializadas.

YO: ¿Pero no es eso todo lo que tienen que ser? ¿No es eso lo que todos fuimos en algún momento de nuestra existencia?

O: Desde mi perspectiva, sí, pero desde el punto de vista de cualquier otra entidad creada por mí o por una Entidad Fuente, la respuesta es no. Aparte de mi experimento de los Doce Orígenes, le di a todas las Entidades Fuente la función de la personalidad cuando les informé por primera vez de su razón de existencia. Lo hice cambiando una pequeña parte de su sintiencia y la forma en que ésta interconectaba dentro y fuera del cuerpo de energía utilizado. Fue una acción importante porque cambió la forma en que cada una de ellas consideraba cómo iba a cumplir la razón de su existencia, para experimentar, para aprender y para evolucionar. También les aseguró que harían algo diferente entre ellas cuando entraran en el proceso de creatividad, o no, según el caso. Hago referencia aquí a la Entidad Fuente Doce como no entrando en el proceso de creatividad.

La necesidad de hacer que cada entidad recién creada tenga una personalidad diferente, y el conocimiento/capacidad de otorgar tal personalidad a la sintiencia individualizada se incluyó en su información al adquirir autoconciencia. Como resultado, también modifican la sintiencia y el cuerpo de energía/s interconectado de cada entidad creada de alguna manera para generar su personalidad, aunque esto no siempre es una necesidad. Por ejemplo, si se requiere que un grupo de entidades trabaje en una función colectiva, se les asignaría a todas la misma personalidad. La función de asignación de personalidad la cumple individualmente la Entidad Fuente creadora aunque los miembros del colectivo tengan esencialmente la misma personalidad.

YO: ¿El asignar una personalidad individual a todas y cada una de las entidades creadas debe de ser una tarea enorme, incluso para una Entidad Fuente?

O: Sí, lo es. Además, requiere enfoque, una enfoque que, por supuesto, se multiplica por el número de entidades que se crean. Pero merece la pena, porque cada entidad sintiente "personalizada" aborda su compromiso de adquirir contenido evolutivo a su manera. Nada creado, esto es, ninguna "cosa" o experiencia, es un duplicado exacto de cualquier otra creación como resultado. Con el fin de aliviar el "tiempo personal" utilizado para mantener este enfoque, se sabe que las Entidades Fuente intentan automatizar esta función.

YO: ¿Y una de esas Entidades Fuente sería la Entidad Fuente Uno?

O: Correcto. Te describió el resultado de su intento de automatizar esta función como "quitando el ojo de la pelota", eso creo. El resultado de la automatización de la Entidad Fuente Uno fue que creó una serie de entidades sintientes que se conformaban a su plan y otras de sintiencia variable y energías asociadas.

YO: ¿Cómo puede fallar una función automática?

O: La automatización falla cuando no es capaz de adaptarse, de trabajar con materiales que están fuera de los criterios para hacer que el producto se desempeñe dentro de su funcionalidad diseñada y aun así crear un producto que se conforma al diseño intencionado. Uno de estos elementos es la dilución de la sintiencia cuanto más se divide. La Entidad Fuente Uno simplemente reunió las energías y la sintiencia identificadas para la individualización, creó una serie de entidades sintientes y luego creó un proceso automatizado basado en lo que hizo para crearlas. Toda la creatividad de la entidad se dejó entonces en manos de este proceso, un proceso que dio como resultado la creación de un producto, digamos, que no está conformado.

YO: Pero la Entidad Fuente Uno está contenta con el resultado. ¡Dijo que era perfecto en su imperfección!

O: Sí, lo hizo y, sí, lo es.

YO: ¿Y eso por qué?

O: Eso se debe a que todas esas entidades "diferentes" están experimentando la existencia y la creatividad a su manera, y como resultado, están creando una diversidad de experiencias que no se ve en ninguna otra Entidad Fuente.

YO: Bueno. Quiero reagrupar aquí un poco y pedir cualquier otra información con respecto al proceso que rodea la creación de la personalidad dentro de la sintiencia individualizada. Identificaste para mí que el aspecto de la personalidad en la sintiencia es alcanzado cuando la Entidad Fuente creadora realiza pequeños cambios en la propia sintiencia individualizada y en la/s energía/s asignada/s, y que en última instancia esto debe alcanzarse de forma individual. ¿Qué otros cambios se realizan para crear la personalidad?

O: Ninguno. Una vez que la sintiencia individualizada y su/s energía/s asignada/s se han personalizado, el resto de la personalidad, la afinación, por así decirlo, es alcanzada por la propia sintiencia individualizada.

YO: Pensando en la portabilidad de la propia sintiencia, ¿no deja la entidad alguna parte de su personalidad atrás si se traslada de su cuerpo de energías preasignado a otro?

O: No. La personalización que se asigna al cuerpo original de energías se absorbe o se integra dentro de la propia sintiencia y se transporta a la/s nueva/s energía/s "requisada/s".

YO: ¿Y qué sucede con las energías que se quedan atrás?

O: Se regresan a su estado original. Esto siendo, siguen estando especializadas y pueden ser utilizadas por otra sintiencia. Es sólo que no tiene/n la personalización que les dio la Entidad Fuente creadora durante el proceso original de creación de una entidad de energía y sintiencia individualizadas.

YO: ¿Y esperaría que la nueva energía o energías requisadas fueran especializadas y capaces de ser usadas por otra sintiencia?

O: Sí.

YO: ¿Y que están disponibles libremente?

O: Sí.

YO: ¿Y la o las energías requisadas aceptan la personalidad previamente asignada porque ha sido transportada por la sintiencia?

O: Sí.

YO: Mmmm. ¿La energía requisada tiene que ser especializada y capaz de ser utilizada por otra sintiencia?

O: No, no todo el tiempo.

YO: ¿Por qué no? Esto parece negar la necesidad de un cuerpo especializado de energía.

O: El cuerpo especializado de energía sólo es utilizado por la sintiencia cuando está trabajando dentro de una estructura energética conocida, como el multiverso que Entidad Fuente Uno creó. Una vez que la entidad es creada y tiene dominio sobre sí misma y su personalidad, puede elegir permanecer con las energías que la Entidad Fuente creadora le asignó. O puede moverse a otra energía o conjunto de energías porque están disponibles libremente. Hay más energías especializadas y capaces de ser utilizadas por otra sintiencia de lo que hay de la propia sintiencia, y esta es la belleza de ser sintiencia pura individualizada.

YO: ¿Qué sucede cuando una entidad ya no elige trabajar en un ambiente creado para ella?

O: Puede elegir ser sólo sintiencia pura individualizada y existir dentro de los vacíos que separan las energías asignadas a una Entidad Fuente o a sus creaciones. O puede elegir permanecer dentro de la estructura ambiental creada por su Entidad Fuente creadora y mover su sintiencia a través de la estructura hasta que tenga el deseo de experimentar algo nuevo.

YO: Un momento, me dio la impresión de que la sintiencia sólo era capaz de pasar de una energía o conjunto de energías lo suficientemente especializadas como para aceptar una sintiencia y su personalidad, a otra. ¿Estás sugiriendo que todas las energías pueden aceptar la sintiencia o que el volumen de energía especializada es tan grande que abarca toda el área de la Entidad Fuente en cuestión?

O: Es evidente que el volumen de energías especializadas no abarca toda el área de una Entidad Fuente porque si lo hicieran no habría necesidad de buscar estas energías, en primer lugar. No, si una entidad quiere trabajar dentro de un ambiente creado a partir de energías, necesita adoptar un cuerpo de energías, utilizando esas energías dentro, o fuera, del ambiente que es capaz de apoyar a la sintiencia.

La sintiencia, sin embargo, necesita un medio que le permita moverse de un lugar a otro mientras se encuentra en estos ambientes, por lo que se permite que la sintiencia fluya de una energía a otra independientemente de si la energía es o no capaz de apoyar a la sintiencia.

YO: Ya veo. Justo acabo de recibir una imagen que ilustra precisamente eso. Es como si la sintiencia se moviera alrededor del exterior de la/s energía/s, por así decirlo, si no es capaz de apoyar a la sintiencia. Cuando la o las energías son capaces de apoyar a la sintiencia, la sintiencia puede moverse dentro y fuera de la esencia pura de esa/s energía/s.

O: Muy bien. Ahora veamos si puedes decirme cómo la sintiencia puede moverse en un área en la que no hay estructura con la que trabajar.

YO: ¿Te refieres a los vacíos entre energías o a una estructura energética?

O: Sí.

YO: Dame un momento. ¡Ah, sí! Esto es interesante, es como si la sintiencia se extendiera y creara una estructura entre los vacíos. Llena los huecos, por así decirlo; se convierte en estructura por derecho propio. Una estructura de sintiencia que vincula las energías, tanto las que son capaces de apoyar a la sintiencia así como las que no. Ahora mismo sólo veo esto en 2D, pero puedo imaginar que es un efecto en 3D. Me has dado esta imagen como un proceso de pensamiento, ¿verdad?

O: Sí. El efecto 2D/3D es sólo para fines ilustrativos. La propagación real de la sintiencia es capaz de abarcar todos los aspectos de los vacíos entre la estructura de la Entidad Fuente creadora. En el caso de la Entidad Fuente Uno, esto incluiría frecuencia, componente subdimensional, dimensión y zona, junto con los componentes de las zonas. En el caso de mi sintiencia trabajando dentro de mi estructura más grande, incluiría los doce niveles de la sección en la que hablamos de mi estructura, y no sólo los cuatro asociados con la Entidad Fuente Uno.

A medida que observaba más detenidamente este ejemplo de sintiencia que se extendía de energía en energía, abarcando los vacíos entre ellas, la sintiencia parecía adquirir la apariencia de una lámina de goma multifrecuencial y multidimensional. Esta lámina de goma sintiente se estiraba en todas direcciones para llenar los huecos y, una vez que los huecos estaban cubiertos, la lámina de goma "soltaba" el agarre que tenía sobre las energías desde las que se movía, relajándose hacia las energías hacia las que se movía. El moverse de energía/s a energía/s parecía lograrse mediante una serie de expansiones y contracciones. Me recordó a la forma en que se mueve cierto tipo de oruga, estirando su parte delantera todo lo que puede y luego la trasera la alcanza con un solo movimiento en cuanto la delantera tiene un buen punto de apoyo. La proximidad de la parte trasera y delantera de la oruga le daba la imagen de una letra "n" minúscula. Miré más de cerca y pude "ver" la sintiencia, indefinida como era, cambiaba la esencia de la/s energía/s que movía dentro y fuera. Era como si las energías resplandecieran con vitalidad cuando estaban ocupadas por la sintiencia, y volvieran a la opacidad cuando la sintiencia las abandonaba. De este modo, las energías pasaban de estar inertes a estar vivas y de nuevo a estar inertes. Está claro que la o las energías desempeñan un papel importante en cualquier estado, pero el efecto que la sintiencia tiene sobre ellas es más que profundo. Sentí la necesidad de hacer algunas preguntas más sobre este tema antes de continuar.

YO: ¿Por qué la sintiencia individualizada, una entidad en su sentido más básico, se aleja de las energías que le son, fueron, asignadas? ¿Cuál es/son los beneficios de pasar de su energía/s dadas a una nueva energía o conjunto de energías?

O: Experiencia de su ambiente, de aquello de lo que forma parte. Para que una entidad progrese, primero tiene que dominarse a sí misma y a las energías en las que trabaja. Como sintiencia pura individualizada, la entidad establece y controla sus habilidades y luego afina esas habilidades hasta el punto en el que se encuentran en un punto de perfección. Cada habilidad está relacionada con una tarea o especialismo y cada tarea o especialismo tiene una energía o conjunto de energías asociadas a ella en relación con la estructura dentro de la que trabaja. Aunque a cada entidad, a cada área de sintiencia individualizada, se le asigna "en general" un cuerpo de energía por la Entidad Fuente creadora, ese cuerpo de energía es sólo un jardín de niños para que la sintiencia trabaje y gane confianza. Necesita avanzar y experimentar el resto del ambiente que la Entidad Fuente creadora ha creado para que ella y sus otras unidades individualizadas de sintiencia trabajen dentro de él.

YO: ¿No puede una entidad llevar consigo su cuerpo de energía/s cuando se desplaza y experimenta su ambiente?

O: Por supuesto que se puede desplazar con el cuerpo de energía/s asignado, pero se desplaza más rápido por su ambiente disociándose de su cuerpo de energía/s original/es. Además, domina más rápidamente las energías asociadas a su ambiente en el proceso. Para completar su ciclo evolutivo, necesita experimentar todas las energías de su ambiente, en todos sus niveles estructurales y ubicaciones, dominándolas, ser ellas y crear con ellas. Sólo entonces podrá asumir completamente la comunión reintegrada, en "estado de unidad" con su creador, si así lo decide, pues habrá completado su tarea y su papel.

YO: Eso es lo que nosotros, esto es, la sintiencia individualizada "encarnada" que está trabajando dentro de la estructura multiversal que la Entidad Fuente Uno creó, estamos haciendo ahora mismo. Ascendemos las frecuencias y en el proceso ascendemos la estructura del multiverso. Creamos tareas y construcciones enteras con las que trabajar y alcanzar distintos niveles de éxito; los distintos niveles nos proporcionan experiencias de las que podemos aprender y, en el proceso, evolucionar.

O: Sí, y en el proceso progresas más allá de la necesidad de más experiencia dentro de ciertos ambientes, ambientes creados por los bloques de construcción básicos del multiverso, sus frecuencias, y trabajas con frecuencias más altas y finas, incluyendo el detalle y la complejidad asociados. En esencia, cuanto más alto vayas en las frecuencias, más puedes crear y más experimentas lo que has creado. Así te conviertes en un ser más responsable.

YO: Así que, para resumir, una entidad de sintiencia individualizada necesita experimentar cada energía o conjunto de energías dentro de la estructura total del ambiente en el que fue creada.
O: Sí.
YO: ¿Y lo hace moviéndose dentro y fuera de sus energías, asignadas, requisadas o usadas para, y experimentar, la creatividad?
O: Sí.
YO: ¿Y todas las entidades creadas por una Entidad Fuente necesitan hacer esto?
O: Cuando son creadas por una Entidad Fuente o incluso por mí, sí.
YO: ¿Así que una Entidad Fuente también tiene que trabajar con las energías dentro de su estructura?
O: Sí, lo hacen.
YO: ¿Cuándo empezaron y cómo lo están haciendo?
O: Relativamente hablando, en este ciclo apenas acaban de empezar. Lo están haciendo mediante lo que están haciendo ahora, creando unidades individualizadas de sintiencia y asociándolas con energía/s especializada/s.

La palabra "ciclo" me hizo saltar.

YO: Eso explica por qué las Entidades Fuente parece que están inertes.
O: Sí, lo explicará. Ellas están lidiando con las energías dentro de sí mismas primero antes de empezar a moverse alrededor de mi área de autoconciencia poliomnisciente actual, específicamente aquellas partes de ella a las que sólo he echado un vistazo superficial. Les ayudarán sus creaciones.

Me recliné un momento en la silla. Reflexioné sobre lo que acababa de decir El Origen. Me dio la impresión de que esas Entidades Fuente que habían creado entidades más pequeñas de sintiencia individualizada permitirían a esas entidades moverse fuera de sus límites energéticos. Mientras me relajaba aún más en mi silla, vi una imagen diferente y recibí una explicación que tenía sentido y que, en mi opinión, unía una parte del conocimiento antiguo, pero de una forma muy diferente a la que esperaban los poseedores del conocimiento.

Actualmente las Entidades Fuente estaban estáticas. Estaban inmóviles. Ellas eran sintiencia, sintiencia Origen individualizada con un cuerpo asignado de energía/s, igual que las entidades que crearon, pero en macro. Sus entidades, sus creaciones de sintiencia individualizada junto con sus cuerpos de energía/s asignados o requisados se movían dentro de los ambientes creados para ellas, experimentando, aprendiendo y evolucionando en el proceso. Estos ambientes fueron, en sí mismos, creados por la separación de aquellas energías que fueron asignadas a las propias Entidades Fuente.

Aunque las Entidades Fuente se habían desplazado para rodearme y presenciar mis diálogos con El Origen, las energías con las que trabajaban se las llevaron consigo desde su lugar de "trabajo". Se dejaron vacíos energéticos en su lugar, presumiblemente para volver a llenarlos o para que las energías se movieran, se sustituyeran. No, me dijeron. Regresarían y reemplazarían esa energía cuando ellos y sus creaciones hubieran terminado su trabajo y experimentado cada aspecto de sí mismas y del ambiente creado por la individualización de su cuerpo de energía/s.

La verdad surgió en un destello de inspiración y comprensión divinas. Fue hermoso.

Las Entidades Fuente permanecieron estáticas por una razón. Las Entidades Fuente apenas estaban empezando a trabajar con el cuerpo de energía/s al que habían asignado su sintiencia. Debían experimentar todo lo que podía experimentarse dentro y fuera de la energía/s que tenían asignada. Para ello, solicitaron ayuda, la ayuda de versiones más pequeñas de sí mismas, unidades individualizadas más pequeñas de su propia sintiencia, e inicialmente les asignaron cuerpos de energía. Cuando tanto las Entidades Fuente así como sus creaciones habían experimentado todo lo que podían dentro y fuera de esas energías, se integraban de nuevo en el estado de unidad de su Entidad Fuente creadora.

Este nivel de terminación, utilizando como ejemplo a la Entidad Fuente Uno, se refleja en todas las entidades que trabajan hasta el punto de ascender a la cima de la estructura del multiverso, y ya no necesitan trabajar dentro de él. En este punto, pueden elegir estar en comunión plena con su creador y volver a ser uno, renunciando a la sintiencia y personalidad individuales. O bien, pueden integrarse mientras mantienen su sintiencia y personalidad individuales, alcanzando un nivel parcial de comunión. Una vez logrado esto, la Entidad Fuente Uno se trasladará a otro lugar dentro del área de autoconciencia poliomnisciente actual de El Origen.

La imagen de la Entidad Fuente Uno como sintiencia pura individualizada moviéndose a través de las energías asociadas con el área de autoconciencia poliomnisciente actual de El Origen regresó a mí. En, debería decir, un Espacio Evento "futuro", había terminado su trabajo en su ubicación actual y se había movido tanto en ubicación como en posición estructural. Al cambiar de ubicación, todo el conjunto de energía asociado a la Entidad Fuente Uno cambiaría, al igual que la estructura asociada a ella.

Al experimentar un nuevo conjunto de energías, la Entidad Fuente Uno creará una nueva estructura multiversal con la que trabajar y volverá a desplegar aquellos aspectos de su sintiencia individualizada, y/u otros nuevos, inicialmente con nuevos cuerpos de energía/s asignados. Estos nuevos cuerpos de energía serán creados a partir de las energías dominantes en esta nueva área. Las entidades de sintiencia individualizada comenzarán en la parte inferior de la estructura de este nuevo multiverso, comenzando el ciclo evolutivo de nuevo. Este ciclo continuará una y otra vez hasta que toda el área actual de autoconciencia poliomnisciente de El Origen haya sido experimentada y mapeada y se convierta en sintiencia poliomnisciente. En ese momento, El Origen y las Entidades Fuente pasarán a la siguiente área de la nueva y mucho mayor área de autoconciencia de El Origen, la que aún no es sintiente.

La situación actual es una anomalía en este proceso porque las Entidades Fuente se han acercado a mi ubicación, esa ubicación en el área de autoconciencia poliomnisciente actual de El Origen y el Espacio Evento donde estoy actuando en un diálogo con él, para formar parte de ese diálogo—para "escucharlo", por así decirlo. Para mantener la integridad del trabajo evolutivo en el que se están concentrando actualmente, cada una de las Entidades Fuente, con la posible excepción de la Entidad Fuente Doce, ha trasladado las energías y la estructura del área de El Origen de la actual autoconciencia poliomnisciente con la que están trabajando, con ellos. De ahí los vacíos en el espacio. Me quedé atónito ante la sola idea de lo que estaban haciendo aquí.

Capítulo 27
El Ciclo de Expansión y Contracción del Universo (Multiverso) es Explicado

YO: ¿Cuántas veces ha sucedido esto, este movimiento y reinicio del ciclo evolutivo?

O: Esta es la tercera vez.

YO: Esta es, ¿cierto?

O: ¿Perdón?

YO: Desde la perspectiva de nuestra Entidad Fuente, la Entidad Fuente Uno, ésta es la inspiración y espiración de la que hablaban los yoguis hindúes. La expansión y contracción del universo (multiverso).

La expansión siendo, el despliegue del multiverso en su nueva condición energética y estructural. Esto incluiría el poblamiento del multiverso por una miríada de entidades de unidades de sintiencia individualizadas y sus cuerpos de energía/s asociados.

La estabilidad se alcanza cuando la población empieza a trabajar con la nueva estructura y energías del multiverso y progresa a través de él, experimentando todo lo que puede en detalle minucioso, evolucionando en el camino.

La contracción se consigue cuando las entidades que muestran los métodos más lentos de evolución han progresado hasta el punto en el que ellas mismas han experimentado todo lo que el multiverso ofrece y ahora buscan comulgar completamente con su creador y volver a ser "uno". O se integran manteniendo un nivel parcial de comunión.

La estabilidad se alcanza de nuevo cuando la Entidad Fuente traslada su propia sintiencia individualizada, que incluye la sintiencia que ha individualizado de sí misma, las entidades, a una nueva ubicación no experimentada dentro del área de autoconciencia poliomnisciente actual de El Origen.

Una vez asentada en su nueva ubicación, la Fuente asume (requisa) las energías y la estructura de su nueva ubicación y se expande, recreando y poblando de nuevo el multiverso. En todo esto, las entidades de sintiencia individualizada tienen la capacidad de decidir si experimentar de nuevo el nuevo multiverso, aumentando su progresión evolutiva, o permanecer en comunión total o parcial.

O: MUY MUY bien hecho. Y ahora has creado un vínculo, un vínculo muy importante, con el conocimiento antiguo.

YO: Gracias. Tengo que decir que estaba un poco perdido en cuanto a cómo iba a conciliar esta "inhalación y exhalación" del universo. Sabía que tenía que abordarlo en algún momento, pero esto surgió de la nada. Es una verdadera ventaja que actualiza los conocimientos, porque siempre pensé que faltaba algo en los textos hindúes. O mejor dicho, en mi forma de entenderlos. Ahora hemos ido más allá de él y tiene sentido.

O: Sí, así lo tiene y es por eso por lo que estás en este papel— este papel es ayudar a expandir la comprensión de la humanidad encarnada de la realidad superior.

Capítulo 28
La División Perfecta de la Sintiencia

DESPUÉS DE LA ÚLTIMA SECCIÓN, ESTE CAPÍTULO parecía irrelevante. Sin embargo, sentí la necesidad de continuar, aunque sólo fuera en aras de la completitud. De hecho, con la indicación de que la división de la sintiencia necesita toda la atención de la Entidad Fuente que divide su sintiencia, para que no ocurran errores, sentí que ésta era la respuesta a la pregunta original. Sin embargo, como sucede con todas las cosas de la realidad superior, empecé a sentir que había otro aspecto de este tema que necesitaba ser discutido, uno que marcaría la diferencia en mi comprensión de cómo trabaja una Entidad Fuente en la creación de nuevas entidades sintientes. Esta pequeña referencia a la posibilidad de obtener más información fue suficiente para hacerme la pregunta y preocuparme por la calidad del contenido más tarde.

YO: Has mencionado el procedimiento de división perfecta. ¿A qué te referías? Habría pensado que la información dada en nuestro reciente diálogo habría hecho obvia la respuesta a esta pregunta en particular.

O: Sí, es obvia. Especialmente cuando has comunicado que una Entidad Fuente necesita mantener un alto nivel de atención cuando crea versiones más pequeñas de sí misma. Sin embargo, añadiré algo más de información a la que ya tienes.

Como sabes, cuando una Entidad Fuente crea una versión más pequeña de sí misma o un grupo de versiones de sí misma, separa una parte de su sintiencia y la asigna a las energías especializadas en aceptar esa sintiencia. Todo el diálogo que hemos mantenido hasta ahora te indica que la sintiencia de una Entidad Fuente se separa en masa, el cincuenta por ciento se asigna a nuevas entidades y el cincuenta por ciento se reserva para la Entidad Fuente—en el ejemplo de tu Entidad Fuente. Pero este no es el caso. Aunque en última instancia se asigna de esta manera, la propia sintiencia se extrae de forma individual, una por una.

YO: ¿No sería un proceso muy lento?

O: Sí, lo sería, y es por eso por lo que la Entidad Fuente Uno creó un programa automático para la creación, por así decirlo. Sin embargo, como hemos discutido, esto es para que ocurra la división perfecta de la sintiencia. Cuando se considera la división perfecta de la sintiencia, uno tiene que identificar la cantidad, el volumen de sintiencia que se utilizará para un tipo deseado de entidad, y asignar esa sintiencia a la/s energía/s también identificadas. Dado que la intención del creador es hacer que tanto la sintiencia así como la/s energía/s sean individuales, tienen que estar emparejadas en individualidad, en un par emparejado, por así decirlo. Sin embargo, antes de que esto pueda suceder, el volumen de sintiencia identificado necesita ser limpiado de cualquier aspecto residual de sintiencia o inteligencia que esté únicamente identificado con el propio creador.

YO: ¿La sintiencia necesita ser limpiada de la sintiencia?

O: Sí. Verás, cuando el creador está creando una unidad individualizada de sí mismo, necesita hacerla lo más individual posible. Eso significa que cualquier aprendizaje o progresión previa que haya sido acumulada por el propio creador necesita ser borrada. Esto no significa que el aprendizaje o la progresión se pierdan, sino que se reasignan al aspecto del creador que debe seguir siendo el creador y no lo creado.

YO: ¿Dejando la sintiencia como sintiencia pura inexperta?

O: Correcto.

YO: ¿Y supongo que este proceso de limpieza también se emplea con la/s energía/s especializadas?

O: Así es, y esto se debe a que la o las propias energías pueden mantener un nivel de memoria experiencial que, por supuesto, se basa en lo que la Entidad Fuente creadora ha experimentado en su propia existencia.

YO: ¿No tiene cada nueva entidad un nivel de educación, una explicación de su razón de ser, qué se espera de ella, con qué puede trabajar, cómo debe progresar?

O: Sí.

YO: ¿Pero eso no anula el objetivo de limpiar la sintiencia y la o las energías asignadas para trabajar juntas?
   Lo que quiero decir es que, si tienen información sobre quiénes son y qué se espera que hagan, y que están en comunión contigo, esto incluirá también un nivel de conocimiento experiencial. Por lo tanto, la sintiencia se purifica de tu trabajo y experiencia y luego se contamina con tu trabajo y experiencia.
O: Muy buena pregunta. Debería haber hecho una descripción más detallada de la limpieza. Es la "esencia" de la "Entidad Fuente" que se remueve tanto de la sintiencia así como de la/s energía/s que se le asignan. El proceso educativo, aunque profundo, no incluye este componente. Como resultado, la entidad recién creada está totalmente individualizada, sin dejar de ser parte de la Entidad Fuente creadora. En esencia, está totalmente programada y operativa en todos los aspectos, excepto desde la perspectiva de la experiencia personalizada, el aprendizaje y la progresión evolutiva, y la esencia de la sintiencia de la Entidad Fuente creadora. De este modo puede, a través de su propia experiencia, aprendizaje y progresión evolutiva, crear su propia "esencia" de sintiencia. Llámalo personalidad, si quieres, pero este es un requisito necesario para la creación exitosa de un aspecto individualizado del "sí-mismo" de una Fuente.
YO: Y a medida que la entidad experimenta, aprende y evoluciona, ¡su personalidad crece tanto en confianza así como en estatura!
O: Correcto. Durante el crecimiento de la personalidad, la entidad se vuelve más y más individualizada a medida que experimenta más y más de manera personal. Su último nivel de personalidad lo aparta de los otros que fueron creados con ella como resultado de la diferencia en experiencias y el orden lógico de experiencias similares en relación con otras experiencias experimentadas.
YO: ¿Y esta es la división perfecta de la sintiencia?
O: En resumen y en relación con la creación de una sola entidad, sí.
YO: Muy bien, basándonos en el comentario de que cada entidad es creada singularmente, ¿cómo hace una Entidad Fuente para producir en masa esas entidades más pequeñas en esta perfecta división de la sintiencia? Pregunto esto específicamente porque has identificado que necesitan ser creadas una a una y que

necesitan, ciertamente en el caso de algunas de las Entidades Fuente, ser creadas en sus billones y trillones.

O: Lo logra de dos maneras. Primeramente, asigna aspectos de sí misma únicamente para apoyar el proceso de división, incluyendo todas aquellas partes del proceso que crean la entidad individualizada, el emparejamiento de la/s energía/s con la sintiencia y la remoción de la esencia de la Entidad Fuente. Cada aspecto asignado se crea como una función temporal del ser y funciona en la creatividad de manera de uno a uno. El aspecto es una copia fiel de la función original de la Entidad Fuente creadora. Permanece en existencia sólo por el tiempo que se le requiere.

En segundo lugar, la Entidad Fuente creadora duplica aún más esta función mediante el uso del Espacio Evento. Cada Espacio Evento es una reproducción completa del número total de aspectos utilizados en el proceso de división original. La Entidad Fuente creadora puede mantener la calidad del evento creativo de esta manera asegurándose de que los aspectos originales que se están utilizando están operando de acuerdo con el proceso divisional perfecto, con las entidades creándose como se desea de una manera robusta y repetible, cada vez y todas las veces pero en diferentes Espacios Evento. Aunque se puede emplear cualquier número de Espacios Evento, sólo se le asigna a un Espacio Evento en particular, un determinado volumen de sintiencia y de energía/s especializadas. De este modo, el volumen de sintiencia y energía/s especializada/s se divide/n por Espacio Evento.

YO: ¿Cómo utiliza la Entidad Creadora el Espacio Evento de esta manera? Pensaba que se asociaba predominantemente con la dualidad y sus múltiplos, ¡que fue creado por la posibilidad de posibles posibilidades!

O: Lo es.

YO: ¿Perdón?

O: Es la función de posibilidades que permite a la Entidad Fuente creadora utilizar el Espacio Evento en primer lugar.

YO: Sí, puedo verlo, pero no estoy haciendo la conexión mental—¡todavía!. Quiero decir, esas entidades que están a punto de ser creadas son sólo eso—a punto de ser creadas, no "realmente" creadas y por lo tanto no pueden crear un evento dualístico. Desde mi punto de vista, el único evento dualístico es el creado por la Entidad Fuente creadora.

O: Como sabes, el Espacio Evento se siente atraído por, y es multiplicado por, la posibilidad de una condición dualística, trilística, cuadrulística, etc., etc. La inmediatez de estas condiciones no necesariamente tiene que ser en el ahora, sino que puede estar a una distancia significativa, desde la perspectiva de los "eventos". Basándose en esto, la Entidad Fuente creadora puede invocar nuevos Espacios Evento como una simple función de la creación de una entidad que tiene su propio nivel de sintiencia y su nivel asociado de libre albedrío. En esencia, el Espacio Evento puede crearse en una condición múltiple en el "ahora" en función de la posibilidad de condiciones dualísticas de cualquier denominación en cualquier evento futuro por cualquier entidad que posiblemente pueda crearse.

YO: Este es de nuevo el escenario del huevo y la gallina. En el Espacio Evento ambos pueden existir y existen simultáneamente.

O: Correcto. El Espacio Evento es un aspecto extremadamente sensitivo de mi estructura. Es tan sensitivo que puede crear nuevos Espacios Evento fuera de las condiciones dualísticas que normalmente los crearían o, de hecho, fuera de la posibilidad de las posibles posibilidades de las condiciones dualísticas y sus múltiples condiciones. Puede crearse a partir de algo como la intención remotamente posible para ser una posibilidad de posibles posibilidades de una condición dualística y/o sus múltiplos, y esa intención puede estar tan lejos en un Espacio Evento futuro que nunca podría predecirse.

YO: ¿Hasta qué punto puede el Espacio Evento "ver" estas posibilidades?

O: No hay límite en qué tan adelante o en qué Espacio Evento pueden ser invocados. Todo lo que se requiere es que puedan "ser" y eso permite al Espacio Evento crear las condiciones necesarias para que se cree un nuevo Espacio Evento o Espacios Evento y para que sea concurrente. Esto siendo, se convierte en el "ahora" porque es ahí donde el Espacio Evento se presenta, en un ambiente de "ahoras" concurrentes.

YO: Y como el Espacio Evento se presenta en un ambiente de "ahoras" concurrentes, y los "ahoras" concurrentes son lo que es el Espacio Evento, ¿por eso una Entidad Fuente creadora puede crear todas sus entidades sintientes individualizadas de forma instantánea, relativamente hablando?

O: No exactamente. Una Entidad Fuente creadora aún tendría que esperar a que finalizara todo el proceso de creación.

YO: ¿Qué quieres decir?

O: El proceso inicial de creación es duplicado mediante la creación de los aspectos de la Entidad Fuente dedicados a crear las entidades sintientes de manera de una en una, multiplicado por el número de aspectos creados para crear de esta manera. El tiempo total que se tarda en crear las entidades sintientes es una función del volumen de sintiencia y de energía/s especializadas, y de la capacidad de emparejarlas, dividido por el número de aspectos creadores creados. Esto es relativo a sólo una pequeña parte de la sintiencia y energía/s asignadas para este uso, el resto necesita lograrse mediante el uso del Espacio Evento, de lo contrario nunca se completaría en lo que podría considerarse como un tiempo razonable. La cuestión aquí es que el tiempo necesario para lograr el proceso de creatividad primario, incluso en su estado multiplicativo, es el periodo de tiempo que rige la creación, independientemente del número de Espacios Evento utilizados, y por lo tanto también se considera mucho tiempo. Con base en esto, la Entidad Fuente creadora utiliza una función del Espacio Evento denominada Espacio Evento "Final del Evento" y pasa directamente a esta función del Espacio Evento en lugar de esperar a que el Espacio Evento primario progrese al ritmo que lo haría normalmente en su forma lógica. Las Entidades Fuente Once y Doce utilizaron esto con gran ventaja.

YO: Yo no habría reconocido lo que han logrado como el uso de la función "Fin del Evento", así que me alegro de que me lo hayas descrito. Con base en esto la Entidad Fuente creadora inicia el proceso y manipula el Espacio Evento yendo directamente a la función de Fin del Evento de aquellos Espacios Evento creados, y de esta manera la creación de miríadas de entidades sintientes se considera en gran medida instantánea.

O: Sí.

YO: ¿Y todo esto asegura que una Entidad Fuente puede crear cada entidad sintiente usando el proceso divisional perfecto, y cada entidad sintiente resulta perfecta como resultado?
O: Sí.
YO: ¿Y si la Entidad Fuente Uno hubiera utilizado esta función combinada del ser y del Espacio Evento no tendría la diversidad de entidades sintientes que tiene ahora?
O: Correcto.
YO: Gracias.

¿Qué Hace que una Energía Sea Capaz de Apoyar a la Sintiencia?

Estaba a punto de cambiar la dirección de mi cuestionamiento cuando me inspiró una pregunta formulada por uno de los asistentes a mi encuentro de Satsanga Mundial. Celebro los Satsangas Mundiales una vez al mes en forma de audioconferencia. Me sorprendió no haber formulado ya esa pregunta a El Origen, y me alegró que uno de los asistentes fuera lo suficientemente expansivo como para formularla. Todos los asistentes son lo suficientemente expansivos como para asimilar los detalles que se discuten, de lo contrario no formarían parte de la Satsanga, y muchos hacen preguntas muy profundas o inquisitivas. La cuestión aquí es que yo no tenía una respuesta a mano, o no era capaz de conectarme con El Origen en ese momento para poder canalizar una respuesta "en el acto" sobre "qué hace que una energía sea capaz de apoyar a la sintiencia".

No me preocupa en absoluto no tener las respuestas a mano; esto sucede todo el tiempo, forma parte del proceso educativo. Pero lo que me intrigaba era la sencillez de la pregunta y la potencial complejidad de la respuesta. Era una combinación de pregunta y respuesta que necesitaba difundirse, y este libro era el medio adecuado para hacerlo.

YO: ¿Qué hace que la energía sea capaz de apoyar a la sintiencia?
O: Hay muchas cosas que tienen que estar en su sitio para que la energía apoye al componente sintiente, y estos han sido aludidos

en la primera parte de este libro. Sin embargo, es posible que no hayan sido fácilmente visibles para responder a tu pregunta.

En esencia, una energía necesita evolucionar hasta el punto en el que podría haber creado o apoyado sus propias condiciones para la sintiencia autogenerada antes de que pueda considerarse lo suficientemente especializada como para apoyar a la sintiencia que se le asigna y se crea externamente. Esto siendo, el proceso evolutivo que permite a la energía alcanzar el estatus de ser capaz de apoyar a la sintiencia puede describirse en etapas. Éstas son:

1. **ATRACCIÓN POR LA MISMA ENERGÍA O ENERGÍA AFÍN**. Se trata de una función únicamente automática de un componente de energía que se siente atraído por otro componente de la misma firma energética o de una firma energética similar, una que es aceptable de algún modo para energías distintas a la suya.

2. **CREACIÓN DE INTELIGENCIA LIMITADA— ATRACTIVIDAD PREFERENCIAL**. Se trata de la búsqueda activa de componentes de energía de la misma firma, con la inteligencia creando la capacidad de buscar y decidir si un determinado componente de energía puede conectarse a y co-unirse a otro para crear un cuerpo de energía mayor.

3. **RECONOCIMIENTO LIMITADO DEL SÍ-MISMO Y DE OTRAS ENERGÍAS**. Es cuando el volumen de energías recogidas sabe de alguna manera pequeña que es un cuerpo de energía y puede distinguir entre sí misma y otro cuerpo de energía aunque sea del mismo tipo de energía.

4. **CREACIÓN DE UN SISTEMA DE INTELIGENCIA MÁS INTEGRADO**. Ocurre cuando los aspectos esencialmente separados de la energía y la inteligencia que se unieron se convierten en uno. Es el resultado de la comunicación panenergética de las energías co-unidas.

5. **SACRIFICIO DE LA INDIVIDUALIDAD PARA CREAR UNA INTELIGENCIA MÁS GRANDE—UN SÍ-MISMO MÁS GRANDE Y AUTOCONCIENTE.** Esto es cuando el nivel de inteligencia de un número de cuerpos de energía/s reconoce que pueden crear un solo cuerpo de energía e inteligencia mucho más grande y mejor uniéndose. Cuando reconocen también que para hacerlo necesitan sacrificar su propia inteligencia individual y hacerlo voluntariamente por un bien mayor. Esto allana el camino para la creación de la inteligencia consciente de sí misma.
6. **CREACIÓN DE LA INTELIGENCIA COLECTIVA "CONSCIENTE DE SÍ MISMA"—LA CAPACIDAD DE "PENSAR" MÁS ALLÁ DEL SÍ-MISMO DENTRO DEL SER.** Esto es producto de una función automática que se crea tras la decisión colectiva de unir cuerpos más grandes de energía para crear un solo cuerpo de energía que es mucho más grande. Es evidente que la capacidad de tomar la decisión necesaria para alcanzar el punto cinco requiere un nivel de inteligencia que tiene niveles limitados de consciencia, siendo esa consciencia suficiente para hacer la capacidad decisiva del sacrificio individual por un bien mayor posible.
7. **CREACIÓN DE UNA SOLA INTELIGENCIA "CONSCIENTE DE SÍ MISMA" DEL COLECTIVO.** La creación de una sola consciencia en lugar de un colectivo de inteligencias conscientes de sí mismas más pequeñas es una decisión histórica que sólo puede tomarse en una condición colectiva. Sin embargo, en este nivel de evolución, la energía no puede revertir este proceso y la consciencia de la inteligencia se convierte en "una" sin la capacidad de convertirse más tarde en una colección de inteligencias conscientes de sí mismas más pequeñas.
8. **DESEO ACTIVO DE AUMENTAR EL "VOLUMEN" ENERGÉTICO Y EL COEFICIENTE INTELECTUAL.** Aquí la energía trata de aumentar su volumen buscando, atrayendo y absorbiendo energía o

energías iguales o similares que sean más pequeñas que ella y que no estén necesariamente evolucionando. Se trata de una decisión consciente de sí y es un signo definitivo del inicio de la capacidad de reconocer la evolución del "sí-mismo". Las energías atraídas y absorbidas estarán en el punto uno o dos como máximo. De este modo, la energía aumenta su volumen de una manera energética, inteligente y consciente de sí que puede llegar a aumentar hasta el punto en que todas las energías iguales o similares sean absorbidas. Nótese aquí, sin embargo, que la firma de las energías es una barrera natural para este crecimiento cuando se desarrollan por sí solas. Esto se denomina volumen terminal. Como resultado, se asegura la capacidad de una miríada de cuerpos de energía, pequeños pero sustanciales, con inteligencia consciente de sí misma, capaces de desarrollar sintiencia más adelante. Nótese también, desde la perspectiva de una Entidad Fuente, esta función ocurre en un área restringida en la que se permite que las energías se desarrollen de esta manera, específicamente para la creación de energía sintiente, y que es internamente "externa" al cuerpo principal de energías que están asociadas a la propia Entidad Fuente.

9. **GENERACIÓN DEL DESEO DE CREAR**. El deseo para crear es una función de la energía que ocurre cuando ésta ha alcanzado su volumen terminal y tiene una longevidad sustancial. Las creaciones son rudimentarias, pero su mera presencia es señal de que la energía está desarrollando una personalidad dentro de su inteligencia consciente de sí misma. La personalidad, por limitada que sea, ilustra el deseo de crear de ciertas formas conocidas y repetibles, específicas de la energía y de su nivel de inteligencia consciente de sí misma.

10. **RECONOCIMIENTO DE LA RAZÓN DEL DESEO DE CREAR.** La creación y el deseo de crear pueden ser una sola acción o una serie múltiple de acciones. En la condición única, la creación puede ser producto del deseo de crear, pero ese deseo puede ser transitorio y, por lo tanto, ocurre sólo una vez. Es por lo tanto, el reconocimiento del

deseo de crear lo que desencadena la condición de creación múltiple. El reconocimiento se establece en función de que la entidad desea repetir, y por lo tanto desea, el producto del acto de creación, independientemente de cuál sea.

11. **CREACIÓN SIN ENFOQUE NI DIRECCIÓN.** Esto es creación por creación y es el resultado de una condición del deseo de crear en condiciones singulares o múltiples sólo para ver el acto y el proceso de creación en acción.
12. **CREACIÓN CON UN ENFOQUE O RESULTADO DIRIGIDO.** Se trata del uso inteligente de la capacidad creadora de una energía para producir algo a partir de las energías que la rodean, que tiene el foco de la entidad y es dirigido para lograr un producto deseado.
13. **ANÁLISIS DE LA CREACIÓN, SU RESULTADO DIRIGIDO, Y SU RESULTADO REAL.** El análisis del producto de la creación en términos del resultado deseado y del resultado real permite a la entidad creadora reflexionar sobre su proceso de creatividad y entrar en los procesos de pensamiento que dan lugar a la modificación, punto catorce. Nótese que, hasta este punto, las creaciones no son complicadas. Las creaciones complicadas son el resultado de la sintiencia. Considera que en este punto de la evolución de una energía los objetos de la creación son tan básicos como la creación de una pelota o una rueda u otros objetos de interés similares en complejidad.
14. **MODIFICACIÓN DE LA CREATIVIDAD PARA AUMENTAR LA PRECISIÓN DEL RESULTADO REAL FRENTE AL DESEADO.** Este es un punto en el que la energía está en el punto de sintiencia, pero sin inclinar la balanza hacia la sintiencia. Aquí la entidad es capaz de pensar, experimentar y crear de una manera racional. Aquí debe entenderse que la experiencia de una entidad se mejora en función de entrar en el proceso de creatividad.
15. **ACUMULACIÓN DE CONTENIDO EVOLUTIVO.** Como se ha eludido al punto catorce, cuando una energía entra en el proceso de creatividad también entra en otro nivel de experiencia. La experiencia crea una condición de

aprendizaje que, a su vez, crea contenido evolutivo. Con base en esto, cuanto más experimenta y aprende una entidad, más evoluciona y adquiere contenido evolutivo. La acumulación de contenido evolutivo acelera el aumento del coeficiente intelectual de una energía, la consciencia y mejora su personalidad. Es un prerrequisito esencial para el reconocimiento de la evolución y su acumulación.

16. **RECONOCIMIENTO DE LA ACUMULACIÓN DE CONTENIDO EVOLUTIVO.** Una energía, al reconocer el aumento de su inteligencia y la amplitud de su personalidad, esto es, el reconocimiento de los deseos preferenciales también reconocerá que acumula contenido evolutivo como resultado de la variedad de experiencias que experimenta, la calidad de esas experiencias y el aprendizaje subsecuente. En el punto del reconocimiento de la evolución personal y su acumulación, la energía puede experimentar, y de hecho experimenta, un cambio radical en su capacidad mental, pasando al punto diecisiete.

17. **LA GENERACIÓN DE SINTIENCIA.** Este es un efecto panenergético instantáneo que sólo puede suceder cuando la entidad reconoce experiencialmente su propia evolución y cómo acumula contenido evolutivo. En este punto, la energía es y puede ser clasificada como una nueva entidad energética sintiente.

18. **EL RECONOCIMIENTO DE LA SINTIENCIA COMO UNA FUNCIÓN SEPARADA DENTRO DE LA/S ENERGÍA/S ORIGINAL/ES.** El reconocimiento de la sintiencia personal se logra cuando la energía, ahora una entidad energética, experimenta el movimiento de su sintiencia dentro del volumen de su/s energía/s. El reconocimiento puede alcanzarse cuando la entidad se da cuenta de que es capaz de enfocar su sintiencia en un área específica del volumen de energía/s al que está asociada, y puede mover la ubicación de ese enfoque a voluntad.

19. **LA CAPACIDAD DE DISOCIAR LA SINTIENCIA DE LA/S ENERGÍA/S ORIGINAL/ES.** La capacidad de disociar la sintiencia de la/s energía/s original/es es una función de la experimentación con el enfoque de la

sintiencia—la experimentación que resulta en la capacidad de la sintiencia para enfocarse en puntos fuera de la barrera natural creada por las energías de las entidades, así como dentro de ellas. En este punto, la entidad empieza a reconocer que es su sintiencia lo que la convierte en una entidad y no la/s energía/s que, en última instancia, dieron origen a esa sintiencia.

20. **REQUISANDO UNA NUEVA ENERGÍA.** Una vez establecido que su "ser" es su sintiencia y que puede disociarse de sus energías originales, la sintiencia que es la entidad puede ahora trasladarse a una nueva energía o grupo de energías que estén en un nivel bajo de especialización y requisarlas para su propio beneficio. Esto puede ser para un cuerpo de energía nuevo o diferente que permita a la sintiencia mejorar su experiencia, aprendizaje y contenido evolutivo, o para usar esa/s energía/s como medio para transportar la sintiencia a otro lugar dentro del ambiente dentro del que su/s energía/s original/es evolucionaron.

Como ya se ha señalado, esta lista es básicamente un re-entendimiento de la información que di anteriormente en estos diálogos, pero con detalles adicionales en algunas áreas. Pero colocada en el contexto de esta pregunta puede tener más sentido para tus lectores.

Lo que hay que destacar aquí es que la evolución de las energías hasta el punto dieciséis es una función necesaria para la autogeneración de la sintiencia. Es en este punto donde la energía tiene aquello que la hace capaz de ser sintiente, y así, se vuelve sintiente por defecto, progresando automáticamente hasta el punto diecisiete y los siguientes.

Sin embargo, si esa energía permanece en el punto dieciséis, o está cerca de alcanzar el estado del punto dieciséis, puede clasificarse como capaz de apoyar a la sintiencia aplicada externamente. Dado que esta capacidad está impresa en todas las energías que alcanzan este estatus, partes de ella pueden ser divididas o separadas del mayor volumen de energías y asignadas a una unidad individualizada de sintiencia de la

Entidad Fuente, creando así una entidad sintiente autónoma con un cuerpo de energía asignado.

Cómo El Origen Creó la Sintiencia de las Entidades Fuente—una Variación Sobre el Tema

A lo largo del diálogo con El Origen hemos discutido el advenimiento de la sintiencia en función de la evolución de la autoconciencia, que es precedida por la generación de inteligencia dentro de energías similares o iguales y niveles subsecuentes de consciencia. La propia sintiencia se desarrolla a través de la evolución dentro de El Origen y, presumiblemente, de las Entidades Fuente. Digo presumiblemente porque El Origen habló de esperar a que las Entidades Fuente se volvieran autoconscientes por sí mismas antes de ponerse en contacto con ellas— educándolas con su razón de ser en el punto de alcanzar la autoconciencia. De hecho, la evolución de una energía o energías hasta el punto de desarrollar su propia sintiencia se describió recientemente como una progresión de veinte etapas. Sin embargo, había algo que me preocupaba. Hasta la fecha no recordaba que El Origen hablara de la generación de sintiencia dentro de las propias Entidades Fuente. Por supuesto, la energía puede desarrollar sintiencia si se dan las condiciones adecuadas y el tiempo suficiente, por así decirlo. Y parecería que las propias Entidades Fuente pueden esperar a que la energía evolucione casi hasta el punto de desarrollar una sintiencia plena por sí misma antes de asignarles una sintiencia derivada de la Entidad Fuente— esa sintiencia siendo separada del propio "volumen de sintiencia" de la Fuente y asignada a la energía/s misma/s en evolución.

A riesgo de repetirme, pero por razones de clarificación, he decidido anotar mentalmente e incluir en este texto dos cosas. Una, que El Origen desarrolló su propia sintiencia como resultado de la evolución de sus energías—con un poco de ayuda del Espacio Evento. Y dos, con el fin de crear entidades individualizadas más pequeñas para poblar un ambiente creado en respuesta a la necesidad de evolucionar a través de la investigación y la experiencia del "símismo", una Entidad Fuente puede, en el sentido perfecto, asignar sintiencia a su/s energía/s en evolución en lugar de permitir que se desarrollen por sí mismas. Esto le permite acelerar su productividad mediante el uso del Espacio Evento y mantener un cierto nivel de calidad. Pero ¿y la sintiencia de las Entidades Fuente? Tuve que pedirle a El Origen que me aclarara este aspecto.

YO: ¿Cómo se volvieron sintientes las Entidades Fuente? Sé que esperaste a que fueran autoconcientes para educarlas. Pero esto no explica cómo la Entidad Fuente Doce se hizo sintiente y cómo lo hicieron las demás. ¿Simplemente las educaste y luego esperaste a que la sintiencia se desarrollara por sí sola? ¿O les asignaste sintiencia, como hacen las Entidades Fuente en la forma perfecta de crear una entidad menor?

O: Ya hemos hablado de esto antes, pero veo que lo has olvidado. Cuando creé las Entidades Fuente les di todas las condiciones necesarias para que se desarrollaran, para que evolucionaran por sí mismas. Como bien mencionaste en el texto anterior, las eduqué cuando se volvieron autoconcientes, dándoles la razón de su existencia y una indicación del papel que debían desempeñar para mí. Como sabes por la narración de mi propio viaje hacia la autoconciencia sintiente, sólo un porcentaje microscópicamente pequeño de mí es realmente autoconciente y de hecho sintiente. Mi sintiencia se mueve alrededor de mi área de autoconciencia, mi sintiencia es lo que yo soy. Con base en esto puedes comprender que la razón por la que creé los Doce Orígenes y, más tarde, las Doce Entidades Fuente, fue para acelerar mi propia evolución, evolución que se expresa en la expansión de mi área de autoconciencia y de mi sintiencia dentro de mi área de autoconciencia. De este modo, creo un área de autoconciencia sintiente, lo que resulta en un aumento del área o volumen de mi sintiencia "transportable", por así decirlo. Tomando esto en consideración, puedes ver que alcanzar la autoconciencia no es el final del desarrollo de una entidad. Es simplemente el punto de partida.

Sin embargo, la energía misma puede tardar mucho tiempo en hacer el cambio desde la simple conciencia hacia la autoconciencia simple "localizada" y hacia el nivel de autoconciencia localizada pero "panenergética" que se requiere para permitir el advenimiento de la sintiencia desde una perspectiva evolutiva más que desde una perspectiva asignada.

Lo que es más, llevaría aún más tiempo a esa área de autoconciencia sintiente para que evolucionara hasta el punto en el que fuera capaz de crear esas energías que son capaces de apoyar a la sintiencia por derecho propio, y luego crearlas realmente.

Verás, para acelerar mi propia evolución, expandiendo mi propia sintiencia en el proceso, necesitaba acelerar la evolución de mis creaciones y la evolución de las creaciones de mis creaciones. Para lograrlo, esperé hasta que el desarrollo evolutivo de las energías que formaban el marco estructural de las Entidades Fuente hubiera alcanzado esta simple autoconciencia localizada—siendo la autoconciencia un prerrequisito y un requisito mínimo para que las energías aceptaran la sintiencia. Desde el punto de vista del proceso de las veinte etapas, esto sería en las etapas quince y dieciséis. Esta es una métrica universal, y es la misma que se requiere para una energía en evolución dentro de una Entidad Fuente que se está utilizando para la creación de entidades más pequeñas. La autoconciencia es el punto en el que una energía o entidad comienza a desarrollar su propia personalidad y experiencia de sí misma, y por lo tanto, este es el punto en el que intervine.

Calculé los requisitos básicos de la condición evolutiva energética de una Entidad Fuente en términos de lo que tu llamarías porcentaje y establecí un nivel mínimo de sintiencia que permitiría a la Entidad Fuente "bajo educación" trabajar con esa sintiencia tan pronto como la educación estuviera completa. También calculé en qué momento del proceso educativo podría aplicar esa sintiencia a la/s energía/s de forma que no interfiriera con el propio proceso educativo.

YO: ¿Cuál era el porcentaje requerido?
O: Estaba muy por debajo de la décima parte del uno por ciento.

Calculé que en el advenimiento de la educación y la aplicación de la sintiencia, el tipo correcto de sintiencia, el crecimiento de la sintiencia y la autoconciencia, lo que reconocerás como autoconciencia sintiente, se volvería exponencial, terminando su expansión en el perímetro de la/s energía/s de la propia Entidad Fuente.

YO: Acabas de hacer una afirmación interesante. Has dicho "el tipo correcto de sintiencia". ¿A qué te referías?

O: En tu proceso de pensamiento esperabas oírme afirmar que utilizaría parte de mi propia sintiencia y la asignaría a las Entidades Fuente, igual que el proceso "perfecto" que puede seguir una Entidad Fuente al crear sus propias entidades.

YO: Sí, así es.

O: Si lo hubiera hecho, les habría dado una sintiencia basada en El Origen, y no basada en la Entidad Fuente.

YO: ¿No podrías remover la, digamos, "esencia de El Origen", de tu sintiencia y luego pasárselas?

O: Sí, podría, pero eso anularía el objetivo de mi propio crecimiento sintiente. Además, cualquier sintiencia que donara, independientemente de cómo la "limpiara", seguiría teniendo esencia de El Origen asociada a ella. No es que vaya a envidiar la donación de mi sintiencia a las Entidades Fuente, ni mucho menos. Pero necesito hasta la última gota, por así decirlo, para realizar el trabajo que estoy haciendo por mi cuenta. No, hice algo mucho más útil.

YO: ¿Eso qué fue?

O: Yo creé la sintiencia y se la asigné a las Entidades Fuente en el momento en que se volvieron autoconcientes.

YO: ¿Tú creaste la sintiencia?

O: Sí. He descubierto que puedo crear sintiencia.

YO: ¿Cómo lo hiciste? ¿Cómo se crea la sintiencia?

O: Orgánicamente.

YO: ¿Qué? ¿Quieres decir que tú la cultivas?

O: Más o menos. Te lo explicaré.

YO: Tienes toda mi atención en esto.

O: Ya veo que sí. Bueno, intentaré hacerlo lo más sencillo posible y utilizaré la terminología a la que estás acostumbrado.

YO: Gracias.

O: Como ya habrás comprendido, la sintiencia es el desarrollo natural de la evolución de energía/s que aprenden a trabajar juntas y a funcionar como una sola. Estas energías, o debería decir, las características de esta/s energía/s se crean como resultado de la "posibilidad" de que se desarrollen en energías que puedan desarrollar estas características. Esto siendo, son buscadas por una función de la "energía libre" y dotadas del potencial para evolucionar.

Nótese que he utilizado aquí la palabra "posibilidad", porque es la "posibilidad" de que adquieran esta capacidad lo que evoca el interés del Espacio Evento. Si recuerdas, es la posibilidad de progresión evolutiva lo que permite a la energía libre tender puentes, por así decirlo, entre entidades o energías individuales que tienen la capacidad de evolucionar cuando se ven afectadas por otra, u otras, de frecuencia más alta, invocando así una oportunidad evolutiva. Esto se conoce como triangulación direccional e inflacional.

YO: ¿Así que manipulas la función de la triangulación?

O: Hasta cierto punto, sí. Reúno a las energías que veo capaces de evolucionar y convertirse en energías sintientes por la ruta habitual que adquieran el deseo de trabajar juntas, adquiriendo inteligencia, autoconciencia consciente de sí y sintiencia en el proceso. Entonces manipulo la triangulación forzando a estas energías a unirse y haciendo que deseen permanecer juntas. De este modo, la energía libre que las habría atraído naturalmente, elevándolas al mismo nivel mediante la triangulación, tiene que ponerse a la altura del evento que he forzado a operar, en lugar de ser el iniciador de la atracción en primer lugar. Piensa en ello como si colocaras dos trozos de plástico juntos y luego forzaras el pegamento entre ellos, en lugar de cubrir uno de los trozos de plástico con pegamento y luego colocar el otro encima. Una vez que las energías han sido forzadas a unirse de esta manera y la energía libre las ha unido en su nuevo estado elevado—esto siendo, un nuevo estado elevado de evolución—funcionan de la manera en que habrían funcionado si realmente hubieran deseado formarse juntas por medios naturales.

Lo que sucede a continuación es que empiezan a presentar posibilidades, posibilidades de volverse sintientes en algún momento, siendo el nivel de sintiencia una función utilizada por el Espacio Evento con fines "divisorios". Cuando esto sucede (de hecho, no espero a que suceda porque me muevo a otro Espacio Evento para ver cuándo está sucediendo), me muevo al Espacio Evento que produce la mejor calidad de sintiencia. Puedo ver qué energías van a crear la mejor calidad de sintiencia de esta manera y hacen cambios en las condiciones de las otras, aquellas que están destinadas a hacer su progresión evolutiva hacia una calidad inferior de sintiencia para terminarlas. Para terminarlas detengo su evolución. Cuando detengo su evolución, tanto la energía libre que crea su evolución continua migra a otras oportunidades evolutivas, así como el Espacio Evento en el que se encuentran deja de existir como resultado. Las energías cuya evolución se detiene son catalogadas y redistribuidas dentro de mí.

YO: ¿Acabas con ellas?

O: Sí. No tiene sentido permitir que se desarrolle la sintiencia sin que sea la cualidad que yo quiero que se desarrolle.

YO: ¿Pero no sería útil a largo plazo?

O: No. Conozco la cualidad de la sintiencia que quiero desarrollar para el tipo de energía al que quiero asignarla, lo que en última instancia me lleva a comprender el tipo de entidad que quiero crear. Cuando estoy creando una entidad como una Entidad Fuente, necesito asegurarme de que la sintiencia es lo más parecida posible a la mía sin ser realmente mía.

YO: Hace un momento utilizaste la palabra "catalogada". ¿Por qué catalogas las energías cuando has terminado efectivamente sus oportunidades evolutivas?

O: Las catalogo para no volver a utilizarlas en este tipo de función creativa. Sin embargo, eso no significa que no puedan ser útiles en una función que requiera un menor nivel de sintiencia en el futuro, una en la que una de mis Entidades Fuente pueda hacer uso de las energías.

YO: Entonces, ¿por qué no mantenerlas en su estado de menor sintiencia, almacenadas en algún lugar para que otra Entidad Fuente las utilice sin pasar por todo el proceso de creatividad?

O: Por tres razones. Una, porque no sería su "propia" creatividad; dos, no quiero que ninguna energía sintiente extraviada perturbe el plan con el que mis Entidades Fuente y yo estamos trabajando; y tres, siempre regreso a su condición básica aquello que he utilizado y para lo que ya no tengo uso—al menos a mediano o largo plazo. Puedes considerar que me gusta tener la casa limpia, si quieres.

Capítulo 29
Como los Om Adquirieron Sintiencia

TUVE UNO DE MIS MOMENTOS DE "reclinarme en la silla". En realidad, duró más o menos una hora, ya que decidí que necesitaba limpiar algunos correos electrónicos mientras estaba en este período de contemplación subconsciente. El motivo de este "momento" fue que El Origen acababa de decirme que le gustaba mantener la casa limpia y regresar las energías que utilizaba a su estado básico. Pero esto no concordaba con lo que había hecho con las energías que utilizó para crear las Entidades Fuente o con lo que había sucedido para permitir que se creara a los Om. Decidí que se trataba de un bucle (otro más, añadiría) que debía cerrarse antes de seguir avanzando. Sin embargo, lo que tenía en mente era que esto podría explicar cómo los propios Om, al no haber sido creados, adquirieron su propia sintiencia.

YO: Me acabas de decir que, por así decirlo, "reciclas" tus energías cuando has terminado con ellas—que las regresas a su estado básico.

O: Correcto.

YO: Entonces debe de ser algo reciente, porque no explica cómo surgieron los Om.

O: Muy bien hecho. Sí, es un proceso reciente que tomo en el mantenimiento de la casa, y es un resultado directo de la "no-creación" de los Om. Los Om son las únicas entidades sintientes increadas que existen y, como tales, son un ejemplo de lo que podría suceder si no presto atención a mi mantenimiento de la casa y regreso las energías que utilizo a su condición básica.

YO: Eso tiene sentido. Supongo que para ti lo reciente no es lo que yo llamaría reciente.

O: Claramente no, pero es reciente para mí sí tengo en cuenta mi longevidad.

YO: Bueno, esto va a ser una discusión relativamente sencilla entonces.

O: Mmmm. Ya veremos.

YO: Lo que quiero saber entonces es lo siguiente: ¿cómo los Om adquirieron su sintiencia? Pregunto esto específicamente porque necesitabas crear sintiencia cuando creaste las Entidades Fuente.

O: Lo hice en ese caso y lo volveré a hacer. La diferencia es, por supuesto, las energías utilizadas.

Cuando reciclé las energías utilizadas en los Doce Orígenes, no las regresé a su condición básica. Las energías mismas eran esencialmente unidades individualizadas de mí que estaban posicionadas fuera de mi área de autoconciencia. Notarás que he omitido la palabra sintiente. Esto se debe a que en ese momento la totalidad de mi sintiencia era pequeña en comparación con lo que es ahora y mi área de autoconciencia estaba en gran parte desprovista de sintiencia. Ahora está en gran medida desprovista de sintiencia, pero está en un factor de, cercano a, cien veces mayor de lo que era entonces.

YO: ¿Esa es la potencia de cien?

O: En números redondos, sí. Además, no estaba tan evolucionado ni tenía tanta experiencia como ahora y tenía mucho que aprender. Todavía tengo mucho que aprender, de ahí la creación de las Entidades Fuente y sus creaciones, donde todas están trabajando duro para experimentar lo más básico de lo que yo soy.

Volviendo a tu pregunta, sin embargo, el volumen, por así decirlo, de las energías que recuperé y reciclé era de dos tamaños diferentes. Una parte permaneció conmigo y otra se recicló. Intentaré explicarlo. Pensaba utilizar las energías recuperadas para otros experimentos más adelante y decidí dejarlas a un lado. Lo que sucedió en realidad fue que se convirtieron rápidamente en parte de mi área sintiente de autoconciencia. Esto me tomó por sorpresa, así que mis expectativas sobre el progreso que harían las Entidades Fuente tenían un precedente—el precedente siendo la rapidez con la que las energías recuperadas apoyaban el desarrollo, o la aceptación, de la sintiencia. Ante este nuevo giro de los eventos, decidí utilizar esas energías recuperadas que aún no se habían convertido en mi área de autoconciencia sintiente y añadirles las energías necesarias para formar las Entidades Fuente. El porcentaje de las energías recuperadas utilizadas era poco en comparación con las marcadas para el uso de la creación de las Entidades Fuente. Por eso esperaba que se mezclaran y aceleraran la evolución de las energías desde la atractividad energética básica hasta la completa autoconciencia, reduciendo drásticamente el Espacio Evento necesario para elevarlas a la etapa evolutiva en la que yo podría educarlas y ellas podrían aceptar la sintiencia que yo les iba a otorgar durante el proceso educativo. Lo que sucedió en realidad fue algo muy distinto.

Como sabes, las energías, aunque inicialmente forzadas a juntarse, permanecieron juntas mientras estuvieron bajo mi influencia y control directos. Cuando las expulsé en el grupo de los doce como energía de la Entidad Fuente y energía Origen, la energía utilizada en la manifestación original (Om) de los Doce Orígenes, las energías de El Origen, al no estar forzadas a juntarse por mi intención, se separaron de las Entidades Fuente con las que estaban mezcladas, formando pequeñas unidades de energía Origen individualizada que ya tenía sintiencia asociada. Esto ya lo sabes y lo has documentado varias veces.

YO: ¿Cómo estaba la sintiencia ya asignada a las energías? Pensaba que cada uno de los experimentos de los Doce Orígenes fracasó antes de que pudieran volverse adecuadamente autoconcientes, y mucho menos sintientes.

O: Correcto, la sintiencia fue adquirida a través de la asociación con aquellos aspectos de las energías que se convirtieron en parte de mi sintiencia total.

YO: ¿Estás sugiriendo que TODAS las energías recuperadas se volvieron sintientes y que te perdiste el hecho de que TODAS se habían convertido en parte de tu sintiencia?

O: No, no se perdió nada. Lo que sucedió es que las energías utilizadas en el experimento de los Doce Orígenes estaban ya a punto de crear su propia sintiencia y, por lo tanto, eran definitivamente capaces de aceptar la sintiencia que se les pudiera o quisiera asignar. Por eso obtuvieron la asignación de sintiencia por inferencia.

YO: ¿Inferencia? ¿Qué quieres decir?

O: Porque el resto de las energías recuperadas habían aceptado la sintiencia, y la aceptaron bastante rápido. Esa parte de las energías que no le era, digamos, asignada "intencionalmente" la sintiencia también adquirió sintiencia; esto siendo, aceptaron la sintiencia como parte del crecimiento evolutivo natural de mi sintiencia. Piensa que funciona del mismo modo que los remedios homeopáticos. Personalmente, quiero señalar aquí que tanto la energía libre así como el Espacio Evento tuvieron algo que ver aquí.

YO: ¿La energía libre y el Espacio Evento trabajan en la inferencia?

O: Sí. Verás, la inferencia es lo mismo que la posibilidad y la posibilidad de una condición evolutiva, una que es significativa en el caso de la no-creación de los Om, es una posibilidad que no podía ser ignorada por el Espacio Evento. La no-creación se clasifica en este caso como creación sin intención de ser creada. Adicionalmente, el aspecto evolutivo ofrecido como resultado de la no-creación de los Om atrajo energía libre hacia el epicentro de las energías utilizadas para la creación de las Entidades Fuente, creando un área de triangulación que no sólo abarcaba las Entidades Fuente, sino también las energías utilizadas en el experimento de los Doce Orígenes.

YO: Tengo la impresión de que la intervención, una intervención bastante natural de energía libre y Espacio Evento, creó la fisura en la cohesión entre las energías asignadas como Entidad Fuente y las que eran energía Origen reciclada.

O: Oh, muy bien hecho. Sí, verás, la energía de El Origen ya era sintiente como resultado de la inferencia de ser sintiente. La energía libre y el Espacio Evento se estaban asegurando de ello, así que cuando expulsé las energías, energías que incluían tanto las energías que estaban marcadas así como energía de la Entidad Fuente como las que eran energía de El Origen reciclada, la energía de El Origen, esto es, la energía de El Origen con suficiente, digamos, "masa", se hizo sintiente antes de que las energías que estaban únicamente asignadas como Entidad Fuente pudieran siquiera ser autoconscientes. De hecho, se volvieron completamente sintientes en el instante en que expulsé las energías al área de mi autoconciencia asignada a las Entidades Fuente para su primera área de trabajo.

YO: Basándonos en esto, ¿la energía de El Origen "ya sintiente" se disoció de las energías que estaban asignadas a las Entidades Fuente, resultando en la no-creación de los propios Om?

O: Sí. Ahora llamaré a esta energía, energía Om.

YO: Entonces, ¿cómo se convirtió la energía Om en entidades Om individualizadas?

O: La energía Om no estaba equitativamente distribuida entre la energía pura de la Entidad Fuente. Estaba en glóbulos de energía Om, por así decirlo. Estos glóbulos seguían siendo aspectos singulares, e individualizados de la energía Om y no se agrupaban. Tan pronto como mi intención de mantener todas las energías juntas desapareció, se separaron rápidamente de las energías de la Entidad Fuente de las que formaban parte. Aquellas que tenían suficiente masa naturalmente sintieron que no eran de la misma calidad de energía y regresaron a las energías que sintieron que eran las suyas—las energías que son parte de mi área de autoconciencia. En pocas palabras, ¡regresaron al lugar de donde vinieron!

Conoces la historia de los Om por nuestros diálogos anteriores, pero basta con decir que la masa de energía Om y el nivel de sintiencia asociado a esas masas individuales dictaron cómo se representan actualmente los Om dentro de mí. El resultado fue la generación de los Om Puros, los Om No Cautivos, los Om Cautivos y los Om Híbridos/Entidad Fuente, los híbridos que tienen diversos porcentajes de mezcla.

YO: Así que es eso. ¿Así es como los Om se volvieron sintientes y separados?

O: Esto fue sólo el comienzo. La calidad de las energías que son Om aseguró que su nivel de sintiencia aumentara a un ritmo rápido. Aparte de las energías que dieron lugar a las Energías Entidad Fuente/Om Híbridas, y mucho más tarde, otras entidades individualizadas creadas por las Fuentes para sus propias tareas evolutivas, todos los demás Om fueron capaces de detectarse mutuamente sin importar dónde se encontraban y dentro o fuera de qué Entidad Fuente son o formaban parte.

Los Om son, en general, pero específicamente en el caso de los Om puro, unidades individualizadas de mí. A medida que los Om se buscaban unos a otros, se dieron cuenta de que la interacción entre ellos aumentaba rápidamente el nivel de su sintiencia. Al mismo tiempo, también se dieron cuenta de que no todos eran iguales en cuanto a su masa y su capacidad para reubicarse. Al trabajar juntos y comprender lo que cada uno de ellos "era" desde una perspectiva energética y de sintiencia, se creó un alto nivel de camaradería en los Om. Durante esta interacción reconocieron lo especiales que eran todos en términos del proceso de no-creatividad que dio lugar a su creación. Se dieron cuenta de que eran pocos y les encantó estar en compañía de los demás. Se enamoraron de todos y cada uno de ellos y, como resultado, se convirtieron en un grupo de entidades amadas—de ahí el término "amado de los Om".

La capacidad de los Om para experimentar, aprender y evolucionar era y es una alegría para la vista. Tienen una capacidad de evolución sólo equiparable a la de una Entidad Fuente, y teniendo en cuenta que una Entidad Fuente es mucho más grande que un Om, ésta es la pieza de no-creación más maravillosa que he experimentado jamás.

Sin embargo, hay un problema con los Om, y es el siguiente. Son, a todas las intenciones y propósitos, yo, versiones individualizadas más pequeñas de mí, y como no fueron creadas para un propósito específico, tienen libre albedrío individualizado totalmente autónomo. Como son esencialmente yo, no puedo controlarlos ni lo hago. Hacen lo que quieren, donde quieren, porque no tienen un marco estructural en el que trabajar.

YO: ¿No tenían un marco estructural cuando sus energías eran inicialmente parte de las Entidades Fuente?

O: Sí, pero sólo lo retenían cuando eran mantenidos bajo mi intención. Tan pronto como se liberaron, quedaron libres de cualquier marco estructural o cualquier posibilidad de un marco estructural. Porque son yo, los Om puede manipular aquello que su sintiencia requisa o con lo que trabajan dentro, y presumiblemente fuera, de mi área de autoconciencia, siendo el Espacio Evento uno de esos aspectos de mi estructura que funciona dentro de mí.

YO: Esto me parece que los Om son totalmente independientes de tu sintiencia y no podrán existir dentro de esas áreas de tu autoconciencia que ahora son sintientes por derecho propio.

O: Correcto, y lo que es más, necesitarán moverse más allá de esta área actual de autoconciencia hacia la siguiente y nueva área, casi antes que yo para mantener su libertad, por así decirlo.

YO: ¿Serían absorbidos de nuevo por tu sintiencia total si no se movieran?

O: Sí y no. Sí, lo harían, pero no, no se integrarían completamente. De hecho, podrían convertirse en una irritación. Y esto, mi querido Om, es por lo que ahora mantengo una casa limpia, para que más Om, o entidades similares no se conviertan en no-creadas. Por mucho que las ame y agradezca el trabajo que hacen por su propia evolución y, por supuesto, por la mía, reconozco que son una anomalía, una anomalía que no puedo remover, o que de hecho querría remover, pero una anomalía al fin y al cabo.

Capítulo 30
Dispositivos Geométricos

DESDE HACE ALGUNOS AÑOS *he observado, junto con muchos otros, un aumento de la disponibilidad y el uso de dispositivos geométricos como ayuda para la meditación y la sanación. He observado con interés este desarrollo y he tenido una sensación de déjà vu y familiaridad. De hecho, todo me parece muy Atlante. Una de las cosas que he observado en estos dispositivos es que están incompletos, que carecen de componentes específicos o que tienen fugas de energía. Los componentes y la energía son necesarios para que el aparato funcione correctamente. Mientras estaba en comunicación con El Origen, y a pesar de que ésta es realmente una pregunta para la Entidad Fuente Uno, pensé que aprovecharía esta oportunidad un tanto egoísta para averiguar más sobre estos dispositivos, con vistas a satisfacer mi propia sed de clarificación y, con un poco de suerte, ayudar a las personas que los fabrican y compran. Otra cosa sería que hicieran caso de los consejos, porque había observado una respuesta "particular" de varias personas que vendían estos aparatos cuando les dije que tienen fugas de energía. ¡Pensaban que estaba loco! ¿Quién o quiénes son los locos? pensé con una sonrisa. ¿Por qué querría alguien vender productos disfuncionales? Con todo esto en mente, puse mi consciencia en el lugar donde debía estar para comunicarme con El Origen y esperé a que se comunicara conmigo. No tuve que esperar mucho.*

O: Tienes razón. Tienen fugas.
YO: ¡Esa es una respuesta rápida!
O: Más rápida que la velocidad del pensamiento.
YO: No me digas que la velocidad del pensamiento es muy lenta.
O: Claro que sí. Ya sabes que el pensamiento sigue a la intención y, por lo tanto, que el pensamiento debe ser más lento que la intención.
YO: Sí, por supuesto.

O: Bueno, yo también llegué a ti más rápido que la velocidad de la intención.

YO: Será mejor que no vayamos por ahí con esto.

El Origen me había interesado. ¿Qué es lo que supera la velocidad de la intención?

O: La omnisciencia es más rápida que la velocidad de la intención, y tienes razón, ahora no es el momento adecuado para hablar de la velocidad de nada. Querías preguntarme por los productos geométricos que se venden actualmente en todo el mundo, y te lo repito, sí, tienen fugas. Es más, la mayoría de ellos están mal hechos en el mejor de los casos, aunque puedan parecer bonitos.

YO: Bueno, me gustaría volver al principio de este tema si es posible, pero por alguna razón creo que la búsqueda de la información relativa a por qué tienen fugas sería mejor discutirla ahora. Podemos retomar el tema inmediatamente después. Entonces, ¿puedes darme una razón sencilla de por qué tienen fugas?

O: Están incompletos. ¿Qué te parece esa respuesta sencilla?

YO: Hoy estás de un humor juguetón.

O: Siempre lo estoy. ¿Acaso no inventé el humor?

YO: Supongo que sí.

O: Correcto. Ahora, sobre por qué tienen fugas. En primer lugar, te diré que estos dispositivos están utilizando las energías asociadas con la geometría sagrada. La forma geométrica representada en las frecuencias más bajas, lo que ves con tus ojos humanos, se relaciona con la función específica de esa energía en las frecuencias asociadas con el universo físico con el que están trabajando. Estas frecuencias están dentro de tus llamados niveles físicos, pero la mayoría aún no han sido descubiertas por ustedes.

La única forma geométrica de la que me gustaría hablar es la pirámide. Esto se debe a que está relacionada con el mayor de los dispositivos que se venden y con alguna arqueología a gran escala encontrada en la Tierra. Esta forma debe ser cerrada y plana/lisa. Esto siendo, debe tener una superficie con la que atraer las energías y sus frecuencias asociadas. El interior de la pirámide puede ser puro vacío, o puede ser sólido con áreas específicas de vacío que se utilizarán para recoger la energía y sus frecuencias. La energía se acumula en el punto de los loci energéticos representados por las dimensiones y la proporción de la geometría y el área representada por sus "lados". Sin estos "lados", la energía no tiene de dónde ser recolectada. Pensemos en una celda solar. El área de la superficie de la celda determina cuanto voltaje y corriente puede generar. Si se reduce la superficie, se reducen el voltaje y la corriente por consiguiente. Por lo tanto, una pirámide sin lados tiene una probabilidad casi nula de acumular la energía asociada a sus dimensiones exteriores. Dicho esto, han acertado en una cosa, esta es que las dimensiones y la proporción de los lados y el material base para fabricarlos. Sólo les falta rellenar los huecos, por así decirlo.

Leyendo tus memorias veo que algunas de estas pirámides también tienen otros dispositivos conectados a ellas, supuestamente en un intento de atraer otras energías.

YO: Sí, creo recordar que los tenían colgados en un punto determinado de la pirámide, junto con otros dispositivos que el usuario sujeta por separado con ambas manos.

O: Bueno. Algo de esto es tecnología que ha sido recordada de vidas pasadas, o más usualmente canalizada desde entidades encarnadas o desencarnadas de frecuencia superior que están tratando de ayudar a la humanidad a desarrollar dispositivos que puedan, así como las pirámides, aprovechar esas energías libres y sus frecuencias asociadas con las que los dispositivos están sintonizados para trabajar o atraer.

YO: ¿Te refieres a esos dispositivos basados en un cristal de cuarzo en forma de un hexágono rectangular con extremos puntiagudos y bobinas de cobre o plata enrolladas alrededor?

O: Sí, existen innumerables interpretaciones de los tamaños, formas y maneras de unir los cristales, las bobinas y los metales raros de la Tierra. Cada uno de ellos es específico para la atracción y amplificación/uso de una energía asociada a su geometría y dimensión.

YO: ¿Puedes darme un ejemplo de lo que son capaces de hacer? Quiero decir, algunos de ellos son supuestamente capaces de ayudar a "realizar viajes".

O: Sus funciones son tan diversas como sus formas y, por lo tanto, son difíciles de clasificar sin la geometría específica, las dimensiones y los componentes asociados. No obstante, te daré algunas descripciones de lo que pueden hacer, y quizá esto proporcione suficiente información.

Antes, sin embargo, te informaré sobre dónde y cuándo se han utilizado, esto siendo, las civilizaciones que las han empleado en su existencia cotidiana.

Desde la perspectiva de la humanidad se piensa que el uso y diseño de tecnología basada en cristales tiene un origen Atlante, pero no es así. Los Atlantes fueron la última civilización que utilizó los cristales de forma realmente industrial, por así decirlo. Eso no incluye el uso menor de cristales que la humanidad encarnada tiene hoy en día tanto en modalidades industriales así como de sanación.

Hubo otras dos civilizaciones que las utilizaron con gran efecto. La primera era una civilización que se llamaba a sí misma los Planerianos. La segunda fue la Gronak. Ambas precedieron a los Sumerios y a los Atlantes.

YO: Planerianos—suena un poco como un gusano llamado Planaria. Las planarias son asexuales.

O: ¡Suena como, pero no es la ortografía correcta y no eran gusanos!

YO: Espero que no.

O: Aunque hay vehículos encarnados que son como gusanos en el factor de la forma, y están bastante diversamente poblados alrededor del universo físico de la Entidad Fuente Uno. Pero este es otro tema.

Los Planerianos eran de una frecuencia mucho más alta que la del vehículo humano actual y estaban al menos a un nivel de frecuencia más alto que los Gronak. Desarrollaron el uso de la tecnología geométrica y cristalina para ayudar en la función del transporte de la consciencia fuera del vehículo físico. Debido a los niveles de frecuencia en los que se creó esta tecnología, no hay una forma real de describir su forma—aunque una forma de describirla sería como algo tangible pero holográfico en su naturaleza. Especializados en ejercicios a distancia, recorrieron los ambientes representados por las doce frecuencias del universo físico de la Entidad Fuente Uno—

expandiendo su experiencia, aprendizaje, contenido evolutivo y consciencia en el proceso. Utilizaron las diversas combinaciones de cristal y componentes para variar el posicionamiento frecuencial de su consciencia, permitiéndoles experimentar las subdivisiones en estas frecuencias y el contenido universal oculto entre ellas.

Utilizaron esta "tecnología" de la manera "correcta" y, como tal, comprendieron claramente mucho más sobre lo que ustedes llaman la realidad superior, subsecuentemente evolucionando rápidamente más allá de la necesidad de la existencia encarnada como resultado. Los Planerianos nunca volvieron a visitar la Tierra porque consideraban que ya les había enseñado lo suficiente y su principal motivación era buscar la progresión evolutiva inmediata antes que la reflexión.

Los Gronak eran lo que podríamos llamar una raza reptiliana. Principalmente desarrollaron un especialismo en tecnología macro y microgeométrica, utilizándola para la generación de energía para sus dispositivos ahorradores de trabajo. Comprendieron cómo utilizar el tamaño, la geometría y la dimensión en las combinaciones necesarias para apoyar la provisión de energía industrial/a gran escala y local, la provisión de energía individual—las pirámides representando un solo material "macro", versiones industriales que fueron diseñadas y desarrolladas para atraer y acumular energías de una sola frecuencia y de baja frecuencia. De hecho, eran particularmente expertos en el desarrollo de tecnología geométrica a pequeña "micro" escala que permitía al individuo llevar consigo todas sus necesidades de base energética. Si puedes imaginar que un individuo lleva el equivalente a un gran anillo de diamantes de una sola piedra y este anillo está conectado a un circuito de conversión que permite que la energía acumulada se utilice para cualquier dispositivo eléctrico que usas en tu vida encarnada cotidiana, incluyendo la capacidad de proporcionar toda la energía eléctrica necesaria para alimentar tu casa, verás lo poderosa que era esta microtecnología.

Aunque he utilizado el ejemplo de un gran anillo de diamantes, la geometría no necesitaba tecnología de "cristales". De hecho, prefirieron utilizar metales y sus aleaciones para crear tamaños, formas e interconectividad correctos. Piensa en la forma en que crearon estos dispositivos en términos de un circuito tridimensional impreso que estaba conectado a nivel atómico y subatómico.

Para construirlos se crearon muchos metales y aleaciones de minerales/metales diferentes. Cada metal individual, si se observara por sí solo como un componente individual, parecería ser una compleja red de geometría y la capacidad de conectar otra geometría de diferente contenido material con ella. Dentro de la geometría estaba la posición de los loci de la energía y la subsecuente generación de energía para cada uno de los componentes y la capacidad de combinar la energía acumulada de cada uno de estos loci. Las energías que creaban la potencia en los loci podían cosecharse individualmente o en porcentajes variables de cada una, creando energías híbridas de diferentes potencias resultantes. Finalmente, los Gronak se alejaron de la Tierra como oportunidad de encarnación, prefiriendo trabajar en frecuencias más altas asociadas con el universo físico. Cuando se marcharon, dejaron atrás ejemplos de esta tecnología, específicamente la tecnología geométrica a gran escala y la tecnología de cristales a pequeña escala que posteriormente heredó la raza que llamas los Atlantes. Se sabe que los Gronak visitan la Tierra con poca frecuencia.

YO: ¿Los Atlantes heredaron su tecnología?

O: Sí, pero la utilizaron para lo que podríamos llamar fines egoístas en lugar de para mejorar la civilización en su conjunto. Utilizaron la tecnología para sistemas generales de energía, transporte y modificación de su genoma con fines de estatus y moda. La manipulación del genoma es una de las principales razones del fallecimiento de la civilización Atlante, con la subsecuente caída del nivel frecuencial del vehículo humano encarnado. Como sabes, cuando cayó la civilización Atlante, la Tierra fue limpiada y se creó lo que se reconoce como Egipto. Aunque algunos de los dispositivos de tamaño macro fueron dejados atrás como evidencia arqueológica de una civilización anterior, los dispositivos de tamaño micro fueron removidos, o bien, destruidos debido a que eran demasiado potentes para que las utilice cualquier persona que no tenga el nivel correcto de pureza y frecuencia.

Esto nos lleva muy bien a conocer para qué servían algunas de las funciones de estos dispositivos. La mejor forma de describirlo es mediante una lista.

Las funciones de los dispositivos geométricos:

- Transmutación de materiales (cambio a nivel atómico y subatómico)
- Levitación
- Viaje frecuencial, tanto proyección de la forma física así como solamente de la consciencia
- Viajes físicos distintos de la levitación (como el viaje intra-sólido y el teletransporte)
- Manipulación genética
- Comunicación
- Amplificación de los llamados poderes psíquicos
- Sanación (reparación de huesos u órganos rotos)
- Mando y control de la maquinaria de ahorro de trabajo
- Mando y control de las condiciones meteorológicas
- Generación de gases
- Renovación de tierra
- Cómputo
- Atracción y acumulación de energías y su almacenamiento
- Atracción de energía libre—Un medio para asistir a la evolución y un medio de almacenamiento para el contenido evolutivo. (Esta es una función de una civilización muy evolucionada, como los Planerianos).
- Manifestación y creatividad
- Movimiento real de un cuerpo planetario

YO: La última función parece bastante asombrosa como función. ¿Alguna civilización ha utilizado realmente esta función?
O: Sí, muchas veces dentro de las frecuencias más altas del universo físico y obviamente más de una vez en las frecuencias más

bajas, específicamente cuando hubiera sido perjudicial dejar un planeta en una ubicación que significara que su utilidad terminara antes de tiempo. También se utilizó para mover uno a una ubicación donde pudiera ser más útil. Así es como la Tierra llegó a donde está ahora.

YO: ¿Qué quieres decir? ¿Se trasladó de otro lugar a su ubicación actual?

O: Sí, y también es la razón por la que el cuerpo planetario que ustedes llaman Luna fue movido a la posición en la que está ahora, para proteger a la Tierra y crear ciertas funciones mono-magnéticas, sub e intra magnéticas que permiten que la forma humana encarnada funcione.

YO: Esto es interesante. Apuesto a que esto podría ser el tema de un capítulo por sí solo.

O: Más bien de otro libro. Sigamos en nuestro camino.

YO: Vale, he visto que algunos están hechos de resina, esto es, resina con aspecto de cristal. ¿Tienen la misma funcionalidad, o esto las hace inútiles?

O: Sencillamente, son inútiles, diga lo que diga la gente. No podrían alcanzar la funcionalidad que proporcionan los materiales de base correctos. Y todos ellos están disponibles en la Tierra.

YO: ¿Y para qué serían útiles?

O: Joyas baratas pero caras en el mejor de los casos.

YO: Entonces no me compraré uno. ¿Eso incluye los dispositivos que usan resina para sujetar los componentes?

O: No, pueden funcionar y funcionan, siempre que los componentes cristalinos sean cristales reales y los demás componentes también sean materialmente puros.

YO: ¿Y estos funcionan o proporcionan las funciones que identificaste antes?

O: Sí. Lo importante para tener en cuenta aquí es que hay individuos encarnados en la Tierra en este momento que están siendo contactados por entidades, tanto encarnadas así como desencarnadas que son de una frecuencia más alta y están siendo educados en el diseño de algunos de estos dispositivos. Hay mucho que se deja fuera en la traducción, por así decirlo, debido a la forma en que la comunicación está siendo entregada (por lo general en los sueños o mientras el receptor está en meditación) pero la información empieza a ser más clara.

YO: ¿Qué quieres decir con más clara?

O: Los individuos encarnados que reciben la información están reconociendo errores de diseño, aunque de forma subconsciente, y están tomando la información que les está siendo enviada repetidamente, comprendiendo las diferencias entre lo que ellos recibieron frente a lo que ellos construyeron, haciendo las modificaciones para ajustarla. Finalmente llegarán al punto en el que el diseño y el dispositivo son idénticos y la funcionalidad del dispositivo será obvia.

YO: ¿Estás sugiriendo que habrá una respuesta física de algún tipo?

O: Sí, específicamente con aquellos que tienen una función física. Los que no tienen una función física tendrán una energía notable sobre ellos.

YO: ¿Y cuántos encarnados están siendo educados en esta tecnología?

O: Al menos dos mil en todo el mundo.

YO: Es un número grande y pequeño a la vez. Es pequeño debido a la población de la Tierra, pero grande por el potencial de estas personas para recibir esta información, supongo.

O: Sí. Se necesita un cierto tipo de persona que sea capaz de tomar la información que se le transmite y convertirla en un producto utilizable. Para que esta tecnología sea correcta se requiere de muchos receptores.

YO: ¿Y supongo que se necesita tanta gente para transmitir el mensaje?

O: Sí. Hay un fracaso masivo y una tasa de abandono con la educación de esta manera de la raza humana encarnada. ¿Recuerdas cuando Baird inventó la televisión?

YO: Bueno, yo no estaba encarnado personalmente en ese entonces, pero recuerdo los libros de historia diciendo que no era sólo Baird. Tanto Bell como Edison también tenían ideas.

O: Correcto. Todos recibieron la información por la vía intuitiva. Esto es, fueron educados subconscientemente sobre la tecnología y trabajaron en su desarrollo pensando que eran sus propias ideas. Lo que no se difundió es que un número de individuos encarnados, similares a aquellos que estaban siendo educados en la tecnología de la geometría sagrada, también estaban siendo educados en el desarrollo de la televisión y antes de eso el teléfono.

YO: Pero sólo se reconoce a muy pocas personas que trabajen y consigan desarrollar dispositivos "que funcionen".

O: Y sólo unos pocos serán reconocidos con el trabajo y el éxito en el desarrollo del "trabajo" de dispositivos geométricos sagrados también.

YO: ¿Qué hará que tengan éxito, éxito en el desarrollo de dispositivos que funcionen?

O: Estamina, receptividad y reconocimiento de haber tomado una decisión de diseño equivocada. Todo ello va unido a la capacidad de dar un paso atrás, analizar lo que han creado y potencialmente volver a empezar.

YO: ¿Cuándo veremos estos dispositivos en funcionamiento?

O: Algunas de las más benignas ya están en funcionamiento.

YO: ¿Por ejemplo?

O: Los que ayudan en estados de meditación. Incluso hay algunos capaces de afectar el clima local.

YO: ¿Cómo lo hacen?

O: Comprimiendo las energías que cruzan los límites entre el físico grueso inferior y el físico grueso superior.

YO: ¿Cómo comprimen las energías?

O: Al ser trasladadas de un lugar a otro.

YO: ¿Hay partes móviles?

O: No hay piezas móviles, sólo un conocimiento de cuales materiales ensamblar cuando tienen una forma y un tamaño determinados.

YO: ¿Cuándo estará disponible esta tecnología?

O: Cuando la humanidad encarnada este más abierta a esta tecnología, sea capaz de admitir que está intentando romper nueces a mazazos y, lo que es más importante, no busca ganar dinero con ella ni utilizarla para mandar y controlar a otros. El último comentario es importante, ya que es el signo de una sociedad madura.

YO: ¿Está sugiriendo que la humanidad encarnada aún no está lo suficientemente madura para esta tecnología?

O: Todavía no.

YO: ¿Cuándo será?

O: Cuando no necesite hacer la pregunta.

YO: ¡Touché!

    Me pareció que el tipo de dispositivos descritos por El Origen eran muy convincentes—su simplicidad potencial, frente a su funcionalidad, una razón por la que la humanidad encarnada debe investigarlos más a fondo. "¿Qué tan complicados pueden ser?" pensé. Mientras contemplaba el nivel de complicación, me invadió una imagen y un conocimiento, un conocimiento cósmico. No se trataba de la complejidad, sino de la interfaz de usuario. No hay más que ver la complejidad de los dispositivos electrónicos actuales para darse cuenta de que vamos en la dirección equivocada. Que estamos intentando crear un dispositivo que haga el trabajo por nosotros en lugar de que el dispositivo sea parte de nosotros haciendo el trabajo. Estos dispositivos geométricos, desarrollados con el antiguo conocimiento de la geometría sagrada, trabajaban con su usuario a un nivel energético. Había una interacción energética necesaria entre el usuario y el dispositivo para lograr el resultado deseado—que estaba en consonancia con las leyes naturales del universo y, en última instancia, del multiverso.

    Para lograr la funcionalidad correcta, estos dispositivos deben ser utilizados por una persona con una madurez significativa. Alguien que pueda trabajar con un corazón puro y en beneficio de los demás. Esta era la clave. Cuando nosotros, como humanidad encarnada, podamos trabajar con nuestro libre albedrío y comprometernos a que todo lo que hagamos sea, en última instancia, en beneficio de los demás de alguna manera, aunque nos beneficiemos a nosotros mismos, entonces tendremos acceso a esta tecnología.

    Hasta entonces, seguiremos avanzando por el camino de la complicación, de la comunicación y de la fabricación mecánica. Independientemente del nombre que demos a esta mecanización, como electrónica, hardware, software, informática, motivación basada en el aire, la tierra o el agua, telecomunicación, agricultura o investigación científica/médica, creamos dispositivos/máquinas para que lo hagan por nosotros en lugar de hacerlo con energía y nuestra intención, nuestra creatividad.

    Imaginemos una época en la que seamos capaces de crearlo todo utilizando las herramientas y los métodos energéticos adecuados y no intentando partir una nuez con un mazo. Piensa en lo fácil que *sería comprender la estructura del universo y del multiverso sin utilizar un Gran Colisionador de Hadrones. Podemos pensar que estamos avanzados tecnológicamente, pero energética y creativamente estamos muy atrasados.*

Capítulo 31
Comunicación con otros Om

ERA HORA DE SEGUIR ADELANTE. Más que eso, tenía una extraña sensación de deseo—el deseo de comunicarme con los de mi propia herencia energética, otros Om. Hacía mucho tiempo que no me comunicaba con otros Om. De hecho, aparte de una comunicación muy breve y reciente con Hum (febrero de 2014), la última vez que entablé un diálogo con los Om fue alrededor de 2007, hacia el final de la redacción de La historia de Dios.

Había algo que tenía que saber—algo que sólo podía llegar a comprender comunicándome con los Om como resultado de este diálogo con El Origen. Quería saber por qué encarné y por qué estoy trabajando dentro de las energías sintientes que son la Entidad Fuente Uno. No tuve que esperar mucho.

O: ¿Los reúno?
YO: ¿Pensaba que no tenías ningún control sobre los Om?
O: No lo tengo, pero siguen siendo un aspecto de mí y, como resultado, puedo emitir el deseo de comunicarme contigo.
YO: ¿No sería capaz de enviar yo mismo tal petición o deseo?
O: Sí, por supuesto. Inténtalo.

Lo hice y recibí una respuesta de lo más extraña.

OM: ¿Llamaste?

¡Sonaba casi como la voz de un mayordomo!. No es en absoluto como yo recordaba el acento.

YO: Sí, quería hacerte algunas preguntas. Y, ¿por qué ese acento extraño? Suenas como el mayordomo de la familia Addams.
OM: Tenemos que darte algo que nos diferencie del creador llamado El Origen.
YO: ¿Por qué llamas a El Origen "El Creador llamado 'El Origen'"?.

OM: Porque las Fuentes son creadoras, y nos referimos a los que crean como creadores. Un creador es una entidad que crea, ¿no es así?

YO: Sí, lo es.

OM: Y un creador se hace responsable de lo que crea.

YO: Sí, así es.

OM: Y así nos referimos a aquellos que crean y son responsables de sus creaciones como un creador. Piensa en ello como una profesión en la que te llamaríamos, en tu papel terrenal, el autor llamado Guy.

YO: Bueno, eso tiene sentido para mí.

O: ¿Ya se han reencontrado?

YO: No del todo. Quiero saber con quién de los Om estoy hablando.

OM: Nosotros... somos tu grupo de pares.

YO: ¿A qué te refieres con grupo de pares? ¿No somos todos Om?

OM: Sí, pero tú eres Om Puro y nosotros también, y por eso somos un grupo de pares para ti. Eres extraño en esta condición; ¡no eres "Todo" ahí!

YO: Gracias por eso. ¿Supongo que es una buena forma de decir que estoy limitado cuando encarno?

OM: Limitado es una palabra demasiado fina. Inexistente sería una mejor manera de decirlo. Por qué eliges encarnarte en una situación tan limitada está más allá incluso de nuestra comprensión.

YO: Bueno, creo que me hago una idea. Entonces, ¿cuántos de ustedes hay en mi grupo de pares?

OM: Hay cuatro, tú eres dos.

YO: Ahora estoy confundido. ¿Eso es igual a seis, cinco o uno? Hago esta pregunta porque estoy tratando de averiguar si ustedes se están contando a sí mismos como Verdadero Ser Energético Om o aspectos de un Verdadero Ser Energético Om, así que cuatro y dos es igual a dos (¡creo que se están refiriendo a Anne aquí como si yo fuera dos!). O, ¿son todos parte de mi Verdadero Ser Energético? En cuyo caso nosotros cinco más uno, creo que se están refiriendo a Anne como un aspecto de mi/nuestro Verdadero Ser Energético, es igual a uno, ¿y ese grupo de pares es una forma de decir Deidad?

OM: Juntos somos tanto uno y seis, o cuatro y dos, o incluso cinco.

YO: Esto empieza a ser muy confuso. Puedes hacerlo más sencillo para este pequeño y agotado cerebro, por favor?

OM: Juntos somos Om, somos uno. Individualmente somos cinco. Tú eres uno de cinco con dos aspectos. Los Om es el grupo de pares y tú eres amado de los Om.

YO: Tu energía me resulta familiar, como si nos hubiéramos conocido antes. No antes de encarnarme, sino durante mi encarnación.

OM: Estamos contigo; experimentamos lo que tú experimentas en su totalidad.

YO: ¿Experimentan lo que yo experimento ahora en mi estado encarnado, mi muy limitado estado encarnado?

OM: Eso es sólo un aspecto de lo que experimentamos acerca de ti cuando experimentas lo que experimentas. Queríamos asegurarnos de que permanecieras aquí durante mucho tiempo, así que hemos estado en comunión con tu Verdadero Ser Energético y nos hemos comunicado contigo en tus momentos más receptivos. Uno de esos momentos fue cuando te visitamos en lo que llamaste caminando en los sueños. Nos presentamos como seres humanos en tu mente y te dijimos que experimentaras la humanidad básica. Si hubieras continuado, habrías experimentado lo que experimentas ahora veinte años demasiado pronto. Esto habría sido aún más limitado debido a que tu vocabulario era mucho más bajo.

YO: ¿Así que ustedes cuatro son los hombres de túnica blanca que vi en mi mente cuando era adolescente?

OM: Nosotros somos esas imágenes.

YO: Bueno, estamos avanzando por fin. Díganme, ¿por qué yo estoy encarnado cuando ustedes no lo están?

OM: Te estás dando un capricho. Estás viendo si ser Om marca la diferencia en este ambiente de baja frecuencia.

YO: ¿Y hace alguna diferencia?

OM: Sí y no. Entraste en las mismas reglas, los mismos criterios en los que entran las otras entidades cuando están en este estado. La única ventaja es que te estás liberando de los criterios. De hecho, nunca has funcionado realmente dentro de los criterios; hemos tenido que ayudarte a enmascarar tus talentos, a hacerte olvidar. ¿No recuerdas cuánto interés perdiste cuando te visitamos?

YO: Ahora que lo pienso, parece que perdí el interés en la metafísica y la meditación de la noche a la mañana.

OM: Como Om, esta no es una condición natural para ti. Ni siquiera es natural para aquellas entidades creadas por el creador que llamas Entidad Fuente Uno que encarnan.

YO: ¿Entonces no son mis guías?

OM: No, no tienes guía. ¿Por qué necesitaría un Om un guía? Incluso cuando estás encarnado tienes a la vista tu función, tu propósito, aunque pueda parecer que estás basado en la Tierra. Ningún Om ha encarnado jamás más que aquellos aspectos de tu Verdadero Ser Energético, aquellos que son/eran Guy y Anne.

YO: Tengo que admitir que me parece bastante asombroso. Que ningún otro Om se haya encarnado es, bueno, ¡irreal!

OM: La necesidad de experimentar la encarnación no era algo con lo que estuviéramos de acuerdo. Pasamos algún tiempo contigo intentando persuadirte de que no encarnaras. Para nosotros no hay necesidad, no tiene sentido para nosotros.

YO: ¿Por qué no tiene sentido? ¡Habría pensado que al menos sería educativo!

OM: Nosotros somos Om, tú eres Om, nosotros somos Origen individualizado y por lo tanto estamos en contacto con El Origen todo el tiempo. Lo que El Origen experimenta, nosotros lo experimentamos, y eso incluye todo lo que experimenta cualquier otra Fuente y unidad individualizada de cualquier Fuente y por supuesto El Origen mismo.

YO: Espera, lo que estás sugiriendo aquí es que el Om es potencialmente más grande que El Origen.

OM: ¿Explica?

YO: Si estamos experimentando todo lo que El Origen, las Fuentes y las creaciones de las Fuentes están experimentando, eso pone al Om en la cima de la escalera experiencial, por así decirlo. Eso no puede estar bien, ¿verdad?

OM: Recuerda que las Fuentes también experimentan todo lo que cualquier otra Fuente experimenta y eso incluye sus creaciones y las creaciones de sus creaciones. Además, las Fuentes fueron educadas por El Origen al volverse autoconscientes, por lo que también tienen el mismo nivel de experiencia que El Origen. Todo es compartido, nada es separado, nada es verdaderamente individual. Por lo tanto, no tiene sentido que nosotros experimentemos la encarnación cuando tú, como Om, lo haces por ti mismo.

YO: Lo que estás diciendo entonces es que están experimentando todo lo que yo estoy experimentando mientras estoy encarnado, y por lo tanto, como resultado, no necesitan experimentar la encarnación de primera mano.

OM: Correcto.

YO: Y... por eso me dejaron encarnar.

OM: Esa fue la razón final, la racionalización, que fundamentó el argumento que TÚ nos propusiste, y es la única razón por la que capitulamos.

YO: ¡Qué! ¿Quieres decir que la única razón por la que estoy encarnado ahora es porque conseguí persuadirlos, a todos ustedes, de que se beneficiarían de alguna manera?

OM: Sí. Podríamos haberte detenido, sobrepasarte, pero tu argumento era tan convincente que decidimos dejarte ir.

YO: Bueno, entonces, ¿cuántas encarnaciones he encarnado, esto es, este aspecto de mi Verdadero Ser Energético?

OM: Es el mismo número que se te ha dado antes. Esto siendo, es el mismo número de encarnaciones que tú, como aspecto encarnado de tu Verdadero Ser Energético, has experimentado No cuenta aquellas encarnaciones que el otro aspecto, lo que podrías llamar el "aspecto Anne" ha experimentado.

YO: Bueno, aquí hay otra pregunta para ustedes. ¿Cuántas veces ha encarnado el aspecto Anne?

OM: Más veces que tú. Tiene más experiencia que tú en interactuar con los encarnados que no son amados de los Om.

YO: Mmmm, siempre pensé que Anne era más evolucionada que yo.

OM: El aspecto Anne no está más evolucionado porque el aspecto Anne eres tú, un aspecto de tu Verdadero Ser Energético, así que las experiencias que el aspecto Anne tiene/tuvo son tuyas también. Recuerda, nada es individualizado, todo es compartido.

YO: Gracias. Aprecio el hecho de que me permitieran encarnar porque fue de beneficio para todos ustedes así como para mí.

OM: No fue un hecho; acabó siendo una decisión lógica. Básicamente, decidimos que no tendríamos que experimentar tales dificultades porque tú lo estabas haciendo por nosotros. Reconocimos que nos estabas prestando un servicio importante al encarnar de la forma en que lo haces. Estás negando la necesidad, o incluso el deseo de cualquier Om, eso es un Verdadero Om, de embarcarse en las restricciones creadas por estar encarnado.

YO: Espera, ¿estás diciendo que ningún Om, que es cualquier Verdadero Om, ha proyectado un aspecto de su Verdadero Ser Energético en un vehículo encarnado?

OM: No.

YO: ¿De cualquier tipo?

OM: No.

YO: ¿En cualquier ambiente de cualquier Fuente?

OM: No.

YO: Increíble. Quiero decir, realmente increíble. Me cuesta creer que yo, que soy este Verdadero Ser Energético, sea el único Verdadero Om que ha proyectado un aspecto de sí mismo en lo encarnado—en cualquier momento.

OM: Usando tus propias palabras, más te vale creerlo. Y de nuevo, usando tus propias palabras, ¡creemos que estás loco!

YO: Gracias por ese voto de confianza.

OM: Y, en última instancia, gracias por proporcionarnos un argumento tangible para que te dejáramos hacerlo.

YO: ¿Podían haberme detenido entonces?

OM: Por supuesto. Trabajamos para la mejora de los Om, no para la indulgencia del individuo. Vimos lo que estás haciendo como una oportunidad para el beneficio tanto del individuo así como de los Om, y por eso acordamos permitirte continuar.

YO: De nuevo, pregunto, ¿podrían haberme detenido?

OM: En última instancia, no, pero habríamos sugerido que era una locura embarcarse en un nivel tan bajo de existencia sólo por la "experiencia" de estar en un nivel de frecuencia tan baja. Piénsalo en estos términos terrenales: en términos de querer ser colocado en un baño de hielo e ir a dormir en ese baño de hielo, y luego despertar después de estar dormido en ese baño de hielo, con poco conocimiento o experiencia que obtener de tal experiencia. Para nosotros y, de hecho, para cualquier otra entidad, así es cuando una entidad se embarca en la necesidad de encarnar.

YO: Eso me parecería que no tiene sentido.

OM: Sí, y es por eso por lo que vemos lo que es la existencia encarnada. Desde nuestra perspectiva, estar encarnado es lo mismo que bañarse en una bañera de agua helada y luego quedarse dormido. Experimentas la inmersión y luego olvidas que estuviste ahí—hasta que eres provocado a recordar.

YO: ¿Qué quieren decir con "provocado a recordar"?

OM: Nosotros, o en el caso de otras entidades guía tu guía y ayudantes, causaríamos, o haríamos, que recordaras lo que experimentaste.

YO: ¡Así que me/nos despiertan (esto es, los guías de otros encarnados y ustedes, en mi caso)!

OM: Para ir al grano, sí. Y así recuerdas quién y qué eres y qué has experimentado.

Capítulo 32
Por Que Estoy Alineado a la Entidad Fuente Uno—¡Nuestro Dios!

YO: Bueno, he sido indulgente en este diálogo hasta ahora, como puedo imaginar han estado bailando conmigo.

OM: ¡En efecto este ha sido un juego de baile! Nos gusta bailar.

YO: Sí, lo entiendo. Lo que me gustaría saber es por qué me alineé con la Entidad Fuente que llamo "Uno".

OM: Sencillamente tú, o deberíamos decir, tus energías, aquellas energías que portaban tu sintiencia, tu herencia de los Doce Orígenes, formaban parte de aquellas energías que se utilizaron en la creación de las Entidades Fuente. En tu caso, tus energías se mezclaron con las que se asignaron para crear la entidad creativa latente y subsecuentemente activa que llamas Entidad Fuente Uno.

YO: ¿Estás diciendo que mi asociación con la Entidad Fuente Uno es el resultado de que mis energías forman parte de las que fueron asignadas para ser la propia Entidad Fuente Uno y que yo fui la energía expulsada de su creación, de ahí la asociación?

OM: Si, exactamente. Todos estamos en la existencia como resultado de este mismo proceso no-creativo. No fuimos creados. Fuimos creados como resultado del error en la creación. Somos no-creados, somos Om, somos la resonancia de El Origen.

YO: Entonces, ¿por qué eso crea la asociación con la Entidad Fuente Uno?

OM: Sencillamente, decidiste experimentar lo que podrías haber experimentado si hubieras sido una entidad creada por la Entidad Fuente Uno y no un Om.

YO: Asumiendo que mis energías estaban mezcladas y por lo tanto totalmente integradas con la Entidad Fuente Uno.

OM: Sí—de ahí que te sientas atraído por la Entidad Fuente Uno y trabajes en su ambiente, al que llamas multiverso. Simplemente querías ver cómo sería ser una de esas entidades creadas por la

Entidad Fuente Uno y trabajar dentro de su ambiente para la progresión evolutiva. Con esto en mente, te dejamos ir. Sabíamos que una vez que tuviéramos a uno de nosotros que quisieran experimentar los niveles más bajos de frecuencia, en cualquier ambiente creado por cualquier Entidad Fuente, seríamos capaces de extrapolar la experiencia que nosotros mismos habríamos tenido a partir de las experiencias que tú estabas teniendo. Esto siendo, cualquiera de los aspectos o esquirlas proyectados por tu Verdadero Ser Energético y/o aspecto.

YO: Así que mi argumento no dio ningún fruto real. Operaron de forma egoísta. Esto siendo, ¡si yo encarnara ninguno de ustedes tendría que hacerlo!

OM: Eras consciente de ello e hiciste el primer movimiento, y estamos contentos y agradecidos de que lo hicieras. Verás, aunque no has tenido muchas encarnaciones, has acumulado mucha experiencia. Es cierto que nunca has sido líder mundial ni director general de una gran empresa, pero lo que has hecho en cada encarnación es experimentar lo que te habría llevado dos, tres o cuatro vidas en serie. ¿No recuerdas haberle dicho a Anne que sentías como si estuvieras experimentando dos o tres vidas a la vez?

YO: Sí, así es. Pensé que era más una afirmación metafórica que una realidad.

OM: Es una realidad. Es más, estaba planeado.

YO: ¿Qué quieren decir?

OM: Has bromeado muchas veces diciendo que no volverás y que ésta es tu última vida.

YO: Sí, supongo que sí.

OM: Bueno, es verdad. Te hemos guiado para asegurarnos de que cumplías las tareas y compromisos personales con los que querías trabajar y completar. No hemos sido tus guías, sino más bien una luz orientadora y una fuente de inspiración. Llámanos tu intuición externa.

YO: ¿Esta es mi última encarnación entonces?

OM: Sí, cuando ambos, esto es, ambos aspectos de tu Verdadero Ser Energético que están/estaban encarnados, se reintegren volverán a ser amados de los Om.

El Origen Habla

YO: Mmmm, ¿qué sentido tenía que estuviera aquí entonces?

OM: Experimentar lo que experimentan las entidades que encarnan dentro de la Entidad Fuente Uno. Y... para ayudar de alguna manera.

YO: Y esa ayuda es exponiendo a los encarnados a ideas y conceptos que están más allá de donde la mayoría de ellos están ahora, expandiendo sus límites mentales.

OM: Sí. Este es el propósito de esta encarnación y la razón por la que dos aspectos se encarnaron a la vez en el mismo lugar, y no sólo eso, en una relación de trabajo.

Empezaba a sentir que este diálogo se acercaba rápidamente a su fin y decidí hacer una última pregunta, aunque pertinente. De hecho, pude hacer un par más.

YO: ¿Por qué siempre he tenido la sensación de que estaba con la entidad llamada Jesús, que podría haber estado con él, o haberle seguido?

OM: Observaste lo que ello/él hacía y quisiste comprender cómo podrías alcanzar un impacto similar en lo que se consideraría un ambiente moderno.

YO: Es evidente que he fracasado. Nunca podría lograr lo que Jesús, Buda, Mahoma, Babaji, Yogananda o cualquier otro líder espiritual ha logrado. No es que lo espere, porque eso sería egoísta.

OM: Aún no has terminado. Es más, no estás tratando de cumplir lo que ellos lograron. Estás trabajando en un plan completamente diferente, uno que está diseñado para hacer que la humanidad encarnada piense en lugar de seguir. El seguimiento depende de que el líder esté ahí. Esto crea dependencia del líder, entregando tu proceso de toma de decisiones, tu progreso, al líder, limitándote, eliminando la capacidad de progresar más allá del líder. En este caso, el líder se nutre de la dependencia, tanto cuando están encarnados así como desencarnados. El pensamiento hace que el pensador resuelva las cosas por sí mismo, pero sólo una vez que se le han dado las herramientas y se le ha enseñado a utilizarlas de forma hábil. Pero estas herramientas sólo pueden ser dadas por un maestro, uno que no esté consumido por los efectos egoístas de otros que dependen de él. Uno que sea capaz de trabajar con sus estudiantes y elevarlos hasta el punto en que puedan progresar más allá de las enseñanzas del maestro y progresar en el arte, convirtiéndose ellos mismos en maestros, el maestro siendo de servicio en esta manera sin miedo a la sucesión—si, por supuesto, así lo desean.

Recuerda que tú eres nosotros y nosotros somos tú y tú eres amado de los Om. Estás corriendo un maratón y no un sprint. Te queda mucho "tiempo" en esta última encarnación tuya. Usa este tiempo sabiamente, usa este tiempo productivamente, usa este tiempo para disfrutar de tu ambiente y de aquellos con los que trabajas porque este es un tiempo especial, uno que pasará más rápido de lo que piensas. Y... te ayudará ese otro aspecto que encarnó contigo, la que conociste como tu esposa, Anne.

Te dejamos ahora.

YO: Esperen un momento. Pensé que habría más en este diálogo—que obtendría un conocimiento significativo adicional de los Om y de mi razón para encarnar.

OM: Más información sólo trataría de nublar tu visión. Te haría pensar demasiado y no te permitiría seguir adelante con tu "trabajo Terrenal". Por lo tanto, esta información es mejor dejarla en paz hasta que te reintegres con tu Verdadero Ser Energético. Esta es la razón por la que naciste con las limitaciones de la humanidad energética cuando estás encarnado. Tienes que trabajar con ellos de la misma manera. Tienes que integrarte, liberarte del ego y del karma.

No sería rentable discutir cualquier otra información sobre los Om porque la información caería en terreno pedregoso. Todo tiene su evento y su lugar, y no sería óptimo divulgar más información sobre los Om ahora mismo. Basta decir que habrá un diálogo extendido que se centrará únicamente en los Om más adelante en tu existencia encarnada, uno que creará lo que tú llamas un libro.

Ahora nos vamos, porque tienes trabajo que hacer. Has planeado mucho, y aunque ya has pasado las expectativas de esta existencia encarnada, has recalibrado y has decidido maximizar tu Espacio Evento aquí.

El Origen Habla

YO: Pero quería saber más de ustedes, de mi grupo de pares, cuál es mi relación con ustedes. Yo... ¡me siento desheredado!

OM: Nunca serás desheredado y por lo tanto nunca debes sentirte como tal. Has de saber que, adquirirás más acceso a nosotros cuando sea pertinente, SABRÁS MÁS sobre ti mismo. Incluso sabrás lo que has logrado en esta frecuencia más allá de esta encarnación.

YO: Bien, entiendo. Me gustaría hacer una última pregunta antes de que me dejen a mí y a este diálogo. ¿Por qué decidí entrar en el ciclo encarnado, cuando el resto de los Om Puro no lo ha hecho?

OM: Como hemos dicho antes en este diálogo, estabas interesado en el trabajo de aquellas creaciones de la Entidad Fuente de las que fuiste apartado. Ahora estás en un patrón de pensamiento circular y necesitas descansar. Te dejamos y esperamos tu reintegración con tu Verdadero Ser Energético y con nosotros. Amado de los Om, has de saber que eres amado.

Y así se cortó el vínculo. Durante unos instantes pensé en la perspectiva de otro título de libro. Sabía que tenía otros cuatro en proyecto, pero uno específicamente dedicado a dialogar con los Om salió de improviso. ¿Cuándo podré jubilarme? "Nunca lo harás en esta encarnación", fueron las palabras que rebotaron en mi cabeza. ¿Ésta iba a ser la última comunicación con los Om hasta ese diálogo dedicado? pensé. "Tal vez" fue la respuesta. Y entonces me dieron el nombre del libro dedicado al diálogo con los Om. Se llamaría, como era de esperar, Los Om—Diálogos con los Increados.

Me recliné y sonreí. ¡Al menos no me aburriré!

Capítulo 33
Comunicación Conjunta Con Todas las EFs y O

AL COMENZAR ESTE LIBRO, *me di cuenta de que me estaban observando—de que las demás Entidades Fuente estaban reunidas a mi alrededor mientras yo establecía y me comprometía a mantener un diálogo prolongado con El Origen. Al principio no me afectó la importancia de lo que estaba notando. De hecho, no significaba nada para mí. Sólo ahora, cuando miro hacia atrás y me refiero a algunos de los diálogos más recientes que he experimentado con El Origen, me siento atraído por una mayor comprensión de lo que estaba sucediendo.*

Mi reciente diálogo con El Origen me reveló que las Entidades Fuente no se mueven de su ubicación. Esto es, hasta que tanto ellas así como sus creaciones hayan experimentado todas las oportunidades que les ofrece el ambiente con el que están trabajando actualmente y dentro del cual se encuentran, como resultado de su ubicación dentro del área o volumen de autoconciencia de El Origen. Esto siendo, sólo se mueven cuando ellas y sus creaciones han experimentado todo lo que ese ambiente puede ofrecer. Sólo entonces se trasladan a un nuevo lugar para repetir el trabajo que están haciendo de una manera similar, igual o diferente—esa manera relativa a las diferencias experimentadas en las energías específicas de su nueva ubicación. Pero aquí estaban, moviéndose, posicionándose alrededor de ese aspecto de mi sintiencia, inicialmente proyectado en un vehículo encarnado, que ahora se proyecta más allá de las limitaciones de ese vehículo y de las limitaciones de la Entidad Fuente con la que está alineado. ¿Cómo lo hicieron? ¿Cuál era su significado? ¿Y por qué lo hacían?

O: Se estaban acercando lo suficiente como para poder observar tu comunicación conmigo y comunicarse contigo mientras estaban todas "juntas".

YO: ¿Pero no han negado el trabajo que estaban haciendo dentro de las energías de la ubicación de tu área de autoconciencia con la que estaban trabajando?

O: No, se lo llevaron con ellas.

YO: ¿Qué quieres decir?

O: Actuaron como un globo. Tomaron esa parte de mí con la que están trabajando y la reubicaron donde están ahora, rodeándote.

YO: ¿Y qué pasó con el área donde estaban las energías?

O: El vacío que quedó fue rellenado por las energías circundantes al desplazar las energías que contenían sus partículas de su ubicación original a su nueva ubicación. Considéralo como el desplazamiento de un submarino bajo el mar. El agua desplazada por el submarino rellena el vacío dejado atrás por el submarino. Sucede instantáneamente y en completa armonía. En cuanto al significado, simplemente están interesadas en lo que vas a discutir mientras observan cómo estás logrando lo que estás haciendo.

YO: ¿Y la razón de que me observen es?

O: Que esto, lo que estás haciendo, no sucede—muy seguido.

YO: Así que ya ha sucedido antes. ¿Otra u otras entidades han hecho lo que yo estoy haciendo ahora?

O: Sí, sólo otra. Y antes de que preguntes, no formaba parte de tu grupo de pares.

YO: Bueno, no preguntaré.

O: El fin está cerca.

YO: ¿Qué?

O: Estamos llegando al final de este diálogo.

YO: Eso pensé.

O: Mencioné el final de este diálogo—esto es, entre tú y yo. Las Entidades Fuente desean comunicarse contigo colectivamente.

YO: ¿Por qué?

O: Porque esta es la segunda vez que han estado juntas en interacción conjunta en este ciclo de progresión. Recuerda que este es sólo el tercer ciclo y por lo tanto sólo la cuarta vez que han estado realmente juntas, descontando la interacción de la Entidad Fuente Doce, es decir. Tú les has dado una razón para volver a estar juntas. Eres un hilo conductor que hace que quieran estar juntas en este ciclo.

YO: ¡No hubiera pensado que mi interacción individual con ellas durante los últimos tres años hubieran sido motivo para hacer los cambios de ubicación que han hecho para poder estar "cerca" de mí al hablar contigo!

O: Bueno, lo es, y eso es porque eres novedoso.

EF1: Eres novedoso, tú eres Om. No sólo eso, eres Om que ha elegido encarnarse.

YO: ¿Pero es esa una razón para la atención que me prestan?

EF6: No en sí misma, pero el hecho de que te hayas liberado de las restricciones del vehículo encarnado que has elegido utilizar en la más baja de las frecuencias bajas y comunicarte con nosotros, nosotras que estamos más allá de tu asociación con la Entidad Fuente Uno, es interesante.

YO: ¿Por qué?

EF3: Porque incluso como Om encarnado tienes que seguir las reglas y restricciones de aquellos que eligen entrar en el ciclo encarnado creado por las entidades más altamente evolucionadas dentro de la Entidad Fuente Uno.

YO: Y supongo que porque soy disidente, un radical libre, por así decirlo.

EF7: Por supuesto. Por eso eres tan novedoso.

YO: Bueno, basta de hablar de mí y justificar por qué han movido su ubicación para estar cerca de mí en mi diálogo con El Origen.

EF4: No, esto no es suficiente. Lo estamos gozando. Es una delicia ver lo que estás haciendo.

YO: ¿Qué quieres decir, que estoy haciendo? ¿Estás hablando de este diálogo o de mi capacidad para moverme fuera de las restricciones de la Entidad Fuente Uno?

EF5: Tu deseo de enseñar a otros a proyectar su consciencia más allá de las limitaciones de su vehículo físico. Les ayudas, eres su catalizador.

YO: Simplemente les enseño una forma de enfocarse. Les enseño una dirección diferente en la que mirar y con la que trabajar.

EF8: Sí, pero no podrían hacerlo sin ti.

EF2: No hay más que ver la cantidad de estudiantes que se sorprenden de lo que pueden llegar a alcanzar.

EF10: Sí, no tienen ni idea de que tenían esta capacidad antes de que tú les mostraras el camino.

YO: Mmmm.

EF9: Puedes "Mmmm" todo lo que quieras. Estás a punto de iniciar un cambio de paradigma en la consciencia de este planeta tuyo.

YO: Son sólo unos cientos y bastantes nunca llegan al nivel más importante.

EF7: Puede que sí, pero la energía está ahí fuera. Más personas se sentirán atraídas y más personas querrán llegar al tercer nivel. (De mis talleres de Atravesando las Frecuencias. GSN.)

EF1: Y la progresión evolutiva asociada a ella.

YO: Un momento; me están hablando todas como si fueran una sola entidad.

EF11 (colectivamente como uno solo): Eso es porque lo somos. Todas hemos comulgado y ahora somos uno en la recepción y absorción de la información discutida en este diálogo.

YO: Sé que me he comunicado con todas ustedes por separado en el pasado, y realmente me he sentido honrado por la oportunidad que se me ha presentado de difundir la información que todas han dado a la humanidad encarnada.

EF1: Es un placer servir de esta manera.

EF2: Es importante que en esta coyuntura de la existencia de la humanidad encarnada se exponga a una realidad superior de la que actualmente es consciente y con la que trabaja.

EF3: Eso es correcto. La humanidad encarnada es susceptible a avanzar ahora y está adelantando. Desafortunadamente se están moviendo de una manera inaceptable.

YO: ¿Qué quieres decir con inaceptable?

EF9: La mayor parte de lo que la humanidad encarnada está trabajando se basa en una dirección preferencial. Esto siendo, detalles mal informados que se difunden como absolutos.

YO: Entonces, ¿cómo trabajamos con los absolutos?

EF4: Discerniendo, trabajando con un punto de vista objetivo, buscando lo que hay de común en múltiples difusiones.

YO: A la mayoría de la gente le llevará más tiempo de lo que tienen de paciencia.

EF6: Entonces hay una necesidad de difundir la verdad desnuda, la verdad sin adornos, como dices.

YO: Pensé que eso estaba intentando. También creo que muchos otros están haciendo lo mismo.

EF7: Sí, lo están, pero hay una tendencia difundir sólo lo que se prefiere, y lo preferido puede ser embellecido para ajustarse a la personalidad. Entonces se convierte en desinformación porque ya no refleja la verdad desnuda.

YO: De acuerdo, es la verdad desnuda. Entonces, ¿qué es lo mejor que se puede aconsejar ahora a los lectores?

EF5: Recuérdales lo que realmente son—una entidad multifacética.

YO: Supongo que muchos de los lectores de este libro ya están conscientes de ello.

EF11 (colectivamente como uno solo): Nos atrevemos a decir que muchos de ellos lo están, pero incluso los que sí lo están pueden estar interesados en conocer detalles adicionales de los que se están discutiendo en estos textos.

YO: Bien. Soy todo oídos.

Me preguntaba qué más desconocíamos sobre la funcionalidad del Verdadero Ser Energético.

O: La oportunidad de vivir experiencias paralelas es, desde la perspectiva de la humanidad encarnada, inconmensurable.

YO: Yo/nosotros ya conocemos las oportunidades que se nos presentan como resultado de la capacidad del Verdadero Ser Energético para proyectar doce aspectos en diferentes ambientes universales o basados en frecuencias. También conozco/conocemos la oportunidad que se le presenta al Verdadero Ser Energético como resultado de la capacidad del aspecto de proyectar doce esquirlas en cualquier ambiente en el que se proyecta el aspecto. Todo esto significa que el Verdadero Ser Energético puede experimentar hasta ciento cuarenta y cuatro existencias separadas concurrentemente, si no incluimos las condiciones paralelas creadas por la interacción del Espacio Evento.

EF10: Esta es la información que falta. Los eventos del Espacio Evento son registrados por el Verdadero Ser Energético, así como aquellos experimentados en lo que llamaré espacio secuencial.

YO: Quieres decir que el Verdadero Ser Energético no sólo experimenta y registra las existencias simultáneas expresadas por los aspectos y esquirlas, sino que también registra las experiencias de las condiciones paralelas expresadas por las experiencias basadas en el Espacio Evento.

EF12: Por supuesto.

Me quedé atónito por un momento. No esperaba que la Entidad Fuente Doce participara. Se suponía que estaba fuera del área de autoconciencia de El Origen. Respondí aceptando y luego decidí preguntarle por qué estaba teniendo un diálogo con ella.

YO: ¿Cómo registra toda esa miríada de experiencias?

EF12: Requisa un Espacio Evento que es relativo a un aspecto de sí mismo en el que no hay cambios importantes, o está estático en su productividad—se le puede llamar un callejón sin salida evolutivo—y los almacena dentro de ese aspecto.

YO: ¿Entonces el Verdadero Ser Energético no es capaz de almacenar todos los eventos?

EF4: No. El Verdadero Ser Energético sólo almacena los productos de la evolución principal, no los callejones sin salida evolutivos. Sin embargo, una vez que esa parte del Espacio Evento que se identifica como sin salida evolutiva "no productivo" se asigna como depósito de experiencias paralelas, no puede ser destruido o racionalizado de nuevo en el camino evolutivo principal.

YO: A falta de una palabra mejor, ¿entonces se convierte en un vertedero de memoria experiencial para la entidad requisante?

EF12: Sí, y así es como el Verdadero Ser Energético almacena las experiencias paralelas.

YO: Y hace referencia a ellas.

EF12: Sí, de forma habitual.

YO: No era consciente de que el Verdadero Ser Energético tuviera tantos recursos desde esta perspectiva.

EF9: Hay mucho, mucho más por venir acerca de las habilidades del Verdadero Ser Energético en tu próxima serie de diálogos.

YO: Lo siento, a todas, pero tengo que preguntar a la Entidad Fuente Doce cómo y por qué está aquí cuando yo creía completamente que estaba fuera del área de autoconciencia de El Origen.

EF12: Está claro que no todo yo está fuera del área de autoconciencia de El Origen.

YO: ¿Cuánto hay aquí?

EF12: Una sola unidad de disección.

YO: ¿Y eso es?

EF12: Lo suficiente para mantener una presencia significativa en este sector de El Origen, lo suficiente para proyectar un aspecto de mi sintiencia en él sin distraer al resto de mí de mi tarea de mapear el perímetro externo inmediato del área de autoconciencia de El Origen.

EF1: Y ahora que todas te hemos hablado de nuevo y hemos presentado información adicional sobre lo que es realmente la humanidad encarnada, es hora de que pases a la siguiente serie de diálogos. Creo que ya sabes de qué se trata.

YO: Sí, lo sé. Fue como si me saltara a la cara y me diera una bofetada.

O: Así fue, digamos, una incorporación no anunciada a tu portafolio.

YO: ¿Por qué no se anunció?

Todas las EF y O juntos: Creemos que sabes por qué. Saberlo antes habría sido una gran distracción. Ahora que hemos terminado este diálogo puedes empezar sin distracción y con conocimiento pleno.

Y con ello se disolvió el vínculo con todas las Entidades Fuente y El Origen. Me sentí solo por primera vez en años.

Epílogo

No voy a decir en qué parte del mundo me encontraba cuando terminé este libro. Basta decir que estaba a una distancia considerable de mi hogar en el Reino Unido y "en tránsito". Estaba rodeado de otros miles de encarnados que también estaban en tránsito y, sin embargo, rodeado por esos miles me sentía como el último hombre sobre la Tierra.

Llevaba comunicándome con El Origen semana tras semana desde agosto de 2012 y este repentino y abrupto cese de comunicación, a pesar de que me lo habían advertido, fue un trago amargo. Basta decir que hay un cierto placer cuando sabes que el diálogo que iniciaste con una sola palabra es ahora numeroso y está completo. Hay una cierta alegría al saber que éste está terminado y que ahora está listo para la corrección y la edición. Afortunadamente, cuento con una ayuda excelente en este campo. Ellos saben quiénes son, y les agradezco profundamente el servicio que me prestan de todo corazón. Todos son grandes amigos.

La información que El Origen ha compartido conmigo a lo largo de los últimos diecinueve o veinte meses ha sido difícil de manejar y de expresar con palabras. También ha sido el conjunto de diálogos más gratificante que he mantenido hasta la fecha. La información es una extensión nueva y única de la que he difundido en mis diálogos anteriores, y por ello me siento agradecido y humilde.

Me siento aquí, compartiendo mi escritorio temporal con desconocidos de todo el mundo, sabiendo que en última instancia todos son uno, todos parte de la Fuente (y por lo tanto, en última instancia, El Origen), todos esforzándose por progresar desde una perspectiva evolutiva. Al sentir ese estado de unidad subyacente, también sentí comunión con ellos. Me invadió una sensación de profunda alegría. Estas personas, estos aspectos de su Verdadero Ser Energético, pensé, algún día van a ascender más allá de la necesidad de encarnarse, y los diálogos que he tenido hasta la fecha bien pueden desempeñar un pequeño papel en esa ascensión.

Por alguna razón me sentía muy emocional. ¿Era que este conocimiento era cierto, un reflejo correcto de un Espacio Evento futuro, y lo que estaba sintiendo era la alegría de un nivel global de éxito? Lo era, pero había algo más, otra presencia estaba a mi lado.

A: Vamos, es hora de volver a trabajar conmigo. Tenemos mucho que hacer y poco tiempo.

Era la energía de mi querida y ahora energética esposa, Anne. Me invadió una profunda alegría—la alegría de volver a trabajar con ella. Las emociones asociadas a esa alegría eran increíbles.

Guy Steven Needler
4 de marzo de 2014

Glosario

Las siguientes definiciones fueron tomadas del último glosario de términos y léxico de Guy Needler, el cual es relevante para todos sus libros.

Al timón—El "timón" es un término náutico para referirse al control de la dirección de una embarcación y, por lo tanto, de su dirección de desplazamiento.

Aspecto—Un Aspecto es una parte más pequeña de la VSE que se utiliza para experimentar el detalle minúsculo de los entornos dentro del multiverso. Se utiliza para experimentar las frecuencias más bajas del multiverso presentadas por el universo físico a través del proceso de encarnación. El VSE puede proyectar un máximo de doce aspectos a la vez.

Billenio—Múltiplo de un millón (un milenio es un millar).

Bola curva—Forma de decir que alguien responde a una pregunta con otra pregunta, o simplemente pone algo en medio para no responder a la pregunta.

Brochado, Brochar (del inglés Broaching, Broach, usado sólo en la versión en inglés)*—Término de ingeniería que designa un proceso utilizado para abrir un orificio, de forma definida, en un componente metálico de algún tipo cuando no se puede utilizar la erosión por chispa o el fresado. En el uso de la lengua inglesa, se utiliza como descriptor para "abrir" una discusión sobre un tema nuevo o existente.

Cayendo en el barbecho (Caer en el barbecho)—Término agrícola antiguo para referirse a cuando se utilizaba el sistema de tres campos en los siglos XVI al XIX, etc., en el Reino Unido. Permitía que un campo de cada tres se recuperara cada tres años para permitir mejores cosechas en los otros dos años. El barbecho se utilizaba para describir la falta de cosecha de ese campo. El barbecho decreciente se utilizaba para describir la falta de cosechas si se sembraban semillas, lo que indicaba que el campo o la tierra en cuestión necesitaba un año "en barbecho" para recuperarse.

Continuum—Continuum o continuo es un cuerpo o ambiente que puede subdividirse continuamente en elementos infinitesimales cuyas propiedades son las del grueso del cuerpo o material ambiental. La materia (los elementos) del cuerpo o del entorno están continuamente distribuidos y llenan toda la región del espacio que ocupan. Fuente: http://en.wikipedia.org/wiki/Continuum_mechanics.

Cuadrulístico—Condición en la que existen cuatro realidades concurrentemente debido a la posibilidad de que se creen realidades alternativas cuando una elección de cuatro direcciones está disponible.

Dimensión—Componente estructural del multiverso.

Doble Holandés—Forma de sugerir que algo no es comprensible.

Dualístico—Condición en la que existen dos realidades, debido a la posibilidad de que se cree una realidad alternativa cuando una elección entre dos direcciones está disponible.

En la cúspide—el borde de un punto de decisión. Se puede ir en una dirección o en otra con la misma facilidad. Un punto de cambio inminente.

Entidad—Unidad individualizada de sintiencia a la que se le ha dado un cuerpo de energía/s por la división de la sintiencia de una entidad superior, por parte de esa entidad superior.

Entidad Fuente—A la que llamamos Dios, el creador de nuestro multiverso.

Espacio Evento—Es una función de la estructura de El Origen que crea paralelismo desde una perspectiva local o de todo el ambiente. Es la culminación de la necesidad de paralelismo y el paso de eventos más pequeños para crear un ambiente más amplio basado en eventos. El Espacio Evento captura y compartimenta todo lo que hace cada entidad o grupo de entidades en condiciones lógicamente similares que son estáticas o dinámicas desde la perspectiva del "cambio". El Espacio Evento se crea por la posibilidad de una condición dualística y/o sus múltiplos de condiciones trilísticas y cuadrulísticas, que se rigen y controlan por la posibilidad de posibles posibilidades y la posibilidad de la posibilidad de posibles posibilidades. Es un registro panestructural holográfico del paso de lo que hacemos. El Espacio Evento impregna todos los aspectos de El Origen, sus creaciones y las creaciones de sus creaciones.

Espirituo-físico—El nivel donde los niveles de frecuencia física y energética/espiritual se encuentran y se mezclan.

Esquirla (del inglés Shard)*—Una Esquirla es una parte más pequeña del Aspecto que se utiliza para experimentar el detalle minúsculo de los entornos dentro del multiverso. También se utiliza para experimentar las frecuencias más bajas del multiverso que presenta el universo físico a través del proceso de encarnación. Al igual que con el VSE, el Aspecto puede proyectar un máximo de doce Esquirlas en cualquier momento.

Evento (Fin del)—En el Espacio Evento, la función "Fin del Evento" es el límite designado de un evento y su acción concluyente. Marca el final lógico de ese evento, es decir, la imposibilidad de que continúe el evento dualístico creado y el posible inicio de un evento nuevo o alternativo.

Evento (Inicio del)—en el Espacio Evento, la función "Inicio del evento" es el límite designado de un evento y su acción instigadora. Marca el inicio lógico de ese evento, es decir, es el punto de incepción de una condición dualística y el posible final de un evento alternativo.

Frecuencia—El componente más bajo de la estructura en el multiverso.

Hueso de la discordia—Modo de describir un punto de discusión en el que hay creencias encontradas o niveles de acuerdo.

Imagen por resonancia magnética (IRM)—Sistema de imagen que permite exponer el cuerpo humano en parte o en su totalidad y presentarlo a los profesionales de la medicina como ayuda para el diagnóstico médico. Supone una mejora significativa de la tecnología de rayos X.

"Trastear" (del inglés "to Tinker")*—una forma de decir que uno "juega" con ciertas cosas pero no está realmente interesado en el resultado final. Otra forma de sugerir que se experimenta sin un plan, una estrategia o un resultado deseado, pero que, sin embargo, obtiene una respuesta positiva, esa respuesta siendo algo que es aprendido "trasteando"

Lecturas o Lector—Actuar como un medio para un cliente que quiere saber más información sobre sí mismos del espíritu, pero que no es capaz de pedir por sí mismos durante la meditación o cualquier otro medio. Un "Médium" da una "Lectura".

Loci/Locus—Centro u origen de un objeto/entidad. En términos matemáticos, es el conjunto de todos los puntos o líneas que satisfacen un requisito determinado. En el ambiente de la Entidad de Origen Tres, representa la ubicación de la mayoría de las entidades en cuestión.

Multipolo—Múltiplo de un múltiplo de un múltiplo. Por ejemplo X al cubo, al cubo, al cubo (X3,3,3).

OM—Seres energéticos que no son autóctonos de la Tierra.

Omnifuncional—Ser capaz de operar, como de forma individualizada, dentro de todos los ambientes, espacios y eventos, independientemente de las condiciones estructurales y las versiones paralelas de manera concurrente.

Omnipresente—Estar localizado en todos los ambientes, espacios y eventos, independientemente de las condiciones estructurales y las versiones paralelas de manera concurrente.

Omnisciente—Estar enfocado dentro de la sintiencia de uno mismo que se localiza dentro de todos los ambientes, espacios y eventos, independientemente de las condiciones estructurales y de las versiones paralelas de manera concurrente.

Onda portadora—En telecomunicaciones, una señal portadora, onda portadora o, simplemente, portadora, es una forma de onda (normalmente sinusoidal) que se modula (modifica) con una señal de entrada con el fin de transportar información. El propósito de la portadora suele ser, por ejemplo, transmitir la información a través del espacio como una onda electromagnética (como en la radiocomunicación), o permitir que varias portadoras a diferentes frecuencias compartan un medio de transmisión físico común mediante multiplexación por división de frecuencia (como, por ejemplo, un sistema de televisión por cable). Fuente: http://en.wikipedia.org/wiki/Carrier_signal.

Orden de picoteo—Término utilizado para describir el estatus que tienen las aves entre sí cuando se alimentan de una fuente de alimento. Cuanto mayor es el estatus, mayor es la prioridad para acceder al alimento. Término utilizado para describir que existe un orden de prioridad.

Orgón—representación visual de la energía cósmica "libre".

Origen—El creador de las 12 Entidades Fuente que existen dentro de El Origen, el Dios superior. Una entidad de pura energía sintiente. Los textos hindúes clasifican El Origen como "todo lo que hay".

Pasar revista (en inglés Pass Muster)*—Término militar para pasar un examen de la calidad, limpieza y orden del uniforme, la cama y el casillero. Se suele dar con muy poca antelación.

Pista falsa (en inglés red herring)*—Término utilizado para describir un conocimiento o un proceso de pensamiento que resulta ser inexacto, aunque al principio parecía serlo.

Poliomnisciente—Aspecto múltiple de la Omnisciencia. Una condición que alcanzará El Origen a medida que se expanda hacia aquellas áreas de sí mismo que están más allá de su área actual de autoconciencia sintiente.

Prueba del ácido—Forma de comprobar si el oro es auténtico o no mediante el uso de ácido para eliminar una capa de oro y dejar al descubierto el metal subyacente como sustrato o como oro auténtico. En este caso, es una forma de demostrar la verdad.

Realidad—Un ambiente y condición interactiva que creamos como una función de deseo de un Espacio Evento o Flujo de Eventos. Es una condición basada en la percepción generada por una entidad—o un ser.

Requisar (del inglés commandeer)*—Tomar posesión o control de algo. El acto de requisando implica tomar algo sin el permiso del propietario, pero normalmente con una justificación basada en una necesidad urgente o en autoridad oficial.

Santo Grial—La copa mitológica de la que bebió Cristo. Se le atribuyen poderes mágicos, incluso de longevidad, y ha sido objeto de muchas conjeturas sobre su existencia e importancia en la historia. Buscar el Santo Grial es, por lo tanto, buscar la cima de los propios esfuerzos en lugar de otros logros menores.

Sintiencia—Capacidad consciente de crear algo, observar la creación, comprender la creación, mejorar la creación y volver a observarla.

Subencarnación—Descriptor de la funcionalidad encarnada de una Esquirla.

Trilístico—Condición en la que existen tres realidades concurrentemente debido a la posibilidad de que se creen realidades alternativas cuando una elección de tres direcciones está disponible.

Unir los puntos—Modo de decir que uno "comprende" por medios lógicos, o pensamiento lateral, el proceso de pasar de un nivel de comprensión a otro mediante pasos conocidos.

Verdadero Ser Energético (VSE)—Lo que realmente somos, una entidad de pura sintiencia con un cuerpo de energía dado o requisado.

Walk-In—El intercambio de entrada y salida (uno por otro) de Aspectos (almas) dentro de un mismo vehículo encarnado. Hay muchas variaciones sobre este tema.

*= Notas de traducción. Sí-mismo y ser tienen definición y uso indistinto. Sí-mismo es la traducción de "self" en inglés y es usado para diferenciar la palabra en inglés "being" principalmente para mayor claridad en el texto. Sí-mismo se podría intercambiar indistintamente con "ser" en el uso de Verdadero Ser Energético y otros usos coloquiales, como: consciencia del ser, ser superior/supremo, ser verdadero, ser individualizado, ser energético. Esto excluye: ser encarnado y ser sintiente. Nótese que al decir "del sí-mismo" es lo mismo que decir "del ser" y viceversa. Asimismo cabe destacar el uso, en este caso, de conciencia para "awareness" y consciencia para "consciousness". Usando consciente para "aware" y consciente de sí mismo para "conscious".

El Origen Habla

Sobre el Autor

Guy Needler MBA, MSc, CEng, MIET, MCMA se formó inicialmente como ingeniero mecánico y progresó rápidamente hasta convertirse en ingeniero eléctrico y electrónico colegiado. Sin embargo, a lo largo de su formación terrenal siempre fue consciente de la realidad superior que le rodeaba, vislumbrando los mundos del espíritu. Por ello, desde la adolescencia hasta los veinte años, se deleitó con los textos espirituales de la época y meditó intensamente. Posteriormente, sus guías le dijeron que se centrara en su contribución terrenal durante un tiempo, por lo que redujo la intensidad de su trabajo espiritual hasta finales de sus treintas, cuando volvió a despertar a sus funciones espirituales. En los siguientes seis años obtuvo su Maestría en Reiki y se comprometió durante cuatro años a aprender técnicas de terapia energética y vibracional de una alumna directa de la Barbara Brennan School of HealingTM, que también incluía una tarea de desarrollo personal (incluyendo psicoterapia) como prerrequisito para el curso, utilizando la metodología PathworkTM descrita por Susan Thesenga con metodologías adicionales de Donovan Thesenga, John y Eva Pierrakos. Su formación y experiencia en terapias basadas en la energía le han llevado a ser miembro de la Asociación de Medicina Complementaria (MCMA por sus siglas en inglés).

Además de sus habilidades sanadoras, sus asociaciones espirituales incluyen la capacidad de canalizar información del espíritu, incluido el contacto constante con otras entidades de nuestro multiverso y con su ser superior y sus guías. Esta canalización es la que ha dado lugar a "La Historia de Dios" y la que está produciendo nuevos trabajos.

Como método de enraizamiento Guy practica y enseña Aikido. Es un 5º Dan Entrenador Nacional con 32 años de experiencia y actualmente está trabajando en el uso de la energía espiritual dentro de la parte física del arte.

Guy acepta preguntas sobre el tema de la física espiritual y sobre quién y qué es Dios.

Other Books by Ozark Mountain Publishing, Inc.

Dolores Cannon
A Soul Remembers Hiroshima
Between Death and Life
Conversations with Nostradamus, Volume I, II, III
The Convoluted Universe -Book One, Two, Three, Four, Five
The Custodians
Five Lives Remembered
Horns of the Goddess
Jesus and the Essenes
Keepers of the Garden
Legacy from the Stars
The Legend of Starcrash
The Search for Hidden Sacred Knowledge
They Walked with Jesus
The Three Waves of Volunteers and the New Earth
A Very Special Friend
Aron Abrahamsen
Holiday in Heaven
James Ream Adams
Little Steps
Justine Alessi & M. E. McMillan
Rebirth of the Oracle
Kathryn Andries
Time: The Second Secret
Will Alexander
Call Me Jonah
Cat Baldwin
Divine Gifts of Healing
The Forgiveness Workshop
Penny Barron
The Oracle of UR
The Oracle of UR, Book 2
P.E. Berg & Amanda Hemmingsen
The Birthmark Scar
Dan Bird
Finding Your Way in the Spiritual Age
Waking Up in the Spiritual Age
Julia Cannon
Soul Speak – The Language of Your Body
Jack Cauley
Journey for Life
Ronald Chapman
Seeing True
Jack Churchward
Lifting the Veil on the Lost
Continent of Mu
The Stone Tablets of Mu
Carolyn Greer Daly
Opening to Fullness of Spirit
Patrick De Haan
The Alien Handbook
Paulinne Delcour-Min
Divine Fire
Holly Ice
Spiritual Gold
Anthony DeNino
The Power of Giving and Gratitude
Joanne DiMaggio
Edgar Cayce and the Unfulfilled Destiny of Thomas Jefferson Reborn
Paul Fisher
Like a River to the Sea
Anita Holmes
Twidders
Aaron Hoopes
Reconnecting to the Earth
Edin Huskovic
God is a Woman
Patricia Irvine
In Light and In Shade
Kevin Killen
Ghosts and Me
Susan Linville
Blessings from Agnes
Donna Lynn
From Fear to Love
Curt Melliger
Heaven Here on Earth
Where the Weeds Grow
Henry Michaelson
And Jesus Said – A Conversation
Andy Myers
Not Your Average Angel Book
Holly Nadler
The Hobo Diaries
Guy Needler
The Anne Dialogues
Avoiding Karma
Beyond the Source – Book 1, Book 2
The Curators
The History of God
The OM
The Origin Speaks

For more information about any of the above titles, soon to be released titles, or other items in our catalog, write, phone or visit our website:
PO Box 754, Huntsville, AR 72740|479-738-2348/800-935-0045|www.ozarkmt.com

Other Books by Ozark Mountain Publishing, Inc.

Psycho Spiritual Healing
James Nussbaumer
And Then I Knew My Abundance
Each of You
Living Your Dram, Not Someone Else's
The Master of Everything
Mastering Your Own Spiritual Freedom
Sherry O'Brian
Peaks and Valley's
Gabrielle Orr
Akashic Records: One True Love
Let Miracles Happen
Nick Osborne
A Ronin's Tale
Nikki Pattillo
Children of the Stars
A Golden Compass
Victoria Pendragon
Being In A Body
Sleep Magic
The Sleeping Phoenix
Alexander Quinn
Starseeds What's It All About
Debra Rayburn
Let's Get Natural with Herbs
Charmian Redwood
A New Earth Rising
Coming Home to Lemuria
David Rousseau
Beyond Our World, Book 1
Beyond Our World, Book 2
Richard Rowe
Exploring the Divine Library
Imagining the Unimaginable
Garnet Schulhauser
Dance of Eternal Rapture
Dance of Heavenly Bliss
Dancing Forever with Spirit
Dancing on a Stamp
Dancing with Angels in Heaven
Annie Stillwater Gray
The Dawn Book
Education of a Guardian Angel
Joys of a Guardian Angel
Work of a Guardian Angel
Manuella Stoerzer
Headless Chicken
Blair Styra
Don't Change the Channel
Who Catharted
Natalie Sudman
Application of Impossible Things
L.R. Sumpter
Judy's Story
The Old is New
We Are the Creators
Artur Tradevosyan
Croton
Croton II
Jim Thomas
Tales from the Trance
Jolene and Jason Tierney
A Quest of Transcendence
Paul Travers
Dancing with the Mountains
Nicholas Vesey
Living the Life-Force
Dennis Wheatley/ Maria Wheatley
The Essential Dowsing Guide
Maria Wheatley
Druidic Soul Star Astrology
Sherry Wilde
The Forgotten Promise
Lyn Willmott
A Small Book of Comfort
Beyond all Boundaries Book 1
Beyond all Boundaries Book 2
Beyond all Boundaries Book 3
D. Arthur Wilson
You Selfish Bastard
Stuart Wilson & Joanna Prentis
Atlantis and the New Consciousness
Beyond Limitations
The Essenes -Children of the Light
The Magdalene Version
Power of the Magdalene
Sally Wolf
Life of a Military Psychologist

For more information about any of the above titles, soon to be released titles,
or other items in our catalog, write, phone or visit our website:
PO Box 754, Huntsville, AR 72740|479-738-2348/800-935-0045|www.ozarkmt.com

www.ingramcontent.com/pod-product-compliance
Lightning Source LLC
Chambersburg PA
CBHW071940220426
43662CB00009B/929